编 委 会

目 录

前 言 ……………………………… "生态文明与反贫困"分论坛编委会

上编 "生态文明与反贫困"论坛研讨

论坛欢迎致辞 …………………………………………………………… / 003

○王富玉在生态文明与反贫困论坛上的致辞 ……………… 王富玉 / 003

○张学立在生态文明与反贫困论坛分会场上的致辞 ……… 张学立 / 006

论坛主旨演讲 …………………………………………………………… / 008

○阿兰·诺德厚在生态文明与反贫困论坛上的演讲
…………………………………………………… 阿兰·诺德厚 / 008

○哈米德·谢里夫在生态文明与反贫困论坛上的演讲
…………………………………………………… 哈米德·谢里夫 / 011

○刘永富在生态文明与反贫困论坛上的演讲 ……………… 刘永富 / 014

反贫困：三位一体的建设经济、社会、生态文明 ……………… / 017

○让扶贫志愿者成为反贫困的生力军 ………………………… 汤 敏 / 017

○三位一体的反贫困工作与儿童全面发展 …………………… 邓荣基 / 020

○贵州省绿色减贫分析及对策研究 …………………………… 张 琦 / 022

○互满爱人与人中国农村社区发展项目经验分享
…………………………………………………… 迈克尔·海尔曼 / 025

○以社会建设为抓手，创新扶贫开发理念和机制，实现社会与
生态共生共荣 ………………………………………………… 王春光 / 027

全球反贫困——中国的责任承担 …………………………………… / 029
○全球反贫困——国际 NGO 在中国的视野与角色转化 … 廖洪涛 / 029
○扶贫治理的机构组织框架 ……………………………… 廖晓义 / 034
○反贫困与中国企业“走出去”的责任承担 ……………… 张君佐 / 038
○性别收入平等：中国减贫的一项策略 ………………… 汤竹丽 / 041

反贫困与可持续产业发展 ………………………………………… / 043
○脱贫视野下的贵州民族村寨发展：产业化 · 保护 · 申遗
………………………………………………………………… 徐嵩龄 / 043
○金融扶贫问题 …………………………………………… 白澄宇 / 047
○贵州的乡村遗产与乡村旅游 …………………………… 周　俭 / 050
○温洛克农业开发中心的减贫项目经验分享 …………… 金义善 / 053
○连片特困地区的低碳减贫 ……………………………… 陆汉文 / 055
○社会组织在价值链中的角色定位 ……………………… 黄　奕 / 058
○经济干预与反贫困的可持续性 ………………………… 孙　驰 / 061

反贫困——贫困群体的行动主体重构 …………………………… / 064
○文化互助视野下的反贫困 ……………………………… 张乐天 / 064
○以创新社会治理的视野推进扶贫工作体制创新 ……… 陆德泉 / 067
○投资于人、投资于网络 ………………………………… 邓国胜 / 069
○什么是贫困群体的主体性 ……………………………… 刘　源 / 071
○发展型社会工作中妇女主体的打造 …………………… 向　荣 / 075
○当地人与若尔盖草原的沙化治理 …………………… 供曲巴让 / 077
○关于反贫困的行动主体 ………………………………… 高小贤 / 079

论坛共识发布 ……………………………………………………… / 083
○生态文明与反贫困 2014 贵阳共识 ……………………………… / 083
○ Eco Forum Global Annual Conference Guiyang 2014 Eco-civilization
and Anti-Poverty Sub-forum ………………… Guiyang Consensus / 086

媒体报道简报 …… / 090
○生态文明与反贫困论坛媒体报道简报 …… 张建　汪青梅 / 090

精准扶贫研讨 …… / 097
○"创新贵州精准扶贫机制"研讨会侧记 …… / 097

下编　"生态文明与反贫困"专题文章

对策建议 …… / 131
○扶贫开发要以社会建设为基础 …… 王春光 / 131
○连片特困地区低碳扶贫道路与政策初探 …… 陆汉文 / 141
○社会建设、生态产业发展与产业扶贫开发模式创新对策建议报告 …… 毛刚强　王春光　孙兆霞　曾　芸 / 152
○构筑发展的社会基础 …… 孙兆霞　王春光　毛刚强　曾　芸 / 160
○分享共赢　和谐共生 …… 王春光　谭同学　孙兆霞　曾　芸 / 174
○反贫困的教育视角：农村初等教育集中化的趋势及其解释 …… 单丽卿 / 179

行动经验 …… / 196
○一个中非减贫合作的故事及其启示 …… 黄承伟 / 196
○互满爱人与人中国农村社区发展项目经济、社会、生态文明三位一体建设反贫困案例 …… 迈克尔·海尔曼 / 202
○社区发展视角下的农村社区灾害管理 …… 毛刚强 / 210
○村庄组织化视野下的社区服务供给 …… 吉家钦 / 224

贵州案例 …… / 231
○贵州省绿色减贫分析及对策研究 …… 张　琦　陈伟伟　胡田田 / 231
○贵州扶贫生态移民补偿问题研究 …… 王志鑫　吴大华 / 244
○乡村遗产与乡村旅游 …… 周　俭　卞晶喆 / 255
○乌蒙山片区贵州所属区域旅游扶贫效应分析 …… 邓小海　曾　亮 / 265
○民族村镇旅游地农民组织化的动力机制与社会资本价值

…………………………………………………………… 陈志永 / 275
○脱嵌的产业扶贫 …………………………………… 孙兆霞 / 300
○当“社区参与”遭遇行政路径依赖 ………………………… 曾　芸 / 314
○参与式多元化教育在跨越式发展中的社会价值 ………… 王莎莎 / 327

后　记 …………………………………………………………………… / 344

Catalogue

Preface …………………………………………………… The editorial board

Part One Ecological civilization and Anti-poverty forum discussion

Forum Welcome speech

○Wang Fuyu speech at the Ecological civilization and Anti-poverty forum …………………………………………………… Wang Fuyu / 003

○Zhang Xueli speech at the Chapter field of the Ecological civilization and Anti-poverty forum ……………………………… Zhang Xueli / 006

Forum keynote speech

○Alan Nordheal speech at the Ecological civilization and Anti-poverty forum …………………………………………………… Alan Nordheal / 008

○Hamid Sharif speech at the Ecological civilization and Anti – poverty forum …………………………………………………… Hamid Sharif / 011

○Liu Yongfu speech at the Ecological civilization and Anti – poverty forum …………………………………………………… Liu Yongfu / 014

Anti-poverty：construction of economic，society and Eco-Civilization

○Let volunteer become thegreat power of anti – poverty …… Tang Min / 017

○The anti – poverty work and children's development …… Deng Rongji / 020

○Guizhou province green poverty reduction analysis and policy research ………… Zhang Qi / 022

○"Humana People to People China" experience of rural community development project in China ………… Michael Hermann / 025

○Take social construction as an opportunity, innovative ideas and mechanisms for poverty alleviation and development, making Social and ecological harmonious ………… Wang Chunguang / 027

Global anti-poverty— China's responsibility

○Global anti-poverty: International NGO's vision and role transformation in China ………… Liao Hongtao / 029

○The organization framework of Poverty alleviation and treatment ………… Liao Xiaoyi / 034

○The anti-poverty and the responsibility of "go out" to Chinese companies ………… Zhang Junzuo / 038

○Gender equality in income: A poverty reduction strategy in China ………… Tang Zhuli / 041

Anti-poverty and development of sustainable industrial

○Ethnic villages development in Guizhou: industrialization, protection and world heritage ………… Xu Songling / 043

○Financial problems of poverty reduction ………… Bai Chengyu / 047

○Rural heritage and rural tourism in Guizhou ………… Zhou Jian / 050

○Experience sharing of poverty reduction projects of WinRock Agricultural Development Center ………… Jin Yishan / 053

○The Low carbon and poverty reduction in contiguous poor areas ………… Lu Hanwen / 055

○The role of social organization in value chain ………… Huang Yi / 058

○The Economic Intervention and the sustainability of Anti-poverty ………… Sun Chi / 061

Anti-poverty: Redefinition of the poor

○Anti poverty in the view of culture ········ Zhang Letian / 064

○To promote the innovation of poverty alleviation work system in the perspective of innovation social governance ········ Lu Dequan / 067

○Investing in people, Investing in Internet ········ Deng Guosheng / 069

○What is the subject of disadvantaged groups ········ Liu Yuan / 071

○The building of the main body of women in the developing society ········ Xiang Rong / 075

○Local people and desertification control of Ruoergai grassland ········ Gongqu Barang / 077

○The main body of action against poverty ········ Gao Xiaoxian / 079

The consensus of forum

○The consensus of ecological civilization and anti – poverty forum of Guiyang in 2014 ········ / 083

○Eco Forum Global Annual Conference Guiyang 2014 Eco – civilization and Anti – Poverty Sub – forum ········ / 086

The main media reports

○The Media briefing of Ecological civilization and Anti – poverty forum ········ Zhang Jian&Wang Qingmei / 090

The seminar on poverty alleviation

○The seminar on Innovative Guizhou precision mechanism for poverty alleviation ········ / 097

Part Two The Articles of Ecological civilization and Anti-poverty

Countermeasure and suggestion

○Poverty alleviation and development should take social construction as the foundation …… Wang Chunguang / 131

○A preliminary study on the road and policy of low carbon poverty alleviation in contiguous poor areas …… Lu Hanwen / 141

○Social construction, Eco industrial development and The innovation countermeasure and suggestion report of industry poverty alleviation and exploitation mode …… Mao Gangqiang&Wang Chunguang&Sun Zhaoxia& Zeng Yun / 152

○Building Social basis for development …… Sun Zhaoxia &Wang Chunguang &Mao Gangqiang& Zeng Yun / 160

○Sharing, Win - win and Harmony …… Wang Chunguang&Tan Tongxue&Sun Zhaoxia&Zeng Yun / 174

○The Perspective of Education in anti - poverty: The trend and explanation of the centralization of primary education in Countryside …… Shan Liqing / 179

Action experience

○A story of China - Africa cooperation in poverty reduction …… Huang Chengwei / 196

○The case of "Humana People to People China" Rural Communities Development Project in economic, society and ecological civilization …… Michael Hermann / 202

○Rural community disaster management from the perspective of community development …… Mao Gangqiang / 210

○The supply of community service under the perspective of village organization …… Ji Jiaqin / 224

The case in Guizhou

○ Green Poverty Reduction Analysis and Countermeasures in Guizhou Province ················ Zhan Qi&Chen Weiwei &Hu Tiantian / 231

○ Study on the compensation for the poverty alleviation ecological migrants in Guizhou ·························· Wang Zhixin&Wu Dahua / 244

○ Rural heritage and rural tourism ·············· Zhou Jian&Bian Xiaozhe / 255

○ Analysis of Guizhou Wumeng Moutain area belongs to the regional tourism poverty alleviation benefits ········ Deng Xiaohai&Zeng Liang / 265

○ The dynamic mechanism of the peasant organization in the nationality villages and towns and the value of social capital ·· Chen Zhiyong / 275

○ Deintercalated industrial poverty alleviation ·············· Sun Zhaoxia / 300

○ When community involvement encountered administrative path dependence ·· Zeng Yun / 314

○ Social value of participatory diversification education in the leaping development ······································ Wang Shasha / 327

Afterword ··· / 344

前　言

一

贫困是全球面临的共同挑战，全人类、全社会共同承担反贫困责任，是人类文明发展到今天的必然结果。

中国共产党和中国政府一直都高度重视扶贫开发工作。我们看到，中国的反贫困取得了举世瞩目的成果，为全球反贫困工作做出了杰出的贡献。党的十一届三中全会以来，中国以改革开放为导向的经济体制改革，有力地推进了中国农村和贫困地区的发展，创造了三十多年的经济奇迹，改善了贫困地区人们的生活。但是，我们同时也看到，这些成果本身是在我国经济、社会大发展的背景下，通过工业化、城市化建设取得的，而扶贫开发工作本身对此贡献是有限的，一些扶贫开发项目不仅没有解决贫困问题，反而带来了更多的社会、环境问题，这些问题值得我们反思。

究其原因，主要反映在以下几个方面。

(1) 以帮扶为主的扶贫开发工作模式，其机制决定了贫困群体只是工作对象，难以成为对抗贫困的行动主体，在扶贫开发过程中往往处于被动地位。

(2) 改革开放三十多年来，农村社会结构、劳动力结构、人才结构都发生了重大变化，农村产业扶贫项目所需要的专业人才、精壮劳动力出现短缺，重视规模化的农村产业扶贫模式、扶贫开发项目的落地机制最后只能支持“能人”带动、“大户”带动，反而遮蔽了扶贫开发工作的目标群体。

(3)“小生产、大流通、大市场”的农产品生产经营格局和政府调控工作下的“菜篮子”“米袋子”工程，导致以大田作物、常规作物为主的农业生产对于户均几亩地的贫困农户而言，很难带来较大的收入增长空间；而产业结构调整，又由于其远离市场导致的市场成本高，信息、技术手段落后，而面临重大的市场和技术风险。

（4）全球共识下的贫困问题是重大社会问题，反贫困工作是社会政策的重要领域，但过往的农村产业扶贫工作只指向经济成长目标，很容易将社会发展问题简单化约为经济成长问题。产业扶贫项目的落地机制形成路径依赖，忽略了农村社区发展和社会建设目标，相对均质化的小农经营的农村社会所需的合作与互助反而因此受到了损害，瓦解了乡村社会的能力和活力，社区福利生产能力因此减弱，加速了乡村生活的不可持续。

基于此，现阶段中国的反贫困工作必须进入新阶段，即由纯粹的经济成长支持向经济、社会、文化、生态总体发展的方向推进，要以经济、社会、文化、生态建设的总体性视角推进反贫困工作。从贫困地区的现实出发，贫困问题既是社会问题，亦是经济、文化、生态环境问题；乡村反贫困工作的可持续性问题亦可视为经济、社会、文化、生态可持续性问题；从社会发展的视角来看，反贫困工作则是需要支持贫困群体的发展主体性成长的问题。

二

在全球范围内，二战以后发达国家中开始并盛行的发展援助，为全球减贫工作积累了丰富的经验；联合国所属各组织、发达国家的发展援助机构、国际非政府组织及各种基金会在全球反贫困工作中都发挥了重要作用。但是，有些发展援助和多边合作的反贫困项目，往往都是价值为先的工作，所以发展援助工作在一定程度上也体现为西方中心话语下的全球同质化改造的过程，反过来又对建构公平世界秩序带来一定挑战，形成发展工作的吊诡局面。

中国是全球反贫困工作的主战场，中国基于自己的现实和自身东方文明、发展中国家的角色，立足于回应本土实际的问题，其对贫困的认知和反贫困工作经验的发展，可以在较大范围对世界反贫困工作做出贡献，同时亦较易于和其他发展中国家形成共识基础。并且，它也将成为构建中国软实力、与众多发展中国家及社会建立共识，实现共生共荣的重要基石。这对于全球正义目标而言，亦具有重大价值。

随着中国的改革工作进入深化阶段，反贫困行动机制创新不断涌现。

作为负责任的发展中大国和最具活力的经济体，中国传统文化中“达则兼济天下”的行为伦理，要求中国在全球反贫困领域担当引领角色。“兼相爱，交相利”的墨家精神，也可以成为普适于世界的中国价值。尊重自然、天人合一的中国传统智慧，也可以为全球可持续发展提供重要借鉴。中共“十八大”提出五个文明一起抓的重大战略，成为新时期反贫困工作的重要指导原则。生态文明是一种新的理念、新的生活和新的发展模式，生态文明建设与反贫困的结合，也是中国对世界的新贡献。

三

贵州是中国反贫困工作的重点区域之一。长期以来，贵州社会学、发展学、人类学、社会工作等领域的专家学者和公益组织进行合作，从反贫困的视野研究中国扶贫开发工作，并从行动研究的角度开展反贫困工作创新的社区实践工作，结合中国现实，学习国际发展援助经验并将之本土化，在创新反贫困工作理论、开发反贫困工作的工具和方法、结合社会建设和生态文明建设创新反贫困社区行动模式方面做了大量的探索，形成了支持扶贫工作创新的“贫困社区反贫困可持续能力系统”的认识。

该能力系统包括：

（1）治理能力，包括社区组织能力，对内对外的协作与合作能力，社区公共事务参与能力，社区组织的可持续成长能力与社区动员能力等。

（2）经济能力，包括贫困社区及贫困群体的市场参与能力，技术可获得、更新及社区内可传递能力，信息的可获得能力，规模生产的可组织能力及生产过程管理和产品质量可控制能力。

（3）福利能力，指贫困社区及群体可在团结和合作的基础上生产和分配社区福利的能力，除物质生活的改善外，社区福利能力还包括社区层面的最弱势群体的保障支持能力，社区经济及生活互助能力，社区服务的自我组织与供给能力，社区文化生活的自我生产能力等。

（4）环境能力，包括贫困社区和贫困群体可持续利用自然资源的能力，社区改善生活环境卫生条件的能力，社区行动应对自然灾害风险的能力等。

（5）文化与学习能力，包括社区的文化反思能力，社区学习能力，地方性知识的传承与发展运用能力等。

反贫困工作需要以贫困群体为主体，支持贫困群体各项能力的可持续、系统性提升。从反贫困能力系统的建设角度出发，反贫困正是可以最大限度地支持贫困群体的主体性成长的重要视角和途径，也是中国扶贫开发工作创新极具希望的进路。

反贫困能力系统建设，是整体上推进贫困地区社会建设的过程，也是支持贫困地区可持续利用自然资源、发展生态文明的过程。在以山地农业为主要特征的贵州甚至整个中国西部地区、南方地区，其作用将更为明显。相比于“扶贫开发”概念，“反贫困”更强调贫困群体在对抗贫困过程中的主体性作用，更强调政府与社会合作关系的建立，更强调贫困群体在自身资源整合的基础上，从社区福利供给、社区经济收入增加、社区生产生活环境改善到乡村生活价值提升和文化认同增强的过程。也是从单一的追求经济增长到追求可持续乡村生活的本质转变，而这本身就必然是社会建设和生态文明建设的全过程。这一方向的转变，不只是对贫困地区的经济、社会、文化、生态文明的可持续发展给予根本性的支持，对于其他地区的经济、社会及生态文明发展，也具有重要的借鉴意义，同时，对于解放和激活社会发展活力，构建中国社会治理创新模式，也将做出重要贡献。

四

2013 年 1 月，生态文明贵阳国际论坛正式获中共中央、国务院批准举办，成为国内唯一以生态文明为主题的国家级国际论坛。生态文明贵阳会议作为国内唯一的生态文明大型论坛，成为中国与世界在生态文明建设领域沟通对话的重要平台，也是助推中国经济、社会、环境、文化可持续发展的重要阵地。

2014 年，中国国际扶贫中心、中国社科院社会学研究所、贵州省社会科学院、贵州民族大学、贵州省扶贫办、贵州财经大学等多家单位的专家学者与贵州从事反贫困工作的一线社会工作团队，共同讨论筹划了生态文明与反贫困分论坛方案并提交论坛组委会，得到了“生态文明贵阳国际论坛”组委会、贵州省委、省人民政府的大力支持，同时也得到了很多专家学者的积极响应。在多方共同努力下，2014 年，生态文明贵阳国际会议年会之“生态文明与反贫困分论坛”于 2014 年 7 月中旬在贵阳顺利召开，开幕式由贵州省人民政府副省长刘远坤主持，国务院扶贫开发办公室主任刘永富、贵州省政协主席王富玉作了主旨演讲，时任中共贵州省委副书记、现中共海南省委副书记李军到场祝贺，联合国机构代表、亚行代表及国内知名专家受邀作了发言。论坛设置了“反贫困：三位一体建设经济、社会、生态文明”“全球反贫困中国责任承担”“反贫困与可持续产业发展”及“反贫困——贫困群体的行动主体重构”四个主题，邀请了全球反贫困领域内的重要专家学者，联合国所属机构、国际反贫困非政府组织，中国政府机构、本土专家学者及反贫困工作的公益组织，就相关问题进行对话与讨论，重新审视了反贫困工作与社会建设、生态文明建设的重要关系，以生态文明建设对话全球环境可持续、以反贫困能力系统建设对话西方学术及反贫困工作的赋权工作机制，以中国经验对话发展援助，发布了“生态文明与反贫困 2014 贵阳共识”，取得了一系列重要成果，国际国内媒体也进行了广泛的宣传报道。

我们将参会代表的会议贡献与中共贵州省委宣传部、贵州省扶贫办、贵州省社会科学院于 2014 年 12 月 23 日联合召开的“创新精准扶贫机制体制研讨会”专题发言录音进行了整理，同时征集了本土有代表性的参会专家学者和一线工作者的论文与案例，形成了本书，留此存照。同时，也希望本书的出版，为各地反贫困工作决策者和一线工作者提供一些支持。

基于对与会代表与各位作者的尊重，本书所收录的文章都提请作者审校，文章观点并不代表编辑团队的立场和认识。由于水平有限，在编辑成书的过程中错漏在所难免，恳请读者谅解并批评指正。

“生态文明与反贫困”分论坛编委会

二〇一五年五月一日

上　编

|"生态文明与反贫困"论坛研讨|

论坛欢迎致辞

〇王富玉在生态文明与反贫困论坛上的致辞

王富玉 （贵州省政协主席）

尊敬的国务院扶贫办刘永富主任，尊敬的联合国驻华系统协调员诺德厚先生，尊敬的亚洲开发银行驻华代表处首席代表哈米德·谢里夫先生，各位专家、学者、女士们、先生们，我代表主办单位欢迎大家来到多彩的贵州，爽爽的贵阳参加生态文明与反贫困论坛。

反贫困是全人类的共同事业，是人类追求平等的生存和发展的权利。公平的生态环境责任承担是普遍被尊重对待的全球正义的重要内容。中国在反贫困领域取得了重大成果和有效经验，这些成效和经验正被国际社会关注和认同，中国在全球反贫困中扮演着越来越重要的角色，在国际社会中越来越注重学习与合作。

今天大家汇聚一堂共同探讨全球反贫困的问题，互相交流经验，积极寻求共识，对于人类反贫困事业而言将具有积极而重要的意义和贡献。贵州以至中国的贫困既包括了与其他国家和地区的共性问题，也面临着自己的一些独特挑战。多年来贵州的反贫困工作得到了包括世界银行、亚洲开发银行，一些多边、双边合作组织，国际NGO和国内扶贫机构的支持，得到众多的专家、学者的参与和关注，推进了贵州反贫困工作的成效，对此我们表示真诚的感谢！

中国政府对扶贫开发工作非常重视，把扶贫开发工作作为重要的民生工作来抓。贵州是中国扶贫开发的主战场，贵州贫困面大，贫困程度深，贫困人口最多的时候占中国贫困总人口的九分之一，可以说是扶贫开发的主要战场。作为两江流域中上游的重要水土保护区，贵州也是中国生态文明建设的重要区域，需要扶贫开发与生态建设同步推进，坚持扶贫开发与生态保护并重，实现经济、社会与自然的和谐发展，是党中央和习近平总书记对贵州的殷切希望和要求。习近平总书记要求我们贵州要奉行守住发展和保护生态两条底线。多年来，贵州在立足省情的实际基础上努力开拓，积极创新，将扶贫开发工作与社会建设、生态文明建设相结合，在反贫困工作领域里取得了一些重要成果，建立了一些重要的工作模式。例如，切实解决扶贫对象主体地位问题，以发展生态产业作为产业扶贫的重要内容，我们对一些边远地区的分散村庄和居民实行生态移民搬迁，让他们到好地方去过好日子，这就是一个很好的探索。支持农民和龙头企业申报扶贫产业项目，对扶贫县的考核过去主要考核 GDP，现在主要考核扶贫开发工作和贫困农民的收益及脱贫的实效。

在反贫困社会责任共同承担方面，贵州省社会学、发展学、人类学、社会工作等领域的专家学者与国际国内科研机构以及民间公益组织合作，深入调查研究，学习国际经验，并结合贵州省情，积极开发本土化的反贫困行动研究。贵州省在创新反贫困社区工作理论，开发反贫困工作的工具和方法，并结合社会建设和生态文明建设创新反贫困社区行动模式方面，做了大量积极的探索，取得了较为丰富的成果。

贵州是贫困程度大、贫困程度深的省份，贫困程度最深最严重的是石漠化地区，也就是生态环境最差的地区，所以这次论坛把生态文明和反贫困放在一起是非常合理的。经济发展、生态文明建设、社会建设与治理、多元文化的传承与保护等领域必须同步推进。在此过程中，既要解决贫困群体的经济收入增长问题，同时又要保护和改善生态环境。政府既要积极承担扶贫开发工作的主导角色，又要促进社会协同参与，实行大集团帮扶。既要主动在农村推进产业的发展，又要培育贫困群体的主体性。既要大力推进扶贫工作人员队伍的专业能力建设，又要在此过程中逐步解决贫困群体可持续反贫困能力的成长问题。

我省的扶贫开发工作实践正在不断探索这些问题的解决，也希望与会的各位领导以及专家学者积极贡献经验和智慧，继续推动贵州反贫困工作的深入和发展，我个人非常期待这次会议的积极成果，预祝生态文明与反贫困论坛取得圆满成功。

谢谢大家！

○张学立在生态文明与反贫困论坛分会场上的致辞

张学立 （贵州民族大学校长）

尊敬的徐嵩龄参事、大华院长、女士们、先生们，上午好！

今天由生态文明贵阳国际论坛主办，中国国际扶贫中心、中国社会科学院社会学所、贵州省社会科学院、贵州民族大学、贵州省扶贫办、贵州财经大学承办的生态文明贵阳国际论坛2014年年会生态文明与反贫困分会在我校隆重举行，在此，我谨代表贵州民族大学2万余名师生对本次会议的召开表示热烈的祝贺，向出席会议的各位领导、各位专家表示热烈的欢迎！

我校2011年初成立的中国西部社会建设调查研究实验中心于2013年底正式更名为中国社会建设与反贫困研究院，在反贫困的调查研究和实践领域中进行了有益探索，取得了一定的成绩。在陆学艺先生的带领下，中国社会建设与反贫困研究院与中国社会科学院、复旦大学、中山大学、华中科技大学、贵州大学及贵州社区建设与乡村治理促进会等单位和相关研究人员紧密合作，形成了较强的研究和实践探索团队。生态文明建设与反贫困结合就是在贫困地区实施绿色发展与减贫战略，在可持续发展和减贫背景下推动绿色发展，实现绿色减贫，绿色减贫是生态文明建设中减贫方式的创新，是符合生态文明发展与绿色增长、绿色减贫为目标的减贫新理念，是生态文明与反贫困有机结合的减贫新战略。绿色减贫的本质和核心是坚持以人为本，转变发展观念，创新发展模式，提高发展质量的减贫新变革，绿色发展与绿色减贫在全球已成为共识，也已成为中国社会各界的关注点，是减贫的新理念。反贫困是世界各国面临的挑战，世界各国均承担着反贫困的责任，中国是反贫困工作的主战场之一，贵州省则是中国反贫困工作的重点区域，长期以来，贵州的社会学、人类学、社会工作领域的专家、学者与社会公益组织通力合作，从反贫困的视野研究中国扶贫开发，并从行动研究的角度开展反贫困工作，创新社区实践，不断学习发达国家的发展研究经验，并将之本土化，在创新反贫困工作理论、反贫困工作方法、反贫困工作行动模式方面做了大量的探索，形成了较为独特的理论与方法。在联合国所属机构，国际反贫困分政府组织，中国政府机构和反贫困公益组织的大力支持下，举办生态文明与反贫困分会，汇聚世界各地生态与反贫困领域的领导和知名的专家学者，交流国际国内反贫困工作中的经验，审视反贫困工作与社会建设、生态文明建设的关系，生态文明建设对话环境可持续，共同探讨面临的机遇和挑战，形成 2014 年贵阳生态文明与反贫困共识。我们相信本次论坛的成功举办必将促进扶贫开发工作的体制机制和方法创新，对提出中国反贫困战略具有重要的意义，也衷心希望各位专家对我校的发展提出宝贵意见。最后，祝各位领导各位专家学者身体健康，工作顺利。希望此次贵州之旅，花溪之行能给您留下深刻印象。预祝生态文明贵阳国际论坛 2014 年年会，生态文明与反贫困分会圆满成功。

谢谢大家!

论坛主旨演讲

○阿兰·诺德厚在生态文明与反贫困论坛上的演讲

阿兰·诺德厚 （联合国系统驻华协调员）

刘永富主任，还有来自国务院扶贫开发办公室的其他各位朋友，尊敬的贵州政协主席王富玉先生，尊敬的副省长刘远坤先生、贵州省委副书记李军先生，亚行驻华代表处首席代表哈米德·谢里夫先生，女士们，先生们，大家晚上好！

首先，我要感谢贵阳生态文明国际论坛，感谢国务院扶贫开发办邀请我参加今天这么重要的会议，尤其是就生态文明与扶贫的问题贡献我的力量。我很感动这么晚开会有这么多人捧场，今年的生态文明贵阳国际论坛是致力于让各个国家联合起来在生态文明新的领域开拓进取。

我非常高兴地了解到在今年贵阳论坛上除了一如既往地讨论环保、气候变化等重要地话题之外，我们还找到一些非常重要的以人为本的话题，为此我要感谢国务院扶贫开发领导小组，也感谢中国国际扶贫中心，你们都是我们长期的合作伙伴，通过本次会议我们能进一步了解人类与自然密不可分的关系，我们的讨论也将是生态文明贵阳国际论坛一个非常有意义的组成部分。

我主要讲两个方面的话题，也是大家讨论的两个问题。第一，到底什么是生态文明？第二，中国在全球扶贫当中发挥着日趋重要的作用。此外，像工业发展、扶贫工作的重要性等话题也是非常重要的。

生态文明是一个全面的概念，它涵盖了经济、社会、文化各个层面，如果是在牺牲环境的基础上来发展经济的话，是不具有可持续性的，这样一种经济发展模式是行不通的。为此，生态文明这个概念非常重要，它等同于人类的发展，并且这也正是联合国致力于推动生态文明的重要原则。就像马丁·路德金说的那样，人类的发展要使人类的生活变得更加丰富。

联合国开发署与中国的相关单位进行了非常好的合作，并且出台了人类发展报告，去年和中科院一起合作发表了《2013 年中国国家发展报告》，并且出台了有关可持续发展的城市以及生态文明方面的报告。这些报告非常重要，同时它们也强调我们应该更加重视自然环境，要推动人与自然和谐共处，报告同时也指出要坦然地面对一些矛盾，有的矛盾是现实存在的，有的是未来可能会存在的，在生态保护与人类发展中是否有矛盾？我认为这些报告和所要讨论的主题是密切相关的，我想我们应该继续努力，找到一个促进中国可持续发展的解决方案。

中国本身经济在不断发展，这已经引起全世界的关注，中国是世界经济发展的引擎，与此同时国际对中国也有更多期待，希望中国在国际发展方面发挥更重要的作用。中国本身取得了经济发展重大的成就，但同时，中国也面临贫困的问题，中国仍然有大量的贫困人口，此外还面临水污染、空气污染、收入不平等等挑战。我和刘永富主任在今天早上进行了交流，他告诉我根据最新数据显示，中国大概有 13 万个贫困村庄，总计有 9 千万的贫困人口。为此我们就要扶贫，同时又要保护好环境，要实现生态文明发展，要实现社会的公平，这些都是非常重要的，但这也意味着中国在这方面仍然要做大量的工作。

对中国而言，一方面要满足国际社会对中国发挥扶贫领导力的期望，另一方面也要致力于自身贫困问题的解决，以及应对新问题的挑战。中国在解决国内的矛盾方面已经取得了很大的进展，大家也有一个共识，中国应该与其他国家分享扶贫和经济发展方面的经验，需要国际经验和本土实际情况相结合，如果想要取得巨大效果就要有包容性，而且是以人为本的。

就联合国而言，联合国致力于给中国政府提供适合的支持，让中国找到可持续性的方案从而应对种种挑战。联合国开发署也和 IPP 合作，让各国尤其是中国和其他国家能够分享扶贫经验，为此我认为要继续进行已有的合作计划，这样才能为中国和其他国家找到合适的解决办法。

女士们，先生们，我还想说的是，在2015年后扶贫是重要的组成部分，它将是联合国矢志不渝的一项重大事业，也是我们最为重视的事业。

再次感谢会议主办方邀请我参加本次会议，我也非常高兴有这次机会来到美丽的贵州。谢谢！

○哈米德·谢里夫在生态文明与反贫困论坛上的演讲

哈米德·谢里夫 （亚洲开发银行驻中华人民共和国代表处首席代表）

谢谢国务院扶贫开发领导小组成员以及刘远坤副省长、王富玉主席，以及联合国的诺德厚先生，以及李军副书记。

大家晚上好，非常高兴参加本次会议，对于刚才诺德厚先生的发言我非常赞同，由于会议举办的时间是在晚上，我当时很担心会有很多人来吗？结果发现我们的房间里面有很多很多的人，我们应该为此鼓掌！

我来自亚行，亚行的宗旨就是帮助亚太地区解决贫困问题，我们在华也开展很多的工作，我们的目的就是搭建桥梁促进中国各地的经济发展，在能源、水电方面支持中国落后地区的发展，为贫困人口带来新机会。

但是，亚行在其他方面的活动也不容忽视，只是提供看得见的基础设施，比如说修公路、修桥梁还不够，因为好的扶贫管理本身也是一种投资，而且是全方位的投资，是对一个社区全方位的投资，从而让落后地区也有美好的未来，这方面最关键的是要有更好的、更平衡的城乡关系。

亚行致力于帮助农民建设自己的家园，因此在华开展的工作中涉及农业发展、国家自然资源的保护，以及鼓励私企和民营资本的发展。我们认为这对一个有活力的、健康的农村非常重要，这才能与自然保持平衡关系，他们应该珍惜自己的环境，同时拥有自己的文化特色，这不仅是可能的并且也是美好的。在中国不同的区域，农村的发展状况有很大的区别，整个亚洲都是这样的，那么怎样促进这些地区的发展呢？那便是通过绿色的扶贫来帮助他们。

下一个阶段我们就要探索什么是绿色发展，如何支持绿色扶贫？亚行很愿意为此贡献自己的力量，也愿意提出一些好的建议。我们知道环保是一项长期的事业，当地居民应该作为环境保护的主体，当然他们要获得市场、政府、社会的支持，因此我们需要给他们时间、资源、信息以及机会，这些村民才能意识到自身的环境问题，并且担负起责任。

此外，在某些农村地区，环境污染和当地社区自治能力弱以及信息不完整，政府可以发挥很大的作用，可以帮他们找到问题所在。并且要提高社区的能力，让社区认识到环境保护的重要性，因此我们必须对社区进行投资。其实我讲的这些并不算非常新的内容，汤敏也曾提出过这样的观点。

我们还有一个概念叫做包容性发展，它有两个方面的意思：一个是发展的果实必须是为大家共享，同时发展的过程也要尽可能地使各种参与者融入进去，也就是说谁是问题的核心谁就最有可能解决问题；另一个是我们要帮助他们，让他们有足够的能力，这也是包容发展的重要组成部分。

另外，我们也要知道在农村开展的所有项目并不是都能取得既保护环境又扶贫的效果，有些工作在扶贫中能取得效果，长期而言却危害了环境。比如说过度砍伐森林，或者种植一些对环境有影响的外来作物，短期来看对扶贫有帮助，但是长期如此的话对环境是不利的，有些扶贫项目甚至会削减之前扶贫的效果。比如工厂搬到某一个地方就会污染当地的环境，这就会使当地失去生存之本。这些失败的例子说明我们选择项目的时候要非常谨慎，既要知道它的好处，也要知道它的弊端，而且要做对环境影响和社会影响的评估，并且还要进行监测。亚行也是这样做的，因此这意味着有些项目需要放弃。有些项目本身确实就没有价值，如果真的做出来了，它对社会影响是不利的。

社会力量和企业的作用是非常重要的，包括在绿色扶贫发展方面，比如说 ICT 能够让偏远地区的人享受到通信服务，这使得他们不再偏远。有了 ICT 农村的学生也能听到城里最好的老师讲课，让农村的患者也能够得到大医院医生的会诊。我有一个朋友在巴基斯坦农村长大，每个星期天他都会用语音通话软件进行远程会诊，并在农村和当地医生建立了联系，可以在他的指导下给当地的居民看病，这在几十年前是不可能的。我们可以利用通信技术帮助农村的贫困人口。

女士们，先生们，中国仍然有 750 万人口处于贫困状态，有很多人处于喀斯特地貌特征的地区，要想保存他们的文化和生态环境，可以发展旅游业，也可以发展高附加值的产业。无论是对乡村还是个人，中国都制定了相应的扶贫计划，这表明政府和市场以及社会力量的有机结合能够加强农村反贫困工作。

最后，我已经看到了（生态文明与反贫困）贵阳共识，就亚行来说，我们没有在贵阳共识上签字，因为在签字问题上我们内部有很繁琐的程序，要获得很多的批准，但是我对它非常有兴趣，我会对它进行持续的关注。亚行会在贵州有不少的活动。

祝本次会议取得圆满成功！

○刘永富在生态文明与反贫困论坛上的演讲

刘永富（国务院扶贫开发领导小组副组长、
国务院扶贫开发领导小组办公室主任）

尊敬的诺德厚先生、尊敬的哈米德·谢里夫先生、尊敬的王富玉主席、李军副书记、刘远坤副省长，女士们、先生们、朋友们，晚上好！

很高兴参加生态文明贵阳国际论坛2014年年会，这次年会设置了分论坛专题讨论生态文明与反贫困问题，我觉得很有意义。贫困的本质是人与人的关系，人与环境的关系，人与人的关系是经济、社会、政治问题，人与环境的关系是生态文明问题。生态环境脆弱与贫困问题互为因果，贫困人口是我国全面建成小康社会的短板，生态环境脆弱是生态文明建设的短板，补好短板，摆脱越穷越生、越生越垦、越垦越穷的恶性循环，必须一手抓扶贫开发，一手抓生态文明建设，把反贫困和生态文明建设有机结合起来，实现扶贫开发与生态文明建设的良性互动。

中国政府高度重视生态文明建设，从关心人民福祉、关乎民族未来的高度，把生态文明建设摆在突出位置，作为全面建成小康社会的重要目标纳入社会主义现代化建设的总体布局。作为世界最大的发展中国家，中国政府始终把减贫作为国家发展的重要目标和任务，改革开放以来中国减少了6.6亿农村贫困人口，但是由于历史的、自然的等多方面的原因，中国目前的区域之间、城乡之间、群体之间的发展和收入差距还比较大。按照国家现行的扶贫标准，目前还有8249万农村贫困人口，按照1.25美元的标准，中国还有2亿贫困人口。这些贫困人口主要分布在中西部地区，特别是集中连片特殊困难地区，这些地方大多是中国重要的生态功能区域和生态屏障，对当地乃至全国都具有重要的生态价值。如果这些地区走以牺牲环境为代价的发展道路，不仅危及自身的未来，也将危及全国的生态安全。

2011年，中国政府颁布实施的《新十年扶贫纲要》，明确把减少贫困和改善生态环境结合起来，提出“在2020年之前，扶贫开发的主要任务是巩固温饱成果，加快扶贫致富，改善生态环境，提高发展能力，缩小发展差距”。2012年，中国政府批准了11个集中连片特殊困难地区，区域发展与扶贫攻坚规划，每一个片区规划都与国家的主体功能区规划相衔接，把保护生态环境作为区域发展与扶贫攻坚的硬约束，提出了生态文明建设与消除贫困相结合的基本原则和价值取向。

大家都知道，目前中国政府正在实行科学扶贫，精准扶贫，我们正在全国范围内开展贫困村、贫困户的识别工作，要把这些贫困村、贫困户的情况调查清楚，分析它致贫的原因，确定它脱贫的办法，明确帮扶的责任人。为此，我们现在在将近13万个贫困村中已经向10万个贫困村派出了10万个驻村工作队，将近40万中国的公务员到农村、贫困村驻村帮扶贫困村、贫困户。

大家也知道，在今年两会期间国家主席习近平先生要求我们要把扶贫工作抓紧抓紧再抓紧，做实做实再做实，李克强总理在两会上宣布“中国政府宣布要继续向贫困宣战，决不让贫困代代相传”，并且第一次在中国的政府工作报告上立下了军令状，今年要减少农村贫困人口1000万人以上。

刚才诺德厚先生和哈米德·谢里夫先生都说今天晚上的会议令他们感动，实际上我们是经常这样的，我们已经习惯了，不然的话中国的6.6亿贫困人口是怎么减少的，我们还有将近13万个贫困村，还有众多的贫困人口怎么办？所以我们要以只争朝夕的精神扎实地工作，我们还要加油加油再加油！

女士们、先生们、朋友们，生态文明与反贫困的有机结合是发展的需要，时代的潮流，是中国全面建成小康社会的基本要求。为此，中国政府将加强生态文明建设，坚决保护生态环境，实施科学扶贫，精准扶贫，坚决打好扶贫攻坚战。

第一，坚持扶贫开发与生态保护相结合。贫困地区保护生态环境就是保护生产力，改善生态环境就是发展生产力，坚持走绿色发展道路，推动绿色发展，实现绿色减贫，决不以破坏生态环境为代价来换取经济的增长。

第二，坚持既要金山银山，更要绿水青山。扶贫开发要尊重自然，顺应自然，保护自然，把生态文明建设纳入贫困地区发展及现代化建设之中，生态脆弱、贫困地区既要加大扶贫开发力度，减少贫困人口，更要切实为老百姓营造天蓝、地绿、水净的美好家园。

第三，坚持创新扶贫新品牌。我们曾经在不同时期、不同地区探索了扶贫开发的有效办法，有的形成了扶贫的品牌，很好地发挥了作用。我们将继续坚持改革创新，培育扶贫新品牌。我们设想在近期有三件事情可做：第一个就是对贫困家庭新增长的劳动力开展教育培训，为新兴工业化培养合格的技术工人。第二个对贫困家庭要实施特惠的金融政策，现在中国政府正在实施普惠金融政策，支持“三农”工作。我们扶贫只有普惠的金融政策是不够的，还必须有特惠的金融政策，我们的设想就是对贫困户提供五万元以下、三年以内的免担保免抵押的扶贫小额信贷，金融机构按照国家基准利率放贷，中央和省级扶贫资金，财政的扶贫资金，县级建立风险资金，并且加强信用环境建设，以此来支持发展有利于保护环境，发挥生态优势的富民多元产业。第三个对生活在不完全具备基本生产生活条件地区的贫困人口，一停止扶贫就立即返贫的贫困人口，实施异地扶贫搬迁，推进新型城镇化建设，实现贫困地区生态文明建设与减贫脱贫的同步发展。

第四，建立和完善生态补偿制度，国家建立法规制度，加大生态补偿力度，探索建立区域性生态补偿机制，完善生态补偿政策，实现生态文明建设与扶贫开发相互支撑，相互促进，推动科学发展和持续发展。

女士们、先生们、朋友们，贵州既是中国扶贫攻坚的主战场，也是生态文明建设的主战场，多年来，贵州省对于扶贫开发和生态文明建设积极探索，积累了很好的经验，取得了明显的成效。早在 20 世纪 80 年代，贵州毕节就开展了开发扶贫生态建设和人口控制为主体的综合改革试验，经过 26 年的建设取得了显著的成效，为贫困地区全面建成小康社会闯出了一条新的路子。国务院扶贫办将继续高度关注贵州的探索与实践，一如既往地支持贵州坚守发展和生态两条底线，不断创新丰富扶贫开发与生态文明建设有机结合的新路子、新途径、新方式。

我们也感谢国际社会对中国扶贫开发和生态文明建设的关注和支持，我们愿意进一步加强合作，不断深化交流，促进经验分享，共同推进人类文明进步。

最后，祝本次论坛圆满成功。

谢谢大家！

反贫困：三位一体的建设经济、社会、生态文明

〇让扶贫志愿者成为反贫困的生力军

汤　敏（国务院参事）

非常感谢大会给予我的这个机会来探索反贫困和生态文明的问题。大家都知道，生态和贫困是紧密联系在一起的，刚才刘远坤副省长也谈到哪个地方贫困，哪个地方的生态一定比较差，比较恶劣。所以，要解决生态问题就需要反贫困，反之亦然。反贫困我们谈了很多年，也取得了巨大的成绩，但是在下一步怎样做才能让最贫困的不管是八千万人还是两亿人（无论用哪一种方式来衡量）脱贫，解决这个新时期的贫困问题呢？今天我的发言主题是“让扶贫志愿者成为反贫困的生力军”。

什么叫扶贫志愿者？就是这些志愿参与扶贫、帮助扶贫的人，这些人在目前还不是反贫困的生力军。尽管这些志愿者也做了很多工作，在反贫困工作中做了很多工作，但是系统性的、成规模的、深入基层进行反贫困的这样的志愿者行动目前还是缺乏的。

最近，国务院参事室组织几位参事到黑龙江、吉林、上海做了关于中国志愿者情况的调研，我有幸也参加了。我发现中国的志愿者群体是一个巨大的宝库，而且数量巨大。在黑龙江、吉林、上海，每一个地方都有两百万以上已经注册了的志愿者，这些人都愿意拿出自己的时间，拿出自己的资源来做一些事情。但是，目前这些志愿者主要都还是在城市里面，他

们做的事情基本是在社区，在城市里做一些工作，例如，保护城市的卫生环境，再如节日的时候慰问孤寡老人等传统的志愿者服务，但这远远不够。这些志愿者为什么不多做一些事情呢？现在志愿者供大于求，志愿者很多，事情太少，为什么？因为我们现在的志愿者基本局限在城市里，城市里需要志愿服务的事情是有限的，怎样把城市的志愿服务者这么大的人群，这么多的资源，这么高的热情和农村特别是贫困地区的反贫困问题有机结合起来，把上亿人甚至几亿人的大市场开发出来，这将是下一步反贫困中非常值得关注和推动的领域。

我们现在有八千万贫困人口，仅共产党员就有八千万，加上共青团员、民主党派，都加起来有好几亿人，这几亿城市人口帮助八千万贫困人口应该是不难的。现在是没有一种很好的办法把这些人对接起来，把城市的志愿者和农村的需求对接起来，如果说过去对接比较难的话，现在机会来了，机会在什么地方？

第一个机会正如刚才刘永富先生所说的，国家现在在扶贫方面正在加大力度地推进，现在有40万名公务员已经扎根于十万个贫困村里，这些公务员将长期驻扎在村子里面，他们第一个任务就是要建档立卡，把贫困人口真正找出来，他们为什么贫困？他们需要什么？他们需要什么帮助？把这些找出来，这是过去没有的。

第二个机会是ICT的条件，现在大部分农村基本都联网了，实在没有联网，至少大家都有手机，至少咱们驻村干部、公务员人手一台都是智能手机，有了智能手机就可以把大量的信息往上传。所以这两个条件是过去没有，现在已经有，正好可以搭建一座桥梁，把农村贫困地区的巨额需求和城市志愿者的巨额供给对接起来，从而实现中央一直倡导的城市反哺农村、工业反哺农业的这一目的。

具体怎么做？我们是这样设想的：这些驻村干部找到贫困户，了解贫困户的需求，把这些信息搜集出来，通过互联网或智能手机发到扶贫办或者某一个社会组织的志愿者服务网络上去，把这些建档立卡已经注册的城市志愿者分单位或者分组织让他们去寻找那些可以提供帮忙的团体或个人，这些帮助不一定要求城市志愿者到乡村去，很多的帮助只要了解到信息，城市里的志愿者举手之劳就可以解决。比如农村的农产品卖不出好价钱，这些城市的志愿者可以帮他联系买家，甚至自己就可以买下一部分，发动自己的朋友、自己单位的职工就可以帮助买一部分。再如农村需要更好的教育，需要一些御寒的衣服，我们完全可以在城市里找到，通过互联网或者邮政寄过去，驻村干部收到这些东西以后还可以拍下照片，放到互联网上说明这些东西已经收到并发挥了作用。群众的智慧是无穷的，只要把需求传上来，大家会想出很多解决的办法，但是有些问题还得国家解决，修路、修桥、建学校还得国家解决。八千万人有两千万个贫困户，一个贫困户有两三个、三四个城市志愿者来帮助他们，那么很多问题就可以解决。所以让社会来解决贫困问题，或者说配合政府的主力扶贫，社会志愿者把这个需求对接起来，可以使现在的扶贫走出一条新路子，可以把原来想象不到的一些扶贫方式推广开来。

我所在的友成基金会正在做试验，几天前第一批扶贫志愿者，我们叫扶贫后援团，给每一个驻村干部配一个后援团帮助他。第一批后援团是每一个驻村干部找了四个大学生帮其建档立卡，我们把信息收集后再到各单位找志愿者帮助他们，如果这个能做好，那么很可能中国未来十年的扶贫将是一个全世界都没有的扶贫模式，将把全社会动员起来一起来扶贫，将是一个多元化的而不是过去仅有的政府扶贫或者产业扶贫等，是多元化的扶贫，我们希望这一天尽早到来。谢谢！

〇三位一体的反贫困工作与儿童全面发展

邓荣基（世界宣明会桂黔区域总监）

各位尊敬的嘉宾，与会朋友，晚上好！感谢论坛主办方给NGO的工作人员提供了分享经验的机会，我是一个前线的工作人员，因此分享层次是比较微观的。

今天我们讨论的主题是反贫困：三位一体地建设经济、社会、生态文明。作为一个反贫困民间组织的工作人员，我觉得我们的工作对于经济成长方面的贡献很有限。我们的侧重点往往不在经济建设方面，更多的是关注社会、生态文明方面，我相信这样也是一种补充。

论坛材料里面提到，反贫困的工作不只是解决贫困区域和贫困群体收入增加的问题，更重要的是整体改善贫困区域的生态环境和贫困群体的福祉，这也是我在的服务机构宣明会一直以来的想法。宣明会所有的工作都是围绕不同地方有需要的儿童，向他们提供帮助和服务，目标架构很简单，我们有一个儿童全面发展的目标框架，这个目标框架有几个方面：第一个是儿童享有健康；第二个是儿童享有接受教育的机会；第三个是社会需要方面，也就是儿童有能力付出爱心，并且接受关爱；第四个是儿童能够得到适当的照顾、保护、参与。这些目标听起来很基础，很简单，但是它不一定随着社区的经济增长同步进步。比如儿童的营养状况，家庭的经济收入看起来增长得挺好，但是儿童营养状况不见得随着经济增长而增长。

第一点是关于把人的福祉作为反贫困的最终目标。第二点我想提的是怎么才能增加贫困人口的福祉。论坛资料里面提到关于反贫困可持续能力系统，我非常认可这个观点。这里面就提到反贫困可持续能力能够让贫困人口作为反贫困行动的主体。工作中我们的做法就是在一个地方开展项目的时候，讨论我们和社区到底要达成什么目的？比如说我们一起努力帮助社区0～5岁儿童的营养得到改善，只有达成共识，我们才开始和社区讨论用什么方式最合适、开展什么活动。在这个过程中也带入各种能力提升的内容，比如说我们会提升儿童照顾者的能力和知识，农村的传统认为母乳不足够，所以他们给孩子喝很多的鸡汤，这不见得是合适的。或者说提升新生儿母亲的组织能力，用最科学的办法帮助她们的小孩健康成长，这个过程中我们也努力避开硬件和软件的思考。因为我们经常会想到要硬件和软件结合，其实硬件之所以有价值是因为它能够在这个过程中对儿童的福祉产生作用，所以我也很高兴论坛提出三位一体的建设经济、社会和生态文明的思考，也相信这些多角度的考虑能够成为反贫困工作的指标，为反贫困工作带来更多的突破，为不同地区和国家反贫困工作提供很有价值的参考。

这是我工作的分享，不对之处请批评指正！

○贵州省绿色减贫分析及对策研究

张　琦（北京师范大学中国扶贫研究中心主任、教授）

感谢主办方，感谢主持人！

对于这次会议我们准备了一个材料，这个材料是贵州省扶贫办叶主任和国际扶贫中心黄主任以及北师大组成的专家组进行的前期关于绿色发展、绿色减贫的研究。在这次会议中我们提前把报告印发给了大家，在此我把主要部分，尤其是贵州省有关绿色减贫向大家进行汇报与分享。

生态文明与减贫是推进人类世界文明进步的两项重要任务和挑战，也是国际社会共同关注的问题。前面各位嘉宾和领导也提出生态文明和减贫如何做好，如何共同推进，因此我们就提出绿色减贫是生态文明建设和减贫的创新方式，是符合生态文明发展，实现绿色增长与发展方式减贫的新理念。这当中亚行有专家也提出了如何支持绿色减贫，对于绿色减贫的概念我们提得不是很多，生态文明和反贫困事实上从绿色发展或者绿色减贫的角度能更好地结合起来，那么如何进行度量呢？

我们要先了解绿色减贫具有怎样的特点。第一，绿色发展和绿色减贫成为全球共识，在此就不多加叙述。第二，绿色发展和绿色减贫成为中国社会各界共同关注的焦点。第三，绿色减贫成为新时期我国反贫困新战略理念。当然，正是因为绿色减贫是一种低碳的减贫方式，更加注重以人为本的多维扶贫理念，是一种可持续的减贫方式，更重要的是，它是中国扶贫方式的提升，是一种开发式扶贫的升华，又是从造血功能向造好血功能的转换，所以我们说绿色减贫是扶贫新理念和新的关注点。

如何进行度量？经过一年多的研究，我们提出了绿色减贫指数的构建。我们结合了世界各国包括国际组织人类发展指数、绿色增长测度指标体系和中国绿色发展指数等权威性指标体系。而中国绿色发展指数也是北师大经济自然研究院最近几年连续出台的。根据这个发展指数我们结合几个方面的权威性指标体系，建立一个度量体系，即从经济增长绿色度，资源利用与环境保护、社会发展、扶贫开发与减贫效应四个维度、27 个指标全面度量绿色减贫的效果。通过这样的指数我们进行了一些测度，测度的范围包括全国 14 个片区，一共 500 多个县，我们通过扶贫办的数据、全国统计数据，还包括环保的数据等方面进行计算，通过计算我们发现有以下几个特点。

第一是兼顾了生态环境的保护，第二是各区域相差很大，第三是呈现出一圈两带的特点，第四是高度重视资源利用、环境问题已经提到议事日程，第五是各片区在扶贫开发过程中重视减贫高于绿色的特点。

通过对这 14 个片区进行比较，我们发现各片区的减贫指数差异还是比较大的。我们在贵州生态文明建设尤其是减贫方面积累了很多好的经验，通过前一段时间对贵州省绿色指数的度量、分析，我们将其简要分为几个方面：

第一，通过观察绿色发展指数排名，我们发现贵州绿色发展指数靠前的相对较少，排名进入前 100 的只有两个，进入前 400 名的只有 20 个。

第二，石漠化区绿色排名靠后的数量最多，乌蒙山区靠后比例最高，占十分之九。

第三，遵义市凤冈县排名最高，在全国居第 54 位。

总体而言，贵州的特点有以下五个方面。

第一，通过排序计算贵州省减贫指数在全国处于第三档。第二，贵州绿色减贫资源利用、环境保护排名是靠前的，经济绿色度排名靠后，这主要是因为贵州省在经济发展方面相对落后，影响了它的排名。第三，高于全国片区绿色减贫平均数的片区，它的减贫成果贡献度优于绿色度成效的贡献度，基于全国绿色减贫指数平均数之下减贫成效贡献度弱于绿色减贫程度的贡献度。这就说明了减贫效应能够有力地带动减贫指数的提升。第四，分项绿色减贫指数处于中等上下波动。第五，贵州省各地的发展不均衡。

最后我们提出了几个方面的建议，由于时间关系简单提一下，但是我感觉这几个方面非常重要。第一，深化认识，构建绿色减贫指数新体系，不仅仅是贵州省而且是全国性的，如何构建绿色减贫新体系。第二，积极探索大力发展绿色产业化和产业绿色化的新途径、新方法，要发展绿色减贫，要大力推广绿色减贫，绿色就是使产业化能够达到长期效应，也就是产业绿色化。第三，完善贵州生态补偿机制，为绿色发展、绿色减贫提供支持保障。因为只有在生态补偿机制能够得到保障的情况下，开展绿色减贫和绿色发展才有可靠的保障，这样才能得到更多的支持。第四，探索生态资源交易市场的新途径、新方法。生态资源如何有经济价值关键是交易的新途径和新方法，那么就要促进形成贵州省生态资源、绿色资源资产化的途径、方法以及渠道，这需要今后进一步进行探索。第五，将绿色减贫指数体系纳入本省贫困县考核包括约束退出机制，完善绿色减贫战略性规划体系。第六，片区的发展，更重要在于区域的联动和协调，共同促进实现绿色发展，绿色减贫。

谢谢大家，如有不对，请批评指正！

○互满爱人与人中国农村社区发展项目经验分享

迈克尔·海尔曼（“互满爱人与人”中国首席代表）

谢谢各位朋友，非常高兴有机会与大家分享我们在农村的经验。两千四百年之前孟子就说了当好人必须怜悯，必须同情，所以农村发展的出发点还是团结。

贫困不是一个意外事件，它是人造成的，也可以被人的行动消除，我们组织不是与一个叫“贫困”的抽象概念进行斗争，而是与穷人手拉手、肩并肩站在一起解决他们的发展问题。穷人和我们大家一样，有家庭、有理想、有希望，但是他们没有我们的发展机会，我们必须避免把穷人当作被改变的客体，我们必须让他们当主体，他是我们的朋友。

那么怎么做呢？脱贫需要一个触发器，触发器从哪里来呢？我们说农业指导员，这个人他是住在农村，他是贫困人的战友，他是和农民共同抵抗贫困，感知这些贫困人群目睹新的机会，使贫困人获得自信。

发展必须有交流和组织能力、必须有友好的人际关系和集体能力、必须有环保学习能力、必须有文化学习的能力。我们的方式是50名农户自愿组成互助小组，培训农业技能以提高农业生产能力，通过社区行动改善生活质量。农户互助小组是经验分享的平台，是增长知识的平台，也是提供支持的平台。下面有七个项目活动，包括引进保护型农业、改进农业生产技术、增强灌溉、增加农作物耕作品种、组织统购原料、分析当地价值链和最优化销售，提供支持发展技能和分享经验的讨论平台，还有一个重要的活动是强化妇女参与生产劳动。那我们是怎么做的呢？众所周知，农村缺乏幼儿园，如果你在村里盖一个社区幼儿园，那么每一个农村妇女每天可以减少两个小时关注这个小孩子，这两个小时可以发展生产力。

我们这个项目进入每一户，分析每一户的生产困难是什么，分析怎么解决。项目目标是农民财富增长、土地改善、营养改善、生活环境改善和农民家庭健康、生产配套设施改善，还有社区农民之间的关系改善。所以

50 多个农户组织成一个农民互助小组，5 个农民互助小组安排一个农业指导员，50 多个农民互助小组有 2500 户，我们安排两个项目经理，在农村住三年，这样做的成本是每户 600～1200 元/年。我们的农业指导员不是领导，他和农民共同工作，支持农民互助小组委员会已成为自己事务的领导，三年项目期内都住在乡镇。

2013 年我们有 6700 个家庭参与互满爱丰都、万州、元阳、镇康农民互助小组项目以及万州社区发展项目；1160 个农村儿童在镇康、香格里拉等地获得接受教育和更好的发展机会；我们让 3 万多人明白怎么预防艾滋病和肺结核。社区生活改善活动有很多，从开办幼儿班到修建垃圾池，环保方面从减少化肥使用量到改善非耕农业。

我们的资金来源第一是扶贫基金，第二是中国未来碳汇市场，第三是生态系统服务付费，第四是中央政府的学前教育拨款，第五是社区参与。

谢谢大家！

○以社会建设为抓手，创新扶贫开发理念和机制，实现社会与生态共生共荣

王春光（中国社会科学院社会政策研究室主任、研究员，贵州民族大学
贵州省 2011 民族地区社会建设与反贫困协同创新中心研究人员）

大家晚上好！

很高兴来这儿向大家汇报我们的一些想法，我们与贵州民大孙兆霞教授有 15 年的合作，最近出版了两本书，我代表课题组向大家汇报我们的主要观点。刚才几位发言人说得很好很具体，实际上他们做的东西和我们是直接相关的。汤敏教授之前是学经济学的，现在专注于志愿者服务，我觉得这是很有意思的，我们把这叫做社会建设。中央提出来五位一体，实际上社会建设在整个经济建设、生态文明建设中是起了很重要的作用的。社会建设既是我们的手段，又是我们的目的，我们要构建一个大家觉得很温馨、很富裕、很快乐的社会，这就是我们要做的。贫困就是建设和谐社会、幸福社会的短板。

这几年，我国的反贫困工作取得了很大成就，是中国经验的亮点，是拿得出去、叫得响的，从中央到地方都很重视，也有很大的动力推进扶贫开发，投入了大量资金，以后还会投入很多资金。

但是，我们也要看到现在的扶贫和八十年代、九十年代的扶贫有很大的差别，我们应该看到时代的变化。我们面临的是一个新的时代，贫困地区的社会发生了很大变化，比如说我们讲的三农问题，农民已经老了，原来是农民很穷，现在农民老了，我们叫“新三农”，农村变得散了，因为大量的人口流动出去，农村没有原来那么紧密。再者是社会差距越来越大，国家的差距在加大，贫困地区、欠发达地区的社会差距，还有干群的信任度在降低，这是我们明显感受到的。另外贫困对象的发展需求在提高，产业选择性方面出现生产性服务不发达的问题。

还有一个就是国家对扶贫开发要求也高了，因为我们之前是发展中国家，现在是经济上的第二大国，国际上对我们的要求变高了。目前我国的扶贫开发虽然取得了很大成就，但是也面临一些局限性，比如我们的规模很大，大规模地推进扶贫，就如汤敏先生所说，我们有八千万党员，八千万党员动员起来很好，但是并不是我们想象的都能动员起来，那么如何动员？如何对接？这是一个很大的问题。

第二个我们比较重视精英和能人，轻视一般普通老百姓，重投入轻服务，政府做得很多，老百姓站在旁边看，老百姓非常被动。有的注重短期效益，长期效益很低。有的重经济 GDP，有的重开发轻扶贫，我们说开发和扶贫这两个东西在现实中会产生矛盾，还有条块分割特别多，资源很难整合在一起，如何协调？

刚才海尔曼先生也讲过，我们要落实到民众中，我们要改变这种从开发型到发展型的转变，从单一项目到综合项目的转变，从政府为主到多元参与转变，从经济型到人与生态的转变。这是一个系统工程，必须要狠抓社会建设。2004 年中央提出社会建设的概念，这个概念非常好，但是落实中存在很多问题。因为社会建设是很专业的工作，需要构建一个很庞大的系统，和老百姓交朋友，教老百姓知识，得到老百姓的信任，这是很重要的。所以要以社会建设为基础，对于扶贫开发，我们现在提出的概念叫扶贫开发的社会基础，如果这个社会基础不扎实那么社会矛盾就会很多，我们的钱虽投入很多，但反而造成村庄分裂，反而使扶贫开发更加不符合老百姓的需求，这是我们面临的很大问题。我们还要解决民众与政府之间的信任问题，民众内部的团结问题，参与的积极性问题。社会建设是很复杂，很系统的，希望我们共同努力，我们不要只是在经济上，更重要的是把社会建设得更加美好，这是我们的愿望。

谢谢大家！

全球反贫困
——中国的责任承担

○全球反贫困——国际 NGO 在中国的视野与角色转化

廖洪涛（乐施会中国项目总监）

感谢在座各位，特别是中国国际扶贫中心，贵州扶贫办以及各位嘉宾，很高兴今天有机会和大家分享我们在全球反贫困方面的一些思考。

乐施会是国际著名的扶贫发展机构，作为一个国际机构在中国开展扶贫项目已经二十多年，特别值得一提的是乐施会 1991 年在国内开展扶贫社区的工作，云南和贵州是我们最早在内地开展扶贫工作的地方，所以今天有机会在这里分享特别有意义。

世界在发展，国家在发展，在全球反贫困大框架底下，乐施会作为国际扶贫机构，我们的新角色和贡献到底在哪儿？今天的分享是一些不成熟的想法，抛砖引玉，也不代表乐施会的想法，但是希望在这里与大家交流或者思考。

过去三十年里中国的经济实力增长非常快，现在已经是全世界第二大经济体。在国际社会上出现一些观点，认为中国不再是一个发展中国家，他们认为北京、上海比纽约、伦敦还现代化，所以认为中国不是什么发展中国家。从国际发展援助机构的角度看，一方面，很多国际机构的筹款来源正在减少，特别是在欧美过去几年金融海啸非常严重，国际发展机构来自政府拨款或者公众筹款的数量迅速下降；另一方面，他们认为非洲或者其他国家贫困程度比中国远远大很多，认为中国已经列入发达国家之列，贫困问题已经基本解决。所以总体来讲国际发展机构在过去十年里在中国的投入陆续减少，甚至有些机构考虑要退出中国。

但是，考虑到中国的人口基数非常庞大，而且发展的基础非常薄弱，所以从人均收入和公共开支等方面看中国的经济和社会发展水平还是处于发展中国家水平。国际机构包括国际 NGO 在中国的扶贫发展领域还将扮演非常重要的角色。

如果按照每天收入 1.5 美元的世界标准来衡量贫困人口的话，中国还有 2 亿的贫困人口，按照 2011 年新的国家扶贫标准线 2300 元算，农村人口中有十分之一还处于贫困境地。城乡差距和贫富悬殊非常大，并且呈上升趋势。近年来，全国总体的基尼系数均已超过了标志社会分配不公平的 0.4 的国际警戒水平，说明现在中国收入不平等程度已经非常明显。有研究报告认为，中国最为突出的问题不是收入不平等的程度，而是收入不平等差距的上升幅度和上升速度。

因此，中国的扶贫任务任重道远，需要政府部门与社会各界继续共同努力，这不仅是对中国社会公平发展的努力，也是对解决好全球性扶贫减贫问题的巨大贡献。我们认为，国际 NGO 对此负有责无旁贷的责任。

国际 NGO 在中国开展扶贫已有三十年的历史，在 20 世纪国家整体财政实力比较弱的时候，国际 NGO 在中国扶贫的主要贡献是资源的投入，当年投入的资金在贫困地区扶贫中发挥的作用是非常大的。特别是在 20 世纪，中国的总体经济发展水平还比较低，政府的财政能力很弱，在开展扶贫工作中，投入有限。国际机构和 NGO 扮演了重要的扶贫资金筹措者的角色。

国际机构作为社区扶贫实践和示范者，过去三十年在中国贫困社区进行实践，包括提供服务，包括种养殖培训，不仅帮助社区脱贫，更重要的是对这些社区的探索其经验可以广为普及，具有可持续发展的重要意义。国际 NGO 的扶贫经验和创新建立在社区实践基础之上。对贫困的多样性具有深入而具体的理解和实践，并且把一些比较成功的社区扶贫发展的经验和模式总结出来向社会各界推广。所以这方面的实践和示范也是国际机构对中国扶贫发展的贡献。

国际机构和 NGO 是扶贫理念和方式的创新者。许多在扶贫领域中通行，并被政府所接受的方法和理念都是由国际机构和NGO最先开始试行和推广应用的，比如社区参与、小额信贷、社会性别等方法；国际NGO还参与开发了新的扶贫领域，如支持农民工培训和权益保障、反对家庭暴力、艾滋病防治等。由NGO开展的一些富有成效的扶贫政策研究，也具有领先意义。

在城市扶贫领域国际机构也有相当大的贡献，到目前为止大部分人认为中国的贫困主要在农村，但是不要忘记中国农村的青壮年劳动力绝大部分都已流入城市，而他们在城市的打工收入变成农村家庭收入的主要来源之一。所以在城市打工收入和农村的脱贫是紧密相关的。外来农民工在城市里相对贫困，尽管在城市打工的最低工资不断提高，很多地方的最低工资一个月两千多块钱，看起来收入不低，但是实际上他们在城市里缺乏医疗保障，缺乏劳动权益的保障，以及他们退休、工伤等都面临很多问题。国际机构在城市开展一些相关扶贫是做出了很大贡献的。

在过去几十年里，无论是发展机构还是国际NGO，是中国草根组织成长发展的主要支持者，无论是资金的提供还是从项目到机构发展方面，都扮演了非常关键的角色。

经过数十年的扶贫工作与探索，NGO对中国内地扶贫的贡献逐渐被政府和社会各界人士所认识，但是随着政府公共财政和社会各界在扶贫方面投入资源力度的不断增强，国际NGO在内地扶贫投入的资金比例也相对减少得很快，所以国际NGO在中国的资金投入方面的重要性越来越低，国际NGO在中国扶贫中的定位和作用也应该与时俱进，除了需要继续保持上述的角色之外，还可以考虑在如下领域进一步发挥新的作用。

公共扶贫政策的参与者

尽管政府和社会投入越来越雄厚的公共财力从事扶贫工作，并制定很多全国性的扶贫政策和纲要，但是由于中国贫困的复杂性和多样性，以及宏观政策和资源分配在解决具体贫困问题的有效性与可持续性、可行性和具体解决方案等方面，都面对新的挑战和机遇。因此需要进一步加强对贫困和反贫困的公共政策和实践的研究和探索。在反映民间声音、宏观政策理论与社区实践相结合和进行扶贫的创新研究方面，民间组织不管是本土的还是国际的民间组织参与讨论、实践、评估、反馈都有着非常重要的意义，特别是从国际范围的经验来看民间组织参与政策的制定、落实和反馈方面其作用非常重要。

跨领域的扶贫探索者

随着扶贫工作的深入，贫困日益凸显的多元特性给政府以部门划分的扶贫方式带来了许多挑战，比如，如何平衡少数民族的文化多样性保育和扶贫与发展；少数民族地区要面临保育，传统的知识。但是它也要参加发展，还要脱贫，这方面涉及的领域非常多，不仅是扶贫办，可能还有农业、民委、教育部门、文化部门、环保等，民间组织是否可以将在这些跨领域扶贫探索的社区经验和方法提供给决策部门参考？开发式扶贫如何与救济和社会保障相结合；对贫困地区的弱势群体，如妇女、留守儿童、残疾人、孤寡老人、艾滋病群体等，如何制定和实施更有效的针对性扶贫政策和方法？这些也涉及到扶贫、教育、卫生、民政、妇联、金融等领域。国际 NGO 可以在这些领域与各相关政府部门和社会各界合作，超越部门的限制，进行社区实践和研究探索，总结经验和推广成果。

国际民间扶贫交流推动者

随着中国在国际社会的影响力越来越大，国际 NGO 在推动中国与国际社会的交流上具有非常重要的角色与作用，这与中国政府提出的加强扶贫领域的国际交流，希望通过对其他发展中国家扶贫的支持，扩大中国在扶贫领域影响的目标是一致的。这些国际民间扶贫交流领域包括：

（1）虽然我国的扶贫成效非常大，但是国际上还是有一些好的扶贫经验可以由国际机构继续探索和引进，包括对贫困群体的社会保障体系的建立和加强，如何公平有效地提供包括医疗、教育等公共基本服务政策体系，鼓励和支持大量的社会组织参与扶贫，增强贫困群体抵御各种风险（自然灾害，极端气候，市场风险，疾病等）的能力，以及减灾防灾能力。另外，如何更进一步推动社会参与农村扶贫及互助等，国家在近几年大力推荐政府购买服务，在城市社区做了很多工作，但是社会组织参与农村扶贫还是很大的空白，是否有些国际经验可以借鉴？

（2）向国际民间社会推广和介绍中国扶贫、人道救援与发展的成效和案例，以贡献全球扶贫与减贫经验积累和分享；在国际社会推广中国的扶贫成效进行交流还是薄弱环节，如何把中国的扶贫减贫经验在国际上分享交流，对在中国的国际 NGO 与本土 NGO 是机遇也是挑战。

（3）我国有越来越多的公募和非公募基金会，支持很多本土民间组织成长和发展，政府也支持和购买了大量的社会组织项目，涌现了大量社会扶贫组织。与中国走向世界相适应的是需要本土民间组织走向国际社会，具备更强的、具有中国本土的知识和立场的、符合国际视野的民间组织。因此，应该加强国际 NGO 与本土 NGO 的交流学习，使更多的本土 NGO 具备国际公民视野和能力。

（4）因为中国在国际社会具有越来越大的影响，特别是中国对外投资、援助和贸易等，对发展中国家的贫困社区和群体产生越来越大的影响，中国的国际和本土 NGO 也有责任开始考虑中国如何为成为一个负责任的全球大国做出积极和建设性的贡献。期待中国的社会、民间组织在全球的扶贫发展有更大的影响。

○扶贫治理的机构组织框架

廖晓义（北京地球村环境文化中心创办人兼主任）

谢谢各位同行，各位领导。我在这里算是汇报一个案例，我们作为本土的社会组织，从2008年参与灾后重建，在四川、重庆、湖南、山东一共40个山村做乐和家园试点村的实践，都是为政府指导的乡村治理提供技术服务。

我想比较简单地分享一下大概的框架，首先是对王春光老师的回应，就是怎样用社会建设来推动扶贫工作，那就是要以互助会为治之基础、以机会为共治平台、以社工站为技术支持、以村党支部、村委会为基础的一个机构组织架构。在这个基础上建立一个责任模式，叫做三事分流，大事政府办，小事村社办（小事就是社区的公共事务），私事自己办，建立一种责任共担的责任模式，在这基础上实现投入机制改革，叫利益共享。这样的基础之上，社会建构的基础之上，如果扶贫是高兴幸福的话，那它就是营造五个乐和的生活。在农村特别是空巢化乡村，很多时候他们的贫困是由于社会解体了，基层社会解体的流沙社会人们去对付贫困的能力很弱，所以需要大家组织起来，这样才能在经济上打一个共同的品牌才能致富。

还有一个，我们知道因病致贫情况非常多，如何在一开始以健康管理和普及提高知识减少因病致贫也是很重要的内容。再就是精神方面的扶贫，如何让人有一种自立、互助的公益精神，这也是非常重要的。当然还有环境扶贫，包括长沙很多的农村垃圾是直接焚烧，所以我也想借此机会呼吁一下，传递一个最简单的知识告诉所有的村民千万不要焚烧塑料，我们都知道经过科技处理过的垃圾焚烧厂最后都很难解决二噁英致癌物质，现在很多乡村直接把塑料烧掉，烤火的时候就把塑料袋扔到火里，那个时候人得了病，你再挣了多少钱，你的病是得不起的，所以环境保护是反贫困特别关键的内容。如果我们把人作为一个整体，而不是经济扶贫的意义，我们会从社会、文化、环境各个方面来理解扶贫，我想这也是中国人能够对世界做出的一个世界观上、文化上的贡献，当然我们自己要去尝试。

这样的模型怎么能够实现呢？它有一个机制，就是党委领导是一个头，乐和联席会社会组织在一起是心脏，下面的腿是大院、书院、庭院、云院等十四个平台，大院是组织公务的，是处理公共事务的，书院是教学的，庭院是指入户的，云院就是云上的技术和平台。在这个技术上它的左膀还是行政村的系统有村党支部、村委会和村民大会，但是它有一个右膀就是自然村层面的，小组层面的，现在有了社工站，社工服务，有了互助会，村民组织起来，有了村支会的基金，就可以实现各方面的幸福，或者是扶贫。

现在有 40 多个乡村，有 20 多个在长沙。我简单介绍一下长沙的试点村，政府购买我们的服务，政府搭建社会工作平台叫社工站，引进我们这样的组织，当然还有其他的社会组织提供社工服务或者技术服务，这些社工从当地来，很多都是县域青年。长沙让人特别振奋的经验就是一年里这些普通的县域青年成了优秀的社工，现在光是长沙就有 80 多名县域青年成为社工，分驻在 25 个乡村，一个社工站有 3 名社工，在社工站提供服务。

社工干什么呢？和政府一起来建立互助会，这是互助会一个月的工作总结，其中谈到他们怎么处理公共事务，环境保护，垃圾怎么处理，如何帮助贫困户，当他们互助起来的时候有很强大的力量守望相助，来帮助贫困和弱势群体，包括留守儿童，邻家妈妈照顾邻家的孩子。这里有很多他们的工作，总的来说，就是社工跟村两委会一起在五个试点村组织互助会的情况，互助会成立以后还要建立联席会，就是村两委会为主导的社工和互助会一起参加的联席会，定期开联席会，几乎所有的乡村问题都可以在联席会平台上解决，包括危旧房改造决议，包括暴力阻工如何解决，派出所去了都不能解决的问题如何通过联席会互助会来解决。

怎么建立三事分流和投入机制改革？政府做大事，村社组织做小事，个人做私事，我们有两个试点村，这已经形成了政府文件。这是各个部门发改局、环保局等在一起讨论我们的经费是不是可以通过联席会、互助会来解决。解决的结果是什么呢？三事分流一定是一层一层地讨论，互助会，村委会，联席会，最后谈出来各自做什么，大家怎样互补，这个项目流程是这样了，由乐和代表征求村民意见，然后召开互助会讨论搞什么项目，村书记召开联席会讨论，如果通过了就要报上去下达指标，竣工以后由乡镇验收，互助会负责后续维护和管理，成本低了，参与度高了，而且质量好了。

这是用两公里的生态路指标修出了四公里生态路，村民自己来设计，村委会把这个项目交给了互助会，省了三万块钱，他们又拿去修了一段水渠，互助会要承担责任，他们自己去解决矛盾。

这是关于低保的，三个互助会的人在一起讨论，经过充分讨论之后，与会者一致认为，这三个自然村的村民都不够低保的水平，因此他们把三个组的低保名额全部让给更贫困的村，这件事情似乎是不可想象的，但是它发生了。前面谈到为什么要大家参与这些事情，今天扶贫办的领导也在，他们需要多征求意见。这个村子特别需要修水塘，但是一个部门下来的指标是要修网球场，所以扶贫项目如何从下到上通过新的社会组织解决问题需要认真研究，当然还有大院，现代服务的体系，他们有了自我的管理组织就把一些旧房子改成了自己的公共空间，在那里学习各种传统的礼仪，乡土文化等。这是好几个村子的例子。

孩子的教育、留守儿童的关爱、孤寡老人康复都由互助会主导来做，社工只是从事技术支持，政府发挥行政支持。抗旱大家不互相抢水，而是互相让水共同解决。如果没有互助会，村民若生病了就没有人帮他去收谷子，有了互助会以后他们就有了互相帮助。然后他们还把外出打工的，嫁出去的女孩子请回来，让他们觉得有家一样的感觉。

最后，我们说一个关于产业和环境管理，循环农业，就是生态农业，也就是环保管理和健康管理的例子，因为有了社会建设，湖南说要养殖转型，我们喂养的猪要用生态的形式，于是稻米要翻身，先从实验开始来改变化肥农药过度使用的情况。关于环境保护，凡是社会建设搞得好的地方，垃圾的问题都是小问题，分包了，公共精神在那里复苏。至于健康管理，我们在那儿请专家引进资源给他们做食物教育，当他们接受了教育，还可以成为乡村的美食家，一个村可以作为一个食物教育基地，也是要给扶贫对象增收的一种方式。这是村民把自己老的家具捐出来成立了村里的博物馆，还有很多的健身的办法，跳舞、健身等。还有把节气文化捡回来，节气养生。这个事情在一年以后，本来我们是签约三年的，做三年，结果一年就有了成效，于是政府就在每一个乡镇推开这项工作，第一批做工作的这些村支部书记、社工互助会代表，在第二批干部培训时就成了他们的培训员。

来看看初步成效，社会公德开始修复，乡村公共事务全面参与，政府执政能力明显提升，百姓生活品质逐步提高，环境改善了，人际关系好了，经济有了新的希望。我们要做精神扶贫，要用共同的梦想凝聚人心，社会共治，经济共赢，生命共惜，价值共识，环境共存。社会扶贫要以乡村治理为基础的存项共生，我们的扶贫最后要开出生态扶贫这样一朵花，在美丽乡村建设，生态乡村建设，要实现可再生能源、生物多样性保护，要进行垃圾分类、水源保护、土壤保护。这个花瓣是讲新的产业能够可持续发展，养老养生，生态农业，生态旅游等，树叶是指乐和养生，家庭责任人，专业医护人员，树干是民间社会，党委政府，社会企业，当这样的状态出去以后我们对扶贫就有了一个整体的了解，并且当反贫困的时候也要反浪费，我们如果搞上不封顶，人可以无节制地消耗资源，那么扶贫的列车该开往何处?

所以希望未来反贫困的每一个乡村都能够开出这么一朵花，一花五蕊酿芬芳，扎根沃土根茎壮，叶茂花鲜众人养，招蜂引蝶天下香。

谨以此献给大家!

○反贫困与中国企业“走出去”的责任承担

张君佐（中英合作国际林业投资与贸易项目管理办公室主任）

谢谢主席，谢谢各位朋友，各位同行！非常感谢大会分论坛组织者的邀请。我来自中英合作国际林业投资与贸易项目，今天的主题是“反贫困与中国企业走出去的责任承担”。

当今中国已经成为世界领先的经济体之一，并且在世界上也成为最重要的木材、林产品和非木材产品（如棕榈油和橡胶）的加工和贸易中心。2009 年，中国主要的出口市场是美国、欧盟和日本，它们吸纳了超过 50% 的由中国出口的木材和林产品。在这些市场上，对加工产品使用合法木材的验证要求也呈上升趋势。出口需求的增加，加上中国快速增长的国内消费，国内的木材生产已经不能满足供应，供应的缺口在逐步加大，中国对原木和半加工木制品的进口依赖也日益增强。这些材料来源于很广泛的国家，包括欧亚/北亚、东南亚、非洲和拉丁美洲的发展中国家和转轨国家。中国也在鼓励企业到海外进行木材和农业商业投资。

我们知道棕榈油是一种热带木本植物油，是世界上最重要的植物油品种之一。除了用作食品外，棕榈油还是油脂化工业、化妆品、护肤品以及生物燃料的生产原料。西非和东南亚是全球棕榈油的主要产区，特别是印度尼西亚和马来西亚生产的棕榈油占世界总产量的 80% 以上。中国棕榈油产量很少，基本依靠进口。目前，中国已成为世界最大的棕榈油进口国。橡胶在中国国民经济发展中是非常重要的战略储备资源和工业原料。橡胶的生产对环境有严格的要求，中国的热带土地资源非常有限。橡胶种植主要在云南西双版纳、海南和广西三地。中国国内的天然橡胶产量无法满足需求。中国自 2003 年开始就一直是全球最大的天然橡胶消费国，对外依存度高达 80% 。

经济全球化是中国企业走出去的重要战略机遇期，同时也使中国企业在走出去的时候面临更大的风险。特别是发展中国家和转轨国家也正面临巨大的森林施政的挑战，包括大量的非法采伐及相关的犯罪和腐败，毁林和森林退化严重，从而导致温室气体排放，生物多样性丧失，农村生计情况恶化以及土地使用纠纷等。这些挑战抑制了森林可持续经营，也危及全球对公共物资的需求。

在过去10年里，为接受这些挑战，国际上启动了区域性的森林执法和施政进程等措施。2003年，欧盟发起了森林执法、施政和贸易行动计划。欧盟与木材生产国签署双边自愿性协议成为行动计划的主要内容。这些自愿伙伴协议的基础是验证木材生产国的木材合法性，并且通过许可出口到欧盟。自2008年，美国修订了雷斯法案，禁止非法来源的木制品进口到美国。欧盟的木材法案也同时禁止欧盟成员国对木材贸易和工业企业进口的非法来源全禁止，而且要对企业进行尽职调查之后才能允许进口。2014年年初俄罗斯总统普京签署了禁止非法采伐的原木出口的法案，4月1日正式实施。中国已不仅越来越意识到与全球森林的投资相关的名誉风险，而且开始关注对中国的木材和木制品供应和贸易的可持续的市场准入潜在的风险。为了应对中国企业在“走出去”面临的环境社会新挑战，促进木材合法性贸易，中国已经加大开展一些活动和制定相关标准和指南。

中国“走出去”的同时，如何肩负起反贫困、关注当地的民生、降低对森林退化的影响，并在海外投资贸易中履行对资源环境和社会有益的行为准则？

2014年2月启动的“中英合作国际林业投资与贸易项目”（INFIT），是由英国国际发展部（DFID）、中国商务部和国家林业局共同发起的合作项目。项目旨在“在影响林地退化的中国木材产品和相关林产品国际贸易中采取控制措施，清除贸易中非法采伐的木材，并且制定或执行相关行为准则，促进在发展中国家采取对环境和社会有益的资源管理方式”。该项目是2011年英国启动的“森林施政、市场和气候”（FGMC）全球项目的一部分。FGMC项目将通过推动施政和市场改革，以减少非法利用森林资源，并让贫困人群受益。

INFIT项目由四部分产出构成。产出一是中国木材合法性认定体系的建立和实施：完善中国木材合法性认定体系，使其符合中国主要贸易伙伴的要求。产出二是促进指南的应用：进一步完善并细化针对中国木材和林产品（包括棕榈油和橡胶）投资和贸易企业的自愿性指南，包括自我管理和透明的报告机制，在主要发展中国家开展试点，并酌情完善。产出三是关于林权改革经验的分享：总结中国林权改革的经验，包括惠农支持机制，并与其他正在实施林权改革的发展中国家分享这些经验。产出四是能力建设和推动木材合法性的活动：中国相关机构理解国内外市场有关木材合法性的要求，并且有能力建立机制以满足这些要求。

促进中国企业“走出去”，企业如何秉承可持续发展的理念和企业社会责任，需要政府、企业、金融机构国际和本土 NGO，以及其他相关利益方包括投资国的政府和当地社区的共同努力才能实现其目标。[①]

谢谢大家！

① 以上发言内容主要来源于中英合作国际林业投资与贸易项目文件。

○性别收入平等：中国减贫的一项策略

汤竹丽（联合国妇女署驻华办事处中国国别主任）

各位嘉宾，非常荣幸来到这里探讨中国在反贫困方面的责任。首先，我要感谢主办方邀请我来到这里。我想和大家谈一谈应该怎样去扶贫，但是，我必须说中国本身经济在过去十年发展非常迅速，世界银行认为中国其实是一个中等甚至上等收入的国家，而且不再是出口大国，而是内需导向性的经济体，至少是在朝着这个方向演变。很多发展中国家都认为中国是一个扶贫方面很好的榜样，尽管中国的经济取得了长足进步，但是中国仍然面临一些非常复杂的发展需求，中国的财富在增长，与此同时贫富差距也在拉大。2012 年中国的基尼系数是 0.4 以上，这就说明贫富差距很严重，在过去的几十年中中国一直重视城市化，重视经济的发展，但是对于健康的、可持续性的发展没有给予足够的重视，没有重视贫富差距，也没有更好地让妇女获得更多的能力和权利。

性别的差别和贫富差距导致了贫困，中国妇联在 1990 年、2000 年和 2010 年做了中国妇女社会地位的调查，发现中国男人和女人的收入差别越来越大，1990～2010 年城乡地区妇女收入的比重占男性收入的比重在下降。调查发现农村妇女的收入以前是占男性收入的 90% 多，后来下降到 50% 多，而在城市是从 77% 下降到 67%。这说明什么问题呢？其实应该说所有人的实际收入从 1990 年以来都有增长，只不过男性的收入增长比女性更快一些，这是值得我们所有人关注的。1990 年城乡不平等系数是 1.5，但是 2000 年系数增长到了 10.5，十年就增加了 9 个百分点，2010 年数据表明这个系数更是进一步上升到了 11.3，也就是说城市里的收入增长远远快于农村的收入增长，尽管大家的绝对收入都在增长。

还有一个是调查中国家庭收入，1988 年就发现城市妇女就业率在下降，尤其是她们的丈夫比较贫困的话，人们会认为妇女就业的情况反而是拉大了城市收入的差距。这些国际研究表明，如果一个国家男女越平等这个国家的经济越繁荣，社会也越稳定，但是如果男女存在不平等，比如收入不平等，那么就会拖累整个国家长期的经济发展速度。

就亚太地区来说，妇女工作面临的限制使得亚太地区每年丧失了890亿美元的财富，所以投资于妇女其实是一种发展经济的高明方法。在亚洲有些国家越来越重视给妇女提供好的教育机会，这个国家就是日本。日本首相安倍晋三说到2020年日本的高等职位中有30%为妇女所有。4月份日本在高盛银行的首席战略家做了一个报告，他说日本的劳动大军可以再增加800万，为此使GDP能够增长14%，这个方法就是让妇女出来工作，现在妇女的就业率是60%，他希望提高到80%。

中国的情况和日本相似，男女参与工作的比例来说，中国的劳动大军中80%都是男人，70%的妇女工作，日本只要将妇女的工作比例从60%上升到80%就能使GDP上升14%，如果中国也这样做可以拉动GDP，同时还可以扶贫，而且能够减少男女收入差距，减少城乡收入差距，从而让社会更加稳定。

妇女是世界经济的重要力量，因为她们占了半边天，一个国家如果愿意投资于妇女，这个国家往往就不穷，整个社会也会因此而受益匪浅。一个国家如果重视赋予妇女权利的话效果是明显的，妇女有经济权利她们就能够更好地照顾家庭，让家庭的教育程度更好更健康，如果妇女出来工作，那么这个国家的扶贫效果是最好的。

如果农村妇女能够获得资源就可以减少家庭贫困，提高家庭营养水平，如果妇女拥有财产的主导权，那么妇女在家庭中的地位更高，就不太可能受到家庭暴力，也不太可能感染艾滋病。中国在短期内取得扶贫重大成果，但是中国的男女收入差距越来越大，城乡收入差距越来越大，这应该引起中国的重视。中国如果能够进一步削减国内的贫困现象，比如说通过减少男女收入差距来实现，通过提倡男女平等，那么中国就又为其他国家树立一个光辉的榜样，向全世界表明投资妇女是一个国家最高明的手段。

谢谢大家的耐心倾听，我讲的内容对联合国非常重要，对在座各位也非常重要！

反贫困与可持续产业发展

○脱贫视野下的贵州民族村寨发展：产业化·保护·申遗

徐嵩龄（中国社会科学院环境与发展研究中心研究员，国务院参事）

脱贫是贵州民族村寨发展需要优先解决的问题。根据规划，2020 年，贵州城市化率将由现在的 38% 提升到 50% 。脱贫问题则应在这一时期基本解决。

贵州村寨与北方农村相比，有着突出和鲜明的资源优势。这就是它拥有的非常优质的生物多样性、自然生态景观和地理环境条件。同时，它的民族文化资源保存得相当完整。在当代，经济绿色化已成为各国共同接受的发展方向，保护环境、保护生态和生物多样性、保护文化多样性已成为全球性价值共识，追求资源节约、追求简朴、追求绿色和有机消费已成为国际推崇的生活方式。这样，贵州村寨的上述资源应是最受当代世界青睐的资源，也应是村寨脱贫和高品位发展的最可宝贵的驱动因素。

贵州村寨的脱贫和发展正面临着国内和省内新的发展形势。这就是“新四化”和“生态文明建设”。应根据上述资源优势和新的发展形势，思考村寨脱贫和发展战略。这里将其概括为：以“产业化”改变村寨经济和社会的贫困、落后面貌；以“保护”确保村寨发展的生态完整性、文化原真性和环境可持续性；以“申报世界遗产”引导村寨的保护方向并提升其发展品位。

1. 产业化

产业化的重要性是第一位的、根本性的。没有产业化就没有村寨脱贫和发展的可能，青壮年只会流出而不可能留住或回流。村寨的产业化，就是利用当地自然地理条件，无污染的天然环境，以及丰富的生物多样性资源和人工种质资源，发展现代有机农业、特色畜牧业和生物产业，并进行高端市场攻关。贵州“新四化”中的“农业现代化”，应落实到村寨的这些产业发展上。

上述观点并不新鲜。这些行业在过去村寨历史上都曾经出现过，但未能使村寨脱贫和致富。其原因在于：或是这些产品不具“人无我有”的特色；或是这些产品的形态和品质不是最受市场欢迎的；或是它们与同类产品相比没有优势。因此现在重倡这些产业时，应在其前面加上“现代”。根据贵州的地理、气候和土地条件，根据天然生物资源和人工种质资源的多样性，这一“现代”，具体而言就是应做到“优质”“特色”“多样化”“小批量”。其中，“优质”和“特色”是深度利用贵州的地理、气候和资源的独特优势，确保产品在高端市场中的地位；产品的“多样化”是充分利用这些地理、气候和资源条件的多样性；“小批量”是适应贵州土地破碎状况，并确保不超过其承载力。这些将保障产业在经济、生态、环境上的可持续性。

可见，这样的产业化才能使村寨跳脱传统的自给自足的小农经济。它将不再是由“数量”主导的“量农业”，而是由“品质”主导、兼顾“数量”的“质农业”。只有这样的村寨产业才有利于促进形成村寨产品的高端卖方市场，也才能与贵州形成中的新型工业化和信息化接轨。

2. 保护与遗产产业

“保护”，就是保护村寨最广义的文化和自然遗产。就“文化”而言，既要保护物质遗产，又要保护非物质遗产；既要保护静态遗产，又要保护活态遗产，就“自然”而言，就是要保护天然环境、生态景观和生物多样性。

不同类型村寨的保护要求应有所不同。对于以产业化为主的村寨，在文化层面的保护，应重在村寨的总体形态、风貌，重在文化习俗，重在精神和意识上的文化自信、自尊和自豪感。在自然层面的保护，应确保嵌入自然界的经济和社会工程不影响和干扰自然界的内在和谐。

贵州村寨中约有1/10已列入保护名录，其中50个左右是重点保护村寨，其中又有32个进入国家传统村落保护名单。遗产保护应成为这些村寨的主要，乃至首要任务。应根据一系列历史、科学、美学标准，认识和评价村寨中各类遗产的价值；并无一例外地严格遵循“原真性”和“完整性”保护原则。这些村寨可以从事包括产业化在内的经济活动，但一切应以不影响遗产保护为度，为准。

值得注意的是，遗产保护本身可以引导和派生出经济绩效。这就是遗产产业。村寨的遗产产业大体包含三类，即遗产旅游业、民族手工艺制品业、文化创意产业。它们可以与遗产保护交相辉映。

同时，应认识遗产产业有着与前述产业化经济不同的特殊性质。第一，遗产产业以遗产保护为前提，所以不能将逐利作为首要目标。第二，村寨遗产中有些具有公共或准公共性质，有些属于社区遗产，因此，遗产旅游票价不应按纯粹私人物品处理。第三，对于民族手工艺制品业和文化创意产业，应奉行“继承与创新相结合”的原则。没有创新的继承，难有市场前景。第四，应坚守“适度”原则，遗产产业的内容和规模应适合村寨的遗产保护氛围。如果村寨以遗产产业为主体，是不可取的。

3. 申报世界遗产

在以保护为主的村寨中，约有10～15个有资格申报世界遗产。因此，应将村寨“申遗”作为村寨脱贫和发展中的一项与“产业化”“保护”并列的重要任务。

贵州似乎存在“重非物质遗产，轻物质遗产”的倾向，认为民族村寨“小散杂多”，不如非物质遗产亮丽辉煌。这是令人惋惜的误解。“小散杂多”是在当时的物质技术条件之下能够适应自然环境的一种生存方式。它正是民族能力和智慧的证明。

贵州民族村寨的遗产价值不仅是考古意义上的，更是文化人类学意义上的。

贵州的多民族起源以及“村寨共存而不混居”的格局形成几乎和整个中华民族一样古老。

贵州民族村寨的历史发展是与整个中华民族历史发展交织和并行的。它一直受着朝廷的政策影响，受着所发生的政治、军事事件的影响，受着这些事件导致的大规模移民的影响。

贵州民族村寨的历史发展又受着民族间相互关系的影响，既有资源竞争、对抗，甚至战争；又有经济、社会和文化上的局部交往。

贵州民族村寨是在外部政治、军事和社会压力下，在当地——往往是严苛的——自然地理条件下，建成和发展的，从而形成有着自身特点的生产方式和技能，生活方式和习俗，价值观和信仰。这一生存方式既随环境而改变，又随时间而进步。

贵州村寨中还有一类名为“屯堡”的特殊村寨，它是明初调北征南军事行动的产物，是那一时代军事文化、江淮文化和当地原住民文化的集成。其历史价值高于现已成为世界遗产的客家土楼。

体现上述价值特征的物质型遗产至少与世界遗产的“突出的普世价值”（OUV）标准中的主要因素［（ⅱ - 价值观交流）（ⅲ - 文化传统）（ⅳ - 营造技术）（ⅴ - 人与自然相互作用）］相关联。

贵州民族村寨不同于非洲、南太平洋群岛或亚马孙流域原住民的住地。那些民族长期与外部文明隔绝，而贵州民族一直与中华文明并行。如果说中华文明是世界最古老、持续时间最悠久、成就最辉煌的农业文明，那么就应承认，贵州民族村寨体现的正是中华文明中的一个重要旁支。它体现着在文明演进过程中主体民族与旁支民族之间的复杂关系，以及旁支民族在外部压力下独立推进本民族文明的努力。这一切是世界其他原住民民族史中难以见到的。

贵州民族村寨申遗，既是对世界遗产事业的重大贡献，也是对贵州民族先辈的应尽责任，同时还是对当代贵州及其民族村寨发展的最有力的品位推动。

4. 贵州扶贫：人才高于资金

贵州村寨扶贫和发展，固然需要传统方式的资金支持，然而在这一新的时期，更为迫切和最为有效的是人才、技术和知识支持。那些拥有专业技能和知识、精通管理、善于经营的人才，对于产业化、保护和遗产产业以及申遗的成功与否，将起着决定性作用。这是中央政府、兄弟省政府以及社会组织应当考虑的贵州扶贫的新方式。

5. 结语

衷心希望，新时期的村寨脱贫和发展，不是终止或扭转贵州民族村落的文明发展史，而是使它们沿着自己的历史文脉开辟一个里程碑性的新篇章。

〇金融扶贫问题

白澄宇（商务部中国国际经济技术交流中心处长，
中国小额信贷联盟秘书长）

发展普惠金融是我国金融改革的一项重要战略，已经被写入党的十八届三中全会决议。普惠金融的含义是要为社会上还没有充分享受金融服务的人群——主要是贫困和低收入人群提供有效的和可持续的金融服务。我国政府在20世纪90年代中后期开展了“八七扶贫攻坚计划”，农村小额信贷是其中重要内容，一种特惠式的金融服务。由于当时是政府行为，农业银行通过行政渠道发放贴息贷款，虽然为贫困农户提供了所需的资金，但贷款回收率极低。以贵州为例，整体还款率不到20%，最后只能是国家兜底。这种特惠式扶贫贷款不仅让银行产生了大量坏账，更大的问题是扰乱了农村的信用体系，误导农户认为银行的钱可以不还。贷款损失国家可以兜底，但是如果把农村金融的信用环境搞坏，则是很难挽回的巨大损失。所以我希望国家有关部门在开展特惠金融服务时一定要注意方式方法，一定要进行深入研究，不要重蹈以前扶贫贴息贷款有关问题的覆辙。

中国的反贫困和其他发展中国家有很大不同。20世纪80年代改革开放以后，由于推行联产承包责任制，极大调动了农民积极性，中国的普遍贫困已成为历史，区域性贫困是主要特征。针对这种贫困还是需要整体区域发展特别是以农村发展为基础，进入新的时代反贫困依然需要政策和制度创新来推动反贫困发展。目前，在贫困地区走合作化道路，依靠农民的合作经济体来解决“三农”问题，已达成共识。而以农民合作社为基础的互助资金是一种合作金融体系，是解决农村金融问题的有效途径。

商务部交流中心从20世纪90年代初开始，利用联合国援助在我国中西部地区开展大量的扶贫项目，其中一个重要的内容就是扶贫小额信贷。很多国际组织、民间组织以及政府组织也在同期开展了大量的扶贫小额信贷项目，但到目前为止，这些小额信贷项目都未取得真正的成功。我们不得不承认一个现实，外部金融机构很难为个体农户提供有效的零售式的金融服务。因为，农户缺少抵押物，放贷成本高，收入不稳定，缺少流动性，以及信息不对称等一系列障碍，限制了银行和外部金融机构对农户的有效服务。

俗话说，他山之石，可以攻玉。在孟加拉，尤努斯教授开创的乡村银行取得了巨大成功，我们在20世纪90年代也引进了这个乡村银行模式开展扶贫小额信贷。但是事实证明，孟加拉乡村银行模式在中国水土不服，并不适用。我分析有几个原因。第一，中国不像孟加拉，全民信仰伊斯兰教，中国是熟人社会，中国本土宗教是祖先崇拜。社会是以有血缘关系的家族为基本单位，在传统农村地区，以村为单位形成了比较稳定的熟人信任关系。在家族和熟人社会内部讲诚信，对外部往往是要联合起来进行博弈。我们在引进孟加拉乡村银行模式搞五户联保的过程中发现，五户联保本来是一个降低风险的手段，但是在中国变成了“垒大户”进行欺诈的土壤，反而增加了信贷风险。第二，历史上政府行为造成的农户与政企的矛盾造成了农村信用体系瓦解或残缺。第三，土地所有制对土地流转的限制与银行信贷制度之间存在矛盾。第四，传统小农经营无法提供金融机构和投资者所需的市场回报。

要研究分析中国的农村金融问题首先要了解中国农村的土地所有制，中央明确提出土地所有制三权分离，我认为是四权分离，就是以村集体的土地所有权，村民的土地承包权，外部投资者或农户的土地经营权，以及在所有这些基础上的产品的收益权。宪法规定土地是集体所有，真正有承包权的是农民，而其他人能流转的是经营权和收益权。在这种四权分立的情况下产生了农业经营的两种不同的方法，一是外部投资的大农场制，还有一个就是农户合作制。在贵州这样的山区，大农场制显然是不适合的，必然要走农户合作化道路。

我们有几个基本判断：合作组织是未来农村发展的有效制度选择，合作组织需要外部资源和市场，才能获得可持续发展，以合作社为基础的内部互助资金与外部金融机构对接是未来农村金融的解决方案，合作社必然走生产合作、供销合作、信用合作三位一体的“综合农协”的发展方向。现在已有法律法规和政策依据来支撑农民合作社和资金互助的发展，但是有几个界限：不能非法集资，限制在乡村以下，不能跨地域。合作社与互助资金在发展中有几个关键问题：合作社的合规性和有效性；合作社内互助资金如何有效管理；如何形成规模经济，如果没有规模，银行很难和无规模或小规模的农村合作社进行交易；如何从外部获得资源和市场；如何获得外部金融机构的融资；如何避免政策上一放就乱，一管就死。有人提出可以搞日韩台式的综合农协，但是在目前条件还不具备。我们提出了一个替代方案，就是在难以形成综合农协的情况下，建立一个社会化的综合服务体系，在县一级建立为农民合作社提供服务的民办非企的经济组织。这个机构首先是一个孵化器，可外包合作社的管理服务，还可以把分散的合作社的资源进行整合，提供一个服务平台，帮助农民合作社对接外部的资源市场和融资，最后就是帮助政府对合作社和资金互助业务进行监控。它的核心就是民富可持续发展中心，这个中心首先是个外部组织，它不是农民入股的联社；它是一个平台，不是一个交易主体，帮助农民对接资源，就像淘宝网，并不参与交易只是帮助买卖双方进行对接；这个机构还必须自负盈亏。另外，它是一个社会企业，我们注册的是一个民办非企业，不以营利为目的，不分红，这样来促进这个事业的发展。我们正在贵州黔东南丹寨县进行试点，在试点中按照一村一品的模式，帮助每个村建立一个产业，发展合作社，在合作社基础上建立互助资金。在未来，我们要帮助合作社从外部获取5倍以上的融资。我们正在跟金融机构洽谈，人民银行也在支持这项工作。未来，在进行生产和金融合作基础上，我们会把合作社发展成综合性组织，包括医疗、妇幼、养老方面的合作组织。民富中心还是一个融资的结算平台，同时又是一个中介服务平台，未来还可能是乡村旅游的客户服务中心，还可以是志愿者驿站。它还可以外包政府的公共服务。未来，合作社和民富必然要向生产、供销、信用三位一体合作社发展，完成向综合农协的过渡。民富中心在未来可以内化为综合农协内部的管理机构。现在我们正在跟有关方面开展合作，在黔东南、四川、湖南、云南、福建、山东等地进行试点，希望为中国贫困地区的农村金融创新做出贡献。

○贵州的乡村遗产与乡村旅游

周　俭（同济大学教授）

各位早上好，非常高兴到这里参加这个论坛，特别是关于贵州乡村的问题讨论。进入贵州是在2005年，最近4~5年在参与世界银行的自然与文化遗产保护项目的工作，作为咨询方，在贵州黔东南、黔西南、铜仁进行了4年的工作，同时和贵州民大孙老师，乡村发展中心的毛刚强老师进行合作参与社区的发展。在今天这个机会，我的分享是关于遗产和旅游的。我提供的是关于物质遗产，刚才徐参事讲到的遗产，我这里主要关心的是物质遗产，乡村的建筑，自然风光，乡村的村落本身。

所以我想有几个大的概念在这里首先与大家沟通。

乡村减贫：村民收入提高、村民就业能力与适应能力提高、村寨（落）自身价值不断提高。

乡村遗产：乡村遗产可以作为乡村减贫的重要资源之一，不是全部，但肯定是特别重要的。特别是贵州乡村的遗产，它具有独特性。从世界遗产的范围，贵州的乡村作为一种文化景观具有综合性质，既不是纯粹的文化景观遗产也不是纯粹的自然遗产，而是文化景观遗产。

贵州乡村遗产作为一种文化景观遗产，最重要特点：一是与自然相融合，人和自然，人改造自然的那一部分，例如黔东南梯田，像西湖一样具有很多人文要素；二是它的变化，文化景观不是固定的，是一种持续性的景观，到现在为止还有价值，还在为社会生活服务，能跟现代生活相结合。正因为这点，乡村社区就特别重要，乡村社区是创造这类遗产，不管过去现在甚至是未来，他们一直在创造、保护这个遗产，为这个遗产不断附加价值。所以当我们在搞乡村旅游时，千万不能仅仅看到乡村物质和非物质的这些东西，还要注重乡村的社区本身。所以说，贵州的乡村旅游现在起步，在增加旅游功能，原来的社区成为旅游社区。但这样的话，会带来很多异化的东西，极易演化成物质性的建设活动，甚至在这个概念下政策导向完全往开发旅游规模、旅游设施和发展、旅游服务方面去做。我们应该换一种说法，不是建设旅游社区而是要发展社区旅游，要把社区本身作为旅游资源，把所有的资源融合在一起，所以我们要关注创造文化景观遗产的这些人。现在看起来乡村旅游有很多得和失，我现在要讲的是一些负面或者潜在的威胁。例如，自然河道景观化，砖房变木房，田园变成大的仿造的景区大门，外来很多商人在里面经商，本地人也在这里经商，这里面产生很多矛盾或者引起冲突。或者说我们建立这么多景区，这么多外来的游客和商家到底为我们的村寨和村民带来了什么或带来了多少？社区参与旅游业的能力不是很高，根据我们在 10 个村寨做的调研，大概 60% 的村民认为参加旅游增加收入是最重要的，增加工作机会，他们对村落生活、村落资源破坏的影响认识不足。只有 0.1% 的老百姓认为会污染环境。第一，他们对旅游业发展带来的潜在风险和负面影响认识不是很充分。第二，村民参与旅游的基础薄弱，没有话语权，整体意识比较弱，资源来了各自为阵。第三，政府没有搭建公平参与的平台，所以制度环境还是很不完善，所以说存在很多风险。规模化、商业化的旅游搞起来，我们的村民收入慢慢增加或者一下子增加很快，他现在不用种地了，可以随意使用这些钱去买粮食买鱼买鸭，然后田园风光就没有，就剩下一堆房子和一堆经商的村民，此时的遗产就完全失去了价值。

几个利益相关方面怎么协作？第一个是社区，这里不再重复，关键是要提升自身的能力和建设的愿望，接受培训守护自己文化资源，政府应该为搭建平台提供更多支持，旅游企业应该合理反哺。100 块钱的门票至少给老百姓 5 块钱。公平、公开、公正，为社区，有义务为社区提供培训提高社区能力。第三方包括专家，我们在座各位，我们 NGO，应该站在公平公正的角度而不仅仅是站在弱势的一方，应该做成一个牵线搭桥的平台，同时都应在政府、社区和企业之间合作搭建互信的平台。这个角色非常重要，以往 NGO 可能更加偏向弱势群体，当然这没错，但是还可以构建和推进更好的相互关系。

最后谈我的感受与大家分享。

1. 搞旅游有没有错，它也是减贫的一个非常重要的措施，但社区发展的目标不能放弃。不能仅仅发展旅游规模，不能异化成为提高收入而随意扩大景区规模，不能放弃社区发展。

2. 乡村遗产，依托乡村旅游。文化景观其实等同于乡村社区，是文化和生态的有机融合，但同时又在不断发展变化，旅游不能破坏乡村文化、遗产。

3. 贵州乡村缺少有效机制探索以及基础的设计和创新。有多家部门包括政府部门以及世行等在贵州有资金进入乡村，但是大家相互之间一点没有协调。我们看到政府修的房子，世行再来修一遍，世行修的房子其他的项目又再来修一遍，可能就是不断重复。所以机制创新和协调最重要。探索乡村规划的三规合一，保护规划、建设规划和旅游规划。

谢谢各位！

○温洛克农业开发中心的减贫项目经验分享

金义善（美国温洛克国际农业开发中心项目主任中国首席代表）

首先，非常感谢给我这么好的机会。对我来说这是非常难得的机会，与中国的领导、学者、教授、研究生探讨这些重要的话题。今天我要讲的主要是关于温洛克农业开发中心的项目，关于在四川、云南、甘肃、青海等省的藏族地区开展的项目活动。

首先我介绍一下温洛克农业开发中心的背景，它最初是从美国最贫穷的一个州走出来的，探索国际组织、国内组织、社区组织怎样形成一个良好的合作平台。关于这些以后再做介绍。

温洛克有多个部门组成，其中一个是环境部门，每年平均有 100 多个项目。我们目前的项目为期 5 年，它虽然与气候变化没有直接的关联，但在实际操作中我们就此做过必要的思索，例如，碳交易市场的运作怎样带动减少气候变化对落后地区环境的影响等。从我个人的观点出发，不仅是中国，还包括其他国家，它们在脱贫致富方面取得的巨大成就可能会受到气候变化的影响。本来贫困的面貌逐渐得以改善，由于气候的变化影响而引起贫困反弹。

我们带着项目到了一个地方，不会一开始就谈环境问题，如果这样的话，得不到地方群众的关注，提不起他们的参与兴趣。地方群众非常清楚自身所面临的困境，他们会指出先要解决生计问题。因此，我们从迎合地方群众的现实需求着手，逐渐获得他们的支持。

我们项目最大的一个产出还在于，在多年的工作实践中，促进地方文化资源贡献于环境保护，这是非常重要的一点。回顾过去，我们在美国浪费了许多资源，我们疏忽了美国少数族裔的传统文化对环境和自然资源管理方面的重要价值和意义。我们真诚希望中国能比美国做得好，充分、有效地利用不同民族的优秀文化要素来推动生态环境保护等工作。在此我打个比方，某人虽非出家人，但他却尝试深入、细致地了解佛教，并且将其作为开展环保工作的一个重要资源。我们项目取得的成效，许多都是通过这种模式实现的。今天在民族大学我能分享这个经验，感到无比开心。

我们当前的项目开始于 2009 年，现在临近尾声。我们的 4 位合作伙伴，大家都应该是比较了解的，他们是我们与地方组织合作、实地开展工作的坚强后盾。关于能力建设方面，不论是关于生计、搜集和整理文化资源或者其他任何方面，我认为在关注个人能力发展的同时，组织能力建设也要齐头并进。不论是在我们开展工作的地区内，还是在全国其他地方，许多公益组织最初都是一个人创办起来的，如果这个人不在了，组织的正常运作就受到影响。除了个人、基层组织以外，当然还有机构的能力发展。

我还想指出的一点是当地人做环保专家。许多生态环境保护工作，是地方群众亲自实施的，取得的成效也是非常突出的。我个人认为这是一个好办法，同时也可以视作一个就业发展方向。

最后一点，昨天我听到许多关于生态环境受到影响，以及其与扶贫工作的关系等。我觉得对此我们应该做深入的了解。有些富裕的地区生态环境不好，而一些贫困地区的生态环境却较好，关于这一点，学者们还可以做进一步的探究。

再次感谢大家给予我这么好的机会！

○连片特困地区的低碳减贫

陆汉文（华中师范大学中部地区减贫与发展研究院教授）

非常高兴有机会在这里给大家报告关于连片特困地区低碳减贫的一点个人想法。

先就一个具体现象，引出我今天要讨论的核心问题。如果大家去过黄土高原的话会有很深刻的印象，经过国家15年的退耕还林，黄土高原很多地区特别像延安、榆林地区，现在如果你夏天去的话，你会觉得那里真的跟江南一样，绿化做得非常好。现在也面临着一个挑战，国家的退耕还林，现在启动第二期，但是一旦国家终止这个补贴，因为陕北人均土地面积是比较多的，退耕还林的这个补贴相对他们种玉米来说是更合算的选择。国家能持续多久是不确定的，一旦国家放弃补贴，很可能到夏天你会看到黄土高原变成光秃秃的，一片一片开荒种地了。所以我这里要讨论的是生态环境的保护与当地发展有没有一个良性循环的模式，这也是我对低碳扶贫的一个理解，扶贫怎样能把它转化成一种促进生态保护的动力，反过来，生态方面的特点能否转成扶贫开发的有利条件，我最后要重点解释的是在行动层面提出一个建议，一个规划类发展机制项目，在我们国家连片特困地区，是为解决这个问题提出的大方向。

第一，目前国家确定了14个连片特困地区。在2008年以后外向型经济受到根本性的挑战以后，变成了连片特困地区面临的机遇。就是把资源、环境、人力优势，与外来资本结合起来。这是很大的发展机遇。那么，在生态环境方面，会面临很大的挑战。

第二，连片特困地区的生态属性。两个概念：生态环境服务丰富区和生态脆弱区。这两个概念并不相互排斥，连片特困地区有三种类型，一是生态环境服务非常丰富的区域，生态地位非常重要并且有很多有开发潜力的生态环境资源，比如做旅游或者做绿色产业的发展等；二是生态脆弱区，比如青藏高原；三是生态环境服务很丰富同时生态又很脆弱。其实大多数属于第三种，既有很大的生态环境服务潜力，同时又非常脆弱。这里引出一个问题就是有很大开发价值但开发的方式非常重要。

这里给出了几个具体的图，连片特困地区分布图、生态脆弱性评价图、自然灾害危险性评价图、水土流失分布图、石漠化分布图、生物多样性不可替代分布图、中国林地资源分布图、牧草地分布图、耕地和农田生产潜力分布图、我国适合开展 CDM（清洁发展机制）造林碳汇项目的优先区域图。

下面我主要讲一下 PCDM。

第一是生态环境服务丰富区低碳发展和扶贫的两大方式。

一个是基于市场环境的交易机制，碳交易机制，如何在当前全球气候政治框架下，把连片特困地区碳汇的潜力转化为经济收益，促进扶贫开发，核心是要建立一种可行的社会－市场交易机制。二是基于公共财政和公益基金的补贴制度，刚才我提到的退耕还林就是一个最有影响成效最显著的工程。这是两条道路，我最后要讨论的是基于市场的低碳减贫道路。

第二是发展环境友好型产业特别是兼顾生态环境服务价值的产业。这是对于生态环境服务丰富区，我们说的大多生态脆弱区也是生态环境服务丰富区，只要找到正确道路，这些地方是有很好的发展潜力的。那么，对于那种完全缺乏生态环境服务潜力的可能最主要的对策就是移民和转移就业，还有就是通过尽力改善生态环境采取一些措施。

连片特困地区 PCDM 扶贫项目试点，要把碳汇潜力转化为市场交易是很难突破的，对于贫困地区来讲就是一个瓶颈，单个农户甚至单个村落，比如说，原来种粮食的改种经济林了，有碳汇效益，但是由于碳汇市场的一整套认证是非常严格的，成本是非常高的，交易成本高，单个农户或村落难以实现这个目的。也就是说，以单个农户或村落的力量是没有办法把自己碳汇方面的贡献转化成市场价值的。这就出来一个规划类的发展项目。比如说打包，这个县有个规划，有一片工地，需要改变它的种植结构，原来可能种水稻，现在统一种核桃，按照什么样的密度来种植，按这个规划来操作，一年、两年、三年以后，碳汇量是可以计算出来的。然后按照这个规划就可以申请认证。认证之后就可以拿到碳汇交易市场上去出售。就能转化成当地的一种实实在在的收益。我认为这样一种思路，它反过来能够促进当地产业结构调整，促进当地产业扶贫开发和生态建设环境保护相结合。

我就简单报告这些，谢谢大家!

○社会组织在价值链中的角色定位

黄　奕（招商局基金会副秘书长）

各位老师、各位同行、各位同学，大家上午好，非常高兴有机会可以分享招商局基金会的一些想法和做法。

招商局和大家想象的政府机构不是一回事，招商局起源于1872年李鸿章成立的轮船招商局，到现在有一百多年的历史，我们的总部在香港，是一家企业的基金会。对中小规模农户的市场能力培育是基于这样一个前提的，人多地少是中国农业的一个现状，一个大前提，土地生产力有限，无限依靠资本投入来提高农业的产出是不现实的，所以在这样的情况下我们必须强调和维护农业家庭在整个经营生产中的主体地位。这样做有两个好处。一方面，小规模组织灵活，具有低成本满足农业生产的特点，如不定时，琐碎繁杂或某些时段的劳动力密集投入。其次，农业家庭这样一个单一的经济单位，它其实是有各种组合方式，这些方式之间有一个非常好的互补效应。所以，比较容易形成范围经济的效益。基于这样的基础，我们说这个产业链的基础应该是面向中小规模的农户的联合。有可能其中的一个出路，是通过与价值链的对接，在价值链中社会组织或民间机构可以承担一个重要的角色。

从生产链开始讲起，传统的农业产业链基本上都是从生产链的视角介入，就是生产－加工－流通－消费这样几个环节。方向是从生产到消费。价值链方向与生产链正好相反。它会先去搞清楚消费者的需求，然后再把这个体现在生产环节当中，更多强调角色在价值链中发挥什么功能。这些功能的补充和叠加进行互相的改善，有没有可能提升全链条的价值，实现链条的价值最大化。所以价值链跟生产链不一样。

从信息流通方面来讲，生产链基本没有信息流通，价值链有大量的、广泛的信息流通，生产链的侧重点可能是成本或者价格，与价值链不一样，价值链强调的是价值或品质，生产链在产品策略上主要提供一些原材料，是初加工的产品，但是价值链会着重提供多元化产品。

从驱动方式来讲，生产链是供应驱动的，而价值链是需求驱动。从组织结构来讲，生产链上的所有主体都是独立的、单一的，但是价值链是既独立又有关系，是多元主体。生产链的竞争逻辑是各环节强调自己独立的竞争力，而价值链强调自己全面协同的竞争力。所以价值链被描述成市场各个参与方之间的一种战略性的网络或者说智慧的网络。作为一种战略性的网络，价值链的特点表现在各个参与方的眼光会更加长远，是相对独立的但是又倾向于相互的协作，它是由需求而非供应来驱动，它的一个主要目标是响应消费者需求，各个环节会共同参与产品品质和可持续性的控制中来，参与者之间会建立更多信任关系，确保营商安全，达成一致的目标。我们认为价值链是可以被整合的，而且价值链上的各个参与方拥有被整合的动力，这是因为竞争优势要创造别人无可取代的地位，在价值链上如果建立的是全链条的优势，被超越或模仿的机会就会大大减少，所以价值链上的每一个环节就是要弄清楚自己所在的行业以及在这个产业当中的位置，要思考如何改善大环境而不仅是如何改善自己。

在国内没有找到相关案例，所以以肯尼亚野生芦荟交易为案例。

他们的价值链包括如下部分，首先是营商环境，跟价值链有关的一些政策、社会的一些行为方式以及所有制中的一些因素，构成了影响价值链的营商环境。价值链本身是从消费者的角度来关注生产者。其次是营商服务，也就是各个参与方、服务方在价值链的流动当中可能提供的服务，包括营利和非营利的服务商，如果说整个价值链上的服务越多，它提供服务的主体越多元化，说明这个价值链越成熟。对于民间组织或者一些发展机构来讲，平常针对社区提供的服务可能包括技术推广、生产协作、金融服务、公共服务等，但是可以看到，社会组织可以发挥更大的作用，比如在肯尼亚的交易链上，可以看到有两个价值主体参与价值链的改善，一个是肯尼亚的野生芦荟因为受到华盛顿公约的制约，在出口时必须拿到一个许可证，没有许可证就要从南非中转，但是南非收取的价格可能是 200 美元 1 公斤，但卖到欧洲就可能是 700 美元 1 公斤，如果是民间机构拿到这样一个许可证，帮助去取得这样的许可证，就可以迈过南非这个点，直接销售到欧洲，就可获得国际水准的价格。其次，欧洲买家事实上对产品是有要求的，但没有人把这一信息反馈到生产者一端，通过民间机构的参与，他们可以很好地梳理这些需求，把它提炼和分解到生产环节，整个链条的质量便能得到提升，同时也能带来价格的变化，之前民间机构服务限于社区，但是我们应看到在整个价值链中有很好的协同作用，最终会提升价值链的竞争优势。刚才周老师提到各利益相关方面的协同，我认为旅游也是一个价值链，如何通过协同提升优势是值得考虑的。

我们认为，社会组织在价值链中是有优势的，一方面它具有非营利性，所以它与价值链上的其他相关方不是竞争关系，容易寻求共赢，打破联合的僵局。同时是协作者，如果能促进全链条的平等对话协同，其实我们的主要目的就是促进平等对话和协同，建立起信息共享机制，真正实现价值链的整合。另一方面是社区动员，这是我们民间组织的一个专业领域，所以我们在发现需求、推广技术、形成标准、控制品质、协作生产等方面具有专业能力。我们认为，借助这个优势，社会组织在价值链当中的定位就应该是倡导现代的契约精神，推动信息共享和平等合作，改善价值链的效益，促进中小型农户充分的市场参与。

我们准备把英国的一个推动价值链协同的工具机制引入中国。这个工具叫做面对小农的参与式价值链分析，主要包括市场机会调研，之前有产品就想方设法卖到市场，现在我们可以有不同的选择，可以对现有产品进行分析，看看有没有可能卖到新的市场。另外，还可以更多地了解消费者。需求，更好地进行市场定位，同时寻求多元化、高价值产品的生产机会，投其所好。还有就是参与式的方法。参与式方法在社区发展中的应用，我们很多的发展机构都是非常熟悉的，但是有没有可能让整个价值链上的所有参与方都参与进来平等对话，改善价值链。这对于我们来说也是一个非常大的挑战。我们正在做这样一个尝试。最后的一个目的是要改善营销的环境，提升营销的服务，最终能够让所有中小农户真正受惠。在2014 年下半年我们将迎来一个合作伙伴，就是国际小母牛将在国内的一个点去进行试验。我们会选择养殖业做一个尝试，尝试不管成败，我们希望提供案例积累经验。

以上就是我的分享，谢谢！

○经济干预与反贫困的可持续性

孙 驰

（前美国驻华大使馆首席经济学家，贵州民族大学贵州省 2011 民族地区社会建设与反贫困协同创新中心研究人员）

谢谢主持人！

反贫困不是我的专业。我的专业是金融，做宏观经济研究，在此我想与白老师一样呼吁。如果我们想用金融的一些方法去解决反贫困的问题必须要尊重金融市场本身的运作机制，它本身是要有信用来搭建平台，若借钱可以不还，如果这个信息传播出去的话，便会产生很多道德风险，这个机制最后就没有办法运作了，所以不管想引用怎样的金融模式，如果说你是纯粹的补助，这个不需要还，那这个事情一开始就要讲清楚。但如果你给出去的东西，应该要求他有交换，不要破坏信用体系，在这种公平交换的情况下，人才会有进一步努力的基础。他对他的未来和对自我的评估也才会是一个比较正常的状态，而不是产生一种依赖心理，我觉得这点是非常重要的。我在这里愿意共同去呼吁这个事情。

我对贫困的认识是从经济学的角度。对于贫困的一个指标认定还是从收入来说，附加很多目标，但对于贫困人第一是解决吃饭。所以永远没有办法绕开和回避从经济学的角度解释经济补助或者说钱的问题，对于反贫困，通过前两天的学习，跟孙老师、毛老师的交流，我体会到，大家都意识到从一次性的资金投入到可持续的发展问题。持续性其实是一个非常高的标准。如果只是说大家捐点钱去帮助他，那这个事情其实是蛮简单的，但是它是不可持续的，外力一取消，又可能回到贫困，没有产生自我造血的功能，就像对病人的输血，如果他自己已经不能造血，那这种情况下他永远是一个贫困的人，外部的输血结束了，他依然是没有办法自己造血。我觉得在可持续讨论上，是反贫困课题里非常重要的一个地方。如果要讲可持续，这个话题比较大，昨天很多老师讲，要跳出经济讲可持续。贫困有很多原因，比如环境保护区的生存发展受限，对于生存在这里的人来讲是不公平的，我们要解决怎么在保护环境和他的生存上的矛盾。我们要去找什么原因导致他贫困，他没有工作能力，因为疾病，可能需要长期资金援助，他们没有自己生存的能力，这就需要长期的资金援助。针对不同群体和原因，解决贫困的方法和手段不一样。

从经济学来说，经济干预，是不是需要给他钱。如果他已经贫困到吃不饱饭，没有任何生存技能，第一步是要给他钱，但是第二步、第三步还有很多更重要的工作需要我们去完成，对贫困人口进行扶持的这些项目不管是做几年，我们有没有退出的可能，我们退出的这个村还应该有能力维持在不贫困的状态下继续走下去。授之以鱼不如授之以渔。你应该教给他技术，让他有生产能力。第二他需要一个视野，或说是信息。我们知道很多发达地区，它的发达在什么地方？并不是因为他土地多，温州是一个土地非常缺乏的地方，但是温州人为什么可以走到那么富裕的程度，很大程度上与其自然资源拥有程度的关系不是那么紧密，它是个临海的地方，他们开放，当地人跟我说，他们为什么有奋斗精神，因为对于他们来说台风是他们每年都要面临的自然灾害，必须去抗争。所以就形成了大家要团结在一起去抗争的观念，因为台风一来，可能一年的收成就没了。首先，有一种抗争的精神。其次，临海的很多人到海外去做生意，视野是相对开放的，有很多机会去接触很多不同的东西，可以找到不同的机遇，去促进自身的发展。我们进行农业建设，怎么把黄奕女士讲的生产嵌入价值链里去，只有变成链条的一部分，价值才有价格，才有人付钱，才有可持续的发展。我自己在做一个实验性的项目，我呼吁在贵州做一个平台，它不完全是反贫，是农村建设或者叫农业发展的过程，我们知道这些年国家投入很多资金，很多企业参与，在贵州搞了很多新的品种，鼓励种植刺梨、猕猴桃、桃子甚至蓝莓，种植面积都是非常广泛的，但是我在外省很难看到某个产品是贵州出产的，我们要和市场有个大的衔接，需要品牌营销，把这些东西推广到外面的市场上去，让潜在的价值真正变成有效益，让扶持的状态转变成真正的经济价值。我觉得这些事情目前大家做得很少。甘肃、山西这些地方种苹果，他们的苹果能卖高价，一个是它做反季节储存，这个跟农业生产并不相关，但是它通过后期的加工导致了农产品实际价值的增长，第二它进行选果，虽然并不一定跟品质相关，进行大小区分，大的集中了就可以卖到一个相对高的价格。通过后期劳动力的不断投入，带来农产品整体价格的不断提升，贵州可能在这方面做得少，所以我最近在贵州做了一些尝试。大家有兴趣的话我们下来交流，时间有限。

谢谢！

反贫困
——贫困群体的行动主体重构

○文化互助视野下的反贫困

张乐天（复旦大学社会发展与公共政策学院副院长、教授，贵州民族大学
贵州省2011民族地区社会建设与反贫困协同创新中心研究人员）

第一，反贫困过程是文化互动的过程，想要做好反贫，首先要理解贫困地区的人们的活法，了解他们的价值观与他们的生活实践。我印象很深的是一个40多年前的故事，我带领一个人民公社养蜂场的职工到江西一个深山里去繁殖蜜蜂，住在一个老太太家。她儿子28岁，生活非常贫困，讨不起老婆。家里有个小女孩，12岁经人介绍就住在他们家。看到这个女孩，我第一个概念是“童养媳”。我观察之后发现婆媳之间也有矛盾，我甚至想做这个女孩的工作，让她过上平等的生活。不久过年了。我惊讶地发现，在过年的三天内这个女孩在所有活动中表现得那么快乐，笑得那么自然。我发现我错了。村里的人、小姑娘自己可能都认为，她在自己家可能会更苦，到了男家生活反而更好些。这件事给我留下了非常深刻的印象，到别人生活的地方，首先要了解那里的人，才能做好工作。这个故事的延伸就可以联系到孙老师他们做的世行项目。① 孙老师他们把结项报告

① 贵州民族大学社会建设与反贫困研究院孙兆霞老师课题组承担的“世界银行贷款贵州省文化与自然遗产保护和发展项目（中期）社区工作评估及重点社区基线调查”。

送到我这里，读着报告，一个问题总在脑海盘旋：世行专家水平很高，一整套工作设计规范科学，但是，最后的效果却不令人满意，问题在哪？问题就在文化互动不够，问题在于世行专家没有深入到少数民族村寨里去，理解他们的活法，理解他们的生活观，理解他们真正想要的发展路径是什么。在很多时候，你把自己认为好的东西给某个村落，还给他们钱，但是，努力的结果常常会出乎意料。说实在的，这样的故事我在其他地方也看到过，这样的故事很严重的后果是，在专家资金撤出以后，这个村落可能会比原来更糟。

第二，作为文化互动的反贫困，我们怎么做？我是研究人民公社的，我想简单讲几条毛泽东时代的反贫困经验，以资借鉴。回顾毛泽东时代的情况，至少有两个时期，创造了反贫困的奇迹。1949 年，新中国成立，那个时候，多少农民在贫困之中。当时百废待举，共产党也没钱，但是短短几年，很多人过上了比较安宁的生活。有一点可以证明，解放初期，婴儿的死亡率奇迹般地减少了。第二个时期，大家知道我们曾经有个“三年自然灾害”，死亡多少人我们并不清楚，现在有些人就是追究死了多少人，却极少有人关注当年是怎么走出贫困的？1960 年，中国农村地区还到处在死人，但 1962 年以后，大多数农村地区走出了饥饿，怎么回事？这个经验对今天特别有启迪意义。两个时期的情况有些不一样。就前一个时期而言，我们会注意到，任何人到任何地区，你自己的表现是最重要的。当年解放区、南下干部进入新解放区，艰苦朴素，克己奉公，严格遵守“三大纪律八项注意”，形成了“道德征服力”，这个经验对今天的反贫困是有价值的。进一步说，你还要真正以平等的态度真心尊重贫困地区每个人，设身处地理解他们，与他们沟通，从实际出发给他们帮助，真心诚意把贫困地区的人看作发展的主体。就后一个时期而言，在经历了“三年自然灾害”以后，人民公社制度的变革起到了关键的作用。1961 年下半年开始，全国各地农村都先后实行了“三级所有，队为基础”的体制，在不少地方，生产队的规模较小，公社、大队与生产队还允许农民进行“挖边”，“谁主动去‘挖边’，种下了庄稼，收获都归谁所有”。在我调查的浙北地区，1961 年秋冬，农民们积极“挖边”种蚕豆，第二年蚕豆大丰收，粮食紧张很快得到了缓解。两个不同时期，解决贫困、饥饿的方法不同，但道理都一样，这就是，解决贫困问题的核心是最大限度地调动贫困人口的积极性。

第三，反贫困是在与当地人文化互动中创造一个新世界，除了上面所讲的两条，还有几个命题是重要的。

命题之一：要敏锐发现具有地方性价值的地方性智慧。在许多地方，当地人已经生活了几千年，世世代代，薪火相传，其中一定积淀着有价值的智慧，一定有一些东西是值得后人继承的。这里面，人与自然的关系特别需要关注。某一个地区的人们生活了几千年，水是清的，山是绿的，空气是清新的，原因在哪里？今天，生态文明的问题已经受到国际社会的高度重视，环境问题已经成为一个影响人类生存的重大问题，此时此刻，从“落后地区”挖掘人类处理与自然关系的地方性智慧是一件有意义的工作。

命题之二：要努力实现地方传统的现代转型。任何传统只有与时俱进才是鲜活的，只有实现了地方性转型才可能留存下来。但是，由于受到现代消费主义等负面因素的冲击，更由于受到城市文化的诱惑，传统的现代转型面临着巨大的挑战。这项工作是探索性的，近些年来，贵州农村的社会建设取得了一些很好的经验，希望不断总结、推广。

命题之三：严重的问题是教育农民。马克思曾把农民比做一袋马铃薯，[①] 孙中山用了一盘散沙比喻中国农民。[②] 农民，特别是贫困地区的农民，长期生活在生产力十分落后、生产方式简单的农村地区，循着自然的节律生产、生活，受制于血缘、地缘的约束，他们的价值观、行为方式都与现代世界存在着一定的距离。从某种意义上说，扶贫，就是把贫困的农民带入现代世界；扶贫，最重要的“扶人”，是改变人。因此，我愿用毛泽东同志 1949 年在《论人民民主专政》中的一句话来结束我的发言：严重的问题是教育农民。

---

① 马克思在《路易·波拿巴的雾月十八日》一文中写道：“小农人数众多，他们的生活条件相同，但是彼此间并没有发生多种多样的关系……法国国民的广大群众，便是由一些同名数简单相加形成的，就像一袋马铃薯是由袋中的一个个马铃薯汇集而成的那样。数百万家庭的经济生活条件使他们的生活方式、利益和教育程度与其他阶级的生活方式、利益和教育程度各不相同并互相敌对，就这一点而言，他们是一个阶级。”（《马克思恩格斯文集》第 2 卷，人民出版社，2009，第 566 ~ 567 页。）

② 参见《孙中山全集》第 6 卷，中华书局，1985，第 412 页。孙中山在上海民智书局出版的《建国方略》中写到：“用世界上各民族的人数比较起来，我们人数最多，民族最大，文明教化有四千多年，也应该和欧美各国并驾齐驱。但是，中国人的只有家族和宗族的团体，没有民族精神，所以虽有四万万人结合成一个中国，实在是一片散沙，弄到今日，是世界上最贫弱的国家，处国际中最低下的地位。”

○以创新社会治理的视野推进扶贫工作体制创新

——发展型社会工作重构扶贫对象主体的路径

陆德泉（前香港浸会大学教授）

谢谢有这个机会来到贵州民族大学。我上次来贵州是2000年前后，之前在黔东南工作。我是读社会工作的，后来进入发展领域，现在又进入社工，我今天试图把发展工作跟社工结合在一起来思考。

农村贫困群体作为农村扶贫主体这个说法在理论上没有什么意义，世界银行大概在十年前就开始提出“贫困人的声音”，贫穷人怎么看自己的扶贫发展。昨天提到阿玛蒂亚·森提出的“发展就是自由”，自由选择发展的权利，在什么条件下选择自由。这也回应一下刚才张教授提到的问题。

现在都在强调SWB，主观的幸福感，幸福、脱贫是主观的，由文化的背景限定，让他感受到这个主观的感觉。但是在当前中国，贫困人的所谓贫困很多时候都被说成是“等、靠、要”。就是说被动，没有主体性，“等、靠、要”这个主体是怎么形成的？在我们反贫困的过程中，如何来面对这个表象？

2011年发表了扶贫纲领，对于扶贫对象的主体地位提出了要求，自我管理和发展的能力。在具体政策层面，从产业扶贫可以看到，对于农民和经济合作组织比较重视。其他方面没有怎么提到如何来体现贫困对象的主体性问题。到现在来说这个时机非常重要。去年十八届三中全会提出社会治理创新，这个可以和2011年提出的扶贫对象主体性很好结合起来，对于改进社会治理方式、激发社会组织活力，这都是个非常重要的方向。

在大的扶贫视野来说，怎样结合农村社工，结合扶贫创新与扶贫对象主体性怎么来做？我觉得这是个非常好的机会。

国家社工规划里提出2015年国家扶贫开发重点县建立农村社工站，目标是到2020年基本上每个扶贫县都应有社工站，带动5万名农村社工。昨天听到廖晓义他们在做这方面工作。我们未来重点也是在贫困县做这方面的工作。

在发展农村社工方面，提出从农村弱势人群出发，但不等于停留在弱势人群。其关键是怎么来发展新农村建设，发展农村基层自治，这是去年民政部副部长提出的观点。还包括培养社区意识、权利意识、自治意识、发展意识，发展农民的主体性，参与社区发展和治理是一个非常重要的目标。在这个过程中，加上2014年民政部大力推动三社联动，这是非常好的整合的一个方面，如何契合到扶贫发展工作与社工工作，一些比较细的工作方法，是非常好的东西，包括社工怎么与人沟通、小组动力分析需要小组共同开发，还有社区发展的动力。我们看到主体性建设上的问题。经济主体性的障碍就是缺乏技术、恶性竞争，更主要的是缺乏产业政策支持。所以怎么用乡土知识来发展经济互助与合作，最重要的一点是基层的选择，原来是否有条件进行选择，如何在不同的选择中让人们知道自己可以进行选择。

另外是文化主体性。贫困很重要的一个维度是，它是个文化问题。基于农民民族语言身份划分贫困等级，变成政府来定的等级，带来的商业开发也是歧视性的开发，要他来带动这边的发展，外来人对民族生态旅游的猎奇造成了更大的歧视。怎么促进他们的乡土文化、民族身份和生活方式的自尊，我觉得这是非常重要的。这也是个自行选择，即怎么来选择自己的发展道路的问题。

最后是社会治理与参与社区治理的主体性。它的障碍或所面对的问题就是居民基层行政化剥夺了参与主体性，使得他有无力感、无能感。所以提供服务，促进他们的社区组织积极投入社区的发展工作。

简单地总结上述观点，现在有了很好的政策机遇，怎么用好，怎么开展社会机制创新，怎么三社联动，如何来推动社会主义新农村发展。更多的是乡土的、民族的、在地的互助。但是这几个层面在一个社会发展层面，都是一个社会开发的过程，需要开发这方面的实务，我希望将来在座的同仁共同去开发，去整合，提升。需要我们共同去开发。把我们的能力与智慧提升。现在很多东西还不成熟，还需要共同开发。

○投资于人、投资于网络

——基于市场驱动的反贫困策略

邓国胜（清华大学公共管理学院教授）

感谢主持人，大家上午好！我还得谢谢一个人，就是毛刚强。因为我是被他“忽悠”来的，我不是专门研究反贫困的。大家都知道中国贫困人口越来越少，因为我们扶贫取得了举世瞩目的成就，经过几十年的扶贫，我们剩下的贫困人口已经不到3千万，后来我们把标准提高了，就剩下1个亿左右，当然，无论如何还是取得了巨大成就，剩下的贫困人口确实越来越难扶了，因为都是在一些最偏远的地方。对这部分人，完全依靠他自己确实很难，所以需要依靠外力。但是今天上半段也有老师讲到，依靠外力，万一外力扶得不对，这个也麻烦，怎么持续，很容易又返贫了。所以外力固然重要，我们也需要借助外力，但最终回到主题，还是要重构反贫困的行动主体，到底是谁，怎么去依靠贫困人口自身。外力到底应怎样去帮助这些贫困人口，让他们真正成为反贫困行动主体，是我们仅仅说相信他，赋权于他，让他自己去做就好呢？充分尊重他就行了吗？其实也未必。

讲两个小故事。第一个发生在非洲，大家知道非洲，你们对非洲最深刻的印象是什么？（在场听众答：缺水。）对，中国有时候也去非洲援建，就是给他们打井，挖井。就像你们在很多宣传片上看到的，那个水哗的一下就出来了，贫困人口一看很高兴，有水喝了，在座的诸位你们没有这个体会，因为贵州不缺水。但是我告诉你，打完了井，大家看到的成就只是短期的，很快，因为你知道非洲的干旱，需要把井打到很深很深才有水，需要依靠水泵，可是非洲年轻人力气太过猛，水泵用不了多久就坏了，坏了就报修，找资助方去修，搞得资助方疲惫不堪。有时候是不会用，有时候是真坏了。大家知道，人们都有搭便车的心理，尤其对公共物品不太珍惜，搞得资助人疲惫，井打了白搭，花了很多钱，最后还是出不来水，因为水泵坏了。最后怎么办呢？肯尼亚乐施会想出一招，培育当地的商人，依靠当地商人，坏了到商人那里买，让商人来解决水泵问题。也要让农户组织起来，让他们形成规范，学会怎么去保护、去用，不要只是搭便车，这个问题慢慢地解决了。

再讲个小故事。缅甸水灾，把牛、农具冲走了，资助方再送你几头牛，给你重新买农具，但是没过多久牛也死了、农具也坏了，还是不能解决问题。怎么办，还是贫困，最后国际美慈，也是一个扶贫经验非常丰富的 INGO，帮助他们去打造当地畜牧市场、农具市场，帮助农民自己建立起来，统购统销，由于这些市场被建立起来了，所以得到很好的持续发展。

这两个故事告诉我们，一个根本，两个关键。一个根本就是依靠市场经济，一定要把这些贫困人口纳入到市场中来，不能完全靠外力去帮扶，而是要让农民成为市场的主体，这样才是重构行动主体。我们作为外力，要去帮助他们打造更公平的市场，这是一个根本。贫困人口因为知识的局限，你完全把他推入市场难以形成强有力的竞争主体。两个关键是什么呢？第一，投资于人，第二，投资于网络。所谓投资于人就是要对贫困人口进行能力建设，长期看要从小对他们进行教育，从小抓教育，短期也要关注，短期抓培训。更重要的还要对他们进行文化扶贫。廖晓义老师，还有其他老师讲的培养他们创新的意识。能力建设不完全是简单的生产能力的建设。另外一个，投资于网络，不仅让他们能够具备能力，关键是组织化。这个组织化第一是形成网络，有合作社、互助会等，另外一个形成规范、制度、文化，包括乡规民约，通过这些制度文化、组织化，慢慢形成相互之间的信任，最终慢慢提升他们的社会资本。

谢谢大家！

○什么是贫困群体的主体性

刘 源（乐施会中国项目部政策研究经理）

谢谢主持人！我很高兴在贵州民族大学有这个分享，因为我本人毕业于中央民族大学，与咱们贵州民大可以说是兄弟院校。

社区工作很微观，也较为具体。我现在要讲的内容在很多方面回应或印证了前边好几位老师提到的观点。我想分享个案例，通过它提出我对贫困群体主体性的思考。

案例发生于滇西北大山里一处贫困村庄。让我们先暂时从案例跳出去，走到大的政策环境中，在我们国家新扶贫纲要中，这个10年减贫工作核心是提高贫困群体的发展能力，NGO话语也可理解为提高贫困群体主体性。这两个话语其实是殊途同归。关键是怎么落地，怎么实现这个贫困人群、目标人群的主体性。对于外来者，可能是政府扶贫干部也可能是NGO发展工作者，这些外来的人外来的机构怎么去回应主体性的充分体现。

在我们看到的这个案例村，2003年我们带项目进去的时候，村民的生活用他们自己的话描述是“我们的生活已经掉到地上了”。经济收入来看，村民主要靠退耕还林补偿款，靠救济粮，没有什么其他的来源；生态环境已经因为长期乱砍滥伐而濒临崩溃；村子不通路不通电，每年不是风灾就是雪灾，几乎与外界隔绝。所谓的隔绝，是因为它位于滇西北崇山峻岭深处，还有一个隔绝是指它的文化，特别是村里妇女群体由于语言不通、鲜少与外界交流，很难同外界沟通。用老村长的话说：我们的女人带孩子到山下去看病，连进哪个科室都不知道，不认得那些汉字嘛。

回应今天的主题，我想分享的是：主体性的成长或发展能力培育应更具针对性，要有区别地对待和提供支持。不同群体对于自身发展能力的需求是不同的，外来支持者应该细分这些需求。

第一点，核心宗旨是兼顾公平的减贫道路，所以必选动作一定会有技术培训，同时很重要的是，外来支持者也要考虑通过提供外出考察机会，让村民打开视野。在这个村的案例中，我们专门支持村民骨干去考察其他的民族村，比考察汉族村更具文化方面的天然相近性，也更易打动村民的心，这种技术培训、外出考察等方式应该更多地提供给劳动力或村民骨干。

第二点，村里开始推动试点的时候，让几户积极分子先做起来，其他人家会被慢慢带动起来。社区有自己的脉络和呼吸，我们提供的支持也应该贴合社区需求，这也是尊重其主体性的体现。举例，我们机构 2000 年进入这个社区，但直到 2008 年才开始做社区防灾减灾综合治理，后来这个村庄被民政部评为防灾减灾的示范社区。开始做防灾减灾项目之前，我们已经与伙伴组织推动了识字夜校、种植作物品种改良、治理机制建设等多项工作，贯穿始终的是不断强调培育村民自己的能力。再说妇女，语言是这个彝族村妇女们通向外面世界最基本的钥匙，当她们在夜校学习稍微通一些汉话后，就可以去山下打季节短工，这样也拓宽了生计来源渠道。我们始终强调对于滇西北这样的山区村庄，协助村民发展多样化生计架构，应该是提高他们反贫困韧性的良途，并不认为说一定要把农民也好、少数民族也好，只有留在他自己的村里，才叫发展。我们不是要把她们硬性留在村里，而是要共同创造出更多选择的空间和机会，最终选择的权利是归于村庄、归于村子妇女的。所以当妇女们略通语言后，她去山下打季节性短工，可以有效增加家庭的现金收入。

第三点，要考虑的重点是在地年轻人，既包括项目村的年轻人，也包括发展机构的青年工作者。我们很高兴能与云南当地 NGO“绿色流域”共同合作。在案例村发展变化的 10 余年中，村子里成长出第一个大学生，后来成为“绿色流域”的工作人员。这个孩子从得到“希望工程”支持重返课堂念书，到成为村里第一个大学生，再到后来成为一个 NGO 工作者，这是一个很鼓舞人的行动者的培力故事。针对村里青年人，我们注意帮助在地年轻人建立支持网络，在云南、四川这些西南地区，就像一个小伙伴网络，青年人的发展网络，虽然比较松散但是确实存在，它有力地帮助在地青年人减少孤独感，找到一个在奋斗道路上能够彼此陪伴和激励的同行者和朋友。

第四点，培力主体性的体现还有在当地推动发展的组织和机制，外来支持者要关照和助力村民们去巩固自己行之有效的组织。对于少数民族社区，我们始终强调村庄原有社会组织和社会结构是怎么样的，能否在此基础上来推动管理机制的创新，这样跟村民原有社会结构有个衔接，会有更好的接受度和转换。对于这个案例村而言，全村由 5 个家族组成，以往的管理就是由每个家族选出一个代表来议事，最终，我们项目治理小组就是在村庄原有机制之上建立的，实践证明效果非常好。

作为外来机构，在有针对性培育、体现村民主体性的过程中，一定会遇到挑战，例如，是否有足够耐心按村落的发展规律运作？还是为项目进展所累，按部就班推着社区根据工作计划向前发展？2007 年以前，我们和伙伴在这个案例村的大量工作都集中于妇女夜校这个平台，之后具备一定条件时才逐渐有其他项目跟上来。如今我们来看这个村的经济收入历程，2007 年前最多是退耕还林补偿款，2007 年之后主要依靠种植业，再接着一步步发展起养殖业、生态旅游等多元经济结构。当村民主体性被慢慢激发出来，就会看到它的强大的生命力。在这个案例村，村民们凭借集体智慧和共同决策力最终对政府的搬迁说“不”，能够对老板上山要购买整个村子变成旅游胜地说“不”。他们在找的是一条基于文化守护的发展道路，而这也是与政府所提倡的生态文明建设有着相同的追求。

总而言之，我们应该思考谁的主体性，谁的发展，基于在一个小山村的实践，我们强调在推动减贫过程中，无论是政府部门还是 NGO，需要不断提醒自己——如果希望培育、激发社区主体性，那么仅局限于项目推进的程序化实施，还有填鸭式的内容提供，是否就足够？在努力焕发社区主体性、提高社区能力的过程中，我们还要争取让更多人理解这类工作的重要性，例如，要去教育捐款人和支持方，因为这类群体经常会说，“你们这项目做了两年怎么一点效果也看不出来？”诸如此类质疑，我们需要解释、说明，帮助他们理解村庄的发展不是一两年就能看到立竿见影效果的“短平快”。

最后，我们呼吁，在未来工作中，大家共同来推动以知识分享促进发展。民间力量既是行动者也是知识生产者，应该把自己的经验、教训都梳理总结并分享出来。对于这个案例村我们的思考是：对国内政策的执行效果和经验是可以交流和借鉴的，如反搬迁的生态减贫道路，生态文明与减贫共赢的发展道路。在国际分享这块，我们会通过国际乐施会，跟全球其他乐施会以及其他发展中国家来分享这个案例村中总结出的经验。据我了解，国务院扶贫办也在推动一个减贫知识产品叫“中国减贫案例库”，计划开放给所有发展机构来征询案例，这对于发展领域是一个梳理、总结和交流的好机会。我们在此也分享这个信息，希望引起在座的行动者机构更多的关注，大家一起来推动。

谢谢！

〇发展型社会工作中妇女主体的打造

向　荣（云南大学社会工作研究所所长、教授）

谢谢主持人！感谢有这个机会让我学习，对生态文明和反贫困的关系是什么。我特别要感谢毛刚强老师，毛刚强应该算是我的兄弟，他年龄没我大，但是他这么多年不断用脚在各个乡村行走，同时思考在这样大的一个中国往哪里走，如何去发展，他非常投入甚至不顾自己，方方面面，我觉得让我相当钦佩，也经常激励着我们，包括杨团老师、高小贤老师，我们一起在不同地方去探索这个路怎么走。我是云南大学社工老师，从20世纪90年代中期走进这个领域，社工是从西方引进来的专业，它怎么回应中国转型过程中的问题，特别是大部分的问题都跟“三农”有很大关系，必须做一些转换，这个转换就是必须跟我们农村结合起来。也就是反贫困或者志愿者工作，都是我们关注的重点。

这两天听下来，学习了很多，得到一些启示，例如，把减贫和生态保护、社会建设结合起来，这个高度让我在这个大会上看到非常欣喜，然后包括充分认识像“新三农”问题，还有精神扶贫，我看到这个就笑起来。为什么呢？20世纪90年代末期，进到一个村寨去探索，想起几年前，在民族村寨里一群发展者长年累月在那里，没有很多钱去做基础建设，但我们就是长年累月在那个地方，我们也说不清楚，我们讲社会工作他们也不明白。终于有一天有一个镇上的官员很认真地跟我讲，他说向老师“我已经想了很久，你们到底做什么，最后终于想清楚你们原来在做精神扶贫”。所以在这次会议中听到“精神扶贫”这个词我就觉得很好笑。还有就是“精准扶贫”这些概念，综合农村社区发展，社区参与，都是我们发展工作中惯用的词语，还有社区再组织化等。看到了一些鲜活的非常成功的案例。这些都是这两天学习得到的启示。我怎么紧扣这个主题，搜索我的经验。

我想到要分享的故事。

我们也在村庄里反贫困方面开展了一些工作。在这个村庄做了十多年，特别在妇女这块，是壮族村子，经济收入低，虽然青山绿水非常美，但年均收入不超过 3000 元。通过我们几年的努力，我们运用的就是壮族文化的传承，包括生计、传统文化，把她们组织起来做壮锦，通过我们链接市场，到市场去卖，妇女们的生计得到提高，参加项目后，她们年均收入提高到 8000～9000 元，在社区中影响相当大。我们也希望在性别平等方面有提高，因经济收入提高所以妇女在家庭中、村落中的地位也变高了，这是很自然的一个逻辑关系。但是事情并没有按照我们的想象去发展，出现了竞争、彼此排斥，形成小团伙，不是用钱，而是用语言，说这个女的作风不好，这样骨干妇女就想离开家，小组产生分离，尽管在市场上卖出去，卖到香港，也有很大的收益，但是最后解体了，解散了。我们需要做很细致的工作。刚才有学者谈了，扶贫与文化与社会的关系，在过去，我们要怎样搞清楚更大的社会结构，包括性别的结构如何去跟我们组织的这个团队处理关系，组织化是一条非常重要的持续发展的路径，但是需要更细致的工作，做很细致的个案工作小组工作，就可以共同做好组织发展工作。不管怎样，发展型社会工作在打造妇女主体，村庄里推进村庄发展，现在政策路径机会对大家是非常好的，社会整体要进行社会组织的建设，像妇联，有很多资源的系统，怎样转型成枢纽型组织，成为推动妇女的社会组织平台，搭建多个层次平台。社工，跟当地的社工（杨团老师讲的乡工）一起来搭建。我们强调社会性别的意识，能力建设、赋权等，特别强调行动研究这是一个过程，必须考虑关系对话，改变失语主客的位置，才可能往前走。我想说的是，在生态文明这个论坛里不同人谈到怎么建美好家园，是天然的、是地域的等等，我们应该看到这个美好家园更重要的是人，费孝通讲的“美美美”。就是人与自然是结合在一起的，回到我们这个国家快速发展，城市化和城镇化下正在消失的村庄，怎么做好我们的努力，找回我们的乡愁。

谢谢！

○当地人与若尔盖草原的沙化治理

供曲巴让（温洛克国际农业开发中心四川代表处环境部项目官员）

大家好，我是一个藏族人，也是一个牧民。非常感谢这样的场合，让我说牧民和草原的故事。我的汉语不是很好，没关系，我的幻灯片里有很多照片，让这些照片帮我说话。

我们项目所在地的故事。照片上的地方是我的故乡若尔盖草原，也许你们没有听说过草原沙化特别严重。2011 年的照片显示，沙化非常严重。牧民、草原、牛羊形成了草原上一个大的生态系统，我们经常听见的，说草原沙化是因为过度放牧，牧民太多了，牛羊太多了。不是这么简单的一个问题。这里面有很多很多的原因，草原退化不仅是因为过度放牧引起的。我们牧民在自己的家乡进行沙化治理，技术非常简单，资金也很少，第一个是围栏，第二个是种树种草，第三个是管理，就是这么简单。种树主要是挡住风，种各种各样的树，也种本地的树。种草，当地青藏高原独特的草种，另外还有燕麦，不会影响生态。当地种草第二年第三年就开始长出来。种草的方式，撒种、挑拨。有一个故事是，有时候我们听专家的，草原没有沙化过，草原科学研究院有研究，教一些方法给我们，但是这些种子撒在沙地上，太阳一晒，沙漠一热，所有的种子都死掉了，浪费很多。在那个地方风特别大，所有的种子都堆到一块儿，成活率就特别低，我们做活动的时候，牧民说，种子撒一点就够，不要太密，专家要听他们的声音，他们的方法是我们想象不到的，撒种子，放牛羊，种子踩进地里去。不用花太多的钱，不用花太多的人力，他们非常容易就做到了。参与式里面有各种各样的参与式，有牧民、有专家、有政府，我们需要倾听他们的声音，不管生活方式，还是各种各样的问题，听他们的，他们才是真正的主导，这才实现了真正的参与式。从藏区部落来说，牧民、学生、寺庙僧人，僧人出家，学生上学了，但草原仍然是你的母亲，不管你在哪你做任何事情还是永远要记住你的母亲，如果你有这样的心态，从不同的角度为自己的家乡做一点事情。僧人和学生的参与也是非常重要的。很多环境保护的组织或政府可以治理沙化，但是沙化变草原，这个工作只有牧民才能做得到。这不是一天两天、一年两年的事情，也许是一辈子的事情，这是很难的。所以观念非常重要。第一，围栏修复，第二适当撒肥料，牛粪和羊粪，然后适当地放牛，有时候放牛非常重要，牧民非常清楚。例如，恢复差不多了，什么时候放牛，放多长，第一年放多少牛，第二年放多少，这样管理非常重要。大家看到照片上的情况，治理前后的对比。我们治理过的就是这样的。

谢谢大家！

○关于反贫困的行动主体

高小贤（陕西省妇女理论婚姻家庭研究会）

我所在的机构是陕西妇女理论婚姻家庭研究会，它成立于 20 世纪 80 年代中期，本来是一个做妇女研究的社会团体。20 世纪 90 年代，因世界第四次妇女大会 1995 年在北京召开，我们获得了走出去与世界交流的各种机会，逐渐认识到妇女研究同传统的社会科学和人文科学相比，一个很大的不同就是它的批判性和行动性，它不标榜自己的客观性，公开宣称其目的就是推动性别平等，希望经由研究表达妇女的声音，推动政策与文化、制度的社会变革，最终实现性别平等。出于这样的理解和认识，20 世纪 90 年代中期我们开始转向行动研究。

陕西是一个贫困面很大的西部省份，有 50 个国定贫困县，仅次于云南。基于这样的省情，“关心农村妇女在贫困、健康、教育及参与社区事务中面临的困难和障碍，向妇女赋权，提高农村妇女地位”便成为我们组织最重要的战略目标，让我们一直在这一领域努力耕耘。从 1993 年我们实施第一个农村发展项目开始，到现在已经整整 20 年了，我们的项目点涉及陕西、宁夏、四川、江西四省 15 个国定贫困县 30 多个行政村，共实施大大小小项目百余个，资金额度达 7000 万元。我们在社区里开展的综合发展项目，领域涵盖生计、健康、教育、减防灾、自组织培育及妇女参政等，在社区待的时间最长的 10 年，最短的也有 3 年。我们陪伴贫困社区的村民和妇女一起成长，参与并见证了过去 20 多年中国扶贫发展的历程。

作为 20 多年中国扶贫发展实践的一个参与者和见证者，我试图以自己的观察和思考，来回应我们今天的主题。今天这一阶段的议题是“反贫困——贫困群体的行动主体重构”，对此我想表达五点意思。

1. “反贫困——贫困群体行动主体重构”这个议题的确立，说明大家对此已经达成共识，类似的文字也已见诸政府的官方文件中，这本身就是扶贫发展领域的一个进步，标志着中国扶贫发展事业进入一个新的阶段。

20 世纪 90 年代，无论是学界还是政府，很多人将贫困的原因归结于农民素质差，观念落后懒惰愚昧，因而忽视或否定贫困群体在反贫困行动中的贡献和主体地位。所以，“贫困群体是反贫困行动的主体”这一原则的肯定和认同，本身就包含着理念和策略上的转折，是一个可喜的变化。

2. “反贫困——贫困群体的行动主体重构”这句话包含着两层意思：一层意思是贫困群体是反贫困的主体，对此在宏观层面大家目前已经没有分歧了，但在操作层面还有许多有待讨论的问题；第二层意思是这个主体需要重构，它隐含着一个假设，即这个群体目前还不是反贫困的主体，所以需要重构。那么如何重构？今天的发言讨论得很少。我个人认为“主体重构”不仅需要理论上的肯定，还需要解决认识层面和操作层面的很多问题。首先需要明确谁是“主体重构”的责任人和承担者？自然所有的减贫工作者，包括政府、企业和 NGO，都应是“主体重构”的责任人。问题是，这三大部门的减贫工作者都不可能自发地具有“贫困群体是反贫困行动主体”的认识和价值观，相反，政府系统习惯的自上而下的工作作风，企业的资本为重和 NGO 圈内的精英意识，都是和“主体重构”格格不入的。因此，教育所有的扶贫工作者把“贫困人口是反贫行动主体”由简单的口号转化为自己工作中的价值观和理念，是实现“贫困群体的行动主体重构”的重要一步，否则“主体重构”是无法实现的。遗憾的是反贫困领域中无论学界还是行动者，都很少涉及这一问题的讨论，在实践层面也很少见到类似的培训课程和教材。所以，减贫工作者作为“主体重构”的责任人，其自身的意识提升应成为“主体重构”中的重要环节。

3. 重构的路径和过程还涉及操作层面上的方法与工具。“贫困群体是反贫困的主体”这一概念在中国最先提出是在 20 世纪 90 年代，是随着扶贫发展领域中的国际合作和国际援助项目引进的，随之也有很多的分析框架和工具一起引进来，如最早的参与式工作方法，从 PRA（参与式农村评估）到 PME（参与式监测评估），赋权理论、从需求为本到权力为本以及可持续生计框架等，诸多理论流派衍生的分析框架和干预模式，都曾经在这块土地进行过尝试，积累了很多成功与失败的经验与教训。

我的另一个兴趣点是妇女研究。从 20 世纪 90 年代起我花了 10 年的时间一直在做 50 年代农村妇女的口述历史。同时跨越这两个领域让我感悟到这两个时空点上有许多的联系：我发现 90 年代国际合作项目在农村社区的工作手法和50年代各级政府在农村的工作经验有很多相似之处，只是说法不同而已。50年代初期各级政府在农村土改与合作化运动中依靠贫下中农，培养积极分子和骨干，组织贫协与妇代会、干部蹲点与走群众路线等，和发展领域中的“贫困群体是反贫困的主体”、社区组织培育、领导力培训、赋权与陪伴成长等是很接近的，我们在妇女参政项目中加进去一些50年代社区动员的做法取得了格外好的效果，让我意识到中国共产党从根据地起所积累的农村工作经验也是一笔丰厚的遗产。遗憾的是，时代的脚步太快了，别说50年代的经验与遗产至今大多数干部不了解，就连90年代国际合作背景下的社区发展经验今天也已经出现了断层。2008年汶川地震之后涌现了一批新生的社会组织，它们进入社区开展社区重建时全然不知以往的实践和积累。因此，如何梳理、继承、发展和提升这两种看似不同又有着某种联系的经验，使“主体重构”的路径更加清晰，技术层面上的方法与工具更具操作性，是摆在我们面前很具挑战性的任务。

4．贫困群体不是整齐划一的，本身具有多样性。刚才张海洋老师说农民和少数民族构成了贫困群体底边，我想说农村妇女和少数民族妇女可能是这底边的底边，很多研究表明贫困人口中妇女是多数，全球的贫困人口中70%是女性，所以我们常说“贫穷长了一张女人的脸”。除性别外，族裔、年龄、地域等很多因素都会对贫困及贫困人口发生影响，因此在“行动主体重构”的过程中，面对不同的贫困群体，应从他们的实际情况出发，尊重他们的历史和文化，照顾他们的不同和差异性，研究开发出不同的分析工具、赋权框架和干预模式等，而不能无视这些差异，用一套不变的方法和工具去应对所有人群。

5．过去的30多年中国的扶贫发展取得了举世瞩目的成绩，我国的贫困人口大幅度地减少，为全世界的反贫困做出了突出的贡献。当大家都津津乐道地谈论我国反贫困所取得的这些成绩时，希望不要忽视这一期间我们在实践层面所积累的经验。这里面有中国共产党从根据地起所积累的农村工作经验的延续和继承，也有国际反贫困理论和经验在中国本地化的实验，中国贫困人口短时间巨减的成绩证明了我们经验的有效性。希望这些经验经过提炼升华为理论，经由知识生产的过程，形成一套由中国经验做支撑的新的反贫困的理论框架与工具。它既是中国的也是世界的，源自中国的实践，又可与世界对话与分享。同时它可作为中国的软实力，伴随中国政府的外交和外援走向世界，在全世界的反贫困行动中发挥更大作用。中国作为世界第二经济大国，希望今后在面对发展中国家时给予的不仅仅是资金，资金 + 反贫困经验和模式 + 有社区经验的反贫困工作者，这样的组合才更符合“负责任的大国”形象，也与我们这个民族悠久的历史和文化相配。当然，这需要这个领域的理论工作者与行动者共同努力。

论坛共识发布

○生态文明与反贫困 2014 贵阳共识

我们来自政府部门、国际机构、科研院所、社会组织等方面的代表，在生态文明贵阳国际论坛 2014 年年会期间，召开生态文明与反贫困国际论坛，围绕经济、社会、生态文明三位一体建设反贫困，可持续产业发展反贫困，贫困群体的行动主体重构反贫困以及全球反贫困中国责任承担等主题展开充分讨论，达成以下共识。

一　反贫困是经济、社会、生态文明三位一体建设的过程

1. 反贫困是全人类共同的事业，是人类追求平等的生存和发展权利、公平的生态环境责任承担、普遍被尊重对待的全球正义实现的重要内容。

2. 反贫困工作必须同时兼顾经济、社会、生态文明三个目标，既要增加贫困群体的经济收入、改善其物质生活条件，同时也要有助于建立良好的生态、健康的水环境、和谐的人与自然关系、互助协作的人际关系，社会合作基础上的社区福利生产与供给。

3. 贫困群体也有承担环境保护和改善的责任和义务，但其保护和改善环境的行动需要得到资源和技术的支持，其在环境保护和改善过程中直接获益的利益目标需要得到保护与支持，与扶贫开发同步的社会建设有助于经济和环境目标的实现。

4. 反贫困事业的核心任务是帮助贫困群体公平分享发展成果，追求并实现有保障、有尊严、有价值、负责任的生活。

二　贫困群体是对抗贫困的最主要行动主体

1. 对抗贫困是全球责任，贫困群体需要在政府、市场、社会协同力量的支持下，与政府、市场、社会协同力量联合成为对抗贫困的共同行动主体。

2. 贫困群体在与贫困作斗争的过程中，其行动主体角色的实现、决策参与权利的保障、反贫困行动能力的成长至关重要；能力建设是反贫困工作的核心内容，是贫困群体成为反贫困行动主体的重要保障。

3. 贫困群体能力成长的可持续性是反贫困成果可持续性的基石，贫困群体可持续建设生计系统、可持续获得技术与信息、可持续利用环境资源、可持续应对自然灾害和各种风险，是可持续反贫困工作必须解决的问题。

三　创新减贫理念，实施绿色减贫战略

1. 生态文明建设与反贫困结合就是要在贫困地区实施绿色发展与减贫结合战略，在可持续发展和减贫背景和前提下推动绿色发展、实现绿色减贫。绿色减贫是生态文明建设中减贫方式的创新，是符合生态文明发展、以绿色增长绿色减贫为目标的减贫新理念，是把生态文明与反贫困有机结合的减贫新战略。

2. “绿色发展”及“绿色减贫”已经成为全球共识，成为社会各界关注点，成为反贫困的战略选择，成为减贫的新理念。绿色减贫的本质和核心是坚持以人为本，是转变发展观念、创新发展模式、提高发展质量的减贫理念新变革。

3. “绿色减贫”可以通过构建“绿色减贫指数”进行度量。以绿色减贫指数分析为基础，形成了实施绿色减贫战略的对策建议：（1）深化认识，构建绿色减贫新体系；（2）积极探索，大力发展绿色产业化和产业绿色化的新途径新方法；（3）完善生态补偿机制，为绿色发展和绿色减贫提供支持保障；（4）探索生态资源交易市场新途径新方法，促进生态资源绿色资源资产化；（5）将绿色减贫指标体系纳入本省贫困县考核约束退出机

制，完善绿色减贫战略政策及规划体系；（6）加强区域联动协调，促进共同实现绿色发展、绿色减贫。

四　中国在全球反贫困事业中可以发挥更重要作用

1. 中国对反贫困工作高度重视，担当着全球减贫工作的重要角色，在全球反贫困事业中贡献巨大，中国减贫的经验已经引起全世界关注。

2. 中国的扶贫开发的经验，与其他国家和地区的经验共同构成了人类反贫困事业的知识系统，继续探索创新减贫工作的方法、技术和路径，是中国在全球反贫困工作中的重要责任。

3. 中国政府对外发展援助和中国企业的对外投资，对援助国及投资地的减贫工作可持续性要有更多的责任承担，中国的社会反贫困力量需要并且可以在全球反贫困工作中扮演更为积极的角色。

○ Eco Forum Global Annual Conference Guiyang 2014 Eco-civilization and Anti-Poverty Sub-forum

Guiyang Consensus

We, representatives from government departments, international organizations, research institutes, social organizations, etc. , convene the International Forum on Ecological Civilization and Anti-Poverty during the Eco Forum Global Conference 2014 Annual Conference. Extensive discussions have been conducted, on topics such as the trinity of social and ecological civilizations, promoting sustainable industrial development, restructuring the poverty groups as the major actors, andChina' s responsibilities in global anti-poverty efforts. We have reached the following consensus:

Section 1: Anti-poverty is a trinity of Economic-Social-Eco Civilizations

- Anti-poverty is a common course of the whole human kind, and serves as a significant part of equal rights to subsistence and development, undertaking equal responsibilities in environmental protection, and the realization of global justice which is universally respected.
- Anti-poverty efforts must take into account the triple aim goals of economic, social and eco-civilizations; while enhancing the income of the poverty group and ameliorating their physical living conditions, they should also be conducive to a sound ecosystem, a sanitary water environment, harmony between the human kind and nature, and collaborative interpersonal relationship, in addition to the production and supply of community welfare based on cooperation.
- The poverty groups should also bear the responsibilities of protecting and improving the environment, which requires resource and technical support. Their direct benefits intertwined with environmental protection and improvement shall

be protected and uphold. Social construction efforts in juxtaposition with poverty alleviation and development shall contribute to theachievement of economic and environmental goals.

• The core mission of anti-poverty efforts is to provide the poverty groups equitable access to development benefits, help them to pursue a life with security, dignity, value and responsibility.

Section 2: The poverty groups are the major actors in anti-poverty efforts

• Combat against poverty requires global responsibilities. The poverty groups, shall become the main actors in the common action against poverty, with the support from the government, the market and the society.

• The realization of their leading role, the guarantee of their decision-making rights, and the growth of their capacity for actions are vital for the poverty groups in their battle against poverty. Therefore, capacity building lies at the center of all anti-poverty efforts, and is the important guarantee for their leading role in anti-poverty courses.

• The sustainable growth of the poverty groups is the cornerstone of sustained anti-poverty achievements. Issues such as sustainable livelihood systems, sustainable access to technologies and information, sustainable utilization of environmental resources, sustainable response to natural disasters and associated risks, should be addressed so as to achieve sustainable poverty reduction.

Section 3: Promote innovation in the definition of poverty reduction and implement green poverty reduction strategy

• The combination of ecological civilization and anti-poverty entails we need to implement the strategy of green development and poverty reduction in poverty areas, and promote green development, in order to realize green poverty reduction under the backdrop of sustainable development and poverty reduction. Green poverty reduction is considered as an innovative approach and method in the process of constructing ecological civilization. This method is in line with a new set of poverty reduction concepts, and conducive to ecological civilization development, and green poverty reduction based on green development. It is a new poverty reduction strategy that combines ecological civilization and anti-poverty efforts.

• Green Development, and Green Poverty Reduction, have become a global consensus, and hence the focus of the whole society. They represent a new set of concepts in the poverty reduction field, and a strategic choice in anti-poverty efforts. The core essence of Green Poverty Reduction is to put people first, change the concept of development, promote an innovative development model and improve the quality of development. It represents a new change inthe ideas related to poverty reduction.

• Green Poverty Reduction can be measured through Green Poverty Reduction Index. Based on the analysis of the Green Poverty Reduction Index, the following policy recommendations have been formulated: (1) to deepen our understanding of and build a new system of green poverty reduction; (2) to actively explore and develop new ways and new approaches to green industries; (3) to improve the ecological compensation mechanism and provide support for green development and green poverty reduction; (4) to explore new approaches and new methods of ecological resources exchange market and promote the assetization of ecological and green resources; (5) to include Green Poverty Reduction Index in the provincial poverty county performance evaluation and exit system, and improve strategic policies and planning systems for green poverty reduction; and (6) to strengthen regional joint coordination and promote the common goal of green development and green poverty reduction.

Section 4: China is expected to play a more important role in global poverty reduction course

• China attaches great importance to anti-poverty work, plays an important role in global poverty reduction efforts, and contributes significantly in global anti-poverty efforts. China's experience in poverty reduction is worth the world's attention.

• China's experience in poverty reduction and development, complemented by those from other countries and regions, constitutes a knowledge system for the human kind's efforts on anti-poverty. Therefore, how to conduct further exploration and innovation in terms of methods, technologies and pathways in poverty reduction, are important responsibilities to be shouldered by China in global anti-poverty work.

- More responsibilities are expected in the area of sustainable poverty reduction in recipient countries and investment destination respectively, when the Chinese Government is delivering foreign development assistance and Chinese enterprises are conducting foreign investment. China's social forces engaged in anti-poverty efforts need to and are able to play a more active role in global poverty reduction.

媒体报道简报

○生态文明与反贫困论坛媒体报道简报

张建　汪青梅*（2014 年 7 月 6 日 – 2014 年 8 月 8 日）

一　平面媒体

《贵州日报》

报道标题：“生态文明与反贫困”论坛有望形成“贵阳共识”

报道版面：头版新闻

报道时间：2014 年 7 月 6 日

报道标题：生态文明贵阳国际论坛 2014 年年会 生态文明建设与反贫困贵阳共识（2014）

报道版面：周刊 · 专栏 · 专刊

报道时间：2014 年 7 月 13 日

报道标题：绿色减贫　牢牢守住两条底线

报道版面：周刊 · 专栏 · 专刊

---

* 张建，贵州民族大学马克思主义学院副教授，贵州民族大学社会建设与反贫困研究院研究员。汪青梅，贵州师范大学文学院副教授，贵州民族大学社会建设与反贫困研究院特聘研究员。

报道时间：2014 年 7 月 13 日

报道标题：发展小众旅游　保护文化传承——访国务院参事室参事徐嵩龄

报道版面：头版要闻

报道时间：2014 年 7 月 15 日

报道标题：创新精准扶贫　推动绿色减贫——访国务院参事、友成企业家扶贫基金会常务副理事长汤敏

报道版面：头版要闻

报道时间：2014 年 7 月 15 日

《贵州商报》

报道标题：减贫指数处于全国第三档　贵州绿色减贫任重道远

报道版面：贵州新闻/综合

报道时间：2014 年 7 月 12 日

二　网络媒体（排名不分先后）

（一）网站

中国新闻网

报道标题：《“生态文明与反贫困论坛”呈现七大亮点》

报道时间：2014 年 7 月 6 日

链接地址：http：//www. chinanews. com/sh/2014/07 – 06/6355019. shtml

报道标题：《〈生态文明建设与反贫困贵阳共识（2014）〉发布》

报道时间：2014 年 7 月 12 日

链接地址：http：//www. chinanews. com/df/2014/07 – 12/6379325. shtml

人民网（转载）

转载标题：“生态文明与反贫困”论坛有望形成“贵阳共识”

转载时间：2014 年 7 月 6 日

链接地址:http：//gz. people. com. cn/n/2014/0706/c194827 – 21588501. html

新华网（转载）

转载标题："生态文明与反贫困分论坛"呈现七大亮点

转载时间：2014 年 7 月 6 日

链接地址：http：//news. xinhuanet. com/politics/2014 - 07/06/c_ 1111475852. htm

共产党员网（转载）

转载标题：生态文明与反贫困分论坛举行

转载时间：2014 年 7 月 12 日

链接地址：http：//news. 12371. cn/2014/07/12/ARTI1405121289841680. shtml

中国网（转载）

转载标题："生态文明与反贫困"论坛有望形成"贵阳共识"

转载时间：2014 年 7 月 6 日

载转地址：http：//news. china. com. cn/2014 -07/06/content_ 32869458. htm

转载标题："生态文明与反贫困分论坛"呈现七大亮点

载转时间：2014 年 7 月 6 日

载转地址：http：//news. china. com. cn/2014 -07/06/content_ 32869450. htm

中国社会学网

转载标题：生态文明贵阳国际论坛 2014 年年会"生态文明与反贫困"分论坛举行

载转时间：2014 年 7 月 25 日

载转地址：http：//www. sociology2010. cass. cn/news/745401. htm

中国社会科学院网

转载标题：国内外学者关注生态文明与反贫困

载转时间：2014 年 8 月 8 日

载转地址：http：//cass. cssn. cn/duiwaijiaoliu/201408/t20140808_ 1284054. html

文汇网

转载标题：全球反贫困专家聚点 把脉“生态文明与反贫困”

载转时间：2014 年 7 月 9 日

载转地址：http：//gz. wenweipo. com/？ action – viewnews – itemid – 5601

新浪网（转载）

转载标题：《〈生态文明建设与反贫困贵阳共识（2014）〉发布》

转载时间：2014 年 7 月 12 日

链接地址：http：//news. sina. com. cn/o/2014 – 07 – 12/133830509699. shtml

转载标题：生态文明与反贫困分论坛：组建“反贫困智库”

转载时间：2014 年 7 月 6 日 6

链接地址：http：//news. sina. com. cn/c/2014 – 07 – 06/060430475470. shtml

凤凰网（转载）

转载标题：《〈生态文明建设与反贫困贵阳共识（2014）〉发布》

转载时间：2014 年 7 月 12 日

链接地址：http：//news. ifeng. com/a/20140712/41131553_ 0. shtml

转载标题：“生态文明与反贫困”有望形成“贵阳共识”

转载时间：2014 年 7 月 6 日

链接地址：http：//gy. house. ifeng. com/detail/2014_ 07_ 06/2544847_ 0. shtml

转载标题：“生态文明与反贫困分论坛”呈现七大亮点

转载时间：2014 年 7 月 6 日

链接地址：http：//news. ifeng. com/a/20140706/41037719_ 0. shtml

以上仅为凤凰网部分转载内容

贵州新闻网（转载）

转载标题：“生态文明与反贫困分论坛”呈现七大亮点

转载时间：2014 年 7 月 6 日

链接地址：http：//www. gz. chinanews. com/content/2014/07 – 06/41420.

shtml

贵州金黔在线（转载）

转载标题：生态文明与反贫困分论坛举行

转载时间：2014 年 7 月 12 日

链接地址：http：//gzrb. gog. com. cn/system/2014/07/12/013663273. shtml

中国生态修复网（转载）

转载标题："生态文明与反贫困" 论坛有望形成 "贵阳共识"

转载时间：2014 年 7 月 6 日

链接地址：http：//www. er - china. com/index. php？ m = content&c = index&a = show&catid = 15&id = 76392

当代先锋网（转载）

转载标题："生态文明与反贫困" 论坛 7 大亮点揭晓

转载时间：2014 年 7 月 8 日

链接地址：http：//www. ddcpc. cn/index. php？ m = content&c = index&a = show&catid = 215&id = 42002

其他资讯转载网站（排名不分先后）

网易、中国日报网、中国舆情网、中国文明网、民主与法制网、和讯网、河北博才网、海口网、中国黔西南州门户网站、中国高校之窗网、贵州希望网、贵州省人民政府发展研究中心网站、贵州省扶贫办门户网站、中国国际扶贫中心门户网站、西部开发网、四川扶贫与移民网、中工网、金农网、吉林农网、贵阳网

（二）微博、微信平台

联合国开发计划署官方（新浪）微博

发表时间：2014 年 7 月 12 日

链接地址：http：//weibo. com/1826648747/BdcV4vEbT？ sudaref = passport. weibo. com&type = comment#_ rnd1425291415348

友成基金会官方（新浪）微博

发表时间：2014 年 7 月 16 日

链接地址：http：//weibo. com/1802217997/BdNPxaMGS? sudaref = passport. weibo. com&type = comment

云南生态文明建设研究会官方（新浪）微博

发表时间：2014 年 7 月 13 日

链接地址：http：//weibo. com/1009960691/Bdpd3bkGp? sudaref = passport. weibo. com&type = comment

贵州都市报官方（新浪）微博

发表时间：2014 年 7 月 12 日

链接地址：http：//login. sina. com. cn/sso/login. php? entry = sso&alt = ALT - MTY1NDk2NjcyNA% 3D% 3D - 1425291523 - gz - 8CBB52BE26511E5B0CD0 A471D8BCA32A&returntype = META&url = http% 3A% 2F% 2Fweibo. com% 2F1973634817% 2FBdc9F0Rgf&gateway = 1&savestate = 365

“中国扶贫”微信平台（微信号：fp1017）

发布标题：刘永富主任出席“生态文明贵阳国际论坛 2014 年年会—生态文明与反贫困分论坛”

发布时间：2014 年 7 月 15 日

链接地址：http：//mp. weixin. qq. com/s? _ _ biz = MzA4ODAzNzYxMg = = &mid = 201222313&idx = 1&sn = a302ffa47b3652d4f7505acfaa0c75f4&3rd = MzA3MDU4NTYzMw = = &scene = 6#rd

“微扶贫”微信平台（微信号：weifupin）

发布标题：【声音】生态文明 + 反贫困 = 贵阳共识

发布时间：2014 年 7 月 14 日

链接地址：http：//mp. weixin. qq. com/s? _ _ biz = MzA3MzExMDIyMA = = &mid = 200237325&idx = 4&sn = 40644ef54827816b6d996894229d180a&3rd = MzA3MDU4NTYzMw = = &scene = 6#rd

“贵州省环境宣传教育中心”微信平台（微信号：gzhbxj）

发布标题：“生态文明与反贫困”论坛有望形成“贵阳共识”

发布时间：2014 年 7 月 7 日

链接地址：http：//mp. weixin. qq. com/s？_ _ biz = MzA4MTYwMjMwNw = = &mid = 200329749&idx = 4&sn = cf589488fbe0627ba745ce370051dba1&3rd = MzA3MDU4NTYzMw = = &scene = 6#rd

“贵阳微信网”微信平台（微信号：wwwgywbcn）

发布标题：生态文明贵阳论坛将首设生态文明与反贫困分论坛

发布时间：2014 年 7 月 6 日

链接地址：http：//mp. weixin. qq. com/s？_ _ biz = MjM5NzA4Njg2MA = = &mid = 201345045&idx = 3&sn = 6e6541376fca537c1056cc4e37cb885d&3rd = MzA3MDU4NTYzMw = = &scene = 6#rd

“中国博士智库”微信平台（微信号：thinkdr）

发布标题：生态文明与反贫困分论坛：组建“反贫困智库”

发布时间：2014 年 7 月 7 日

链接地址：http：//mp. weixin. qq. com/s？_ _ biz = MzA3NTIzMTYyMw = = &mid = 201681347&idx = 1&sn = 32a71acb52424eee2baed3b5e841e91b&3rd = MzA3MDU4NTYzMw = = &scene = 6#rd

三　电视媒体

贵州新闻联播：2014 年 7 月 6 日、12 日、15 日

精准扶贫研讨

○"创新贵州精准扶贫机制"研讨会侧记

会议时间：2014 年 12 月 23 日

会议地点：贵州省社会科学院 7 楼会议室

资料整理：徐国江（安顺学院资环学院学生）

冯明恩（贵州民族大学法学院 2012 级硕士研究生）

审　　校：吴大华（贵州省社会科学院院长）

主持（贵州省社会科学院院长吴大华研究员）：中共贵州省委宣传部、贵州省扶贫办公室、贵州省社科院联合举办的"创新贵州精准扶贫机制"研讨会，现在开始。这次研讨会是根据省委领导的安排，省委宣传部安排我院承办的 2014 年全省三个研讨会之一，今天这个研讨会是最后一个会议。首先我非常荣幸地给大家介绍，参加研讨会的省领导有省政协党组副书记、副主席陈海峰同志，贵州省社科院党委书记金安江、副院长王朝新、纪委书记逯献珉、机关党委书记唐显良，省扶贫办党组成员、副主任吴坦，贵州民族大学副校长樊铁钢博士，省委农工委原常务副书记、省农委专家组组长李昌来，黔南民族师范学院党委副书记陈志松，贵州大学公共管理学院副院长王志凌，省委宣传部理论处副处长尹毓婷，省政府发展研究中心工业处副处长曹志祥，省扶贫办副调研员左昕，省农科院园艺所副所长崔嵬，贵州民族大学社会建设与反贫困研究院孙兆霞教授、毛刚强教授，贵州大学管理学院李晓红教授，遵义师范学院科研处副处长龙茂兴，省委政策研究室农村处处长崔云霞，贵州财经大学反贫困研究院常务副院长王永平教授，铜仁学院副校长田永国教授，遵义市委党校舒畅副教授等专家学者，还有省社科院有关研究所的研究人员，在此我们一并表示热烈的欢迎和衷心的感谢！“创新贵州精准扶贫机制”研讨会是根据贵州省省情，贵州省的扶贫人口是全国最多的，今年减少扶贫人口 170 万，明年还要减少 130 万。2014 年生态文明与反贫困论坛是“生态文明贵阳国际论坛”分论坛之一，是由省扶贫办、贵州民族大学、贵州财经大学、贵州省社科院，还有中国国际扶贫中心联合召开的，一共有来自海内外的嘉宾一百余人，这个会议举办得很成功。2015 年生态文明贵阳国际论坛领导小组前几天开了第一次会议，传达了中央领导李源潮、栗战书、杨洁篪关于 2014 年年会的肯定性批示，省委书记赵克志、省长陈敏尔也做了重要批示，生态文明贵阳国际论坛秘书长章新胜先生在会上做了总结，2014 年生态文明贵阳国际论坛，一共有 40 个分论坛，其中很优秀的有 20 个，作为 2015 年继续举办的分论坛就有我们的生态文明与反贫困论坛。当时这个分论坛在贵阳举办的时候，国务院扶贫办主任刘永富、省政协主席王富玉、省委副书记李军、副省长刘远坤等重要嘉宾都出席了，海外嘉宾达到了 40%，各大媒体做了报道，会议还发布了生态文明与反贫困的贵阳宣言，产生了很好的社会影响。2015 年根据论坛组委会的安排，我们还要继续举办这个分论坛，主要还是由我们这几家单位来联办。“创新贵州精准扶贫机制”研讨会是由省委宣传部出经费，我们共同来办，省扶贫办叶韬主任在北京出差，他表示歉意，贵州民族大学校长张学立，还有贵州财经大学校长陈厚义，因为下午有事，不能参加会议。今天的会议是这样安排的，首先请省扶贫办副主任吴坦给我们介绍贵州省扶贫的一些基本情况，还有陈海峰副主席在百忙之中抽出时间来给我们指导，他也是经济专家，他作完指导以后，我们再请嘉宾发言，现依次进行。下面请吴坦副主任给我们介绍一下贵州省的扶贫情况，大家欢迎！

吴坦：尊敬的陈主席、各位领导各位专家，今天非常有幸参加会议，非常感谢在三农工作研究方面有很多成就的专家出席会议，本来是叶韬主任要来参加会议，但是他到北京参加中央扶贫工作会议赶不回来，就委托我来参加这个会议，下面我将贵州精准扶贫工作的基本情况向各位专家、各位领导同志们作一个介绍。

第一，关于精准扶贫的背景。党的十八大召开不久，习近平总书记在河北考察扶贫工作的时候就指出：“帮助困难乡亲脱贫致富有针对性，要一家一户的摸清情况，做到心中有数。”这是他在扶贫考察之后的重要讲话。2013 年 11 月 3 日，他在江西调研扶贫工作的时候又明确提出：“扶贫工作要科学规划，因地制宜，抓重点，不断提高精准性、有效性和持续性。”2013 年 6 月 28 日，在两会召开不久，国务院扶贫开发领导小组第一次会议明确提出：“目前扶贫开发中明显存在的一个突出问题是许多地方底数不够清，指向不够准，针对性不够强，要下决心摸清底数，到全国开展到村到户的状况调查，和‘建档立卡’工作，完善扶贫机制，改大水漫灌为滴灌。”2013 年 12 月，中央印发了当时很出名的 25 号文件：“关于创新机制扎实推进农村扶贫开发的意见”，就是我们平时说的“中办 25 号文件”，中央和国务院专门针对扶贫情况下发的一个指导性的文件，这个文件明确提出“建立精准工作扶贫机制”，我们提的精准扶贫工作机制就是这样来的。

第二，精准扶贫的工作内容。精准扶贫的理念是中央立足新形势、新任务提出的新要求，赵克志书记在多次讲话中都提出了咱们的“六个到村到户”，作为精准扶贫的抓手，一是通过结对帮扶到村到户，强化扶贫责任，要建立完善省负总责、市州统筹、县抓落实、工作到村、扶持到户的扶贫开发管理体制。二是通过产业扶持到村到户，增强贫困地区自我发展的能力。三是通过教育培训到村到户，提高贫困群众的基本素质。四是农村危房改造到村到户，主要是改善贫困群众的居住条件。五是通过生态移民到村到户，解决异地扶贫搬迁的问题。六是通过基础设施到村到户，改善贫困地区生产生活条件。这是赵克志书记提出“六个到村到户”的基本内容，他在这次会议中开始是讲了五个到村到户，后来加了一个基础设施建设这一块，最终就形成了省的“六个到村到户”的精准机制。陈敏尔省长在扶贫工作中也指出“实施精准扶贫是打好新一轮扶贫开发攻坚战的基本方法，精准扶贫就是对扶贫对象的精准识别，精准帮扶，对扶贫工作的精准管理、精准考核，和对扶贫的效果进行客观公正的评估，实施精准扶贫关键建立扶贫对象的识别机制，六个到村到户扶贫精准机制，扶贫对象的进退机制，重点是准确地识别扶贫对象，找出致贫原因，分类制定扶贫规划，实现对贫困人口的精细化管理，对扶贫资源的精准、精确化的配置，对贫困农户的精准化的扶持，做到对象精准，规划精准，资金项目精准，脱贫措施精准和组织领导精准”。这是我向各位专家介绍在贵州的精准扶贫实施过程中的一些内容。

第三，关于精准扶贫目标任务。国务院扶贫办在关于印发建立精准扶贫规划机制的实施方案的通知中明确了精准扶贫目标任务是“通过对扶贫贫困户和贫困村的精准识别，精准帮扶，精准管理和精准考核，引导各类扶贫资源有效配置，实现扶贫到村到户，逐步建立精准扶贫工作的长效机制，为科学扶贫奠定坚实的基础”。

第四，关于扶贫精准工作中的“三个关系”：一是便于规划实施精准扶贫到户的关系。按照区域发展带动扶贫开发，扶贫开发促进区域发展的要求，区域上要求连片特困地区为战场，连片特困地区各位专家都非常清楚，主要是全国 14 个片区，这 14 个片区中咱们贵州就有三大片区，这三大片区有武陵山片区、乌蒙山片区和滇桂黔石漠化片区，就以这些连片特困地区为主战场，要突出重点，确保做到精准扶贫到村到户，要统筹扶贫规划，通过区域发展，改善贫困地区发展的条件和管理，区域上坚持以连片特困地区为主战场，战略战术上是坚持扶贫到村到户，做到真扶贫，突出精准扶贫到户和片区规划实施两个动力，一方面是精准扶贫到村到户，另一方面还要推动区域发展。二是产业化扶贫和到村到户的关系。产业化扶贫和到村到户扶持是辩证的统一，产业化扶贫是连片开发，区域推进，走集约化、规模化、市场化道路的必由之路，而到村到户又是精准式、参与式、整体式的实现形式，精确地说就是在摸清贫困底数的情况下，在掌握贫困致贫原因和具体需求的基础上，在规划为指导的基础上，扶贫项目资金、措施，尽量用到“建档立卡”的贫困农户上，实现结对帮扶、产业扶持、教育培训、危房改造、生态移民、基础设施“六个到村到户”，使产业化发展和到村到户有机融合，这是解决群众看得见、最直接、最有效的精准扶贫。三是“六个到村到户”滴灌与管道的关系。汪洋副总理在全国扶贫开发座谈会上指出：“如果说精准扶贫是滴灌的话，干部驻村就是滴灌的管道。”干部驻村就是接通滴灌的管道，就可以解决扶贫资源大水漫灌。结合我省实际，要按照习近平总书记有关基层干部有资源有能力为群众扶贫做点实事，积极发挥驻村干部的管道作用，作为建立省、市、县、乡、村五级联动的作用，总结推广以往经验，在扶贫开发和党建工作中确实做到驻村帮扶与精准扶贫，驻村帮扶与队伍建设，党风廉政的主体建设与项目资金监管深度融合，三个深度融合，不断夯实党的执政基础、群众基础和工作基础。

第五，关于贵州省开展精准扶贫的具体工作，这段时间，从开展这些工作以来，主要是做好了以下几点工作：1. 精心开展顶层设计，省委专门成立省扶贫开发改革专项小组，出台了关于改革创新精神扎实推进扶贫开发工作的文件，也就是我们说的中办 25 号文件，从省委的改革扶贫资金分配开始，下放扶贫项目审批权及严格扶贫项目流程、运行的流程这三个方面，推进财政专项资金管理机制改革，同时省委、省政府印发了贵州省省管领导干部和领导干部年终考核办法的试行，省财政厅制定了贵州省财政专项扶贫资金报账制的管理实施细则，由此初步形成了贵州特色的扶贫开发的政策体系。2. 积极地进行体制机制改革。贵州省率先进行了贫困县考核、减贫摘帽和资金项目三项改革：一是改革贫困县的考核机制，贵州省率先在 50 个重点县，50 个国家级贫困县，就是现在扶贫开发的重点县，实行扶贫开发重点县考核，同时对关岭、江口等 10 个重点县取消了 GDP 考核，调整成立了新的考核指标体系，推动贫困县指标考核，主要考核地区生产总值，实现整个扶贫开发机制转变。二是实行减贫摘帽调整机制，贵州省率先实行减贫摘帽，得到国务院扶贫办的充分肯定，目前省级财政安排 9 亿元资金对已经实现减贫摘帽的 14 个县和 366 个贫困乡镇，到 2014 年底全省累计有 25 个县 512 个贫困乡镇实现减贫摘帽。三是实现项目资金使用管理体制，从 2014 年起，我们省全面实现项目的审批权下放到县，按照中央的要是在 2014 年底全面放开，在我们的地方特别是审批权下放到县以后，机制事项方面，从 2014 年起国务院要求明年全部下放到县，除重大扶贫专项的项目资金以外，扶贫资金由省主要实行目标、任务、资金和权责的“四到县”制度，全面规范项目的立项审批、实施和检查。对 2015 年的资金，主要是按照两个方面：一个是按照因素方面，客观因素和政策因素，客观因素就县的 GDP 考核，人均收入的情况，有很多核心的指标，这些指标就是客观因素，还有政策的因素，这两个方面就是我们说的按照因素法，扶贫资金就一次到县，由县来制定项目和审批，实行的就是县级审批，乡镇实施和初检，县级验收乡级报账，省市监管，作为省和市主要是监管。3. 有序推进建档立卡。也就是现在识别出的贫困村，三类的贫困村，一、二、三类贫困村是 9000 个，贫困人口是 745 万。4. 扎实开展结对帮扶。按照省委、省政府的布局，贵州省从 2013 年就开始成立了同步小康驻村工作队，2014 年全省组建的驻村工作队有 11590 人，主要驻在 9000 个贫困村，应该说实现了对贫困驻村工作队的贫困村，同时也明确了驻村工作队的职责。汪洋副总理在第三次全国扶贫开发领导小组会议上评价贵州扶贫工作的时候说到我们工作特别细，做得精、抓得紧、做得细、做得实，这是他对贵州的评价。5. 大力实施“三个十工程”。第一个就是十个重点县，十个示范县，咱们每年选这五十个重点县，从中选出十个示范县来作为工作的重点，重点安排资金安排项目，实施重点保护，通过这些办法逐年推进；还有第二个是十大支柱产业，核桃、生态农业、中草药、蔬菜、精品水果、马铃薯等十大产业，通过十大产业的推进，实现全省的“东油西薯、南油北茶”；第三个是十大园区，农业区，扶贫区等，每年找十个园区。

第六，重点打造三个品牌。第一个是到村到户，通过对农户的小微贷款，特别是一些小的产业；第二是 × × 计划，特别是进园区和进工厂；第三个品牌开展三类帮扶：一个是在 2014 年三月，两会召开的时候，贵州省委、省政府在北京召开了一个“对口帮扶贵州”会议，8 个主要帮扶城市的党委、政府的主要领导都参加了会议，就对口帮扶贵州工作应该说在全面深化。过去主要是从产业扶贫，给你一点钱，给你一些项目，做一些扶贫的项目，现在我们是深化工业园区旅游发展、职业教育、基础设施建设，特别是干部培训，还有干部挂职交流；第二类的帮扶就是中直机关，有 31 个部门，中直部门和央企在贵州帮扶 50 个县，由 31 个部委来承担，实现了我们对 50 个重点县的全覆盖；第三是集团帮扶，38 个省领导也专门率领一些部门到县级以后通过省领导对地方的主持延续，也通过各种资源整合，每一个省领导联系的县，特别是帮扶的乡镇，产业发展这几年是突飞猛进的。

第七，关于下一步的工作思路，我就说简单一点，一个就是目标任务，目标任务就是到 2020 年消除绝对贫困的国家扶贫项目战略和贵州省第十一次党代会提出的扶贫开发的阶段目标，大力实施三片六山扶贫攻坚计划，也就是用三年时间，到 2017 年减少贫困人口 300 万，全面完成任务，贫困地区基本公共服务主要领域的平均指标，达到西部地区平均水平以上，贫困人口评价年人均收入达到 7000 元以上，运行规范，监管严谨，充满活力的贫困开发的体制机制，确实做到阳光扶贫、公正扶贫和精准扶贫，这是主要的目标。工作的重点一是突出改革，实现十个方面的突破：一个是项目扶贫资金监管改革的突破，还有贫困县考核，约束和退出机制的突破，山地产业的新突破。实现小微贷款、雨露计划、生态移民三个平台的新突破，扶贫机制的推进的新突破，实现社会扶贫创新能力建设的新突破，实现党风廉政主体建设的新突破。第二，着力开展实效试点，是民族地区的精准扶贫机制推进的试点。第三，开展贫困县的减贫。第四，开展民营企业的产业引领，区域推进扶贫创新试点，民营企业这一块，大家都知道作为民营企业这个整套帮扶，现在工作队几个团队已经进入，在今后两年按照 15 亿元投入，投入的主要是产业扶贫，争取三年能翻一番，老百姓收入能翻一番。第五，培育发展重大集体经济试点，这个试点就是产业扶贫的高度的视野。第六，取消 GDP 考核 10 个贫困县的试点。第七，整合资金，推进扶贫开发工作的试点。第八，开展小微扶贫信贷的试点。第九，地票试点，生态移民方面的。第十，“雨露计划”的试点。今天参加这次研讨会是想听一下专家们对精准工作方面的一些好的建议，把参加这次会议省领导和专家的高见完整地记录下来，梳理好以后在下一步精准扶贫的工作中充分地运用各位专家、社会各界智慧的力量。我的发言就到这里，谢谢各位！

主持：非常感谢吴坦副主任的发言，今天参加本次研讨会的还有贵州广播电视台、《贵州日报》、多彩贵州网等媒体，一并表示感谢，下面我们请陈海峰副主席做指导发言。

陈海峰副主席：很高兴来参加今天这个研讨会，本来是想听一下大家的发言，昨天上午大华院长跟我说的，我感觉这个题目是非常有意思的，“创新精准扶贫机制”，扶贫本来是习总书记提出来有一年多时间，那么我们贵州省就组织专家学者来研究创新机制，我觉得是一个大事情，这个研讨会很有意义，大家来之前都做了准备，我看十几个同志将发言，刚才吴坦发言也做了准备，其实你可以准备一下把可以公开的材料提供给大家更好，有时候实践的资料也要公开，了解信息的手段有限。时间有限，我这个也不叫指示，就是一个发言，供大家在研究的时候参考。一个我觉得要充分肯定扶贫工作，现在提出精准扶贫不是说扶贫有问题，恰好是因为三十多年改革开放以来，我们国家进入历史新阶段以后开展的扶贫工作取得了巨大的成绩，全世界共同关注，而且中国的扶贫工作应该说在全世界是最好的，这是有了很好的基础，那么向前走形成了精准扶贫这样的一个概念，整个扶贫工作深入发展往更高的层次上去，实际上是表明我们国家实施攻坚扶贫计划的项目发挥了作用。这儿还引申出一个贵州贫困人口又是最多的，占全国八分之一，但是我们在这方面的研究完全可以在全国走在前面。我看了一下叶韬主任说的，2011 年到 2013 年贵州减少的贫困人口已经有 400 多万人口，人均年收入增长差不多是 16%，这几年贫困发生率在 30% 左右，这是公开的，而且整个扶贫模式正在向精准、参与、整体转变，这个就是新的变化，现在这个精准扶贫已经有一个好的基础了，而且 2014 年预计贫困人口还将减少 170 万，还有 11 个县要实现减贫，而且 50 个国家重点扶贫开发县的贫困人口的减少幅度及人均年收入的增幅都要高于全省农村的平均水平，在这方面表明我们的工作取得了巨大成绩。但接下来如何深化推进工作，怎么样才能向一个更高的层次进步，向更好的效率发展，这是我想说的第一个观点。

第二个观点，要在认识新常态下精准扶贫，形成创新体制，创新贵州精准扶贫。最近在中央召开的经济工作会上，全面部署国家经济运行新形势，这个概念从国际上来讲十多年前就有这个说法，但是它的说法和我们现在习近平总书记所提出的中国经济发展阶段特征所形成的九个方面新常态的认识不是一回事，只是我们用了这个概念。现在中国提出经济运行增长全世界都在关注，毕竟中国经济增长是最快的，按照国家统计局最新修订的数据，2013 年我们的数据又增加了 3 万亿元，相当于 9 万 1 千多亿美元，但是也只是美国的 60%。那么新常态的关键是什么？按照中央经济工作会议的说法，我们国家的经济形态向更高的、分工更复杂、结构更合理的阶段演化，经济发展进入新常态，是从高速增长转向中高速增长，这个中高速增长按照中央党校以前的研究，从亚洲四小龙，包括中国台湾、韩国，那么它的持续高速增长超过 50 年，最长的有 60 年，但是中国现在只有 30 年，就掉到 8% 以下，这个对我们也是一个很严峻的挑战。本来我们要是再持续十年，那么中国的经济发展质量水平肯定会更好，应对新形势会更加有利，现在我们只有30年增长速度就掉到8%以下，所以这个新形势是不错的，高速增长不错，经济发展规模速度中断，转向质量效益型，这些网上都有，大家都可以查到的。习近平总书记提出来认识新常态是我们当前大国举措，面对经济发展新常态，关键是认识上要到位。刚刚结束的省经济工作会上，赵克志书记说了贵州要认识新常态，把握新发展，其中讲到了精准扶贫机制，特别是要通过“六个到村到户”。我们的新常态是从全国的九个方面来看，在贵州的表现到底怎么来深化，赵克志书记已经提出了四个方面。真正与之相关的还有大量的问题，特别是包括专门的研究机构、高校，我们社科院怎么来研究。全国的九个方面在贵州是怎么表现，哪些是对我们发展有负面影响的，哪些应该是我们能够做到的，抓住的，能够抓住的要怎么去抓。其中，要在新常态下来认识新应对，精准扶贫怎样来创新相关机制，这是与发展相关的一个战略性的问题，这个是我想讲的第二个观点。主要是从它的意义上来看，认识新常态，把握新机遇，在这样一个大背景下来看创新贵州精准扶贫机制。

第三个观点，创新精准扶贫机制的关键是提高有效性。我们30多年的扶贫说实在的是搞大规模，首先解决大量贫困人口最基本温饱问题，到了今天它已经不是那样了，今天贫困人口老是在变，是因为它的标准在变，不断提升，一开始不到1000元，是980元，然后是1200元，现在2300元，所以这个贫困人口是在动态下的、相对的，绝对贫困占整个世界的5%左右。说老实话，最重要的不是靠扶贫，而是靠民政，靠社保，真正讲扶贫讲的是开发式扶贫，从贫困走向小康，走向富裕，要创新机制，创新精准扶贫机制的核心是有效性。2011年到2013年我们不要说社会的投入了，包括刚才吴坦副主任介绍的威宁县迤那镇，要学，但是不要简单学，如果你简单学，谁也学不起，两任省委书记在那个地方抓一个乡镇，全省政治资源、经济资源都用上了，其中这一个镇现金投入超过10个亿，你怎么来学，学不了。但是你可以研究它的方式，就是各方面在参与那个地方的扶贫，有的地方有新的方式路径，我这个话不是今天到这儿说的，我是跟赵克志书记当面说的，我下来单独给他汇报说，书记你那个学不了，而且我直接建议把省委书记的扶贫联系县一年换一个地方。要我们三年搞成迤那镇一样的，是不可能的。所以我们在研究的时候，关键不是研究它的形式，是研究它的外在的东西，它内在的具有规律性的东西，怎么样提高扶贫机制的有效性。

第四个观点，要把精准扶贫工程做成廉洁工程、民生工程、德政工程。但是，这么多年我们看到漫灌式扶贫的过程中，确实出现了不好的纰漏，这不仅影响有效性，而且影响群众对党和政府的信任，也是影响地方扶贫工作的形象。扶贫资金是高压线，是绝对不能碰的，在精准扶贫机制创新上提出来，就更应该强调把它做成廉洁工程，精准工程就需要在机制上形成一种公开的、透明的，能够接受社会监督的体制机制。

第五个观点，要研究从贵州实际出发，处理好精准扶贫和有关工作的关系。说老实话，漫灌式有很多地方出现的情况就是扶贫变味了，变成了扶农，变成了整个农村工作了，方方面面的都好像装进了扶贫这个篮子，2011 年到 2013 年光是财政扶贫专项资金贵州投入的就是 93.8 亿元，但是这些资金有多少用于产业扶贫？开始是整村后来发展到整乡推进，我觉得这中间就是缺乏精准的指向，往往形成的是有能力、有实力、有文化、有知识的那一部分人率先得到了好处，恰好最困难的人在同一个起跑线上输了。所以我们现在精准的指向要更加集中，更加指向那种最需要扶贫的人，这中间就要突出精准扶贫的目标。

刚才吴坦副主任介绍了一下中央的要求，今后我们相关的一些工作从这些年的实际出发，我们感觉：一是以户帮扶，到村到户就要处理好与民政救济，与基本生活保障、医疗保障，也就是新农村合作医疗这一方面的关系，有一些不是扶贫对象，他是民政保底线的，他根本就没有劳动力，甚至完全是痴呆的，完全是一个五保户，在这种情况下你不脱贫，你和我们扶贫不是一回事。还有往往农村一生病，万元户马上就变成穷人，那么相关的医疗保障新农合上我们的扶贫应该怎么来做，就有一些底线是要靠其他渠道的，但是扶贫这一块里面要注意。二是单个途径和整体提升的关系，一个是单户的你要扶他，但是往往单户的有一些，你要同生态移民搬迁相结合，有些人一家在山上，没有电，你拉一个电线上去需要几十上百万元，你不如把他弄下来到集中的寨子来住，那边还恢复生态了。现在的生态移民，我们调研了一次，项目解决了一部分人在城里面有房子，但是他们原先的地方也不动，而且生态移民搬迁我们看到最大的有四层五层大房子，这整个单家独户的扶贫，一个村的扶贫，怎样从区域发展的整体提升形成系统的提升，这样的关系我觉得是要去研究的。三是从精准的角度，提高有效性来讲，怎么体现？原来我们的机制体制保证实现精准达到目标了，漫灌转为滴灌怎么来滴？肯定相关的一个运行的渠道，管理的方式都应该要有相应的转变调整，否则你还是那一套地运行，然后你说我不是精准，由原来的撒一片，现在我搞几家。四是扶贫还是要着眼于今后小康建设，目前的和今后的致富这个路怎么走，在精准扶贫上我觉得应该形成一个过程性的推进，我们现在分项目、分资金往往就是你这个地方今年得过了，你这个地方去年得过了，这个方式到底应该怎么样我们也要去研究，你要完成他那个过程才能结束，要不然你还是非系统性，做起来最后整个面上还是会有差距的，我觉得在创新贵州精准化的扶贫工作会议上，实际上应该予以研究。五是今天省委宣传部、扶贫办、社科院举办这个研讨会，我觉得很好，改革开放以来，包括20世纪80年代我印象中青年学者不少在全国都比较有影响的，包括现在在国家部委的很多大经济学家，包括现在农业部长等，好多人当年都是从贵州的经济研究走出去的，包括社会学研究，这个孙兆霞应该知道，当时费孝通先生在贵州调研，贵州的社会学研究，包括当时叶小文从社科院社会学所副所长直接提拔，这个很多事例我就不说了。我要讲的是这些年来社会科学事业在不断地发展，每年社科院都会提出一些题目来给我们审阅，看看哪些值得研究，我们勾一勾就来做。我觉得还是想把精准上升到一个加强社会研究上，这个过程中不仅要有物的东西，还应该有整个社会体系在推进。现在包括协商民主中就有制度协商，应该说我们进一步的工作是贵州特别需要的，应该怎样更好地调动和发挥全省社科界的力量。习近平总书记今年3月说贵州已经进入加快后发赶超，实现全面小康的重要阶段。现在又说新常态，新常态说老实话就是经济基础决定上层建筑，经济增长了必然带来政治、文化、社会、生态文明建设各个方面相应都要发生变化，我们政协也在组织研究，同时怎样进一步重视社会科学研究工作，从我们社科院来讲，多年来贵州社科院培养了一大批人才，出了很多成果。我想今后社科院一个是学者做出新的贡献，包括加强和实际工作部门的联系，联合高校、党校来做，发挥群体的力量，群体智慧的结晶。刚才吴坦副主任介绍了习近平总书记的重要讲话，他其实讲了要精准扶贫，也不要定好高骛远的目标。首先三件事要做实，一是发展生产要实事求是，二是要有基本公共保障，三是下一代要接受教育。

主持：感谢陈海峰副主席的思想深邃又结合省情的精彩发言。接下来各位专家每个人发言控制在六分钟之内，讲自己的主要观点就行了，今年反贫困论坛的书要整理出版，到2015年还要继续办，有些文章和发言提纲可以提供给我们。下面有请省委农工委原常务副书记李昌来发言，大家欢迎！

李昌来：作为扶贫战线上的一个老兵，今天很高兴应邀参加这个会议，在贫困地区实行开发性的扶贫，就是把国家的扶持和农民自身的努力结合起来，以形成贫困地区自我发展、自我积累的一个动力，这是中国特色社会主义的一个重要组成部分。改革开放扶贫工作也经历了由救济式扶贫到开发式扶贫的极大转变，这个巨大的转变所带来的成绩有目共睹，当然我们对扶贫开发工作的长期性、艰巨性也要有足够的、清醒的认识。记得国家公布八七扶贫攻坚计划的时候，当时我们国家的一位领导人就说了一个国际笑话，叫“绝不把贫困带入二十一世纪”，事实证明这是一个国际笑话。那么扶贫开发取得了巨大的成就，实行精准扶贫也就是说扶贫开发工作达到了一个新的阶段，也对扶贫开发工作提出了新的更高的要求。我个人粗浅的认识，所谓精准扶贫，就是扶贫的对象要清楚，扶贫对象的要求需要准确掌握，所采取的扶贫措施应该更有针对性，就是要帮助贫困户发展生产，通过自身的努力实现和全国人民的同步小康，为了做到精准扶贫开发，除了我们扶贫部门要做更大的努力之外，全社会应该更加关注三个方面的内容。

第一，通过深化土地制度的改革来为贫困户的发展增强底气。所谓扶贫开发，就是应当汇集社会的资源，帮助贫困农户改善生活生产条件，我觉得在所有的努力当中，贫困农户如何利用自身所具有的资源和条件来促进自己的开发，使有劳动能力的人走向致富的道路，这是关键的关键，核心的核心。在农村中，农民特别是贫困地区的农民最大的财富是什么？最大的财富就是他所承包的集体土地，而我们过去扶贫中，往往对贫困农户得到的最大的财富重视不够，制度不健全，措施不得力。今天土地制度的建设就是要坚持农村集体土地的家庭承包，在这个基础上只要不改变土地的农业用途，通过规模经营，使得土地有序流转来实行经营，如果通过土地的规模经营，如果在贫困地区培养出更多的家庭农场、种植大户、养殖大户、造林大户，不仅是对于农民生产的稳定是必要的，而且对于贫困地区农民的发展也具有底气性的意义的。我觉得搞改革也好，搞扶贫也好，不能去动摇党在农村政策的这一块基石，而是在这块基石的基础之上，如何赋予农民在土地上更多的财产权利，而不是把贫困地区农民的土地作为一种恩赐，若认为扶贫开发就是去恩赐他们，这是一个思路上的根本性错误。

第二，要通过深化金融制度的改革来增强贫困地区农户发展的活力。通过改革开放三十多年的努力，中国已经成了世界上的第二经济实体，中国的家底已经起来了。今天讲的扶贫开发，不是三十年前的状况下来讲的扶贫开发，也不是三十年前讲的如何解决农民温饱问题的扶贫开发，而是让农民的腰包更加鼓起来的扶贫开发。我觉得这三十年的扶贫开发，金融制度是在扶贫开发之外的，在今天中国不差钱的情况下，又在中央提出了经济新常态的情况下，金融制度如何与扶贫开发相结合，我觉得金融部门要考虑，社会要考虑，扶贫部门自身要考虑。我在扶贫办当党委副书记、常务副主任的时候就提出过，扶贫开发的资金应当是一种引子，或者说它是不是可以和金融部门结合，作为贷款的贴息，你贷款我来付息，金融部门用它的资源、它的经济实力来帮助我们搞扶贫开发，这个路子还可不可以再探索一下？什么叫社会主义和资本主义，我觉得资本主义是什么呢？劳动为金融资本服务，这就是资本主义。在社会主义的基本条件下，金融应当为劳动生产服务，这就是社会主义和资本主义金融观的主要区别。

第三，要通过深化农村基础设施建设，来增强贫困地区发展的魄力。农村和城市最大的区别在哪里？就在于基础设施极端不对称，就在于公共资源配置特别偏向城市而忽略农村。我们讲扶贫开发，不能简单地讲让农民吃得饱，穿得暖，就算达到社会主义的扶贫，扶贫开发和救济制度最大的不同就是农民要有自我发展的本领，这个本领是什么？就是改善他们居住地的公共基础设施，让公共事业更多地向农村倾斜，特别是教育、文化、卫生、体育等公共事业。在农村基础设施中，应当坚持不懈抓好“七个字”的建设，也就是“水、电、路、气”，以沼气为主的农村新型能源，“通”，邮政通信、“广”，广播电视，最后一个字“市”，市场建设。尤其是农产品的专业市场和批发市场的建设，如果这些基础设施都能够在精准扶贫过程中真正落实到农村，那么扶贫开发就将迈上一个新的台阶。我的发言完了，谢谢大家！

主持：下面请黔南民族师范学院的党委副书记陈志松老师发言！

陈志松：我从2005年就开始在瑶山搞扶贫，在瑶山总结出一个“三动精神”，就是动感情、动真格、动脑筋，就从这个思想层面解决了扶贫问题。后来在惠水县的摆榜，那个地方我扶持了4年，在那里当县委副书记，总结了“三个基本”：基本生产生活条件、基本增收、基本素质，后面到了长顺当了8年县长，刚刚离开县长的职位3个月又到了黔南民族师范学院，所以学术研究我是一个新兵，我就把一些体会给大家做一个汇报。我感觉精准化扶贫是在新的历史条件下的一种手段和方式。关于精准，我觉得有三个方面。

第一，对象要精准。我看国家规划办发的表有六个方面，但是我们在执行的时候发现有一个问题，不知道他们发现没有，我在当县长的时候就发现了，这个对象精准多数人认为是在他们收入上的精准，过多地强调收入的精准，实际上，在农村农民收入的弹性是非常大的。当时到长顺去的时候，我们分成五个组，对农户的收入进行评定，结果发现相差最多的达到两千块钱，所以精准化扶贫的对象应当是家庭结构精准才是最关键的，而不是贫困程度的精准，贫困程度的弹性太大了，这是我们下面执行的时候遇到的问题。还有一个问题，是要农户写申请，这就遇到问题了，多数农民是不能写申请的，他不会写，也是找人写，后面省里面组织“六个到村到户”我觉得很好，所以对象精准结构是很重要的，你把问题找准了，你应对问题的措施就好办了。

第二，方法要精准。现在有很多乡村，扶贫上是五花八门的，找结构就是好办法，不要规定他用什么方法，所以管理应该是分类管理，像吴坦副主任讲的有读书郎的、文化程度高的，可以转移到工厂去；他的土地比较宽、比较肥沃的，就可以进行承包。到目前为止，我到过几个地方的扶贫点，扶贫来得最快的就是转移性扶贫，长顺去年转了8000多人进去，那8000多人一下就脱贫了，所以第一批在贵州脱贫的就是转移式扶贫，是最快的。最有效的方法是财政扶贫，也是最快的，像长顺一样，一下子就很快脱贫了，踩点覆盖的不止是一个村，以县为单位，都没关系，关键是要真本事，所以我说方法精准，既到户，同时也要分类，哪一类人采取什么方法，比如说一是要改善基础条件，二是要找到支柱产业，三是要组织农民搞大生产，要有各种保障措施投入，这是我讲的第二点。

第三，管理要精准。以前的项目管理是比较乱的，我们在下面主要就是完成任务，至于项目怎么样，既然到县里就好了，你没有调项目，但是你要去调，做不好省里要拿来是问了，下放到县里，县里的责任是最大的，以前是你的方案做不好，我不管你的，你要批我，我是不怪你的，你县长自己做方案，下放管理是给县里面增加了很多，同时还可以调整他的活动空间，所以项目的管理，农户的管理，这个我们不要认为事情很好摆平，实际上不是那么回事。

第四，考核精准。一是对党委政府的考核，对干部的考核，对农民扶贫制度的考核，后者才是最关键的。二是扶得对，就是要分类扶持，哪一类是通过转移扶贫的，哪一类是通过工业的，哪一类是通过就地的。农村有四类人，第一类是出去在外面打工，可能在县里打工；第二类就是开小加工厂；第三类就是搞承包，农村的承包，开商店；第四类就是农场主。这四类人是农村目前为止最富裕的，钱来得快的一类，所以我讲扶得对。三是管得细，就是管到下面去，管到人头上去。四是考核科学，就是不要又当裁判员，又当教练员，考核民主若只是考核 GDP，实际上是不考核，虽然你说不考核，另外的还在考核，还是没有躲开。但是我觉得权重降低是最好的办法，你不考核 GDP 的话你的经济怎么上得去？所以降低 GDP 在考核中的比例是最科学的。我的发言完毕，谢谢！

主持：感谢陈志松副书记，他长期在基层当领导，是深有体会的，原来担心除了扶贫办、农委等部门的同志以外，没有邀请到县里面的人，他才从县长到大学工作 3 个月，有很深的体会，这个经验也给我们提供了实际的感觉。下面贵州大学公共管理学院副院长王志凌教授发言，大家欢迎！

王志凌：我发言的主题是“重新认识，转变观念”。所谓重新认识是在对原来的贫困及致贫原因，要重新考虑一下，我个人觉得最近这三十年有成就，但是也存在一些不尽如人意的地方。总结起来我们过去认为贫困，可能更多的是贫困者本身缺乏资金、缺乏技术，这是大家的共识，我们也在这方面做了很多工作。但是我认为有两个方面是很缺乏的：土地和劳动力。第一，缺乏土地，我们简单算一下，中国 18 亿亩耕地，13 亿多人口，就是人均一亩三分地，贵州的家庭结构是三口四口人，也就是一个家庭只有五亩地，一亩地的纯收入是两千，总的是一万块钱，这一万块钱确实不足以改变这种贫困的状况，变为富裕的人。第二，劳动力比较短缺，现在整个贵州农村，这是一个普遍的趋势，在这种趋势下，你要找到很多劳动力来做这种产业的发展是很困难的，鉴于这种情况，我认为重新认识对贫困的条件限制，就需要在扶贫中创新或转变观点。我认为观点转变主要在两个方面：第一要结合生态移民、新型城镇化，大量的转移劳动力，我对贵州省农民从 2000 年到 2010 年的人均收入做了一个数据分析，其中劳动力的外出务工收入在农民每年新增收入的比例超过百分之九十，个别的甚至达到百分之一百一，也就是说外出务工的还要补贴农业上的亏损。我建议应该加强对劳动力的转移，鼓励大量外出。实际上在新常态下农村新的情况是空心村，对于农村的空心化，应该持认同的态度，我们的劳动力外出和农村发展上，大概是 10 到 15 年，我到福泉去最贫困的那个村，有百分之五十以上的人吃低保，但是他们不去打工，他们认为打工是一件非常丢脸的事情。但是 50 块钱的低保他认为是国家给我的工资，是非常自豪的事情。第二是劳动力大量外出，农村出现空心化情况。当时我在 2010 年就提出来要大力发展，因为县委书记的任期变更，但是如果以现有的基本条件，通过制度创新，特别是土地的创新，鼓励大户、能人做家庭农场，做适度的规模经营，在种养殖方面，是能够发展地方经济的。这就是要通过制度创新，引领外部的资源，把财政的投入减少，但是我们的效果可能会更好，出去务工其实就是对个人能力的一种提升，也就是我们讲的生计方式，这个方面是有很多的研究，是有支撑的，通过对家庭农场的建设，实际上就是发展了地区的自我发展能力，也是解决当前扶贫的两个关键问题。这两点转变归根结底要落实，还要看我们的干部，我在贵州这几年的感受就是越是大领导眼光看得越远，想得越多。我从 2012 年 4 月到今年的 4 月，两年的副县长挂职，在很多地方去做过调研，感觉很多地方都做得很好，但是也有很多地方做得不行，原因是什么，还是在干部问题。所以我建议以后有机会，扶贫系统能给基层干部多加强培训，让他们带动农户致富。发言到此，谢谢各位专家！

主持：下面我们请省政府发展研究中心的曹泽祥副处长发言。

曹泽祥：我在威宁县迤那镇扶贫，就把迤那镇的扶贫模式给大家介绍一下。全省谈起迤那镇，看法不一样，但是它是形成了很多好的做法，迤那镇第一个做法是确定贫困对象，已经实施了四年，在选择扶贫的对象机制上，采取了一些看法：一看房，看建房的时间、面积、结构；二看粮，看经济作物，是不是种的有中药材、烤烟、玉米、土豆，看他的收入；三看劳动力强不强，劳动力一是看他的年龄，二是看他的学历，看他家的读书人，家里有没有小学生、初中生、高中生、大学生，来估算他年支出的成本，这个是第一个机制。第二，产业扶持方面。采取了一把钥匙开一把锁，产业扶持到村到户，产业扶持是一村一品、一品一特的思路实施了七个两万工程，就是牲畜、中药材种植、经果林，按照计划到户，项目规划到户，资金落实到户，帮扶责任到户，工作到户，这种方式就叫做一把钥匙开一把锁的方式来做扶贫工作，进去的时候就是按照确定对象，第二个做到了扶贫对象的手上有卡，卡中有钱，钱中有项目。第三个因地制宜发展项目。在产业扶持方面，在迤那镇是搞规模化和产业化，没有规模没有效益，没有产业链也没有效益，在迤那镇打造了“产加销”为一体的扶贫产业体系，生产的生产，加工的加工，销售的销售，到迤那镇这边引进了很多中药材公司，比如云南生物科技有限公司和浙江的中药材有限公司，一个是进行加工，另一个是进行销售，打通中药材销往省外的一个渠道，这个就是产业扶持方面的机制。第三，教育培训，教育培训转移就业的问题，要把劳动力转移出去，要有一定的特定性，什么特定性呢？这个村要实行生态移民，如果进行生态移民情况下，把村里的劳动力转移出去了这个村子怎么发展，现在的观念就是在大力实施生态移民的过程中通过创收以后脱贫致富。在迤那镇就采取一户一人以上的接受中学以上的教育，一户一人接受培训转移就业，一户一人掌握农村技术使用方式，也就是你这个村要发展，但是劳动力要转移，采取双向的培训，在扶贫体制上下功夫，通过教育培训来带动脱贫致富。第四，在迤那镇扶贫帮扶的干部有处级干部、科级干部、股级干部、一般干部，实际上是“4321”工程，处级干部帮扶结对四户，科级干部三户，股级干部两户，一般干部一户。就是你帮扶结对的人要对应村领导，对应移民的带队致富人，对应相对的脱贫致富人，形成一个链条性的帮扶结对体制，我觉得迤那镇的这种经验要上升到一种机制推开。第五，危房改造和生态移民，迤那镇通过城镇化来解决农村的三农问题，有的地方没有水，没有电，怎么办？修一个水坝是几百万，架线也是几百万，要真正的通过生态移民，把这些人转移到小城镇来，到小城镇要实现新村建设，要让移民的农户，有经营的房屋，有经营的产业，让他真正的住得下能就业。第六，基础设施实施项目监督机制。因为各方纳入的资金也比较多，管理较复杂，就实施各级干部分片联系制、分村负责制、分组包干制、分段突破制、分类动态管理制等七制并行的制度，来解决这种问题。2014 年 7 月规划办去看了这种模式，给予了高度的肯定，迤那镇这个模式 4 年来有很多好的做法。第七，其他帮扶，它整合了省市县镇、科研院所、学校的资源，形成一种系统，挂牌帮扶，确保到村到户机制。我们要帮扶的是村和户，要确保贫困村有经济收入，按照一高一低一扶，要确保贫困户的收入突破 2730 元，所以我们帮扶的对象是村和户。第八，形成迤那模式。你们知道迤那镇是赵克志书记的点，一年他要去两次。一个是集团帮扶，省直部门有 51 个，干部驻村的，我们是三队，三队专门帮扶迤那，省里要求干部驻村要落实到位，形成一村一户一册。赵克志书记调研总结迤那的经验有三个方面：三个一，一户一册一干部，还有“4321”，这是迤那的一种模式，可能 2015 年元月要开一个会，专门总结推广迤那模式，谢谢大家！

主持：下面我们有请省扶贫办副调研员左昕发言！

左昕：按照国务院扶贫办的要求，今年全省对精准扶贫的要求，贫困人口贫困村，按照国家实行的标准，2013 年的标准是 3736 元，对贫困人口的识别的唯一一条识别的基线。我们办制作方案的时候也参考了一些客观因素，比如说住房、教育、卫生、医疗条件，主要的程序还是国家严格要求的，按照 2013 年底全国是 8000 万来算，我省是 745 万，最终我们识别下来是 746 万。贫困村讲的三个指标：“一高一低一无”，高是指贫困发生率要高于 27%，低是指农民的纯收入要低于 4819 元，这两个数据是当时国家的方案要求的，比起来要高 90%，这样就缩小了省贫困规模的数量。当时我们就给国务院汇报我们采取西部十二省的平均水平的 70%，这样测算下来是 4800 多一点，贫困发生率是要求比全省发生的高一倍，但是我们的是规模最高的，要高一倍或者是二倍，这样的话我们省贫困村就太少了。后来也是汇报了，参照西部十二省的平均水平，这样测算下来最终是 9000 多个村。那么村的实际就是不同规模，贫困人口是两公示一公告，农户申请，村里评议，评议的结果公示，这是第一次公示，公示完了报乡镇人民政府审核，审核完了二公示 7 天，然后报县扶贫办复核，复核以后公告，这是贫困人口的识别过程。这是要把村民贫困户的识别矛盾解决在县级以下。贫困乡镇是一公示一公告，是由新农村村委会提出申请，乡镇人民政府审核，到目前为止9000个村，746万贫困人口，我们全部都识别完了。基础信息数据全部登录到软件里，现在贫困人口识别下来的一些基本情况，这些数据我们核了很多遍了，包括我们和公安部门，去核对身份证号码，大概有七十多万的身份证号码其实是没有的，有超生户，有新生的人口，还有一些是农村老年人，我们也在通过国家的贫困户的一卡通账号，目前在和农信社进行一卡通的数据库比对，结果现在还没有出来，还要过一段时间等比对结果出来以后，才能把数据更新一下。

下面给大家汇报贫困户识别的一些基本情况，全省识别的贫困人口746万，总的户数是234.7万户，也就相当于贫困人口是3.2人一户，这个比我省的统计部门调查的数据稍微低一点，他们统计是户均人口应该是4.2人，主要降低的是我们把低保加进来了。另一个是致贫原因，全省234.7万户里最主要的致贫原因还是缺技术，大概占总户数的32.65%，缺劳动力。在人口分布上，这746万人口里，女性337.9万人，占45.29%，少数民族367.75万人，约占49.28%，比我们少数民族人口占的比例略高一点，说明我省少数民族人口贫困状况比汉族要高很多。另外在教育水平上，文盲、半文盲117万人，小学以下的人口319万人，初中以下不含小学的264万人，在贫困人口里文化素质还是比较低，初中以下的不包括文盲、半文盲大概是580万人。最后提一下贫困人口的务工情况，在乡镇以内务工的只有84万人，就是十分之一多一点，乡镇以外县内务工的只有18万人，包括省内县外务工的有15.5万人，省外务工的就有77万，参与在外务工的总人数只占贫困人口的26.3%，也就是说我们贫困人口外出务工的比例相对来说很低，这是我们调查下来的数据，仅供各位领导和专家参考。

主持：下面我们请省农委政策调研处的负责人李志强同志发言！

李志强：受省农委的安排参加这个会议，听到很多专家领导的发言深受启发，赵克志书记在12月19日全省的经济工作会议上说，要发展山地高效农业，是农业发展的基本方向和扶贫攻坚的基本出路。今天我发言的标题是“创新精准扶贫体制机制，发展山地高效农业”。2014年12月16日召开的全省农业电视会议上，今年将减少贫困人口170万人，有11个重点县，153个贫困乡镇减贫。改革开放以来，特别是近十年以来，贵州走出一条有贵州特色的扶贫开发的道路。但是贵州有个问题没有改变，即贵州的贫困人口仍然是贫困人口最多的省份没有变，仍然是全国扶贫攻坚的主战场没有变，贫困地区发展致富的问题仍然没有变，因此推进扶贫要深化农业农村改革为动力，积极地创新改革扶贫精准机制，发展现代高效农业，千方百计增加贫困人口的收入。

（一）创新现代山地高效农业生产的机理机制。要在家庭承包经济的基础上引导农村土地承包经营权，农民合作社、家庭农场作业大户和龙头协同转变，发展适度经营，做到下面三个精准：一个是土地确权要精准，就是要确定农民承包土地的面积，把这个从土地承包经营权更加明确地落实在农户的身上，进一步提高农民的收入；二是农村产权交易平台要精准，在县级建立农村产权交易所或中心，推进农村产权信息的管理，为农村产权市场在市场交易上的公开公正并且搭建平台；三是推进土地流转工作平台，要鼓励农村土地经营权向农业合作社、家庭农场、作业大户等流转。土地流转要实现三个最大化：贫困人口的收入要最大化，土地的产出要最大化，实现农业的效率要最大化。

（二）创新山地农业的高效服务机制。有三个方面的内容：一个是整合信息化的服务要精准；二是农业基本服务要精准；三是社会化的服务要精准，现在基层农技推广的人才队伍不强，要保障农技的推广。

（三）创新现代山地高效农业摆脱机制。在山地农业的现代化过程中，增加农民的收入问题，起决定作用的是农业主体，我们要加强农户，又有新型主体，包括家庭农场、种养大户、农业合作社，还有推动农业的载体，现代高效农业园区之间主体或者载体。第一，培育农业多元化主体要精准。在一个地区培育新型主体，要因地制宜，从当地产业发展的实际出发，突出区域特色和地方特色，选择性的培育农业合作社、家庭农场和农牧企业，紧扣区域的生态资源独特条件，找准发展农业的切入点，形成各具特色的发展模式，打造区域产业。农业合作社怎么发展，允许财政项目资金直接投向符合条件的农业合作社，允许财政扶持的资产，允许合作社开展信用合作。第二，发展高效农业园区培育要精准。现在全省有 213 个园区，很多园区存在同质化的竞争，要实行差别化的发展，集中力量建设一批生产标准化、产业集中化、布局区域化的一些园区，使园区真正成为农村发展、农民脱贫致富的载体。第三，完善机制要精准。现在经济主体联系不是很好，所以要积极推进合作社和农户，合作社 + 基地 + 农户，园区 + 合作社 + 农户等的链接机制，探索完善保底分红，按股分红等多种分配机制。

（四）创新现代高效山地农业的投入机制。农业具有风险性和弱质性，所以我们要加大对农业的投入，一是投入要精准，确保财政支出资金优先支持农业工程的发展，优先投向农业基础设施和农村的民生工程，土地收益优先用于农业土地开发和农村基础设施的建设，要加大招商引资的力度，引进外面的钱，加强与银行的沟通与衔接，研究吃透政策，争取上面的钱，积极支持民间的投资；二是要整合资源，要按照预算不变、渠道不断的原则，各炒一盘菜，共办一桌席，集中投入，提高资金的使用效率；三是主导产业要精准，我省的很多贫困地区，存在农业方面有产品，没有出商品，有数量，有规模，有品牌，所以要做大总量，提高质量，拓展市场，增加效益的思路，结合当地的自然条件、资源和区位的优势，精准的选择自己优势更明显、特色最突出、发展潜力最大的产业来发展，形成有特色、有规模、有档次、有效益的特色产业。

（五）创新新型农业实现农民培训、教育培训的机制。农业的发展，农村的发展，农民脱贫致富，发展新农村的主体仍然是农民，所以要整合资源扩大范围，创新模式，加大对农民的培养，使广大农民真正成为有文化、懂技术、会经营、善管理的劳动者。要做到三个精准：一是培养农民要精准，围绕现代山地农业，加强先进适用技术的培训，提高农民科学化种田，规模化养殖，产业化种植，规范化栽培，要继续开展科技下乡、农家书屋、科技特派员制度的实施，搭建农民常学习、常受益的载体平台。二是培训农民的精准，面向城乡劳动力的市场需求，大规模培养新型的农民，促进农民劳动力输出，由过去的苦力型向技工型、熟练型、质量型转变，从新生代农民工中培养一批中高级的技工。三是培植农民要精准，通过政策引导、信息服务、资金扶持和技术的支持，培育一批扎根农村、贴近农民、做强农业的种养大户和农民企业家，培养支持引导农民参与农业资源，深度开发和新农村的建设，实现过去的输出一人致富一家的简单加法，到现在一人创业致富一帮人的转变。

主持：下面请贵州民族大学毛刚强教授发言，贵州民族大学成立了社会建设与反贫困研究院，这些年毛教授和孙兆霞教授的团队，包括曹端波教授、汪青梅副教授、曾芸教授等做了很多具体的工作，包括对“生态文明与反贫困论坛”都做了很多贡献。他们在乌当、息烽做的一些具体的实践工作是很有成效的，媒体有很多报道。

毛刚强：非常高兴有机会来这儿交流这些年反贫困工作的一些认识。听了很多领导和专家的发言，得到了很好的启发。

我也有一些体会，还有一个问题，这个问题对我来说是没有答案的：咱们的扶贫开发工作到现在做了二三十年的时间，整个扶贫部门，还有各地有没有做过一些统计，几十年前的那些贫困村，有多少不再需要做扶贫？贵州一些最贫困的村子，我们在那做了二三十年扶贫工作，每年都有成效和成果，但是到现在为止，这种村子还有多少需要继续扶贫，我觉得这是一个重要问题。

前段时间我去丹寨县，正好之前陈敏尔省长到那个地方做调研。他一直在问：我们的扶贫成效在哪儿？丹寨总人口才十四万，扶贫做了那么多年，投入十多个亿，全县每一个人可以分到万把块钱，分下来每一个老百姓都脱贫了，但是到了现在全县还有多少个村、有多少家庭还需要扶贫资源的投入？这又是一个问题。

在贵州，有50多个村我们都开展过工作，做了差不多10年左右的数据对比。我们发现农民虽然有持续的收入增长项目，但其增长贡献超过百分之九十是外出务工的收入，农业经营收入的增加对于其收入增长，总的贡献不到百分之十。这些年在做扶贫，每年几十亿的资源的投入，但是产生的是怎么样的一个效果？

扶贫开发的成果，自然也包括住房、教育、就业等领域的发展。贫困农村住房、教育、就业的成长，也是社会政策的一个显著变化，但是对于贫困地区的发展而言，住房、教育、就业问题仅仅是经济问题，还是其他问题？在做了这么多年的扶贫开发工作中，各个地方基层政府和有关部门只把收入低当成问题，即贫困问题简单化约为一个经济问题。在这样的视角下看扶贫开发工作，就只能简单化地把扶贫做成经济发展。

中国在全球反贫困斗争中是有大贡献的，但是就这些年来我们了解的样本数据来看，贫困社区的农民收入增加主要来源于农民流动，扶贫开发工作的贡献总体是较低的。这使得我们一直要思考这个问题，扶贫开发工作要怎么去做，首要的是应该把贫困当成是什么样的问题去看。这个问题不解决，我们做再多的事情可能也不会有大成效。我们知道，贫困人口要减少，反贫困斗争要取得胜利，这不仅是国家要解决的民生问题，也是重大政治任务。

我们以迤那镇为例，在一个两三万人口的乡镇投入这么多钱，每个人平均分的话可以分到几万块，这样支持几年可以，但是能否持续支持三十年？但是反过来看，扶贫开发工作带来的老百姓收入增加，就算给他三十年能达到投入的十几个亿吗？这些都是问题，是需要我们去思考的。我们年年扶贫，但总是还有这么多人还需要扶贫。

另外，从贫困线标准来看扶贫开发的问题，现在定的贫困线标准是人均年收入两千七百多元以下，十几二十年前我们的贫困线标准是六百多，但是这十几二十年的时间，货币贬值的速度大于贫困线提升的速度，相对贫困线标准的变化而言，农村现金支付的压力增大速度是更快的。很多时候有些东西被遮蔽了，导致最后扶贫的结果会出问题，至少它没有成功。2006 年我对一些扶贫项目进行了调查，这些扶贫项目都是几年前各种媒体报道的“好”项目，我们想了解几年后效果怎么样。结果当时调查下来让我们很难受。以前报纸上都说这些扶贫项目多么好，养了多少牲畜，种了多少东西，但是过了几年我们再去看的时候，看到的是什么结果呢？种的茶叶，茶叶没有长出来，把耕地给毁了；信贷扶贫的项目没有成功，农民不愿还钱也还不起钱，就丧失了信用，获得金融支持的机会反而没有了。当时我觉得很难受，也认为是自己“运气”不好导致我们选的调查点都是失败案例，但是后来也不想再去求证了。扶贫开发要取得大效果，这些问题是需要杜绝的。

现在我们面临的问题是，未来的精准扶贫开发如何去走？如果简单化把它理解为只是针对特别贫困的人口做工作，单独一对一地去做的话，风险还是很大的。我是搞社会学研究和社会工作的，从我们的视角来看，贫困农村地区的经济发展，需要从社区的视角来看，不管是社区的贫困人口还是其他人群，都应该看成是一个发展主体，需要村庄内部建立协作机制。如果我们只是对个别的贫困户去开展工作，反而有可能分化乡村，导致贫困人群的社会支持网络瓦解、社会资本丧失，有可能反而影响扶贫成效的可持续性，带来不好的后果。所以精准扶贫，不是按照某个标准把穷人找出来针对性地去做扶贫，而是要策略精准、措施精准，资源投向渠道精准，方法精准，精准扶贫要解决这个问题才能有大的成效。

另外，我们派出那么多干部到村里去帮扶，是一件大工程，但是，对于农村发展而言，不同部门的干部比当地农民更懂经济、更懂市场吗？如果我们的干部没有比农民更在行，那么他们去帮扶，真正能够对贫困乡村带来彻底的改变吗？还有，不同的干部的资源协调能力是不一样的，有权力的部门出来的干部，协调的资源自然比其他部门的干部协调的资源多，从资源配置的角度看，是不是又带来了一定程度的不公平？再有，我们的一些处级、厅级干部和某些部门，能够协调资源为贫困乡村发展服务，但是，协调的这些资源往往是公共财政资源，公共财政资源的分配可以用这种“协调”的方式处理吗？这对于中国的法治化建设而言，我个人认为是有害的，这些问题也是需要我们去反思的。

再谈谈农村的产业发展问题。贵州农村人均耕地平均也就一亩多，有些地方甚至只有几分地，几分、亩把面积的耕地，不管怎么样搞农村产业，其产出总量总是有限的。放在全省、全国的层面看，平均一亩地的年总收入顶多就是几千块钱，除非种金子才能发家致富，所以农村产业发展一定要站在宏观的角度来分析。从微观层面来看，农村搞产业发展，如果村里有能力的人能够为村子的发展服务，穷人有可能就不会穷了，农村社区各方面的能力弱，贫困人口的发展能力更弱，恰好需要整个乡村社区的团结合作，通过团结合作使得农村产业发展的技术成本、市场成本和信息成本共同分摊，从而变得可以承受，这样才能解决产业发展的可持续问题。正是因为如此，农村的产业发展首先还是要解决群众的合作问题，社区团结问题，这是精准扶贫需要解决的第一个问题。

产业发展的第二个问题是，在整个农村，产业发展面临的最大挑战是劳动力相对不足的问题，劳动力素质相对较低的问题，技术与市场能力欠缺的问题。这些问题不是产业扶贫项目本身能解决的，而是属于社会政策范畴，这些问题不解决，产业扶贫的可持续是得不到保障的。所以，精准扶贫有一个很重要的目标是社会政策目标，即要对贫困群体提供基本的教育、医疗、就业支持等方面的保障，也就是扶贫开发工作要重视社会目标。我们的扶贫不能像过去那样，只看近期的目标。

产业发展的第三个问题是，扶贫开发工作如果只重视产业发展，是有较大风险的，最大的风险是市场风险。例如，养羊是有风险的，今年养羊赚钱，明年养羊就可能赔本，所以从这个视角看，扶产业还不如扶当地人的能力。把贫困地区、贫困人群的发展能力提升放在第一位，把社区综合能力提升放在第一位，而不是把种什么、养什么放在第一位。要建立一个协作机制解决产业发展的市场、技术、信息成本可承受问题，要解决乡村精英群体为多数人服务的问题，要解决农村社区参与的机制问题，扶贫开发工作必须与社区建设相结合，支持社区的行动非常重要；我们的产业扶贫需要从单纯追求“规模化”的过程中清醒过来，要做社区发展综合能力的提升，把人的工作放在首位而不是把产业放在首位，不要急于求成，要循序渐进，这样才有持续性。保有贫困群体的能力能够可持续地成长，中国的扶贫开发成效的可持续才有根基，才能够真正实现可持续发展。

谢谢！

主持：毛刚强老师他们这个团队做了好几年，好多县专门请他们去做，刚才说的瞄准群体社区，作为人的综合能力的增长，我觉得比较新颖，在生态文明与反贫困分论坛上，这个观点也引起了很多人的共鸣。下面请我们贵州大学管理学院的李晓红教授发言！

李晓红：今天我想与大家交流的主题是“双重差距下精准扶贫的贵州路径思考”。精准扶贫提出来以后，成为扶贫开发工作和扶贫开发研究的一个热点，关于这个热点我是想探讨贵州扶贫开发的背景，精准扶贫提出的背景刚才大家的发言已经说得很清楚了，但是贵州扶贫开发工作在全国来说还是有差距的，这种差距我总结为“贵州扶贫开发的双重差距”，这个双重差距是什么？一个是城乡差距，一个是区域差距。城乡差距我做了一个数据，从2006年到2013年，全国的城乡差距从3.3缩小到3.0，我是以年均作为样本，年均从2006年到2013年是从2.3缩小到2.0这个城乡差距，贵州是从4.6缩小到3.8，这是城乡差距的一个数据。我们再来看区域差距，区域差距是用人均GDP来做一个比较的，人均GDP贵州和全国的差距从2006年的2.6倍缩小到2013年的1.8倍，贵州的差距从6.7倍增长到4.3倍。所以我是想说我们贵州不管是城乡差距也好，区域差距也好，是一个挂末的位置，在这样一个挂末的位置上，我们来提精准扶贫，就必须要考虑两大差距问题，这两大差距精准扶贫瞄准的显然是城乡差距，而不是区域差距。但是我们做进一步的分析，贵州的跟全国平均水平包括中部地区东部地区的差异对贵州的发展影响更大。其实也是刚才各位专家说过的，贵州的农民收入的增加大多数是务工收入，这个是经济增长的典型效益，如果贵州区域发展不起来，你只是去做城乡的话可能有点面临效益损失的问题。我们的扶贫思路还是很清晰的，要把集中连片和精准扶贫联系起来，我们的88个县当中，有70个纳入了集中连片的，所以到这样一种背景下，刚才讲的新常态等这些东西跟贵州来讲的话它是有一个大背景的，我们要识别这种差异，所以我们必须考虑这两大差距，如果考虑这两大差距，结合我这些年对贵州扶贫的调研，一些研究，包括参与省扶贫办的一些工作，也了解了一些信息，这些可能不太成熟，但是是我的一些观点，跟大家交流一下。一个是我认为贵州的异地搬迁，生态移民搬迁应该走增量扶贫的路子，增量扶贫的路径是什么意思呢？刚才也讲了生态扶贫是有能力的人先得了，修了四五层楼等。其实任何一种扶贫都是这样子的，一定会有漏洞，这么大的面要去做很困难，这种增量扶贫弄了半天，搬出去的就是我们漏出的，做增量主要是要增加人力资本的投资，要让他以后自己能够从那个地方搬出来，现在有好多你不给他钱他也搬得出来，有时候我们可能未来完成指标就是锦上添花，这个是我们要避免的。第二，对贵州来讲刚才左处长讲的那些数据表明贫困人口的文化程度是很低的，教育是在一直动态的变化，如果贵州也要跟上总动态的发展的话，我们应该有一个均衡城乡教育资源的这样一个战略，贵州可不可以申请中央财政专项资金来改善农村中小学教师的收入，这个值得纳入一个思考，如果我们真的能够把贫困地区的中小学教师的收入倍增的话，对农村的义务教育是一个很好的推动。第三，实施义务教育的计划，杜绝留守儿童的现象，留守儿童一定是中国未来经济增长的痛，就像我们对政策的回顾一样，现在我们已经认识到计划经济政策的问题多，中国的GDP增长还是巨大的一环，而且这种演化很快就会成为现实，留守儿童也是中国长期经济增长的痛，如果我们现在不杜绝留守儿童，中国的经济增长，尤其是贵州的老龄化，还有贵州打工人口众多，那对贵州以后发展经济是很不利的，所以说义务教育计划是弥补现在我们家长陪留守儿童的一种机会成本。第四，我在想能否实施贫困地区高速公路的免费通行，或者是定向补贴政策，用市场来激发贫困地区的生产，现在我们有很多地方，确实高速公路通了，上次我们去榕江做一个规划，高速上车非常少，我感到很惊讶，后来一下去我知道了，费用太高，没有人跑。这种高速公路即使你花了那么多钱，没有起作用。最近我们都看到贵广高速铁路的通车，贵广高铁其实是客流，物流还是要靠公路、水路，高速公路的费用采取一种什么样的政策能够减下来，对于招商引资是非常有利的。像榕江那个地方很好，黔东南很多地方都很好，但是关键的是物流成本太高了，没有办法。第五，打造贫困地区特色产业的简奢品牌，现在我们不是讲量，讲品种，既要简单的扶持，但是又要有奢侈感，市场一定是追求奢侈品，这是毫无疑问的，如果我们的特色产业能够打造简奢品牌的话，对于贫困地区，乡村旅游一个是绿色，二是农民可以增加收入。第六，我们现在这种大数据时代可不可以利用网络信息技术培训新型农民，建设交易平台，让我们的简奢品牌能够降低物流成本，或者交易成本。这些是我的不成熟的思考，和大家交流一下。谢谢！

主持：下面我们有请遵义师范学院科研处副处长龙茂兴教授发言！

龙茂兴：各位专家、各位领导，非常高兴能够参加这次研讨会，刚才听了各位专家、各位领导的发言，受益很多，能够想到的大家都想到了，能够想到的你们大家都讲完了，下面我就讲一点不成熟的观点，请大家批评指正。我非常认同刚才有的专家讲的，其实我们贫困地区存在着很多问题，能力贫困、权利贫困等，那么我总结的是多维的贫困，最核心的就是刚才像毛教授讲的，能力贫困才是核心，是致贫的根源所在。刚才省扶贫办的领导也讲到了，致贫的原因很多，首先把技术放在首位，你的统计里面也发现，说明了能力是我们致贫的一个主要原因。还有教育水平也是我们能力发展的一个基准，所以能力贫困是内在的根源，权利贫困是限制贫困人口的政治制度，就像原来的贫困人口要发展产业，是制度限制他的发展，但是这个只是一个外部的因素，然而收入贫困仅仅是他的能力贫困、权利贫困的结果，最后导致收入贫困，因为他能力比较落后，所以他从事各行各业的机会就少，导致收入贫困。扶贫应该改变观念，着力培育贫困人群的自我发展的能力，作为扶贫，扶只是外部的帮助，是他参与产业发展、自谋职业、自主创业。就像一个小孩子学走路一样，开始要扶，但是到一定阶段他的腿脚壮实了之后就自己走，我们的扶贫也是这样的。刚才我们贵大的教授也提到，乡村旅游是一种扶贫的途径，乡村旅游扶贫你去给他建设房子，你给他建房子还不如扶持他经营农家乐，不如扶持他开发生态园，开发生态观光园。增强贫困人群发展的机会，刚才大家都提到了我们很多的推进产业扶贫项目，很多都认识到产业扶持的过程中中高等收入的人口往往是受益者，而很多的贫困人口是受益很少的，这是现实。今年我到我们那个片区调研，比较了两个地方，这两个地方有很大的差别，比如西江村民参与了旅游发展的各个环节，每一个环节他们都可以融入到里面，他们的受益机会多，所以扶贫项目就非常明显。而另外一个地方是外商投资，以外商经营为主，当地村民参与的机会就比较少，在某些环节往往是从事低端的行业，村民的受益就非常低，所以我认为增加贫困人群的参与机会，是扶贫增收的关键。否则，到时候总的经济是发展了，但是贫困人口的受益在减少。我讲得很肤浅，不到位。谢谢大家！

主持：刚才龙教授从多维的视角谈了扶贫问题，下面我们请遵义市委党校舒畅副教授发言！

舒畅：既然是来自于基层，我还是想基于基层的角度说几点。目前精准扶贫在措施上不是主要问题，刚才省农办的领导说的，识别有标准，以及量的话，用电脑一卡也是系统化的，基层操作确实要按照这些来做也是很困难，所以我觉得最主要的问题在哪儿呢？它要钱，需要钱去发展，钱怎么来？怎么到位？那么有了钱还不行，怎么落地？后面要保障它实施，到最后要实现农民脱贫村要摘帽。现在精准扶贫的重点，还是要解决钱和政策怎么用，用在谁身上，用得怎么样的问题，还有要确保这个钱是真正用到农户身上，用在真正贫困的地方。我感觉现在的精准扶贫更多的是提到贫困户，怎么到户，怎么到人，我认为是立体化的扶贫，我们的上层设计要注重面的精准，基层操作要注重点的精准。我到一个农家去看，他的房子是依山而建，本身就有塌方的危险，整个地基已经裸露到外面，倾斜已经很大了，整个房子看上去就是斜的，进到家里面看到搭的木板都是斜的，非常危险。那么这个怎么办呢？如果遇到塌方那是要死人的，当地的领导可能要担责任的，你怎么解决这个问题？只有另外去选一块地，当然这上面也有农民自身的问题，他把自己另外一块屋基卖给别人了，现在国家的红线划在那里，根本解决不了这个问题，那就提出来移民搬迁，那一块他们有移民搬迁的资金，他们都解决不了这个问题。讲一下点的精准，基层操作要点的精准，因为上面有很多数据了，因各种原因返贫的这种情况确实需要精准到点地操作，确实是这样的。除了开始大家提的意见之外，我的感受提几点：第一，大力发展集体经济的作用。为什么？我去调研了一下，现在农村有很多合作社，实际上都是大户垄断的，他的土地流转800块钱左右一亩一年。我到一个项目园去看过，大片的土地来使用，良田没有了，农民没有耕作的土地了，而且农民劳作还要排队，一个星期可能只有一两天的劳作，这是他们的收入，这个怎么脱贫？没有办法脱贫，就必须发挥农村集体经济作用。我看到一个点是比较好的，它是农村经济组织，把农民的土地全部收拢，它的效益周期是比较长的，租10年，不是七八十年的租出去，4年一个周期他就可以结果，后面6年就产生效益，土地成本也就回来了，形成规模以后，它就全部再还给农民，这就很好。第二，力量整合的问题。大量的精准扶贫工作是在扶贫办，今年还是去年的养羊，羊是很娇气的，资金在扶贫办是多少？但是技术怎么办？农民是没有技术的，他们的技术配不了套，农民没有办法，养着养着就死了，技术进不去，技术可能是畜牧站，可能是其他地方，这个持续性是无法保障的。还有我们扶贫项目可能经常会变，可能今年是农场养羊，明年可能是种核桃，后年可能是养鸡，大后年可能是养猪，前面的投入就白搭了。我到一家农户去过，现在我们的帮扶都是流于形式的，我帮扶这家原来经济还是比较好的，后来由于老公修房子摔死了，老婆就改嫁了，留下一个奶奶和一个孙子，没有劳力。你怎么给她资金，你怎么给她项目，为什么说立体化的扶贫，这种名字就要上，但是你就是上不了。回来之后我都扪心自问，我能为他们做什么？我除了去给他们几百块钱，我真的没办法，去一趟成本很高，去是几千块，我宁肯寄钱给他们。实际上基层干部真的非常苦，但是没有激励机制，可能和我们的机制有点脱离，但是没有激励机制，我怎么做，基层干部真的有那么大的能力吗？最主要他有这么大的心吗？他能够用心，用什么来衡量他的用心。你要见效益，要不你就经济鼓励，要不你做到什么程度我给你提干，没有这一块，很多干部就是流于形式的，没有为农户真正的做实事，一个是能力问题，另外就是态度问题。还有一个是农民的知识问题，他们的思想观念，还是养羊，我给你发羊崽，当地扶贫办花钱去采购优良的羊种，农民拿到手以后两百块卖了，没有卖的干脆杀了自己吃了，怎么扶贫？还是解决不了问题，思想问题很重要，包括城市空心化，问题很多。我们农村发展也需要劳动力，有一个很实际的问题，现在出去打工的中年人，在发达城市透支了自己的体力，透支了自己的身体，去发展了外部城市，50岁就回到农村，农村的压力就大了，要为他们养老，要给他们治病，问题很多。还有一个资金问题，现在很多东西要发展肯定要资金，就是因为穷才要资金，怎么能够匹配，所以很多地方资金是在扶贫办的，根本用不了，因为它匹配不了，这是专项资金，又不能用到别的地方去，有的用不完第二年就收回去了，根本就没有发挥效果。还有一点，我个人特别反对贷款免息，现在有一种状况，房地产老板、开矿的都想方设法去争取，他也不做产业，我觉得有些要适当提高，有些资金用不完，收取资金占用费，现在有一个方法是非常好的，在扶贫上先建后补，你先建成以后我给你补助，你做得好我给你补助，补助这些完全就可以抵消你的利息，你完全不收就给其他行业转进来了，夺取了农民应有的利益。我就这点浅见。谢谢大家！

主持：下面请贵州财大的反贫困研究院常务副院长王永平教授发言，大家欢迎！

王永平：这几年贵州扶贫开发的成效还是很大的，我们很多体制机制的创新，那是在全国都走在前面的，这个应该肯定，但是在发展中肯定是有问题的，创新贵州精准扶贫机制，这是“十三五”规划设计专门搞了一个课题，这个成果下一步就有了，我就谈三个观点。

第一，精准扶贫是不是对我们过去的那种做法的修正？我们已经上升到了一个新阶段，但是，对过去的一些措施如何让它更加精准更加有效，如果这样的话就涉及到一个问题，我们在精准扶贫过程中该如何处理好区域合作和规模发展，要考虑到现在扶贫重点县、重点村、重点户、贫困户。

第二，精准扶贫上面是不是很清楚，下面具体操作的过程中还是要注意一个问题，单纯谈这个精准扶贫还是有问题的，精准扶贫必须以社会建设、能力建设和公共服务结合起来，怎么把这几个结合起来？我看过有人当时搞的一个研究，是哪一个县有一个贫困户，送了一头牛给他，送了之后这个农户他就问这个书记什么时候调走，当时这个书记就奇怪，我为什么要调走？他说你调走了以后我们好把这个牛卖了。这个就有问题了，你的能力没有起来，扶贫可能就没有多大意义了，光是为搞这个项目效果不大。

第三，现在的扶贫是国家重点县的扶贫，这个移民生态应该是贵州最好的一面，但是现在是什么情况，它的精准是不高的，这是一个问题，为什么不高，就涉及我们很多的改革措施和规划不精准，因为我们扶贫每帮一家不仅仅是建房，如果没有其他相应的配套，成效肯定不好。当然，地方肯定是要完成任务的，因为上面要给压力。这是我的一些简单的看法。

主持：下面请贵州民族大学副校长樊铁钢博士发言。

樊铁钢：非常高兴参加今天这个研讨会，我对扶贫工作接触不多，刚刚听了大家的发言很受启发，包括我们现在在做的用户精准扶贫，县乡明确，改革项目管理，各位专家都提了很多，我也提几点建议。

第一，从项目上来说怎么组合我们的资源，资源在各个部门，发展改革水利、农业、金融机构等这些资源是如何整合的？在整合资源这一块能够有所创新。

第二，建立一个联动机制。扶贫工作不是扶贫办一家的，怎么推动各个部门参与联动，怎么把这些人员联动起来，怎么把这些机构联动起来，我们身边的专家能不能结合起来。

第三，立足产业发展，通过产业规划，做长远的考虑。我觉得有些举措解决了临时的困难，应急的，但是还是要看长远、要看规划，这一块是要有专门规划的队伍去考虑，在一个地方如何去做产业，就贫困的资源我们如何去规划。

第四，加强培训。这两年统计的量是非常大的，但是怎样整合我们的资源力量来加强技能技术的培训，加强农村人才队伍的力量，这是我们要考虑的内容之一。

第五，建立帮扶对象。好多地方做工作时都有一个指导的机构或是指导员的队伍，扶贫这一块我们刚刚听到很多，就是根据农户致贫的原因，我们要找对策，谁去给他指导，能不能建立一些指导员的队伍，把专家的力量拿进来，或者是有专长的，时间比较长的一些人，结合具体的对象我们怎么做，建立指导员的队伍。

主持：还有贵州大学曹端波教授等很多专家都没有发言，我们社科院的同志也没有发言，你们的高见会后可提供给我们，大家在百忙之中抽出时间来参加我们主办的会议，我代表三家单位表示衷心的感谢！我个人觉得：一是我们社科界要认真学习习总书记关于精准扶贫的讲话精神，要把他的讲话精神理解透。二是贵州省搞创新扶贫开发机制体制是很好的，重点是要总结贵州省这些年扶贫工作方面的做法，贵州省的做法是有很多亮点的，比如说顶层设计方面有很多文件，从法规的角度来看《贵州省扶贫开发条例》是全国第一家，才开始实施，这是我们扶贫开发工作的准则。三是贵州的做法得到了中央的肯定，最近国家有很多“日”都出来了，如“扶贫日”“宪法日”等，也有我们贵州为此做的贡献！所以，贵州的经验值得总结，下一步我们要探索创新！要在体制机制方面创新。各位专家从不同的角度，从顶层设计、路径选择、人才培养、社会联动等各方面进行探索，重点探索贵州怎么把精准扶贫机制建设好，能够给全国借鉴，这个我觉得很有必要！省社科院是贵州省的一个综合研究机构，我们的一个职能是组织、协调全省哲学社会科学研究机构，积极开展关于贵州改革与发展的重点、热点和疑难问题研究，服务省委、省政府决策，按照习总书记关于加强中国特色新型智库建设的要求，我们的社科研究更加细一点。2015 年“生态文明贵阳国际论坛”的主题是“新形势、新秩序、新常态”，这是组委会暂时定的三个主题，具体的“生态文明与反贫困分论坛”怎么办还在研究。中国国际扶贫中心常务副主任黄承伟也专门来贵阳与孙兆霞教授、毛刚强教授探讨过，叶韬主任跟我说了他已向国务院扶贫办做了汇报，并与北京大学等联系了。这个会议是国际性的论坛，按照省委、省政府的要求，三五年要超过博鳌论坛。我想这个“生态文明与反贫困分论坛”怎么办？也请大家思考，献计献策。四是省社科院每年主办、承办几个研讨会，中国社科院学部委员贵州工作站设在我院，同时每年我们与中国社科院学部工作局联办的“后发赶超”论坛，还有全省唯一文科博士后科研工作站设在我院，今年已有 7 名博士后研究人员进站。总之，我希望贵州社科院和大家保持联系，多多交流，共同把贵州省的社科事业推向一个新的高度，在全国发出更多的“贵州声音”“贵州话语”，塑造贵州新形象。

最后再次对各位的光临表示感谢！

下 编

"生态文明与反贫困"专题文章

对策建议

○扶贫开发要以社会建设为基础

王春光*

在中国经验中，扶贫开发成为一大重要内容。世界银行曾在其年度发表的发展报告中指出，中国是联合国千年计划完成最好的发展中国家，为世界反贫困做出了巨大的贡献。在反贫困的成功经验中，政府的扶贫开发究竟起到什么样的作用，是需要做出系统的分析和评估的，而不是一个不证自明的问题。这对于政府搞好后续的反贫困工作，具有重要的决策价值。

一 扶贫开发面临的问题

解决贫困问题，需要政府、市场、企业、社会组织、家庭和个人多方参与，只靠其中一方不足以消除贫困问题。在过去的30多年，中国之所以在反贫困问题上取得巨大的成就，是多方努力的结果，而不是仅仅靠政府单方的努力。从20世纪80年代开始，中国政府对于反贫困是比较重视的，成立专门的执行机构，进行中长期的规划，提出扶贫开发的战略，投入越

* 王春光，中国社会科学院社会政策研究室主任、研究员，贵州民族大学贵州省2011民族地区社会建设与反贫困协同创新中心研究人员。

来越多的财政资源和行政资源，乃至2014年设立了扶贫日（10月17日）。政府的重视和努力确实对改善贫困人口和贫困地区的生产生活条件，发挥了重要的作用。但是也有一些有关中国贫困问题的专题研究报告计量分析结果表明，政府专项扶贫资金对降低贫困的影响在统计分析意义上并不显著。这些报告显示，过去30年贫困人口大幅度减少的首要功臣不是政府的扶贫工作，而是改革开放带来的经济快速增长。世界银行对150个国家1980～1998年的数据分析表明，经济增长或下降与贫困发生率具有极为显著的关系。例如，其中四分之一经济年均增长率达到约8%的国家，贫困发生率年均减少速度在6%以上，而另外四分之一经济年均负增长率约6%的国家，贫困发生率年均增加速度超过10%（World Bank，2001，p. 35）。

这里有两个问题需要我们认真地去思考：第一个问题是，如果政府的扶贫资金投入与贫困水平降低没有什么显著相关性，那么，这背后究竟是什么原因呢？第二个问题是政府该如何更好地发挥降低贫困水平的作用呢？

在实践中，我们也确实发现与这两个问题相关的一些情况。在过去的10年中，国家在扶贫开发上的投入力度越来越大，也出台了一系列重要的政策，但是，我们看到的是贫困地区和贫困人口的贫困状态没有发生明显的改善，一些多年接受扶贫的村庄依然没有找到突破贫困、走向发展的路子和方向。人们不禁会问，扶贫效果不明显，是国家投入不够，还是投入效果不好，甚或两者都有呢？或者是因为扶贫是一个长期的过程，不能在短时内获得显著的效果？观察和调查告诉我们，虽然影响扶贫工作的因素很复杂，但是，总体上来说，我国的国家扶贫工作是到了该深刻反思的时候了，原因在于时代不同了以及扶贫工作需要新的思路和机制。

二　扶贫开发面临的新形势

当前中国扶贫开发所处的时代背景，不论从纵向看还是横向比较，与过去有了明显的变化。时代背景的变化直接或间接地影响了扶贫开发机制和效果。从宏观到微观，时代背景至少包含四个方面：全球性背景、国家背景、区域背景以及本地相对微观的社会经济乃至历史文化等背景。

由于中国已经成为世界第二大经济体，国际社会尤其是发达国家一方面减少了对中国扶贫开发的支持和投入，另一方面对中国参与国际扶贫开发提出越来越多的要求，施加越来越大的压力。这不仅使中国扶贫开发不再像过去那样有更多的国际资源可利用，只能转向自身的力量和能力，而且使中国不得不更多地考虑做好自己的反贫工作以引领世界反贫，不得不积极地去帮助其他国家尤其是欠发达国家的反贫工作。虽然国际社会减少对中国扶贫的投入，并不是件好事，但是，国内外对反贫提出越来越多的要求和期盼，在一定程度上使得国家更加重视和改进反贫工作，以彰显中国在世界反贫上越来越重要的角色和能力。

与此同时，当前中国已经将中华民族复兴作为中国梦，上升为国家的战略。中国梦内涵丰富，涉及面广，对扶贫开发有着更高的迫切要求：第一，中国梦是富裕梦，即国家、社会、社区、家庭和个人都富裕，显然要消除贫困问题，或者说至少要尽可能减少贫困，缩小贫富差距。第二，中国梦是强国梦，即国家在世界上拥有举足轻重的影响力和角色。没有富裕的经济基础，谈不上强国；一个国家如果还有相当数量的人陷于贫困，也无法体现强国；一个强国还要在国际上尽到反贫责任。第三，中国梦是一种软实力，正如美国梦一样，希望吸引更多的第三世界国家学习中国的做法，中国由此获得更多的软实力。反贫成功无疑是一项非常重要的软实力。由此可见，中国梦自然要求国家在未来的几十年投入更多的精力、资源去反击贫困、消除贫困。这一点与过去有明显的不同。在过去，由于经济发展刚刚起步，社会主义初级阶段刚刚起步，因此，那时候人们还没有像现在这样急切地需要在反贫困上有更大的要求。

与此同时，反贫困比以前更加艰巨。首先，中国社会分化程度越来越高，尤其是贫富差距不断扩大，基尼系数达到了0.47以上，超过了许多发达国家和发展中国家的水平。基尼系数越大，意味着贫富差距越大。按国际标准来说，基尼系数0.4是国际警戒线，超过这个线，贫富差距会带来社会稳定风险。而我国已经超过这一警戒线了。尤其值得注意的是，当前中国的收入差距已经出现固化态势，不同收入群体之间存在着严重的分割，低收入者很难像过去那样有机会使收入快速增加而成为富有者，他们的子女与过去相比也是如此。过去30多年我国脱贫的人数巨大，而剩下来的这部分贫困人口不论从人力资源、社会条件还是区域条件来说都是最差的。中国贫困人口集中在十四个片区，如武陵山区、大别山区、横断山区等，这些地方山高路险，交通不便，生态脆弱，许多属于高寒山区，还有戈壁、沙漠等，那里的条件很不适宜人类生活。在这些地方，开展反贫困工作，显然比在其他地方有更加难以预想到的困难。需要指出的是，在贫困地区，社会人口结构的变化尤其明显，大量青壮年携家带口外出务工经商，留在村里的大多是老年人和一些难以外出务工经商的中年人（他们或者老实，或者没有念过书，或者存在生理或心理问题等），特别是那些不能外出的青壮年劳动力，大多连老婆都娶不了，或者留不住，成为新光棍。这样的社会人口结构不利于扶贫开发工作。在不少村庄，连个壮劳力都找不到，因此想通过农业产业化等去脱贫致富，几乎失去了人力资源的支持。总而言之，而今剩下的贫困人群在脱贫致富能力方面是最弱的，条件是最差的，解决起来也是最困难的，更重要的是，贫困地区的社会基础与过去有很大的差别，个体化越来越明显，合作基础越来越薄弱。

与此同时，与过去相比，贫困人口以及国家对反贫困的要求更高了。最近几年国家投入了越来越多的扶贫开发资金，大幅度地提高了贫困线，逐渐与世界银行的贫困线看齐，并出台了相应的许多政策，如义务教育补助政策、新农合政策、养老保障政策、基础设施政策等，已经不限于解决温饱问题这个层面，而向更高的扶贫目标努力。在贫困地区调查过程中，我们发现，中央政府的许多部委都出台了自己的扶贫开发政策，比如有环保扶贫、交通扶贫、水利扶贫、文化扶贫、卫生扶贫、春蕾计划、培训扶贫、危房改造扶贫等。而贫困人群对扶贫的要求，从过去仅仅要求获得救济，到现在，提出了对权利和公正的诉求，原因在于他们从过去的政府扶贫开发中学到相应的经验和获得相应的教训，对政府配置扶贫资源的做法有了更多的警惕、警戒和疑虑，所以，他们都会用公正、公平和合理的眼光去审视扶贫开发做法。

总而言之，当前中国扶贫开发所处的环境已经有了明显的变化，除了中国在世界格局的地位有了显著提升外，国内的境况与过去大不相同，社会分化扩大，贫困地区存在着“农民老了、村庄散了、农业依然弱小”等新三农问题，更关键的是社会合作基础弱化了，干群信任关系降低了，贫困人群的能力建设滞后，生产性公共服务不发达，而社会对公正、权利的诉求越来越高，所有这些都构成了对当前中国扶贫开发的新挑战和新压力。

三　扶贫开发的变迁和缺陷

中国的扶贫开发在过去30多年取得了可观的业绩，当然其中关键的一点是中国的经济取得举世瞩目的增长，扩大了扶贫开发行为的效用，但是，扶贫开发的效能基本上达到极限，相应的缺陷越来越明显，如果不进行变革和创新，就难以应对新的形势。从20世纪80年代国家将扶贫纳入总体发展战略后，在扶贫开发上从机构建设、政策创设、项目设计、资金投入以及方法、理念创新上都做了大量的工作，目前已经形成一定的体系。一开始，中国的扶贫开发瞄准的是解决温饱问题，可以说是生存性反贫。后来，中央推出了贫困县政策，即向贫困县采取倾斜政策，比如转移支付、高考名额照顾、税收优惠政策等，但是这些政策的直接受惠者是贫困县政府，老百姓是间接有些好处，从贫困县政策确立之后，就没有一个贫困县想摘掉帽子，所以迄今国家贫困县的数量并没有减少。由于把一个县作为扶贫对象，一方面这个对象范围太大，另一方面从县到乡镇再到村然后到户，中间环节太多，层层截留和盘剥，政策和资源很难有效地落实到贫困人群那里；更重要的是作为一个县，也许从扶贫开发政策中获得了好处，GDP有了明显增长，县城建设得也很好，但是，贫困的老百姓并没有从GDP的增长和县城建设中获得明显的好处，所以在许多贫困县，我们看到的是县城与其他非贫困县一样繁荣，但是许多农村地区依然贫穷，按当地一些老百姓的说法，扶贫的钱都被截留了。鉴于这一点，后来中央政府调整扶贫开发政策，提出“整村推进”策略。这一策略的认识前提是，现有的扶贫资源太分散，而且只解决一户户的贫困而整个村庄没有改善，扶贫效果也不会很好，于是各地就整合扶贫资源，分步骤对一个个村庄进行改造、发展产业以提升全村居民的经济水平。但是，这一策略一方面有造典型的嫌疑，容易造成村与村之间的不公平，另一方面完全让整村的村民都能参与产业发展以及从中受益，事实上是不可能的，恰恰相反的是有的村庄由于选择产业不合理，不但产业发展不起来，而且不少村民举债参与产业发展而陷入更艰难的经济状态。从2011年开始，中央政府基于农村贫困的连片性，推出了“连片开发”的做法，即从区域角度设计扶贫政策，推进区域产业发展，以实现更大范围的扶贫开发效果。

在国际上，迄今为止还没有找到有效的扶贫方法，世界银行在许多发展中国家搞扶贫，效果并不尽如人意。同样，中国过去采取的扶贫开发政策虽不能说完全失败，但是效果也很有限，存在着许多明显的缺陷和不足，概括起来说，至少有以下几方面。

第一，重生产轻服务。

各级政府不断地强调增加投入，并总结每年投入的增长情况。这些投入都在生产领域，比如种植、养殖、制造业等，但是很少用于发展服务，特别是生产性服务。西部某省在2012年提出产业扶贫，比如，在贫困地区种植多少万亩辣椒、多少亩烤烟、多少万亩茶叶等，可是却没有考虑相应的生产性服务，比如，市场信息收集、销售渠道建立和拓展、品牌建构、品质鉴定、技术培训、风险控制机制等。由于生产性服务被忽视了，因此，一些农业产业项目结果都没有成功，反而成为农民的负担，甚至导致一些农民陷入贫困，也损害了政府的诚信。某地曾大力推广辣椒种植，到收获时辣椒卖不出去，原因不在于没有市场需求，而在于市场没有得到开发，以及对市场信息的不了解。烤烟项目由于由烟草公司提供各种生产性服务，因而就有稳定的收益，但是由于种植烤烟需要投入大量劳动，因此，大部分青壮年外出务工，而年纪大的农民在体力上无法胜任，种植烤烟的人并不多。养殖的情况也是如此。一些比较成功的项目都是由于有配套的生产性服务，但是这样的项目相对而言比较少。

第二，重规模轻质量。

这一点与第一点直接相关。在重视生产投入的时候，各级政府首先考虑的是投资的多少和项目的大小，有的县在农业产业上规划几万亩、十几万亩进行统一种植一种作物，但是，对于效益只作主观上的猜想，根本没有进行全面的评估，对风险更没有相应的考虑和应对。一些地方为了吸引外地资本，不惜牺牲生态环境，如某地将外地资本引入当地锰矿开采，严重地污染了当地农田、水渠，民怨沸腾，不断上访，而外地商人觉得自己赚得差不多了，就拍拍屁股走人，留下一个生态烂摊子由当地政府和老百姓治理，不但反贫目的没有达成，反而恶化了扶贫的环境和条件。这样的例子并不少见。正如上面曾指出的，扶贫开发的反贫效果并不如人们所想象的那么好，大量资金投入到扶贫中，许多都是没有效益，浪费相当严重，甚至还适得其反，出现越扶越贫的现象。

第三，重短期效应，轻长期可持续性。

在调查中我们发现，扶贫开发项目能够长期产生效益的情况比较少。贵州省湄潭县发展茶叶产业，形成了长期发展的态势，产生了多个茶叶品牌，畅销国内外，但是，这样开发成功的项目实在太少，而大多数项目只有短期效应，而缺乏长期的可持续性。具体表现为：最近几年扶贫开发项目越来越多，投资规模越来越大，似乎显示各级政府对扶贫的重视。但是，项目的成功率不高，在短期内能拉动经济增长，提升 GDP 规模，而对扶贫对象来说，没有实质性收益，更重要的是缺乏市场需求，或者说，因为没有适应市场要求。与此同时，最关键的是，项目没有合理平衡利益关系，实现均衡发展，从而导致社会矛盾增多，反过来使得项目失去了社会基础。从这里可以看到，重短期效应轻长期可持续性跟重规模轻质量是同一问题的不同表现。

第四，重经济轻社会建设。

长期以来，扶贫开发都被当做一种经济现象，而忽视了社会建设。贫困似乎是一种经济现象，主要是指缺钱，因此衡量贫困的指标也是收入。目前，中国的扶贫主要是利用救助资金，比如，给低保、临时救助和救济等；而开发更是指经济行为，很多欠发达地区的政府把开发视为最为重要的反贫行为。当然，反贫困，确实是很重要的经济行为，但是，不能被视为纯粹的经济行为。仅仅从经济层面去理解扶贫开发，容易产生这样一些问题：首先，经济发展偏重于效率。扶贫开发，往往要选择有能力的人去做，他们一般是当地各种精英，如干部、企业家和其他能人。比如，某贫困地区政府专门出台政策，鼓励党政干部可以留职留薪而离岗去承揽扶贫开发项目，比如，承包一片土地进行农业项目开发，这些项目都是由各级政府支持的扶贫项目，有关收益都归他们，所以他们一方面依然享受政府公务人员的工资和福利待遇，另一方面又可以经营项目而赚钱，在统计上他们的收益都被“算到”真正的贫困者头上，视为多少贫困者因扶贫开发而增加收入。事实上，真正的穷人往往没有多少经济能力，也没有什么社会资本，所以成为扶贫开发的边缘群体，他们是享受不到扶贫开发资源以及政策支持的。在这种情况下，扶贫开发的结果则是以区域经济发展遮蔽了贫困人群的脱贫，导致当地贫富差距的扩大。与此同时，把扶贫开发视为经济行为，往往会忽视社会基础的营造，而社会基础的营造实际上对扶贫开发有着非常重要的意义。我们在调查中发现，越是扶贫开发项目多、资源投入多的地方，社会矛盾也越多，原因在于过于强调经济效益原则，将资源偏向能人配置，而能人以扶贫名义侵害贫困者的权益。实际上，社会矛盾增多，是不利于扶贫开发的，有可能导致扶贫开发项目的失败。

第五，重政府轻民间组织。

当前几乎所有扶贫开发资源都是由各级政府投入和落实的，民间组织参与扶贫开发的作用没有得到发挥。这一方面是政府长期以来没有有意识地向民间组织让渡空间，更没有专心去培育和鼓励民间组织参与和发展，另一方面民间组织相当弱小，难以承担起政府让渡的一些扶贫开发工作。因此，扶贫开发的基本运行机制是政府投入、传递，直接抵达企业或者个人，在这个过程中缺乏中间环节，因此，往往会出现按政府偏好去开展扶贫开发，或者会出现隐蔽的交易，损害公平性，扩大社会差异，同时也存在扶贫开发不合理问题，影响其可持续性，更重要的后果是导致社会矛盾和分裂，损害社会团结，反过来伤害政府的公信力和信誉。

以上这些缺陷的综合影响就是损害了社会基础。由于扶贫开发注重经济层面，很少考虑社会基础，更没有从培育社会基础、开展社会建设入手去开展扶贫开发，因此，社会是否有利扶贫开发以及扶贫开发是否影响社会，都不在有关党政官员的视野之内。缺乏或者不重视社会基础的扶贫开发，会存在难以落地的问题；扶贫开发如果损害了社会基础，那就会带来适得其反的问题，从而也不可持续。该到了将社会建设纳入扶贫开发过程的时候了。

四　以社会建设为抓手，推动扶贫开发创新

这里的社会是狭义概念，与经济和政治相对应。那么，社会建设就是基于一定的价值，干预社会，使社会按照一定的设想发生变化和运作的过程。因此，社会建设也就是一个有目的的建构过程。在这里，需要明确这样几点：第一，社会建设是有价值取向的。在我们看来，社会建设的价值就是参与、合作和共享，也就是说，我们要构建让大家共同参与、平等合作、分享利益和经验的社会。第二，干预主体和方式是多元的，而不是单一的。干预主体既可以是政府，又可以是社会组织、精英人物等，方式可能是技术、组织、资金、权威等。第三，构建合作型社会。合作型社会有

多种形式，既包括传统的各种合作，如家族合作、邻里合作、乡里理事会、宗教组织等，也包括新的各种合作，如社区共同体、合作社、协会（包括老人协会）、自治组织、互助组织、文体娱乐组织等。

在当前扶贫开发中，政府成为唯一的干预主体，它们在贫困地区大多扶持的是村委会和党支部，并通过它们将资源输送给对象，但是由于村委会和党支部越来越行政化，被老百姓等同为政府机构。由此，贫困人群都养成了依靠政府脱贫的心态和观念，在实践中缺乏主动性，当然这里背后更大的问题是，政府也没有给予民众主动参与的机会和动力。按现行的扶贫开发路径，就难保扶贫开发符合对象的需求，也不能确保资源配置不偏离设定的目标。事实上，正如上文所说的，目前扶贫开发中确实存在效率问题、公平问题和可持续问题等许多问题，使得许多扶贫开发做法颇受诟病。矫正的做法就是开展社会建设。那么政府如何将社会建设纳入扶贫开发呢？

第一，把社会政策与经济政策结合起来，用于扶贫开发。社会政策有助于提升社会福利、增加社会资本和人力资本，以社会资本和人力资本增强经济发展能力。社会政策不仅包括社会保障，而且还包括教育、医疗卫生、健康、技能培训等。

第二，引进贫困人群参与扶贫开发的决策之中。在项目选择、实施上，建立民主协商机制，让贫困人员参与讨论和决定，使他们可以主导扶贫开发方向和成果分享。只有经过他们参与讨论和决定，他们才会更积极地配合和参与扶贫开发，使扶贫开发过程更加顺利，也可以更好地发挥贫困人群的积极性。

第三，鼓励贫困人群以各种合作形式去承接扶贫开发项目。在扶贫开发中优先选择各种传统的合作机制，并试着组织一些新的合作形式。

第四，政府购买外部的社会组织提供的服务，让它们参与扶贫开发。外部的社会组织一般来说有更丰富的组织经验、技巧和专业人才团队，它们会更好地进入扶贫对象，组织和培训他们，也能更好地赢得扶贫对象的信任和支持。

第五，政府要在更大范围内建构提供生产性公共服务的社会网络体系。目前扶贫开发中最缺乏的就是生产性公共服务。所谓生产性公共服务就是指为生产提供信息、技术、质量等方面个人做不到、企业不愿意做的那些服务。这些公共服务需要政府出资向社会和市场购买，特别是鼓励社会去组织和实现这样的服务。只有有良好的生产性公共服务，许多扶贫开发项目才能得到有效的支撑，也能让那些能力弱的扶贫对象参与其中，分享扶贫开发的好处。建议政府设立相关的基金，这种方式更有利于调动社会参与生产性公共服务的生产和提供。

总而言之，经历过去30多年的扶贫开发，中国在反贫困上取得了很大的成就，使得巨大人群脱贫，积累了相当的经验，也有了一定的理论认识。但是，我们也发现，反贫困效果还不是很好，特别是过去那么多人之所以脱贫，关键还是因为经济发展，而不是扶贫开发带来的，因此，现在到了反思中国扶贫开发的理念、方式和策略的时候。针对扶贫开发中存在的缺陷和不足，以及当前中国扶贫开发面临的新情况和新的历史社会条件，笔者提出了将社会建设纳入扶贫开发的反贫新思维和新方法，以更好地促进现存的贫困人群和地区获得更好、可持续的反贫支持，实现社会和谐共存共享共荣。

参考文献

阿图罗·埃斯科瓦尔：《遭遇发展》，汪淳玉等译，社会科学文献出版社，2011。

康晓光：《中国贫困与反贫困理论》，广西人民出版社，1995。

李强：《中国扶贫之路》，云南人民出版社，1997。

王春光、孙兆霞、曾芸等：《社会建设与扶贫开发新模式的探求》，社会科学文献出版社，2014。

王小强等：《富饶的贫困》，四川人民出版社，1987。

韦伯斯特：《发展社会学》，陈一筠译，华夏出版社，1987。

○连片特困地区低碳扶贫道路与政策初探*

陆汉文**

摘　要： 全球性资源、环境和气候问题给扶贫开发带来了挑战，也带来了新机遇。将连片特困地区作为新一轮扶贫攻坚主战场，为碳融资和生态环境服务价值化开辟了广阔空间。选择恰当的政策工具，可以促进连片特困地区扶贫开发与生态建设相结合并形成良性互动格局，走出一条低碳扶贫道路。开展并逐步推广规划类清洁发展机制（PCDM）项目试点，是利用碳交易市场推进扶贫开发的一条重要途径。

关键词： 连片特困地区　低碳扶贫　生态环境服务

一　导言

1978 年，中国走上改革开放道路的时候，农村有 2.5 亿贫困人口，贫困发生率为 30.7%。这些贫困人口大部分分布在秦岭大巴山区等集中连片的特殊类型困难地区。20 世纪 80 年代中期以后，中国改革开放的重点转向了城市，以城市为中心的工业化和市场化进程不断深入，以对外贸易为支柱的外向型经济快速增长。在市场机制的作用下，城乡之间、沿海与内地之间的经济差距拉大，“三农” 问题逐渐凸显出来，经济增长对减缓贫困的作用日趋衰减，特殊类型困难地区特别是中西部特殊类型困难地区与其他地区的差距扩大了，发展不平衡问题渐趋严重①。

进入 21 世纪以后，区域发展不平衡问题不仅成为中国农村绝对贫困和

* 本文曾发表于《广西大学学报》2012 年第 3 期。根据“生态文明贵阳国际论坛”主题，经原刊同意，收入本专题。

** 陆汉文，华中师范大学中部地区减贫与发展研究院教授、博士生导师。

① 黄承伟、陆汉文：《中国集中连片特殊困难地区减贫与发展战略》，《扶贫开发》2009 年第 2 期，第 6－15 页。

相对贫困（贫富分化）的重要原因，构成反贫困工作的巨大挑战；而且影响国民经济的长期平稳发展和经济结构的合理化，影响社会稳定和安全。特别是2008年以来，中国的经济社会发展格局已经产生了很大的变化，发展战略也有了很大调整，特殊类型困难地区的连片开发显得越来越重要，成为完善国家扶贫战略和政策体系的一个焦点。第一，国家经济实力显著增强，财政收入总额巨大，政府完全有财力对特殊类型困难地区进行大规模连片开发。第二，市场经济深入发展，开辟国内市场特别是中西部市场已经成为中国经济持续稳定发展的迫切需要，由美国次贷危机所引发、2008年以来波及全球的金融危机更强化了这种需要，加大对贫困地区的投资成为中国经济发展的内在要求。第三，阶层收入差距和区域经济发展差距是构建社会主义和谐社会的根本障碍，加强对贫困地区的扶持已成为贯彻落实科学发展观和构建和谐社会的应有之义。第四，特殊类型困难地区的贫困人口数量多，贫困程度深，减贫难度大，这类地区的扶贫开发直接决定着全国扶贫开发工作的成效①。

2011年5月，中共中央、国务院颁布实施《中国农村扶贫开发纲要（2011～2020年）》，正式提出将中西部14个集中连片特殊困难地区（简称“连片特困地区”）作为新一轮扶贫攻坚的主战场。根据新《纲要》精神，今后十年要集中实施一批民生工程，着力解决制约发展的瓶颈问题，大力改善生产生活条件，培育壮大一批特色优势产业，加快区域性重要基础设施建设步伐，加强生态建设和环境保护，从根本上改变连片特困地区落后面貌②。

本研究从贫困问题和环境、气候的关联性出发，基于连片特困地区地理条件和生态环境的特殊性，就这类地区低碳扶贫的道路和政策进行探讨。这里所说的低碳扶贫，是指将扶贫开发和环境保护工作结合在一起，在环境保护和生态建设过程中推进扶贫开发。

二 扶贫开发面临的资源、环境和气候问题

进入21世纪以来，资源、环境和气候问题成为中国经济社会发展进程

---

① 曹洪民等：《特殊类型贫困地区多维贫困测量及干预》，中国农业出版社，2011，第3－4页。

② 《中国农村扶贫开发纲要（2011～2020年）》，人民出版社，2011。

中的一个越来越重要的议题，对扶贫开发政策与实践的影响越来越大。

（一）国内资源环境压力

中国已被联合国认定为“水资源紧缺”国家，2008 年人均水资源占有量只有 2048 立方米。不仅如此，中国水资源的分布还很不平衡，南方水资源相对充沛，北方缺水严重。尽管国家做出了包括南水北调在内的很多努力，但仍然无法解决日益严峻的人均供水短缺问题。①

2009 年 11 月 17 日，国家林业局公布的第七次全国森林资源清查结果显示：（1）中国森林资源总量不足。森林覆盖率只有全球平均水平的 2/3，人均森林面积不足全球人均占有量的 1/4，人均森林蓄积量只有全球人均占有量的 1/7。（2）森林资源质量不高。尽管在国家采取退耕还林政策以后，森林覆盖总量回升，但森林结构变化难以逆转，森林多样性减少，服务环境的能力减弱。（3）造林难度越来越大。正如第七次全国森林资源清查结果公告所指出的，“生态问题依然是制约我国可持续发展最突出的问题之一”。

中国是世界上最大的煤生产国和消费国。煤构成国内能源消耗的主要部分，也是空气污染的主要来源。到 2020 年，全国范围内 415 座大中型煤矿中有一半都面临着资源耗尽或倒闭的危机。中国的石油和天然气消耗也快速上升，到 2020 年，进口的原油比例将上升到 60%，进口天然气比例将上升到 40%②。中国 1978 年能源消耗（以标准煤计）5.71 亿吨；2004 年增长到 19.7 亿吨，成为仅次于美国的第二大能源消费国③；2008 年，中国能源消费总量进一步增加到 28.5 亿吨标准煤，占世界总消费量的 10.4%④。与此同时，中国的废水排放量和工业固体废弃物产生量也大幅增加，污染问题日益突出。

中国经济特别是制造业的快速发展及与之相关的消费方式的变革给资源环境带来了越来越大的压力，人与自然关系严峻。加快经济结构调整，重点发展低消耗、低排放产业已成当务之急。在过去相当长的一段时间内为农民提供了大量务工机会因而也为农村减贫做出了重大贡献的低端工业

① 劳伦·勃兰特、托马斯·罗斯基：《伟大的中国经济转型》，格致出版社，2009。

② 国家统计局：《中国统计年鉴》，中国统计出版社，2005。

③ 《2009 年中国能源消费结构深度研究报告》，2009。

④ 樊纲：《走向低碳发展：中国与世界——中国经济学家的建议》，中国经济出版社，2010。

制造业面临巨大发展压力。

（二）气候变化和国际气候政治

政府间气候变化专门委员会（IPCC）估计，2000～2030年，全球温室气体排放量将增长25%～90%，每隔10年全球气温将增长0.2℃。这种变化对降水时间和空间、生态系统、海岸带、作物生长等产生巨大负面影响。根据《思特恩报告》的观点，若不采取任何行动，按照目前趋势，未来50年内全球平均气温将可能增长2C°～3C°，全球平均福利将降低20%。贫穷国家受到的损失将尤其突出。①

中国是一个农业大国，农业现代化程度低，对气候和环境的依存度高。绿色和平和乐施会研究报告《气候变化与贫困——中国案例研究》指出，气候变化将导致中国东北、华北和西北地区出现明显的暖干化趋势，华中、华东和华南夏季洪涝增多，且冬季干旱加剧。相对而言，生态脆弱区对气候变化更加敏感，受气候变暖的影响更大。中国农村贫困地区与生态脆弱区高度重合，且贫困人口更加依赖于农业，更加依赖于降水等自然条件，适应气候变化的经济、技术能力更弱。因此，气候变化对贫困人口的危害更大，是新时期扶贫开发工作面临的巨大挑战。②

发展绿色经济是应对气候变化的不二法门，这已成为国际社会的广泛共识。问题是，发展绿色经济需要付出成本，但其收益具有很强的外部性。谁应该为绿色经济买单呢？什么样的全球减排方案是公平的？长期以来，世界各国特别是发达国家和发展中国家为此争吵不休，2009年哥本哈根全球气候峰会也未能就采取应对气候变化的有效行动达成一致意见。

由于碳排放总量已居于全球首位，且增幅快，中国在应对气候变化的全球气候谈判中成为国际舆论的焦点，要求中国承担更多减排责任的呼声很高，特别是西方发达国家越来越倾向于将矛头对准中国。尽管从人均排放量特别是人均历史累积量来看，中国可能还算不上碳排放大国，且中国应对减排的能力相对较弱，没有道理要求中国承担跟西方国家一样的减排责任。但毋庸置疑的是，中国只有走绿色经济和低碳发展道路，才是可持

① 许吟隆、居辉：《气候变化与贫困——中国案例研究》，绿色和平和乐施会研究报告（年份不详）。

② 靳乐山：《兼顾农村环境与贫困目标的政策工具》综述，德国国际合作机构内部研究报告，2011。

续的。不论从国际环境看，还是从国内形势看，减排已成为当务之急。因此，问题不在于是否减排，而在于如何减排，在于如何在有效推动减排的同时保持中国经济的持续较快增长，特别是保障贫困人口的发展权利和机会。

三　连片特困地区低碳扶贫的政策工具

相对于扶贫工作重点县、贫困村等公共治理单元而言，连片特困地区与气候、地理环境具有更紧密的联系。这些地区范围较大，既是经济社会发展落后地区，也是地理相连成片、自然条件相近地区，并且大多数是重要生态功能区。将连片特困地区作为新一轮扶贫攻坚主战场，为碳融资和生态环境服务价值化开辟了更加广阔的空间，低碳扶贫的政策工具较多，具体包括：[①]

（一）基于市场机制的政策工具

连片特困地区集中了我国大部分森林资源和高寒草地，地处偏远，交通不便，空气、水、土壤等方面污染相对较少。这为该类地区利用市场机制将生态环境服务转变成经济价值提供了机会。

——碳汇产业的发展。通过植树造林种草，形成森林碳汇和草原碳汇，利用碳交易市场，转变成经济收益。

——绿色农业、有机农业的发展。通过提供绿色食品、有机食品，满足高端市场需求，提高农产品附加值，形成生态服务溢价。

——生态旅游业的发展。通过提供清洁空气和生态景观，满足旅游市场生态消费需求，直接形成经济效益。

（二）基于政府财政转移支付的政策工具

生态环境服务本质上属于公共产品，归根结底要靠政府来保障其供给。除了引导建立生态环境服务价值化的市场机制外，政府还需要直接付费。

——退耕还林补贴/退牧还草补贴。由政府按照退耕退牧面积直接对农户给予补贴。

---

① 靳乐山：《兼顾农村环境与贫困目标的政策工具》综述，德国国际合作机构内部研究报告，2011。

——生态公益林补偿。由政府对承担防护林、特种用途林等公益林保护管理责任的单位或经营者、所有者进行森林生态效益补偿，用于森林资源、林木的营造、抚育、保护和管理。

——保护性耕作补贴。对农户采取秸秆覆盖留茬还田等保护性耕作方式进行补贴，达到保护农田、减少扬尘、抗旱节水、培肥地力、提高单产、降低成本等多种目的。

——农业节水补贴。对农业生产过程中使用节水灌溉设备和措施进行补贴。

——测土配方施肥补贴。政府出资测土并开展相关培训，免费向农户提供施肥配方，减少化肥使用。

——清洁能源利用补贴。对使用沼气等清洁能源的农户给予补贴。

——流域生态补偿。由中央政府或流域上下游政府主导，建立针对下游环境服务用户的收费机制，通过政府间财政转移支付的形式，对上游农户和村庄给予生态补偿。

（三）基于民间社会和国际合作的政策工具

生态环境服务是一项公益事业，其中减排、碳汇等活动所提供的是超越国界的全球性公共产品，民间社会和国际社会是扶持生态环境服务的重要力量。

——民间低碳发展基金。由社会组织或企业依托慈善资金建立针对连片特困地区生态环境服务的补偿基金，对特定项目进行补贴和扶持。

——REDD+。REDD 指“减少森林砍伐和森林退化造成的碳排放（reducing emissions from deforestation and forest degradation）”，REDD+除了包含“减少毁林和森林退化所致排放量（REDD）”外，还包括“森林碳汇保护”和“森林的可持续管理”。该项措施是指由国际社会对包括中国在内的发展中国家减少森林砍伐和退化、森林碳汇保护与可持续管理进行支持，包括提供补偿资金和开展能力建设。①

四　连片特困地区低碳扶贫政策的探索方向与重点

绿色经济和低碳发展是中国发展的必由之路。这对扶贫开发工作

① 靳乐山：《兼顾农村环境与贫困目标的政策工具》综述，德国国际合作机构内部研究报告，2011。

来说既是重大挑战，也是难得的机遇。说是挑战，是因为低碳发展意味着要限制乃至禁止一些粗放和低效率开发利用资源和环境的生产和生活方式，而这类生产和生活方式更多地与贫困地区和贫困人口联系在一起。说是机遇，是因为贫困地区多是生态环境服务丰富区或生态脆弱区，而这两类地区在低碳发展大局中均占据着特殊位置，可借以创造发展机会。

（一）生态环境服务丰富区

生态环境服务丰富区扶贫开发的关键是，建立生态和经济之间的良性互动机制。探索生态补偿机制和发展兼容生态效益及市场效益的产业是两个重点方向。

1. 探索强化生态补偿机制

从经济学的角度来看，在生态环境服务丰富区，当生态环境服务潜力与社区可预期的经济收益相关联时，当地居民才有积极性去维护乃至拓展这种潜力。显而易见，最直接的办法就是为生态环境服务潜力付费。

基于市场的环境服务交易机制（主要是碳交易机制）是长远之道。近几年，全球碳交易市场不断发展，中国境内碳交易机制的建立和运行也受到高度重视。政府已经就建立生态补偿机制制定相关政策，贫困地区被作为优先补偿区域。因此，制定与连片特困地区相关联的碳交易办法和措施，将碳交易作为扶贫开发措施的条件已经逐步成熟。当然，由于二氧化碳是一种全球性公共负产品，在建立公正有效的国际减排协作机制之前，国内碳交易市场发展空间仍然有限。因此，连片特困地区基于碳交易的减排模式短期内仍只能停留于试点和探索阶段，真正要成为一种常规化减排模式可能还需等待较长时间。

基于公共财政和公益基金的补贴制度是基础。通过市场机制为生态环境服务付费面临很多约束条件。例如，有些生态环境服务难以用市场办法计量和定价；有些生态环境服务可以计量和定价，但在市场上进行交易会导致很高的交易成本。因此，市场化的环境服务交易机制还需要非市场化的补贴制度加以支撑。具体政策工具包括还林还草补贴、生态公益林补贴、流域生态补贴、生态公益基金等。新《纲要》明确提出：“建立生态补偿机制，并重点向贫困地区倾斜。加大重点生态功能区生态补偿力度。重视贫困地区的生物多样性保护。”① 这为制定相关具体政策措施提供了依据。

2. 发展环境友好型产业，特别是兼顾生态环境服务价值的产业

生态补偿机制实质上是财富二次分配，其力度须以政府财力和企业效益为基础。随着中国经济发展水平的提高，可以预期能够用于生态补偿的资金会逐渐增多，但其总量仍然相当有限。因此，在今后 5－10 年内，生态补偿只能对生态环境服务丰富区扶贫开发工作起到辅助作用，而不可能成为脱贫的保障。这些地区仍须通过直接创造财富即通过提高初次分配收入推进减贫工作，发展环境友好型产业特别是兼顾生态环境服务价值的产业是一条值得大力探索的道路。

所谓兼顾生态环境服务价值的产业是指在兼顾生态补偿收益能力的前提下，生产具有传统市场效益的生产资料或生活资料。一方面，该产业生产具有使用价值的商品，用于农户自身消费或通过市场销售带来货币收入。另一方面，该产业具有维护或改善生态环境的功能，其对环境的贡献具有通过市场机制获得经济补偿的可能。例如，在武陵山区可与退耕还林、荒山造林相结合，发展经济林（如油茶、柑橘等），既促进环境改善，又带动脱贫致富。“十二五”期间及更长一段时期，生态环境服务丰富区应该把推进兼顾生态环境服务价值的环境友好型产业作为扶贫开发工作的一项重点任务。除了要通过建立和强化生态补偿机制提高这类产业的附加收益以外（这种收益短期内不会很高，但对农户行为仍有激励作用），主要应抓好两个环节。一是产业扶持。由政府主导，对连片特困地区中生态环境服务丰富区的特色优势产业进行规划论证，确定兼顾环境效益和经济效益的产业类型。对于这些产业，除了常规性扶持政策以外，同时要考虑生态补偿方面的政策支持工具和优惠措施，如给予技术服务和培训方面的支持，给予信贷方面的优惠措施等。二是贫困瞄准。重视这些产业与贫困户的关联度，建立健全其带动贫困户脱贫增收的利益连接机制，优先扶持发展那些能够更好地覆盖贫困人口和促进减贫进程的产业。

（二）生态环境脆弱区

生态环境脆弱区扶贫开发的关键是，开辟可缓解环境压力的可持续生计渠道，缓解乃至消除人类行为和生态环境之间的紧张。生计方式的转

---

① 《中国农村扶贫开发纲要（2011～2020 年）》，人民出版社，2011。

型，即从依赖于大量利用、损耗当地环境和资源的生计方式转变为少利用或不利用当地环境和资源的生计方式，是基本方向。

1. 移民

对于生态环境特别脆弱、人与环境的矛盾难以调和的地区来说，异地移民搬迁是重要解决办法。但是，这种办法在实际操作中面临的挑战较大，包括可持续生计、文化和社会排斥等，需要审慎运用。对于生态环境脆弱、环境承载力不足、人与环境存在紧张关系但未达到难以调和程度的地区来说，移民可以选择的具体途径更多。教育移民、转移就业移民等渐进式办法成本较低，效果较好。

2. 低碳产业发展

生态脆弱地区可以考虑发展的产业有生态农牧业、传统手工业、特色低碳加工业、文化产业、生态旅游业等。对于生态脆弱地区来说，这类产业的发展均可置于生态保护和减排的高度予以审视，进而运用生态补偿性的政策工具予以扶持，如退牧还草、退耕还林、水土保持、天然林保护、防护林体系建设、石漠化及荒漠化治理等生态修复工程补贴。

3. 公益性生态岗位设置

在全球气候变暖和国内经济实力大幅上升的大背景下，为生态脆弱区投入修复保护资金的必要性和可行性均增强。不论是公共财政资金，还是各种社会资金，不仅具有越来越强的投向生态脆弱区的意愿，而且数量不断增多。在这种情况下，生态特别脆弱的部分区域依赖当地资源环境的传统生计方式（如畜牧）能够在市场上实现的经济价值，可能越来越不及该生计方式在环境破坏方面所导致的社会成本。换言之，从全社会的总效用来说，与其让这类地区通过传统生计方式获取市场收益，还不如直接通过生态补偿方式让当地居民得到生计保障。设置公益性生态岗位是一条有效途径。具体来说，就是选择一些特别重要的生态保护区，设置专门面向当地居民的工作岗位，遵循自愿原则将当地居民转变为生态工人。凡转变为生态工人的当地居民，即放弃在其原有土地上通过传统生计方式获取市场收益的权利。但是，他们可以拥有其原有土地生态收益的一定权利。当原有土地的生态收益能够通过碳交易市场等市场机制转变为经济收益后，这种收益可以直接与生态岗位的工资挂钩。

值得注意的是，生态环境脆弱区实际上也承担着特殊的环境服务功能。对于这些地区来说，减少人类活动，减少资源和环境的开发利用，防止环境恶化，本身就是在提供公共产品和服务。生态补偿机制同样也是生态环境脆弱区扶贫的重要途径，并且可以和移民、低碳产业发展、公益生态岗位相结合。

更进一步，生态环境服务丰富区和生态环境脆弱区不是两种截然分立的地理区域，而是两种不同的生态环境属性。这两种属性并非对立关系，它们可以同时体现于一个地理区域上。实际上，国家确定的14个连片特困地区中，多数地区既是生态环境服务丰富区，也是生态环境脆弱区。这就意味着，在大多数连片特困地区，上述两大类绿色经济和低碳扶贫政策可以组合运用。

五　结语和讨论

生态环境服务的价值化是连片特困地区扶贫开发中一个特别重要的议题。选择恰当的政策工具，可以促进连片特困地区扶贫开发与生态建设相结合并形成良性互动格局，走出一条低碳扶贫道路。

对于连片特困地区来说，碳交易市场的开发利用是低碳扶贫工作的一个重点和难点。说是重点，是因为碳交易市场具有广阔发展空间。说是难点，是因为碳交易市场具有技术、资金等方面较高的门槛，连片特困地区的分散农户和小微型企业很难直接进入这个市场。为此，建议国家有关部门选择一个具有较大林业碳汇潜力的连片特困地区，开展PCDM（规划类清洁发展机制）项目试点，先行先试，探索积累经验。

——在该片区规划一片区域，引导农户改粮食作物为经济林种植，生产绿色（有机）食品。将该区域一系列减排措施（即将一批同类项目）作为一项规划方案，整体注册为一个CDM项目进行申报。在这一规划方案之下，可以通过增加不限数量的CDM规划活动（CPA），达到减排与增加碳汇的效应。其与没有该规划方案相比所产生的减排量/碳汇量在经过核证后成为可交易的CERs（经认证的减排量），进入碳交易市场。①

① 李憧熠：《整合地区资源优势　构建多元化低碳发展体系　增强应对气候变化适应能力》，德国国际合作机构内部研究报告，2011。

——中央财政扶贫专项资金提供试点资金，依托公益组织及社会企业家，组建注册一家社会企业。由该企业具体负责 PCDM 项目试点的运作。项目区农户以经济林及其种植地折资入股社会企业，成为股东。社会企业采取股份合作制，权益分配既考虑成员资格，也考虑股本大小。项目收益红利按股份进行分配。

〇社会建设、生态产业发展与产业扶贫开发模式创新对策建议报告

贵州省人大　贵州省扶贫办“社会建设与武陵山区（贵州）扶贫开发模式创新研究”联合课题组

毛刚强　王春光　孙兆霞　曾　芸*

贵州是中国扶贫攻坚的重点省份，肩负建设全国 14 个连片特殊困难区域扶贫攻坚示范区的历史重任。以社会建设打造农村产业发展的社会基础，发展生态产业，创新产业扶贫模式，彻底解决贫困问题，不仅对贵州的发展十分重要，对于整个国家的扶贫攻坚战略和农村发展战略，甚至在创新和加强社会管理领域，都具有重要的“先行先试”的意义。

一　贵州产业扶贫战略的制定需要重点考虑的五个维度

贵州新时期产业扶贫策略的制定，应该重点考虑以下五个维度。

1. 市场维度：中国的农产品市场主要是内需市场，“小生产、大流通、大市场”是农产品市场的主要格局；农产品市场竞争主要是大宗农产品方面的农户间竞争，新的产业规划应避免统货农产品竞争；中国的农产品安全问题为贵州贫困地区发展高品质农产品提供了良好的市场出口。

2. 社会维度：贫困问题首先是社会层面的问题，然后是结构层面的问题，最后才是经济层面的问题。相对被剥夺感、社会不公、机会供给不足是贫困问题成为社会问题的最主要原因。贫困问题的解决，很大程度上就

* 毛刚强，贵州民族大学社会建设与反贫困研究院研究员；王春光，中国社会科学院社会政策研究室主任、研究员，贵州民族大学贵州省 2011 民族地区社会建设与反贫困协同创新中心研究人员；孙兆霞，贵州民族大学马克思主义学院教授，贵州民族大学社会建设与反贫困研究院研究员；曾芸，贵州大学教授，贵州民族大学社会建设与反贫困研究院特聘研究员。

是和谐社会建设的成果。

3. 土地与劳动力资源维度：贵州贫困山区人均耕地少，农业生产不足以支持农户全家可持续生计，农村劳动力流动程度很高，乡村社会结构失衡，反过来又导致贫困地区土地丢荒严重，农业生产产出更低；不能流动的农民除少数精英外，多数是因各种原因不能流动而较为弱势的群体；农村“半劳力”较多的现状又不能满足规模化、农场化农业生产对产业工人的要求，新的产业扶贫项目，必须重点考虑这一现实问题。

4. 生态与环境维度：作为长江、珠江水系的重要水源涵养地，同时生态较为脆弱的贵州贫困山区农村产业的发展，既要考虑耕地保护，更需要考虑资源与环境的可持续，其产业的发展，同时亦需要和依托贵州自然景观和文化多样性的旅游发展相互支持，也要为生态文明基础上的工业化提供产业支撑。

5. 福利维度：扶贫成果当然要重视货币收入、经济层面的成长，但是，扶贫更应该考虑贫困地区及贫困人口的福利成长。扶贫是社会政策的重要内容，本身就是社会福利的体现，反过来对于福利社会的成长，应该起到直接的推动作用。福利社会强调国家与社会共同生产福利，社会应该成为福利自我生产、供给与分配的主体，社会要能同国家合作，社会能力即贫困群体自身的能力发展就显得特别重要。

二　确立生态产业作为贵州扶贫开发的战略产业

1. 中国农业产业发展和农业经营的现实问题为贵州生态产业发展提供机会

（1）中国的资本特别是大资本投向农业的很少，主要原因在于资本和分散的农户打交道，小农经济与市场、资本运营的冲突无法克服。

（2）农业生产本身的弱质性决定了农业产业发展的脆弱性，而参与成本过高与单个农户经济规模小的结构现实导致基于经济发展的农民组织化推进艰难。

（3）过往的“公司加农户”的农业产业化道路解决不了农民利益和企业利益共生的问题，也导致优质农产品品牌面临重大挑战。

（4）农业产业发展面临生产技术风险、产品生产的自然灾害风险和产品的市场风险，现有的农业生产格局很难同时解决三个风险。

2. 贵州的农业产业发展，必须走高品质农产品路线

（1）农产品质量安全问题是中国城市生活面临的重大问题，优质农产品的需求缺口大，但是中国乡村社会、经济结构导致安全优质农产品的生产面临重大挑战。

（2）发展优质高价的农产品，提升农产品的市场价值和经济价值，是贫困地区农村人口经济收入增加的主要渠道。

（3）采取“人无我有、人有我优”的优质农产品战略，避开大宗统货的农产品市场竞争领域，建立农产品市场安全机制。

3. 发展生态产业促进社区就业、提升社会公平

拓展就业渠道、扩大就业数量是贵州扶贫开发和经济发展要解决的重要问题。常规农业不能满足贵州现有的农村劳动力就业需要，生态农产品经营规模要求不能太大，一方面回应了贵州贫困地区农村劳动力和土地现实结构的问题，也是可持续山地农业的必然要求。发展生态农业相对于集约化农业而言，主要依靠劳动力投入，而且特别适合“半劳力”的就业和以户为生产单位的经营要求，可最大限度地保障产业扶贫项目的机会供给公平，同时实现劳动力和土地这两个农业生产要素的最优结合。

4. 以生态产业发展支持工业化、城镇化建设

从一个省的产业发展战略层面来发展生态产业，以一个省的力量来支持生态农业的发展，既需要省委、省政府的决心，同时更需要自然环境基础，也需要充裕的劳动力支持，贵州省恰好同时具有这三方面的条件。贵州的地形地貌与水热条件、区位特点，为生态农业的发展提供了重要的支持，也形成了独一无二的、具有发展生态产业所必需的自然条件，加上庞大的、本地就业严重不足、但同时吃苦耐劳的劳动力与需要灵活就业的“半劳力”群体，这就使得贵州的生态农业真正意义上具有成为产业的可能性。生态农业的发展与生态经济的成长，将从很大程度上带动食品加工、包装业、生物制品等行业的发展；生态农产品的销售，也将极大程度地带动物流运输、信息、市场服务等相关产业的发展。

5. 以生态产业发展促旅游开发，形成互补共生关系

生态产业发展要求小规模经营，对于贵州以农耕文化为主的民族文化而言，有重要的保护价值，反过来也支持文化多样性，对于贵州旅游业而

言，亦具有重要的支持价值。随着贵州生态产业的发展，打造生态贵州、生态生活、生态旅游品牌，结合“多彩贵州”的旅游推动，综合推进“看在贵州、玩在贵州、吃在贵州、休闲在贵州、养老在贵州”的贵州旅游品牌的打造，将文化多样性、种质资源多样性、生物多样性、地形地貌多样性、气候多样性的文化、生态、自然景观的地方资源优势充分发挥，对于贵州旅游业而言，其支持作用将更加明显。

三　创新贵州产业扶贫机制，先行先试探索产业扶贫贵州模式

1. 以社会建设解决农产品生产品质控制问题，以发展社会企业解决农产品市场出口问题

（1）以自律、互律机制建设实现产品的质量控制

通过农村社会建设，大力发展各类农村经济合作组织，支持经合组织推进成员共识，建立统一的技术标准和安全农资管理体系，建立基于生态产业发展需要的、村庄内合作为基础的、农民利益共识为前提的“自律与互律机制”，彻底解决中国农产品安全问题所面临的“相对均质化小农社会”及“小生产、大流通、大市场”的结构性困境，确保农业生产的过程得到控制，从而为生产高品质农产品打下坚实基础。

（2）支持社会企业发展，建立品牌战略打造统一的市场出口

要从全省的高度、以一省之力支持贵州的生态农业品牌建设与传播，支持成立省一级专注于生态产业扶贫的机构来管理品牌、拓展外部市场渠道，建立连锁专销系统并与大型商业企业合作共建专柜销售系统、社区销售系统等，彻底解决贵州生态产业发展的市场出路问题。充分与国家级媒体和各大商业机构合作，建设贵州生态农产品的统一市场出口并建立区别于外部普通农产品甚至是不安全农产品的识别机制。要以贵州的自然环境、多样性且环境友好型的传统农业模式，农民自律和互律机制建设以解决生产过程控制即质量控制为品牌建设和传播的主要内容，打造“贵州生产、贵州制造”的统一生态农产品品牌和识别系统。

支持各市、县建立支持当地生态产业发展的社会企业形成合作联盟，集中力量建设统一市场出口，各市县生态产业企业与农民合作组织间形成利益共生、风险共担机制，并与农民合作组织联合建立生态产业发展所需要的风险管理机制，包括年终结算返利机制、生态农业联合保险机制等。

（3）支持小农经营农户参与量的扩大实现规模化

要彻底改变过去“大户带动”、大规模土地流转的农村产业特别是产业扶贫的形式，支持以户为参与单位、村为参与界限、农户间合作为基础的村庄合作，将土地合作和劳动力合作相结合，对土地收益与经营收益进行合理划分，既确保外出务工农民的长期土地收益和将来返乡后的生计支撑，又能支持留守劳动力特别是“半劳力的”的本地充分就业和现实的利益回报，既解决了有限耕地得到充分利用的问题，又保障了农村劳动力的农业就业机会，同时也避免了大规模土地流转带来的社会稳定风险，更为重要的是，以户为单位合作发展生态农业，可以最大限度地避免生产风险。

2. 构建生产性服务公共服务支持体系及机制

在生态产业发展的农村地区，积极构建生产性公共服务体系，并建立农民为主体的服务评价机制。生产性公共服务范围包括社会性和社区性两类，内容包括科技服务、就业培训服务、信息服务、市场服务、风险防范服务、质量安全服务、金融服务、组织化建设与管理等方面。政府做好生产性公共服务是确保经济良性、可持续发展的保证。从长远来看，产业扶贫还与发展型公共服务密切相关，比如教育、医疗、就业、养老、社会组织建设、社会诚信构建以及社会参与等内容。

3. 构建专业化生态产业扶贫工作机制

（1）组织建设专业化：生态产业发展主要以农户合作为基础，党的基层组织和村民自治组织在其中应该发挥积极的作用，各类农村经济合作组织包括产业协会、农业专业合作社、农民合伙企业和社区微小企业，是支持生态产业发展的组织基础和社会基础，需要用专业的手法进行推进。

（2）工作手法专业化：支持村庄合作并协助村庄解决合作中的难题，同时要支持农民的自律与互律机制建设，支持农民合作组织和企业间形成共利共荣的合作机制，建设并监管农民公平参与机制，都需要专门的工作方法即农村社会工作与社区工作方法。

（3）项目开发专业化：新规划、开发的扶贫项目，就必须将支持生产性公共服务体系构建、农民合作能力成长支持与合作组织建设、产品的市场机制建设等进行系统考虑，扶贫项目规划的策略性与专业性等都必须有大幅度的提升。

4. 构建产业扶贫支持体系

（1）建立专门化产业扶贫与社会建设研究基地：研究基地建议设在高校，研究基地重点研究产业扶贫机制创新的理论与方法论问题、具体的方法和工具系统的开发问题、经验整理与系统化整合问题等。同时在研究和实践探索的基础上，编制扶贫开发工作指导手册、承担各类培训任务、开展各类产业扶贫项目的评估与监测等，支持产业扶贫工作向专业化、系统化、集成化的方向转化。

（2）建立培训机制和扶贫专业人才成长支持机制：在研究基地建设的基础上，建立专门的团队，针对不同群体开发专门的课程系统，建立培训师资队伍。除培训外，同时，亦需要建立支持基层社会建设与生态产业扶贫的专业人才培养模式和地方创新激励机制，建立“贵州模式”点面结合的经验与模式支持系统。

四　以社会建设促贵州产业扶贫的具体措施

1. 统一规划，建设贵州生态农产品品牌的统一市场出口

全省生态产业发展一盘棋，要从省一级层面进行全面的规划，形成多样化产品序列，并要用打造“多彩贵州”品牌一样的力度，甚至更大的力度来打造贵州生态农产品品牌，通过品牌运营整合贵州各地的生态农产品，建立较为统一的市场出口，可以最大限度地保障贵州生态产业发展的市场安全。各市、县成立专业的扶贫公司，以社会企业的方式进行运转，主要解决农村生态产业发展的市场问题。各市、县的专业扶贫公司在全省生态产业发展总体规划下，与各基层政权和各地的农民经济组织进行合作：基层政权和农民经济合作组织（包括各类扶贫社会组织的参与）根据合作协议内容解决农产品的生产组织问题；生产过程控制即品质控制问题，扶贫公司专门负责市场开发及与其他企业的合作问题。

2. 建立农村精英可服务于扶贫开发的项目机制

生态农业产业的发展，需要管理、协调、技术服务、过程监督等一系列人才，这些人才不可能完全从外面来。到目前为止，乡村也无法提供外部管理精英、技术精英的工作岗位，农村精英群体在生态农业产业中发挥的作用就显得至关重要。在以扩大贫困农民参与实现规划的前提下，生态产业扶贫开发项目的设计与具体的运行机制中，要充分考虑支持乡村精英

在其中的技术能力、管理及协调能力的发挥，支持精英群众在服务过程中得到收益，在乡村产业发展所带来的经济增量中实现其利益目标。这样既能解决精英群体在农村生态产业发展过程中的收益保障问题，同时也能最大限度地确保其知识与能力禀赋为地方产业发展服务。

3. 新的扶贫开发项目设计重点为支持贫困人群的能力成长

发展生态产业支持全省的扶贫开发工作，需要彻底转变过去产业发展只重硬件投入生产和补贴的思路，将贫困村庄扶贫开发的工作重点放在贫困人群的能力成长方面。这既是对农民主体性成长的支持，同时也是回应贫困地区生产性公共服务严重不足的策略选择。

贫困农村地区扶贫开发的可持续推进及扶贫开发成果的可持续成长，在于贫困村庄、贫困人群的自我发展能力的可持续提升；以组织化、合作程度提升作为乡村能力系统成长核心。村庄可持续发展能力系统需要以外部资源投入作为杠杆，把村庄视为整体单位，以农民自我成长为主要目标，通过软投入和机制建设，撬动村庄的合作能力，使得村庄可以整合自身资源共同发展。

4. 创建贵州社会建设研究院，建立智力支持系统

成立专门的扶贫开发与社会建设研究基地（课题组建议命名为“贵州社会建设研究院”），研究院将主要支持各地的扶贫开发工作向专业化、系统化、集成化的方向转化，其经验还将支持城市社区建设与社会管理创新的研究工作。以研究院的工作为基础，形成贵州基层社会建设与生态产业扶贫人才培养模式和地方创新激励机制，建立“贵州模式”点面结合的经验与模式支持系统。组建专家团队，建设专门培训基地，建设“服务学习”、“行动研究”等人才成长支持机制，大量培养经济发展与社会建设协调并举所需要的基层人才，包括基层干部、“一村一名大学生村官”、社会工作机构人员、村支两委负责人等。

5. 引入反贫困社会工作机构参与扶贫开发，建立生态产业扶贫开发试验区

建议以政府购买服务的方式，引入专业农村社会工作机构和专业性扶贫机构，和各地方政府合作，建立贵州生态产业发展推进产业扶贫的试验区。

（1）“环梵净山发展生态旅游产品的产业扶贫试验区”。将当地生态旅

游发展、社区发展与环境保护相结合，通过发展生态产业，生产高品质旅游食品的方式，建立农民合作进入旅游产品市场的发展模式。

（2）“道真县生态农业发展试验区”。以重庆市场为出口，发展该县的餐桌产业，支持村庄合作和社会企业对接，地方基层政府和村庄经济组织合作解决生态农业的生产组织与质量控制问题；与社会企业合作，由社会企业解决当地生态农产品的市场终端网络建设问题，建立风险共担、收益共享的市场机制。社会企业除通过合理分配终端环节的利润利益外，还应将剩余收益的大部分反过来支持当地贫困人群的福利，从而更大程度地支持其公益目标。

（3）在武陵山区每个县以一个乡镇建立示范区。在各县建立乡镇级试验区，为各县建立可学习、可借鉴的生产业扶贫发展模式。同时，建立各乡镇级试验区共同参与的成长支持网络，支持各试验区干部群众相互间的经验学习和能力的共同成长，将各地的经验逐步整合进“贵州模式”系统。

○构筑发展的社会基础

——武陵山区(贵州)扶贫开发与社会建设调研项目的发现与思考

武陵山区（贵州）扶贫开发与社会建设调研课题组

孙兆霞　王春光　毛刚强　曾　芸*

一　课题简介

我国集中连片特殊困难地区约占国土面积的三分之一，区域内活动人口约占全国人口的五分之一。贵州地处全国14个连片特殊困难地区中的武陵山区、乌蒙山区、滇黔桂石漠化地区，贫困县数和发生率两项指标均为全国第一。率先在武陵山区（贵州）实施扶贫开发先行先试国家重大战略，不仅是一种机遇，更是一种责任。为此，2011年6月，贵州省委统战部牵头，由中国社会科学院社会政策研究中心、贵州民族大学、贵州大学、中山大学等研究机构和高校专家20余人组织成立了“武陵山区（贵州）扶贫开发与社会建设协调发展”课题组。

2011年7~9月，课题组联合铜仁学院，赴铜仁市（现为碧江区）、松桃、沿河、江口，从地区、县、乡镇、村、农户五个层次展开了质性调查，共计召开150余次座谈会，个别访谈50余人次；对松桃县级层面和6个乡镇的22个村、2个城市社区进行抽样调查。2011年10月，课题组与陆学艺先生联合发起，在贵阳召开“中国农村社会管理暨武陵山区（贵州）扶贫开发与社会建设协调发展学术研讨会”，对课题研究报告的基本内容进行了专题研讨。

---

* 孙兆霞，贵州民族大学马克思主义学院教授，贵州民族大学社会建设与反贫困研究院研究员；王春光，中国社会科学院社会政策研究室主任、研究员，贵州民族大学贵州省2011民族地区社会建设与反贫困协同创新中心研究人员；毛刚强，贵州民族大学社会建设与反贫困研究院研究员；曾芸，贵州大学教授，贵州民族大学社会建设与反贫困研究院特聘研究员。

2012年年初，国发〔2012〕2号文件将贵州确定为全国14个连片特殊困难地区扶贫攻坚示范区。为使武陵山区（贵州）扶贫开发研究从发现问题到提出解决问题的方案转化，从理论研究向汲取实践智慧、校正政策目标，探索创新模式转化，贵州省人大农委、贵州省扶贫办搭建平台，聘请上一课题组研究人员，就"社会建设与武陵山区（贵州）扶贫开发模式创新"进行深入调研。2012年5月，此课题被补列为2012年贵州省委重大问题调研课题。

2012年5月，课题组在道真、务川、印江、湄潭4个县的8个乡镇、18个村、30多个考察点，通过座谈会、个别访谈、收集资料、现场考察等方式，对县、乡镇、村三级领导、职能部门负责人、村民、返乡创业者、外来投资者、科技人员、挂职干部等约200人次进行访谈，与300余名干部、群众、科技人员进行座谈。10月，写出结题报告《构筑发展的社会基础——贵州扶贫开发模式创新研究》等三个报告。2012年12月，课题组在参加贵州省预防和惩治腐败办公室召开的专家调研会后，向相关部门提交了"扶贫开发是我省惩防腐败体系建设应该关注的重大新领域与重大新问题"专题报告。

针对第一个课题提交的3份报告，2011年12月，时任中央统战部部长的杜青林同志和时任贵州省委书记的栗战书同志均作出重要批示；2012年12月，针对第二个课题提交的3份报告，我国著名社会学家陆学艺先生写出推荐意见，2013年5月，贵州省委政策研究室请7位专家评审第二个课题的研究报告。以上领导和专家的批示及意见均认为课题研究将扶贫与社会建设相结合，立意深远，很有价值，应作为我国扶贫开发工作的重要参考材料。2013年2月，《扶贫开发是当前惩防腐败应重点关注的领域》被《中国社会科学院要报》和《中国社会科学院（要报）研究报告》同时刊载，后又被《中国党政干部论坛》刊用。

本报告即是在以上调研报告基础上形成的经验综合报告。

二　为什么要将扶贫开发与社会建设放在一起研究

中国国家战略新定位包含的新机遇与扶贫开发内在张力潜藏的新挑战。

（一）国家战略的新定位

（1）扶贫开发先行先试

贵州是中国农村贫困面最大、贫困程度最深、贫困人口最多的省份。

按照2300元的新扶贫标准，贵州农村扶贫对象达到1149万人，占农村户籍人口的33.4%。在全国14个连片特困地区中，武陵山片区、乌蒙山片区、滇桂黔石漠化片区三大片区在贵州覆盖了80.3%的国土面积，涉及65个县，占全国总数的12.9%。

武陵山区作为集中连片特困地区之一，搞好扶贫攻坚，不仅对加快解决武陵山区自身的脱贫致富具有意义，而且对其他连片特困地区扶贫攻坚具有重要的示范作用。贵州已经历史性地成为国家新一轮扶贫攻坚示范区的重中之重，这对于贵州无疑是一次难得的历史性发展机遇。

（2）国家发展进入社会建设和社会管理创新阶段

自20世纪90年代中后期以来，我国的经济结构达到了工业社会中期阶段的水平，但是社会矛盾、社会冲突、社会问题却日渐突出。为了在经济持续增长的同时，消解这些社会矛盾，使经济社会协调发展，党的十七大报告在实现社会主义现代化的三位一体格局中加入了社会建设，使三位一体发展成为包括社会建设在内的四位一体，标志着中国进入了社会建设的新阶段。

（二）扶贫开发的内在张力

从社会学的角度看，贫困是一个复杂的社会现象，它集中体现了当时当地社会发展的特点。因此，从社会政策角度出发的反贫困概念强调以贫困地区为主体的社会发展能力的提升；而扶贫开发则是一个主要以经济发展为诉求的概念，它把贫困地区作为客体，强调以外部的力量提升当地的经济水平。扶贫开发既是一个经济范畴，同时又是一个以社会诉求为标靶的政治范畴，特别在当下及今后一段时期，扶贫开发的主要形式被定位为产业扶贫的前提下，“扶贫”与“开发”的内在张力更为紧张。

（1）连片特殊困难地区的产业扶贫，从经济运行方面看，把“连片”“产业”作为关键词，就意味着主要是在第一产业的产业链低端开展扶贫开发，首先即是生产要素的集中聚集及其重新配置；同时意味着一方面是土地、劳动力资源的重新组合，另一方面，如此重新组合的撬动之力来自于政府的资源行动，从而“配置”出了怎样的“生产方式”。在此，表面上的“经济”范畴深入到了“经济”赖以存在的“社会”基础范畴，同时，由于政府的主导作用，也上升为“政治”范畴。

（2）中国区域经济平衡发展内在需求带来的新机遇与特殊困难区域经

济社会两条腿都短的现实给扶贫开发带来的新挑战

改革开放30多年，我国经济建设取得了很大成绩。但随着世界经济形势的变化，无论是站在国家层面要求区域协调发展的政治诉求，还是市场经济规律的内在要求，第二产业及相关要素从东部沿海向中、西部转移，已经成为经济结构地域性调整的战略选择。这无疑给缺乏经济起飞要素和动力的西部地区经济发展带来历史性的新机遇。但西部地区经济社会两条腿都短的现实要求在实施扶贫开发国家战略时，还得更为关注区域间发展不平衡对区域发展的影响，特别是时空立体结构的不同，否则，在时空结构已经发生重大变化的情况下，不考虑前提性的变化，照搬东部发展经验，将会使西部地区的发展欲速则不达。具体而言，有三方面的因素需要特别重视。

第一，农村社区社会公共性坍塌严重，很大程度上削弱了经济发展的社会基础。由于历史、地理、自然、社会诸多因素的影响，经过30多年的改革开放，我国东西部发展差异拉大，西部地区当下已经丧失了20世纪80～90年代东部地区农村经济发展的公共性较强的社会基础。突出表现在：一方面，农村人口进入产业发展领域的同步起步条件已经丧失，农户间无论是物质资料的占有还是主观上农村人口市场经济能力的储备，实际上已经存在巨大差距。有研究成果显示，农村内部贫富差距已达10倍。[①]农村中的“能人”获取资源的能力和路径已经让“同村”“同乡”农民只能望其项背。另一方面，社会诚信体系的坍塌，也使“诚实劳动”的成本过高，初级农产品生产加工中劣质产品的大量存在，表明市场资源配置机制在农村地区当下结构环境中受到严重扭曲。因此，如果说20世纪80～90年代东中部地区较为公平、合理的市场竞争机制对农村产业转型和经济提升中社会合作、社会诚信、社会经济秩序的规范形成，起到一种经济推动作用的话，在当下，扭曲的“市场”配置资源的潜规则，则使西部地区农村社会产业转型中经济资源的获得，成为利益博弈的角斗场，健康、积极的竞争环境已经被较为复杂的资源获取方式所取代，产业发展的社会基础不再牢固。

① 2012年8月21日，由华中师范大学中国农村研究院发布的《中国农民经济状况报告》，将农户家庭收入由高到低递减排序，收入最高的20%样本农户与收入最低的20%样本农户的差距有10倍之多。

第二，“强政府”“弱社会”格局可能向不利于发展目标的方向转化。在东西部发展差距、城乡差距、贫富差距仍在扩大的背景下，“资本”的逻辑往往在“产业转移”的标靶瞄准资源富集地时，“假借”市场的逻辑，真正搭上“西部大开发政府配置资源”的“便车”，在满足地方政府 GDP 政绩目标的遮蔽中，向产业化资源开发的低端“挺进”，直接获取资源性开发的暴利。如此的“发展”逻辑，一方面，会掏空西部特色生态产业可持续发展的社会根基，压抑西部资源型产业发展的社会性成长，导致发展目标最终向少数资本持有者偏移。另一方面，会扭曲市场经济公平秩序的原则，无益于资本拓展特有的市场经济活力在产业高端发挥其主力军作用。

第三，工业化、城镇化、农业现代化的任务或目标要求较高，而现实中实现三化同步的社会基础相对太弱。西部丰富的自然资源、文化资源转化为社会资本的空间虽然庞大，但与工业化、城镇化、农业现代化的衔接程度不高。新型工业化，要将农业现代化作为基础，而不是像早期工业化那样可以建立在简单自然资源开采、挖掘的基础之上，因此它需要以优势资源和生产资料的在地化配置为基础，从而形成良好的资源配置结构，但西部地区的农业现代化和初级加工业，还不能为新型工业化提供如此的条件；城镇化亦然，如果没有内生性的聚集需求，仅靠外部一厢情愿地“推动”，缺乏根基。也即刘易斯拐点的工业化、城镇化基础，在我国西部地区社会转型的当下，远远没有形成。由于国情和时代背景的不同，当下中国连片特殊困难地区的工业化、城镇化、农业现代化与欧美国家早期工业化、城市化相比，甚至与我国东部发达地区相比，可能是两种完全不同的运行机理，这无疑是一种更为严峻的挑战。

以上三方面的现实，要求扶贫开发国家战略的实施，必须将经济发展与社会建设进行同构性考虑。

（三）以经济发展的社会基础实况调查为切入点寻找经济发展与反贫困的交集，凸显特殊连片困难地区扶贫开发的突破口

1. 产业扶贫与区域经济发展关系的逻辑梳理

第一，产业扶贫的体制、机制支持系统状况。我国无论是既往的扶贫计划，还是 2011 ~ 2020 年新的扶贫规划，以及与之相配套的区域性、县域层面的细分规划，均是以产业布局和基础设施建设为主要内容的规划，

“项目”分布、整合是其主要特点。但这些项目如何落地；需要什么样的体制、机制实施操作；项目实施前后对当地的社会、经济影响评估怎样内在于项目实施的具体环节等“软配套”问题，却一直缺位或空白。

第二，“经济目标”压力下产业扶贫内在张力的平衡问题。用整村推进的手段，在连片特殊困难地区集群式发起扶贫攻坚的突破口，便是产业扶贫，以此打造优势产业和可持续致富发展战略。为此，贵州以核桃、茶叶、草地生态畜牧业等十大产业为名片，实现产业扶贫。仅核桃一项，预计到2015年发展到1500万亩，2018年达1800万亩。这意味着一方面是国家大量投入扶贫资金，另一方面是贵州贫困地区大量土地资源、劳动力资源的整合。产业扶贫牵涉如此大规模的资源配置，主要由当地政府来完成，在经济“发展”至上的目标牵引下，政府扶贫工作极易被经济“发展”工作所遮蔽。

在西部农村社会空壳化基础上进行产业扶贫，客观上内部劳动力、技术、社会合作等内生性资源的相对不足，必然给政府主导的“产业扶贫”造成巨大压力，而“地域性”扶贫目标，使“地域”概念对“贫困人群”概念的遮蔽成为必然，进而使扶贫资源投向“资本”持有者，投向外来或者本地“能人”“强人”，这是否会形成扶贫工作中“政绩”与“目标”在起点上便分道扬镳的态势，从而导致特有的社会矛盾和社会问题在此“经济发展”方式的运行下滋生？

第三，产业扶贫与三化同步的关系及战略影响问题。在西部地区已有的城乡二元结构，甚至东西部区域发展差距参照系映射中更大范围的城乡二元结构背景下，扶贫开发的战略如何与三化同步战略相衔接，亦是极为现实的问题。在西部地区，扶贫开发针对区域与其他区域的发展从目标设置到资源供给，再到发展方式上应有所不同，但事实上会不会将二者混为一谈，造成互相遮蔽。例如，缺乏内生性资源和内生性需求的城镇化、缺乏当地产业基础的工业化、缺乏产业化基础的农业现代化，在“三化同步”战略中就存在如何与扶贫开发的国家战略相协调的问题。而扶贫开发从“整村推进”到区域性的连片实施，意味着国家战略的指向是区域性的、规模性的、结构性的。但也正因为如此的“大手笔”一旦实施，其结果也是不可逆转的。它同时意味着产业扶贫将会对未来中国区域经济结构、社会结构产生决定性的影响，而这些结构是否合理，不但关乎扶贫开发国家战略目标能否实现，而且关乎中国的未来命运。

2. 社会建设概念与经济发展的社会基础

什么是社会建设？陆学艺学术团队经过长期理论研究和实践探索，概括出“社会建设”的定义，即“社会建设是根据社会发展规律，有组织、有规划、有目的的行动。动态上，它是提升社会全体成员的共同福祉，促进社会结构合理化，实现现代化的过程”。照此定义，产业扶贫中社会建设包含了以下几个功能。

第一，社会建设可以为扶贫开发提供产业发展的社会基础。首先，社会建设就是扶贫开发要达到的目的和题中之意，否则，产业扶贫的合法性会遭到怀疑。其次，社会建设可以有效动员贫困人群、其他社会力量，特别是留守村庄的“半劳动力”参与到扶贫开发之中，形成强有力的社会合作，产生巨大的合力，可以使有限的扶贫资源产生几何级数的倍增效益。

第二，社会建设可以在产业扶贫中直接支持贫困群体自身发展能力的成长，即通过村庄为单位的能力成长支持系统的社会建设，推进农村社区的能力成长：（1）村庄合作与组织、协调管理能力；（2）村庄公共生活营造、文化生活的自我供给能力等文化能力；（3）社区互助机制，初级保障机制等福利能力；（4）技术、信息、市场、生产质量自我控制的市场能力；（5）村庄资源的整合，基础设施支持等基础支持能力；（6）可持续资源利用能力、生活环境与卫生的自我改善能力等环境能力。

第三，社会建设可以直接为农村产业发展提供社会组织方面的支持。通过村庄组织化建设农村产业发展的支撑点在于解决农民的参与动力（参与收益）、参与门槛、实质参与和有效参与等方面的问题，以实现产业扶贫的经济发展目标。

第四，社会建设通过村庄公共性建设与政府推动和主导的生产性公共服务体系建设相结合，从根本上奠定农业产业化的社会基础。社会建设本质上是建设社会现代化，公共性是社会现代化建设的重要内涵。通过社会建设，也是在农业现代化与社会现代化的同构性建设过程中实现产业扶贫的社会发展目标。与此同时，连片特殊困难地区的三化同步战略才能真正实现。

以上这些问题意识和理论讨论虽然有历史性与现实性的依据，也有逻辑一致性的贯通，但鲜活的问题及解决方案只能到实际中去把握，也即到正在实施着的产业扶贫的一线去调查，弄清政府怎样行政、作为扶贫目标的社会主体怎样参与，在产业扶贫实践中，从政府行为到社会参与这两个视角去考察对以上问题的回应，并做出理性的总结。

三　武陵山区（贵州）扶贫开发存在的主要问题凸显出社会建设的缺位

1. 扶贫开发面临严峻的社会现实问题

在城乡差距和地区差距扩大的背景下，武陵山区农村的社会基础逐渐消解，增大了扶贫开发和减贫面临的社会难度。那里面临的是"农民真老、农村真散、农业真脆弱"新三农问题：青壮年劳动力纷纷外出务工经商，农村剩下的是老人和孩子；随着人口的流动，农村离婚率急剧上升，出现一批30岁以上的离婚光棍；社区凝聚力大幅下降，农户间合作不够，社会参与不足；农业产业化水平很低，其弱势地位依旧；农村缺少专业化的社会管理和公共服务人才。在这种情况下，农村很难形成合作力量参与到扶贫开发之中，甚至缺乏能带领大家脱贫致富的能人。

2. 扶贫开发忽略社会目标，有效性与可持续性缺乏保障

过往的扶贫开发目标往往只注重经济目标而忽略社会目标、只注重货币收入的增加而忽略农村福利的供给、过于注重经济总量增长而忽略社会成员的共享机制、只注重产业发展而较忽视相关支持系统建设，从而大大减扣了扶贫开发工作的有效性与可持续性。

武陵山区的矿产、农业、旅游、物种资源等扶贫开发项目，引进了一些区外资本进行开发，结果有不少企业赚取了丰厚的利润，而给当地留下生态环境恶化、农民失地等问题，政府也没有获得预期的财政和社会效益，甚至还让当地社会陷入了纷争和冲突，直接影响了当地社会的稳定和发展。

3. 扶贫开发策略与路径偏差导致政治和文化风险

在扶贫开发中，产业发展模式完全由政府主导，产业发展规划中的行动模式单一，往往过多使用"引入资本和企业""能人带动""扶持大户"等手段。这样的格局往往导致：（1）资源分配的透明性差；（2）贫困人群的参与空间非常有限，农村能人与基层政权及扶贫部门间的合谋态势加

剧，增加基层部门权力寻租的空间；（3）贫困问题转化为公平问题、贫困群体与权力部门的矛盾转化为国家与社会的矛盾问题；（4）传统民族文化面临湮灭与消解的风险，特别反映在大肆兴起的以资本为主导的乡村旅游开发之中，这隐藏着巨大的不公平性和不可持续发展问题。

贫困地区由于货币支付能力弱、公共品供给和市场服务相对短缺，贫困群体受教育程度低、个体发展能力较弱，从扶贫开发的角度讲，更需要通过社会建设方式增强村庄公共性，以村庄合作、村庄公共参与等方式促进村庄福利的自我生产和合作发展能力的提升。

四 武陵山区（贵州）产业扶贫存在的主要问题表征出社会建设是产业扶贫的基础

在调查中我们发现，当前武陵山区（贵州）的产业扶贫工作面临的问题主要有：扶贫项目的实施效率与收效偏低；土地大规模流转使农户土地经营收益权得不到有效保护；产业扶贫呈现过度的行政路径依赖等。通过对以往扶贫开发战略实施情况的分析，我们发现上述问题的根源不在于产业上，而在于与产业有关的社会建设缺位方面。

第一，项目实施缺乏生产性公共服务体系保障和社会合作的制度安排。产业扶贫过多地看重项目的引进和实施，但是支撑产业发展的不仅仅取决于资源的投入，而更重要的是能从技术、质量、市场开拓上建构成一个强大的支撑体系。从武陵山区的资源禀赋来看，小农生产、劳动力素质相对较低、生产性公共服务缺乏、社会合作机制薄弱，已经严重地制约了农业产业化和非农产业的发展。这就需要政府从社会建设的角度注重生产性公共服务和社会合作的制度建设。

第二，产业扶贫的“圈地运动”加深社会分化、削弱了经济发展的社会基础。在以往的扶贫开发过程中，简单地把产业规模化理解为生产形式的规模化，土地流转到龙头企业或大户手中进行规模化经营，并将此作为产业扶贫的首选方式；而“剥夺”小农家庭的土地经营权和合理收益权，加大了农村内部的贫富差距，摧毁了农民公共性生活的经济基础和社会基础。

土地流转给大户后，农村劳动力与土地的关系发生了根本性变化，即从过去自主经营安排生产、有保障的在地就业状态，进入给别人打工的被动状态；而按日计价的打工方式，又往往会拒绝“半劳力”，从而“剥夺”了留守农民自主性的“在地就业”权利。

产业扶贫项目鼓励农民工返乡大规模承包土地搞产业化经营，但是在得不到相应的生产性公共服务和市场服务的情况下，项目多数失败，创业群体重新返贫，反而减弱了乡村的经济活力。对于大多数在外打工的劳动力而言，因市民化过程缓慢，成本太高，往往最后只能返乡，但是返乡时原有的土地等生产资料已经丧失，自身又存在技能、市场、管理等方面的能力缺陷，他们往往面临返乡即“失业”的危险。两头挤压而使他们落入走投无路的境况，这势必造成巨大的社会风险。

第三，基层政府对扶贫开发国家战略缺乏全局意识和专业手段。整村推进、产业扶贫、“四帮四促”等扶贫工作，资源渠道在乡镇之外，从中央到地方各职能部门多管齐下，却互不关联。关键是无论从扶贫规划还是从工作措施上，只注重资金、项目的“硬”投入，不注重落地机制与当地目标人口和社会的“软”对接。

从观念和意识上，县、乡镇两级党政对产业发展的社会基础缺乏认识，往往将产业发展指向的GDP政绩目标遮蔽扶贫目标；同时，缺乏扶贫开发的工作手法和工具手段，导致扶贫工作的专业性严重不足。

“政府主导”不断强化为对“资本”和“能人”的路径依赖，使贫困人口在丧失参与项目机会的同时，也丧失能力提升的机会，反过来，更为强化政府对“资本”的迷信。如此循环，不但产业扶贫指向的区域经济发展目标难以实现，甚至有可能将贫困问题转化为国家与贫困群体的矛盾问题，形成难以逆转的结构性经济、社会难题。

第四，社会福利资源配置并未有效地带动社会能力的成长。长期以来，忽视了扶贫资源作为发展型社会福利对于社会能力的建设作用。我们的调查表明，现有福利资源配置不仅存在不足，而且也不合理，存在“向上集中”的问题，即县、乡镇、村三级，福利资源的投入依次大幅减少，到行政村一级，公共服务资源非常欠缺。

其后果是：一方面，教育和医疗服务的不足将直接影响农村人力资源的质量，造成农民自我发展的个人能力不足；另一方面，由于在村庄内无法满足最基本的生存需要，很多农民为了子女上学和获得必要的医疗服务等，不得不离开村庄，进一步造成了村庄的空壳化，造成了村庄本身发展能力的不足。如果不解决现有的福利资源配置问题，无论农民个人还是村庄，都将缺乏自我发展的基本能力，任何的扶贫开发项目都因此而成为无本之木。

综上所述，面对武陵山区“农民真老，农村真散，农业真脆弱”的新三农问题，在政府主推的产业扶贫中，在资源配置上，不但没有增加农民的发展资源，为产业经营提供生产性公共服务，反而剥夺了他们对土地资源经营的收益权和扶贫开发的公共资源资助；不但没有加强社会的凝聚力，反而釜底抽薪，使农户在失去土地经营权的同时，也失去社会性生产合作的经济基础；不但没有在农业种（养）植业低端建立起农民的产业化社会基础，反而将更适合在产业链高端进行农产品深加工、高科技研发和市场开拓的龙头企业、大户等引向了产业链低端，形成与民争利的格局。因此，产业扶贫要走出目前的困境，打破恶性循环，就需要政府主导，重构产业发展的社会基础，通过社会建设，达到产业扶贫的目的，并进一步实现发展的普惠和社会的和谐，实现分享共荣、脱贫致富。

让我们欣喜的是，在武陵山区扶贫开发的一些地方实践中，我们还找到了一些有价值的地方经验和发展智慧。

1. 政府确立合理、有效的组织角色是产业扶贫开发成功的关键

第一，政府提供必要的资源和服务，促进社会合作与自我发展能力。例如，在道真县隆兴镇“自管委”形成后，乡镇党政随即意识到，这是农村基层社会通过自我组织来推动社会自我管理、自我服务、自我提高的有生命力的村庄合作模式，因此在全乡镇大力推广。

第二，地方政府已经对“强人控制”的合作社与“利益共享”的合作社两者的根本区别及其产生的不同后果有了深刻的认识。如印江县将洋溪镇茶产业合作社的“利益共享”经验推荐到全省茶产业大会上作经验交流，充分显示出县、乡党政对发展模式探索中有价值的实践认知的敏锐和深刻。

第三，政府扶贫资源的整合与模式创新。如道真县隆兴镇集团帮扶养鹅项目，印江模式等政府配置资源、整合资源的案例，均反映出集中资源办大事的政府能量和特定的制度优势。这为政府主导的扶贫开发与社会建设模式创新的可能性与可行性，同样奠定了坚实的基础。

2. 形成利益共享的合作机制是产业扶贫得以持续的社会基础

在产业扶贫开发调研中发现，一些有价值的“社会合作”案例或“经

验”，与“大户带动”模式的区别，就在于其通过资源捆绑达到利益捆绑。通过政府资源撬动的媒介方式，将市场与脱贫的张力问题，在社会合作的平台上得到无缝对接；通过社会合作把市场的“恶”规避，给贫困地区分散化的劳动力的“弱”注力。一些合作社随着产业升级的需要，逐渐从种养殖等生产领域向加工、销售等环节延伸。并且，出现两种较为成功的合作组织方式：一种是把整个“生产—加工—销售”链的不同环节的单位纳入合作社。例如，务川县山羊合作社纳入了生产和销售合作社、饲料公司、种羊场和兽药销售企业等。另一种是通过专业市场连接产业链。例如，湄潭县已建立23个规范的茶青交易市场，在实践中形成产业自主分工。无论哪种形式的产业纵向一体化生产组织，都发挥着连接利益共同体的作用，为产业发展奠定了坚实的基础。

这些“经验”，彰显出扶贫开发必须以社会建设为基础的客观要求，为扶贫模式创新提供了来自实践一线的经验与教训。但是，由于这些经验多是实践中的“灵光一现”，尚未在体制、机制等方面形成发展导向，使得很多经验、智慧难以常态化、系统化、制度化地发挥作用。

五 武陵山区（贵州）扶贫对策建议

随着我国经济现代化的快速推进，经济结构发生了深刻的变化，社会正在经历急剧转型，对建设现代化社会的要求越来越迫切。然而，我们面临的现实是我国经济建设与社会建设不平衡、不协调，社会建设远远落后于经济建设，尤其是在武陵山区经济建设与社会建设均相对落后的情况下，在以扶贫开发为助推器加快地区发展的过程中，加快社会建设，打牢经济发展的社会基础，推进经济社会协调发展，已成为当地的急迫任务。为此，我们对武陵山区（贵州）的产业扶贫提出以下建议。

（一）将发展生态产业确立为产业扶贫的基本战略

1. 发展生态产业，劣势条件将转化为优势资源。贵州山地农业加上较为突出的生物多样性、地形地貌多样性、气候多样性，是生态农业发展的重要基础。

2. 以差异化战略发展中高端农产品，避开大宗统货农产品竞争，建立贵州农村产业发展的安全市场环境和安全市场体系。

3. 发展生态产业，最大限度地实现贫困山区劳动力与土地资源的有效结合。以农户为单位，小规模经营的生态农业经营模式，可以最大限度实现农村劳动力在地就业，创造农村“半劳力”及妇女群体的就业机会，回应青壮年劳动力大量流动的农村劳动力现状，同时实现发展机会公平分享的社会政策目标。

（二）以社会建设构建农村产业发展的社会基础

1. 产业扶贫项目中设立专门资金，支持农村合作组织建设。要在新的产业扶贫项目中设置专项资金，专门支持农村合作组织建设。通过大力发展农村合作组织，支持农户积极参与，以户数扩大的形式实现产业所需要的规模化，支持农村合作组织开展“自律与互律机制建设”，解决生态农业的生产过程控制问题，以满足生态农产品的品质要求。

2. 社会建设以“村”作为基本建设单位。以村为主要参与界限的社会建设，村民的参与成本小、参与门槛低、参与行动预期明确，在村庄内推动社会建设，支持贫困山区农村社区在合作能力发展的基础上，具备基本的市场能力、技术能力、环境能力、村庄福利生产与供给能力以及可持续发展能力，既为产业发展提供社会基础，同时实现扶贫开发的社会目标。

3. 分类支持农村各种经济合作组织。农村经济合作组织主要包括产业协会、专业合作社、小型合伙企业等，产业协会是主要负责技术服务的生产组织，合作社主要开展经营活动及与其他市场组织的对接，小型合伙企业主要开展特色农产品加工和本地市场的开拓。农村不同的经济合作组织、组织形式和决策机制的差异较大，在农村产业发展过程中扮演的角色和承担的任务也有很大不同。不同的经济合作组织需要以不同的支持策略跟进。

（三）建设贵州产业扶贫模式创新的四个支持体系

1. 建立专门研究基地。整合省内外专家学者及有实践经验的研究人员，建立专门的研究队伍，总结各地产业扶贫实践经验，进行理论创新研究、探索专业性工具和方法论系统的形成和应用机制，为贵州省扶贫开发模式创新提供智力和技术支持。

2. 建设一支扶贫开发专业人才队伍。贵州产业扶贫模式创新有较强的专业性，包括项目规划、监测、评估与反馈，社会组织发展与支持，农民“自律与互律机制建设”，村庄能力系统建设等，都需要专门的农村社会工作和社区工作方法，亦需要一支专业队伍开展相关工作。专业队伍的建设可以考虑：（1）对现有政府相关人员及西部计划志愿者、大学生村官等进行培训；（2）对省属各高校的社会工作、农村区域发展等专业大学生进行实践培训；（3）支持专业性反贫困及农村社会工作机构的成长及支持其参与扶贫开发工作。

3. 建立和完善支持产业扶贫的生产性公共服务体系。建立完善的生产性公共服务体系，特别是生态产业发展的技术支持体系、农产品生产的预警机制、农资安全监控体系、生态产业发展的技术标准体系等，是贵州扶贫开发模式创新的重要内容，也是产业发展的基本支撑。

4. 建立省级支持平台，支持贵州产业扶贫市场网络体系发展。在农民“自律与互律机制”建设解决农产品质量生产过程控制的基础上，从全省的角度出发，借鉴“多彩贵州”品牌运营模式，着力打造“贵州生产、贵州制造”的高品质农产品形象；建设省一级市场支持平台，支持相关企业、不同区域的生态农产品组团建立省外销售网络，打造生态产业的安全市场环境，从而彻底解决制约贫困地区产业发展的市场瓶颈问题。

参考文献

布莱恩·巴里：《正义诸理论》，吉林人民出版社，2004。

黄宗智：《中国的隐性农业革命》，法律出版社，2010。

陆学艺：《社会建设论》，社会科学文献出版社，2012。

Len Doyal & Ian Gough：《人类需求》，（台湾）洪叶文化事业有限公司，2000。

武川正吾：《福利国家的社会学》，商务印书馆，2011。

赵树凯：《农民的政治》，商务印书馆，2011。

阿图罗·埃斯科瓦尔：《遭遇发展》，社会科学文献出版社，2011。

《国务院关于进一步促进贵州经济社会又好又快发展的若干意见》。

《中国农村扶贫开发纲要（2011～2020年）》

《武陵山片区区域发展与扶贫攻坚规划（2011～2020年）》

《贵州省“十二五”扶贫开发规划》

《武陵山片区（贵州省）区域发展与扶贫攻坚实施规划（2011～2015年）》

○分享共赢　和谐共生

——武陵山区(贵州)扶贫开发与社会建设协调发展对策研究

贵州省委统战部“武陵山区（贵州）

扶贫开发与社会建设协调发展研究”联合课题组

王春光　谭同学　孙兆霞　曾　芸*

最近，国家把贵州作为我国今后连片扶贫开发先行先试地区，一方面意味着贵州的发展迎来了新机遇，另一方面也意味着贵州肩负起更大的历史使命。贵州在国家连片扶贫开发先行先试上究竟如何进行政策、机制创新，不仅关系到贵州能否真正履行国家赋予的先行先试使命，使贵州实现又好又快发展，也关系到贵州能否为其他地区的扶贫开发提供一些有效的经验和方法。为此，贵州省委统战部组成联合课题组，以贵州武陵山区为对象，进行深度的实地调查，总结当地的扶贫开发经验和教训，从理论上进行深入的分析和研究，形成了系统性的研究报告。这里将报告的精华加以浓缩，以供有关党政决策部门参考。

一　武陵山区（贵州）扶贫开发存在的主要问题

1. 扶贫开发面临严峻的社会现实问题

在城乡差距和地区差距扩大的背景下，武陵山区农村的社会基础逐渐消解，增大了扶贫开发和减贫面临的社会难度。那里面临的是“农民真老、农村真散、农业真脆弱”新三农问题：青壮年劳动力纷纷外出务工经商，农村剩下的是老人和孩子；随着人口的流动，农村离婚率急剧上升，

* 王春光，中国社会科学院社会政策研究室主任、研究员，贵州民族大学贵州省 2011 民族地区社会建设与反贫困协同创新中心研究人员；谭同学，中山大学副教授，贵州民族大学贵州省 2011 民族地区社会建设与反贫困协同创新中心研究人员；孙兆霞，贵州民族大学马克思主义学院教授，贵州民族大学社会建设与反贫困研究院研究员；曾芸，贵州大学教授，贵州民族大学社会建设与反贫困研究院特聘研究员。

出现一批30岁以上的离婚光棍；社区凝聚力大幅下降，农户间合作不够，社会参与不足；农业产业化水平很低，其弱势地位依旧；农村缺少专业化的社会管理和公共服务人才。在这种情况下，农村很难形成合作力量参与到扶贫开发之中，甚至缺乏能带领大家脱贫致富的能人。

2. 扶贫开发完全忽略社会目标，有效性与可持续性缺乏保障

过往的扶贫开发目标往往只注重经济目标而忽略社会目标、只注重货币收入的增加而忽略农村福利的供给、过于注重经济总量增长而忽略社会成员的共享机制、只注重产业发展而较忽视相关支持系统建设，从而大大减扣了扶贫开发工作的有效性与可持续性。

3. 扶贫开发策略与路径偏差导致政治和文化风险

在扶贫开发中，产业发展模式完全由政府主导，产业发展规划中的行动模式单一，往往过多使用“引入资本和企业”“能人带动”“扶持大户”等手段。这样的格局往往导致：1）资源分配的透明性差；2）贫困人群的参与空间非常有限，农村能人与基层政权及扶贫部门间的合谋态势加剧，增加了基层部门权力寻租的空间；3）贫困问题转化为公平问题、贫困群体与权力部门的矛盾转化为国家与社会的矛盾问题；4）传统民族文化面临湮灭与消解的风险，特别反映在大肆兴起的以资本为主导的乡村旅游开发之中，这隐藏着巨大的不公平性和不可持续发展问题。

4. 扶贫开发行动不当引发新的社会、环境问题

武陵山区的矿产、农业、旅游、物种资源等扶贫开发项目，引进了一些区外资本进行开发，结果有不少企业赚取了丰厚的利润，而给当地留下生态环境恶化、农民失地等问题，政府也没有获得预期的财政和社会效益，甚至还让当地社会陷入了纷争和冲突，直接影响了当地社会的稳定和发展。

二 扶贫开发必须以社会建设为基础

注重社会建设是促进扶贫开发少走弯路、更加平衡、实现以人为本可持续发展的必经之路。

武陵山区作为国家先行先试的连片扶贫开发地区，预计今后相当一段时间，将会投入更多的财政资源，关键的问题是如何将资源使用好、将政策落实好及如何将市场资源更好地与扶贫开发结合在一起，产生减贫和发

展的倍增效应。将社会建设作为扶贫开发先行先试的重要内容去抓，是化解这个难题的有效战略和措施。

社会建设可以为扶贫开发提供坚实的合法性、合作性和合力性的基础，也能够提供贫困地区产业发展的社会基础。首先，社会建设本身应该属于扶贫开发题中应有之意，也即让社会繁荣、人们生活满意，是扶贫开发应该达到的目的，否则，扶贫开发的合法性会遭到怀疑。其次，社会建设可以有效地动员贫困人群、其他社会力量共同参与到扶贫开发之中，形成强有力的社会合作，产生巨大的合力，可以使有限的扶贫资源产生几何级数的倍增效益。

基于产业发展的扶贫开发，关键需要政府通过扶贫资源投入，推动企业和贫困群体建立共利机制，在有效制约企业过度扩张利益的同时，推动企业与贫困农民群体成为对等的合作主体，在此基础上建立农民的自律能力与履约能力，即扶持贫困群体获得与市场资源对接的能力，才能真正达到从市场中持续获益，从而实现脱贫致富的目标，而社会建设正是回应这一问题的重要前提。

社会建设本质上是建设社会现代化，公共性是社会现代化建设的重要内涵。贫困地区由于货币支付能力弱、公共品供给和市场服务相对短缺，贫困群体受教育程度低、个体发展能力较弱，从扶贫开发的角度讲，更需要通过社会建设方式增强村庄公共性，以村庄合作、村庄公共参与等方式促进村庄福利的自我生产和合作发展能力的提升。

在武陵山区进行扶贫开发先行先试中应该秉持“分享共赢、和谐共生”的社会建设理念。具体地说，这个理念体现在这样的新思路上：强调扶贫地区各方利益者（尤其要照顾贫困人群）共同参与扶贫开发，建立分享的资源使用、收益共享、责任共担的全程参与机制，使得扶贫开发资源的使用公开、公正、公平，更好地满足当地社会的需要；强调尊重受益群体的合作意愿，形成多方的合作开发机制；通过构建社区共同体，鼓励扶贫开发对象以主体性身份参与，不仅仅只是作为扶贫开发的工作对象。

三　武陵山区（贵州）扶贫开发的政策建议

我国的革命先行者孙中山先生早在他的《建国方略》中提出了社会建设，至今已有90多年历史，中国共产党在新的历史时期不但继承了孙中山先生的理念，而且加以创新和发挥，把和谐社会作为社会建设的宗旨，这也是中国共产党顺应时代要求而做出的英明决策。这为武陵山区扶贫开发先行先试提供了前所未有的政治和政策支持，也凸显出武陵山区在扶贫开发的先行先试中把社会建设作为重要内容和任务，是时代对扶贫开发提出的新要求。这在一定程度上摈弃了过去那种扶贫开发中先发展经济、再建社会的错误观念。

在社会矛盾更尖锐、社会冲突更突出、社会问题更复杂的西部欠发展地区，扶贫开发如果以经济增长为唯一目标，经济“蛋糕”不但无法做大，反而会带来较大的政治、社会、文化、生态风险。这方面，历史和现实的教训都不少，如清代武陵山区（贵州）“赶苗拓业”及当今“拉美陷阱”，以及瓮安事件等都提供了重要警示。因此，扶贫开发与社会建设必须同步进行。基于对当前我国扶贫开发所处的新阶段、武陵山区面临的新问题以及扶贫开发先行先试对创新的要求，我们提出如下五点政策建议，即“一个新基金、四个新机制”。

1. 建立欠发达地区民族文化与社会建设基金

借鉴世界银行“四两拨千斤”式的援助经验，我国有必要建立一个欠发达地区民族文化与社会建设基金。一方面可填补现有扶贫开发资源配置方式单一的缺陷，以援助欠发达地区的社会建设；另一方面可起到与国际援助机构、基金会和国际性非政府组织开展竞争性对话的作用。

基金的来源可以考虑：中央和地方财政用于支援老区、边疆地区、少数民族地区及其他贫困落后地区的部分财力；国际开发援助机构的捐款；经济发达地区及社会各界的捐款；本地矿产资源开发、旅游资源开发及其他土地出让金按一定比例划拨的收益等。

基金的资助方向可考虑：培育本土社会服务类组织和农村社会工作机构；旨在推动本土文化可持续发展的个人和团体的能力培训；农户间的合作组织和合作项目支持；大型社区公共活动；民族（民俗）文化博物馆建设；民族非物质文化遗产保护；基层组织干部培训；社会服务组织专项活动（培训）；政府向社会组织购买社会建设方面的服务等。

2. 建构政府为主、多元补缺式的公共服务体系及机制

增加基础设施投入，改善水利和交通条件；加大教育投入，提高劳动

力素质和培养扶贫开发人才；加大医疗卫生投入并注重城乡平衡；加强人力资源和社会保障基础平台建设；通过扩大社会参与增加公共服务资源使用透明度；提高公共服务的可及性与适用性；以公共财政资源作为杠杆撬动村庄层面的公共品生产与供给。

3. 运用财政、公益基金、税收和土地政策构筑分享机制

积极探索资源使用权、排污权交易等市场化的生态补偿模式，引导社会各方参与环境保护和生态建设；加强公共财政和公益基金的补贴；完善现行保护环境的税收政策，增收生态补偿税，调整和完善现行资源税，加大各项资源税费使用中用于生态补偿的比重；预留部分土地用于社区集体经济发展启动资本；在资源开发中扩大普通群众和集体的参与面。

4. 建立村庄共同体培育和组织建设的机制

各级地方政府要建立社会建设委员会，乡、镇一级还应设农村社区建设专岗；通过完善村民自治功能，增加村民的参与，推进村庄事务管理及公共生活建设，大力推进农村经济合作组织和各种互益型村庄组织的建设，实现农村社会伦理与关系重建，并以村庄合作能力建设作为扶贫攻坚的突破口。

5. 建立扶贫开发与社会建设专业人才的培育机制

解决专门研究支持机构、教材、师资、专项支持资金与培训机制上的困难；设立在地化的基层社会建设学院，在高等教育体制中，培养地方各级扶贫开发与社会建设的专门人才；培训基层组织干部和社区工作者，使他们在扶贫开发与社会建设的第一线发挥作用。

〇反贫困的教育视角：农村初等教育集中化的趋势及其解释

单丽卿*

20世纪90年代中期以来，新一轮的农村小学布局调整已经引起了学界的广泛关注，不少学者已经从教育学、人口学、社会学等视角对这一现象作出了解释（范先佐，2006；石人炳，2003；熊春文，2009）。现有研究的解释结论大体指向两个方面：一是讨论人口变动以及城市化进程等外部社会环境变化，强调学校布局需要适应这种变化的趋势；二是从现有教育管理体制内部展开，讨论以效率为主要目标的教育管理理性化进程对学校布局的影响。本文也将结合这两个方面进行讨论，试图结合教育内部和外部因素来解释学校布局调整的进程与结果。我们选择W县B镇作为具体讨论的案例，把“村小”作为讨论的焦点。① 大量农村小学和教学点的撤并是这一轮学校布局调整的直接结果，从某种意义上看，撤点并校的进程预示着村落学校教育的终结（熊春文，2009）。因此，这一部分讨论的问题也可以表述成：在新的社会背景下，村小的生存状况如何？村小在初等学校系统内处于什么样的位置？我们以村小的现状与困境来透视整体教育管理的问题。

一 人口流动背景下的农村初等教育

布局调整就是重新调整教育资源分布，而影响教育资源配置的最直接因素是学龄人口的数量和分布。从宏观人口变动来看，长期实行的计划生育政策导致妇女生育率下降，使得我国学龄儿童总体上呈下降趋势，小学在校人数在1997年达到峰值13995.4万人，此后呈逐年下降的趋势，2010年仅为9940.7万人，降幅为28.97%。而同一时期，我国小学校数从

* 单丽卿，中国社会科学院社会学所博士生，贵州民族大学贵州省2011民族地区社会建设与反贫困协同创新中心研究人员。

① 根据学术惯例和规范，本文涉及的地名、学校名、人名都做了技术处理。

62.88 万所下降到 25.74 万所，降幅达 59.06%。从数据可以看出，学校数量与在校生数量呈同向变化趋势，但是学校数量的减少幅度明显大于在校生数量的减少。另外，从小学在校生的城乡分布来看，整体上农村小学就读人数比例在不断下降，1997 年农村小学在校生人数占总数的 68.31%，2010 年，这一比例为 53.82%。大体而言，学龄人口减少以及生源城乡分布的变化可以部分地解释我国农村小学数量的变化。但是，学校数量减少快于生源数量变化则需要从学校规模、整体教育管理体制等方面寻找进一步解释的依据。而生源的城乡分布变化则与整体外部社会变迁以及城乡教育差距等因素相关。为了更准确地把握人口数量及分布变化对学校布局的影响，我们围绕一个具体案例进行讨论。

W 县 B 镇初等教育学校布局的变化：从 1996 年至今，全镇小学从 14 所减少到 7 所。并且，村小在分布上极不均衡，长脚、龙桥和后坝村各 1 所小学，通木村 3 所，而明星村则没有学校。2012 年秋季学期，B 全镇小学在校生总计 1136 人，其中 599 名学生就读于中心完小，占总数的 52.73%；六所村小在校生合计为 537 人（联江小学 117 人、龙台小学 119 人、大坝小学 124 人、大坪小学 72 人、新丰小学 48 人、柏杨小学 57 人），并且半数的村小人数不足 100 人（见表 1）。根据新丰小学文老师的描述，他自己就是在这个学校上小学，当年（1970 年前后）学校有 3 名老师，100 多学生；80 年代的学生也有 80 多人，然后数量逐步增加，发展到 180 ~ 200 人左右；差不多 1996、1997 年的时候学生人数达到顶峰，之后学生数量就开始减少，直到 2011 年由于学生人数太少，六年级被并到了中心完小。乡镇中心校的负责人也确认了 20 世纪 90 年代末以来，村小学生数逐年减少的情况。他指出村小生源数量的不断减少是目前村小生存面临的最主要问题：学生人数少一方面造成教育资源的浪费，另一方面则阻碍了村小获得新的投入。

表 1　W 县 B 镇全镇小学学生数

单位：人

学校	在校生总数	分年级学生人数						
		一年级	二年级	三年级	四年级	五年级	六年级	学前班
中心完小	599	70	85	111	80	110	143	88
联江小学	117	10	19	31	14	22	21	19
龙台小学	119	18	16	18	21	22	24	26

续表

学校	在校生总数	分年级学生人数						
		一年级	二年级	三年级	四年级	五年级	六年级	学前班
大坝小学	124	20	26	20	20	14	24	34
大坪小学	72	13	8	8	8	15	20	11
新丰小学	48	8	11	12	9	8	0	13
柏杨小学	57	8	12	9	11	7	10	11
合　计	1136	147	177	209	163	198	242	202

问题在于村小的学生数量持续减少的原因是什么？由于缺乏B镇历年学龄人口的统计数据，我们暂不讨论人口变动与村小撤并以及学生减少的关系。

我们把2012年B镇初等教育状况看做是新一轮学校布局调整的结果。从这一基本状况出发，围绕生源分布变化来展开分析。全镇的小学生源总数应该包括在镇域外围内就读的学生数以及外出就读这两部分。根据B镇中心校的统计：2011～2012学年，全镇镇外就读的小学生人数总共有小学生767人，其中本县外乡109人、本市外县31人、本省外市16人、省外就读611人。B镇小学生在镇外就读的占总数的40.3%，这表明人口流动是影响镇域范围内小学在校生规模的重要因素。从B镇的情况来看，当地从20世纪90年代开始外出打工的人逐渐增多，打工地主要集中在广东、浙江等沿海省份。从B镇的数据来看，外出就读的学生中有79.7%是在省外就读，其中大部分为跟随父母在打工地就读的民工子女。这种现象一方面说明，在外打工者自身境遇的相对改善，他们试图为子女创造更好的受教育条件；另一方面也表明打工目的地对外来人口教育的逐步放开。从更为宏观的角度来说，这体现了我国城市化和工业化的进程对农村教育的影响。确切地说，农村人口向城市的流动使得乡镇小学在校生总量快速减少，因此，乡镇学校布局调整的部分原因在于适应辖区内学龄人口数量的变化。

我们发现，在乡镇学校数量减少、村小人数不断下滑的同时，中心完小却在不断扩大，小学生源在乡镇内部的分布呈现出“集中化”的趋势。我们根据B镇中心校统计的全镇小学名册做一个还原，也就是说：按照学龄儿童的家庭住址信息，重新考察中心完小以及村小各自覆盖招生范围内的生源数，以此计算如果全镇学龄儿童都在乡镇内部上学并且按照居住地就近入学的情况下，该镇在校生的理想分布状况（见表2）。经过上述还原计算，可以看到B镇现有的六所村小都能达到200人以上的办学规模。如果只考虑在本乡镇就读的情况，则会发现很大一部分属于村小招生范围的学生进入了中心完小，这也是村小生源流失的主要部分。我们需要进一步分析住在村里的那些孩子为什么到镇上念小学。这是城镇化进程的结果还是由中心完小和村小之间的教学质量差别导致的？我们可以通过B镇比较普遍的“租房陪读”现象来回答这一问题。由于中心完小没有寄宿条件，一半以上的学生在镇上租房子读书，低年级的大部分有家长陪同，五年级以上有不少学生在镇上合租。由于镇上没有工矿企业，大部分无法在镇上获得就业机会。每到周五放学时间，这些租房读书的孩子和家长都会返回“老家”，等到周日下午再回到镇上。“租房陪读”与随父母去打工地就读的现象具有不同的发生逻辑，因为就后者来看，孩子的就学选择是附属于家长的就业选择的；而租房陪读现象中，大部分家长为了使孩子受到更好的教育放弃外出打工或者无法在村里从事农业生产，孩子的教育选择优先于家庭经济的考量。我们据此认为B镇生源向中心完小集中并不是伴随着城镇化进程自然发生的，其根源在于中心完小与村小之间教学质量的差距。也就是说，假如村小和中心完小之间教育质量接近，那么就会有很多“租房读书”的孩子回到村里。在这种假设下，现有的村小基本都能保持100人以上的生源规模，这也是现阶段评估村小存在必要性的重要依据。

表2　根据学生家庭住址重新估算的B镇小学生源分布

按照学生来源统计	对应的原学区范围	外出学生人数	村小招生范围内择校到中心完小的学生数	各校目前学生数	各校最大生源数
中心村	中心完小	77	441	599	158
明　星	中心完小	105	124	…	229
长脚村	联江小学	174	40	117	331
后　坝	大坝小学	157	100	124	381
龙　台	龙台小学	111	23	119	253
通　木		133	88	177	308
	大坪小学	67		72	
	新丰小学	50		48	
	柏杨小学	26		57	
外乡镇			66		

注：由于通木村共有三所小学，所以“村小范围内择校到中心完小的学生数”按照行政村统计，没有具体细分到自然村。

通过上述论证，我们可以得到几点基本结论：1. 我国学龄人口的总量减少以及由工业化、城市化进程引发的人口从农村向城市的流动导致了乡镇初等教育生源总量减少；2. 从乡镇内部的生源分布状况来看，主要表现为生源向中心完小集中的趋势，村小生源不断减少；3. 20 世纪 90 年代末以来的“撤点并校”已经基本平衡了人口总体变动趋势，现阶段村小生源不足不能完全用人口数量及分布等因素来解释，其根源在于不同层级学校间的教育质量存在差距。

二　农村初等教育办学现状

如前所述，“租房陪读”是伴随着20 世纪 90 年代后期以来的新一轮学校布局调整而逐渐产生的。这一现象的产生包括主动和被动两大方面因素：一方面可以把它理解为农村家长的一种择校行为，相应的，租房陪读就是一种主动选择，表明他们对子女教育要求的提高，努力为自己的孩子创造更好的受教育条件。另一方面则是由村小的撤并造成的，学校撤并使得孩子上学距离过远或者村上根本就没有小学，这样孩子只能选择进入中心完小；也有的家长指出，村小的教育质量实在太差，迫于无奈才把孩子送到中心完小，此类情况下的“租房陪读”则属于被动选择。无论是主动选择还是被动选择，教育的质量以及可及性是影响家长做出教育选择的主要因素，而中心完小和村小的教育差距则是最为关键的问题。

其实，乡镇中心完小和村小之间的教育差距已经被广泛认知，但是不同人站在不同立场往往对此持有不同的看法。B 镇分管教育的领导强调这种差距是客观存在的，在现有的资源条件下很难改变：“我们这边的教育资源，跟那些大城市肯定是没办法比，镇里面跟县城没办法比，县城跟市里面也没办法比，市里面跟省里面也没法比，省里面跟北京那些又怎么比。知道北京那边多少分能上北大、清华吗？这些悬殊太大，没办法比。这些东西都知道，客观存在，但是没办法。”联江小学的一位老师对于村小的现状则显得比较无奈，“国家如果说不准撤，就要加大投入。现在村级学校条件不具备，你又不撤，那它就相当于一个扫盲学校，根本谈不上教学质量”。而对于不少“租房陪读”的家长来说，他们最无法接受的是“村小不开设英语课”，这将意味着他们的孩子输在起跑线上。就B镇来说，中心完小和新丰小学究竟存在哪些差别呢？我们以中心完小和联丰小学为例，具体讨论两者在日常教学以及师资配备等方面的状况与差异。

1. 设施设备与师资力量

新丰小学校园面积3000平方米，校舍面积298平方米，教室7间，教师办公室1间。中心完小占地14亩，建筑面积3287平方米，现有教学楼2幢，教室14间，办公室9间。中心完小和新丰小学在校舍面积以及建筑规模与它们各自的办学规模相关，两者之间并没有明显的差异。W县在2005年通过了“两基”巩固验收，两基工程促进了村小的建设投入。目前两所学校都有球场、校门、围墙、厕所，由于国家营养午餐计划的实施，学校食堂的设施设备也已经配备完善。另外，教室布置、教师办公室设备等方面也没有明显差别。

就师资配比情况来看，2012年中心完小共有教师38人，其中，本科学历5人，大专学历28人，中师学历4人，高中学历1人。新丰小学则有6名教师，全部为大专学历。中心完小教师的平均年龄为38.6岁，新丰小学教师平均年龄44岁。从教师年龄结构看，中心完小的教师配比更加合理，30岁以下教师占总人数的27.5%，31~40岁的占25%，41~50岁的占32.5%，51岁以上的比例为15%；相对而言，新丰小学则缺乏年轻教师，30~40岁的教师有两人，其余年龄都在40岁以上。具体考察教师的工作经历则发现：新丰小学有两位老师从参加工作至今一直在该小学教书；另有两位老师是从其他村小调来的，并且他们也一直在村小教书；剩下两位老师则分别是从B镇中心完小以及县城三校调入的，其中马老师是1999年调入的，因为当时中心完小实行末尾淘汰制而被下放，王老师则是在县城三校工勤人员转正的过程中被调整下来的。从新丰小学老师的工作经历大体可以看出，村小和中心完小乃至县城小学之间的教师流动往往呈现出“单向性”的特点。目前村小老师的主体是20世纪初转正的民师，其师资补充的主要来源是村小间的教师调动；而从上一级学校调入村小的老师往往是带有一定的“流放”性质，在村小教学表现突出的老师则往往会通过考试、借调等方式实现向上流动。

再从师生比来看，中心完小一到六年级共599人，加上学前班总人数为687，师生比1∶17.2；新丰小学一共开设一到五年级，连同学前班总人数是 61，师生比约为 1 : 10。而中心完小和新丰小学的班师比分别为 2. 86 : 1 和 1 : 1。单从这些数字就能基本看出村小生源数不足对其教学开展的影响，新丰小学基本上是一班一个老师的配备，客观上加大了教师的工作负担，也不利于实现课程开设以及师资配置的多样化。但是从数量的角度看，教师资源配置实际上是向村小倾斜的。至于教学资源配置与教学质量之间的关系我们将会在下文具体分析。

2. 日常教学管理

硬件设施以及教学设备只是教学开展的基础条件，一个学校的日常教学实践才是影响其教育教学质量的关键因素。我们首先从学校时间组织的角度来进行考察，表 3 为中心完小和新丰小学各自的上课时间表，从中可以看出两个学校每天安排的课时数量相同，最大的区别体现在学生的在校时间上。按照课表看，中心完小的学生每天 8 点钟开始上第一节课，直到下午第三节课结束放学，学生在校时间大约为 8 个小时。由于中心完小把国家免费提供的营养餐放在早上供应，学校 7 点开始供应早餐，因此大部分学生实际到校时间在 7 点之前，更有很多孩子 6 点刚过就到学校了。而中午学生可以在学校食堂就餐，也有三分之一到一半左右的学生会回家吃饭，大部分学生 12 点之前就会回学校。[①] 我们按照实际情况估算，学生早上大约 7 点到校，即便他们中午回家吃饭扣除一个小时，中心完小学生每天的在校时间大都超过 8 个小时。而新丰小学规定的到校时间为 10 点半，按照下午第三节课结束的时间计算，新丰小学的学生在校时间接近 6 个小时。而从实际情况来看，学校大约在每天 9 点之后开门，不少学生开门之前就已经等候在门口，9 点 30 分大部分学生都已经到校。中午学校提供营养餐，全部学生都在校就餐。下午只上两节课，大约 3 点半左右学生就开始陆续回家。所以，新丰小学的学生每天在校时间大约为 6 个小时。中心完小和新丰小学的差别不仅体现在学生在校时间长度上，两者在正常课堂教学时间外的安排上也存在一些差别：比如中心校第一节课前安排早读，这段时间学生统一上交作业，相互抽查前一天布置的背诵作业；而新丰小学的学生到校之后都在校园内玩耍，直到第一节上课铃响才进入教室。

① 不少老师安排学生中午在教室听写英语单词之类的任务，所以回家吃饭的学生也会较早返校；另外，中午午休时间比较长，学生们会在校园里做各种游戏，这也是吸引学生提前回校的重要因素。

另外，中心校有相对完善的晨会、课间操制度，这是学校仪式的重要组成部分，相对而言村小课间操执行比较松散。

表 3　中心完小和新丰小学的上课时间表

中心完小上课时间表		新丰小学上课时间表	
7：50	预备	预备课	10：30
8：00～8：40	第一节课	第一节课	10：40～11：20
8：45～9：15	晨会	第二节课	11：30～12：10
9：20～10：00	第二节课	第三节课	12：20～13：00
10：10～10：50	第三节课		
		课间操	13：05～13：25
13：30	预备	营养午餐	13：25～13：55
13：35～14：15	第四节课	第四节课	14：00～14：40
14：25～15：05	第五节课	第五节课	14：50～15：30
15：15～15：55	第六节课	第六节课	15：40～16：20（备注周二、四、五）
16：00	周一老师政治学习		
	周三老师业务学习	政治业务学习课	15：40～17：00（周一政治学习、会议；周三教师业务学习）

除了上述因素，对学校教育影响最为直接的因素是具体课程设置。小学属于义务教育的范围，从理论上讲在一个区域内学生应该全部使用相同的教材，具体教学和考试也都应该按照统一要求进行。但在日常教学实践的过程中村小和中心完小会怎样呢？我们选取两个学校四年级的课表（见表 4、表 5）来讨论。从课程总量看，中心完小一周 30 课时，新丰小学为 28 课时，两者差距并不大；并且语文和数学这两门课的课时量相同，分别为 6 课时和 5 课时，主课方面最大的差别表现在新丰小学没有开设英语课，其他科目设置方面两者相对一致。

中心完小和新丰小学在日常教学管理方面的主要差别体现在具体课程的开展以及师资配备这两点。一般教师习惯把现有课程分为两类，分别是考试科目和考核科目，前者主要指语文、数学和英语，而后者对应的则是传统意义上的副科。学生的实际课表安排与教师对课程体系的分类是直接相关的。就中心完小四（一）班的课程组织情况来看，语文、数学和英语是教学的重点，科学课一般也能保证按照课表规定的课时量进行；社会实践、品德与社会、专题研究等课程的灵活性相对比较大，考试科目的任课

表 4　中心完小四（一）班课表

	星期一	星期二	星期三	星期四	星期五
第一节	数学	数学	语文	数学	语文
任课老师	肖老师	肖老师	邹老师	肖老师	邹老师
第二节	语文	科学	语文	美术	数学
任课老师	邹老师	蒋老师	邹老师	肖老师	肖老师
第三节	英语	体育	数学	语文	英语
任课老师	付老师	邹老师	肖老师	邹老师	付老师
第四节	语文	美术	体育	社会实践	品德与社会
任课老师	邹老师	肖老师	邹老师	郑老师	田校长
第五节	音乐	文体活动	信息	科学	社会实践
任课老师	小邹老师	肖老师	肖老师	蒋老师	郑老师
第六节	体育	音乐	品德与社会	品德与社会	专题教育
任课老师	邹老师	小邹老师	田校长	田校长	肖老师

表 5　新丰小学四年级课表

	星期一	星期二	星期三	星期四	星期五
第一节	信息	无	无	实践	劳技
任课老师	文老师			申老师	文老师
第二节	语文	语文	语文	语文	语文
任课老师	文老师	文老师	文老师	文老师	文老师
第三节	数学	数学	数学	数学	语文
任课老师	申老师	申老师	申老师	申老师	申老师
第四节	活动	专题	体健	体育	数学
任课老师	文老师	申老师	文老师	文老师	申老师
第五节	美术	音乐	实践	音乐	品德与社会
任课老师	申老师	文老师	申老师	文老师	文老师
第六节	品德与社会	体育	科学	美术	科学
任课老师	文老师	文老师	申老师	申老师	申老师

老师往往会根据自己的安排占课，即便这些课程按照课表安排进行教学，一般也会在讲完授课内容之后安排学生自习；而美术、音乐等课程基本上不开展，据四（一）班同学反映，整个秋季学期只上过一次美术课，体育课的情况也类似，占课情况严重。相比中心完小的情况，新丰小学的课程

开设更为单一，仍然以四年级的情况为例：一般每天第一节老师会安排学生自己读课文，之后会上三节课，一节语文、两节数学或者两节语文一节数学，下午第二节课则主要是由学生自己做作业，完成功课也会允许他们在校园里活动；除了语文、数学以外，新丰小学也开展了科学和品德与社会或者劳技课的教学，总体上课时安排要大大少于课表的规定；音乐和美术则完全没有开展。

再从两个学校的任课教师情况来看，中心完小四（一）班一共有 7 位任课老师：4 男 3 女，覆盖了 20～50 岁的各个年龄段；新丰小学四年级则由两位男老师承担了所有课程的教学任务。相应的，新丰小学教师的课时负担就比较大，他们每周平均课时要超过 25 节，而中心完小教师的平均课时量大概为 15 节左右。教师课时负担的差别必然影响到教师上课的准备以及精力、体力的投入程度。此外，教师配备的多样化也会便于实现授课分工的专业化。同时也应该看到两个学校任课教师配置方面的差异不仅会对教育质量产生直接影响，扩展学生与不同类型（年龄、性别、专业背景等）的教师接触也会对其人格发展产生正向影响。

三　从教育管理体制看农村教育的“集中化”趋势

如前所述，近年来 B 镇初等教育的生源不断向中心完小集中，并由此导致村小生源的减少。就当前情况来看，“生源不足”是村小生存危机的直接表现，这种危机背后的原因则是中心完小和村小之间的教育差距上。这一部分我们将从现有教育管理体制的角度对教育差距做出解释，在进行解释前，需要先理解教育主管部门对村小的定位。D 县与 W 县都属于遵义市管辖，D 县教育负责人用“稳定村级、完善乡镇、优化城区”来概括现行的初等教育发展方针。这大致说明目前县级教育主管部门的思路还是优先发展城区学校，而村小一级基本上只求维持现状。县级教育主管部门也承认县城小学、中心完小以及村小之间存在不小的差别；但是中西部与发达地区之间的教育差距也是一个客观存在的现实，所以现有的教育发展策略可以看作是在追赶与平衡之间的一种选择：是集中资源缩小与发达地区之间的差距，还是把重点放在平衡区域内部教育差距上。中心校作为乡镇初等教育的主管机构，对乡镇范围内的中心校和村小负责。B 镇中心校的负责人强调在现有的资源约束条件下，很难为村小发展提供足够的资源，而通过撤并村小集中到中心完小这一方式，则将大大提高教育资源使用效率。从这个角度看，目前村小的生存状况似乎与教育投入总量不足有关，在总体资源缺乏的条件下，县城小学与中心完小的发展将会被首先考虑，村小逐渐被“边缘化”。我们可以说教育问题的最终解决在“教育外”，也就是说只有加大整体教育投入才能够缓解教育发展的矛盾。回到教育系统内部，我们具体讨论现有教育管理体制如何造成了中心完小和村小之间的差距。

1. 经费来源与分配

农村初等教育的支出主要包括三项内容：教师的工资支出、公用经费支出和校舍建设、危房改造支出。实行“以县为主”的管理体制以后，教师工资支出以及学校公用经费全部由县财政承担，而校舍建设、危房改造则主要依靠中央、省、市的专项资金投入。相应的，B 镇中心完小和新丰小学教师的工资全部由县财政负担，公用经费则是根据学校的生源数量划拨。校舍修建和危房改造等一般是学校根据实际需要向中心校打报告，再由中心校上报教育局。两基攻坚验收之后，村小设施已经初步完善，基本没有再做新的投资。2012 年国家推行营养午餐计划，新丰小学把一间教室改造为食堂，经费来自省里的专项资金。据 B 镇中心校负责人介绍，“建设项目必须是县教育局的大规划里有的，比如修幼儿园、寄宿制这些大的项目，你要是修围墙啊、球场之类的小项目就要靠自身解决”。也就是说，除了教师工资之外的学校运转或者小建设全部要靠公用经费来解决。根据 2001 年教育部和财政部发布的《关于做好农村中小学公用经费标准定额核定工作、确保学校正常运转有关问题的通知》，公用经费开支范围具体包括：“学校维持正常运转所需开支的业务费、公务费、设备购置费、修缮费和其他属于公用性质的费用等方面。”按照规定是不能使用公用经费支付工勤人员工资的。但是营养餐计划实施以来，每个村小都聘请了 1 ~2 名工人负责煮饭。工人工资县里没有解决，因此新丰小学只能通过公用经费来支付。由于生源少，每年公用经费不到 2 万，仅工人工资一项就需要支出 6000 元（每月 600 元，一年请 10 个月）。按照目前的生源数量，B 镇的大部分村小都只能勉强维持运转，根本无法用公用经费来改善教学条件。中心完小的情况也类似，公用经费除了解决食堂工人工资外，还需要支付警务室两名保安的工资。由于生源规模大，运转情况相对比较好。使用公用经费支付工资的根源还是县教育投入不足，在这种状况下，可以说生源数量决定了学校运行状况。

2. 师资配备

学校的师资力量是决定其教育质量的关键。村小与中心完小之间的教育差距最为直接的体现是：村小不能开设英语课，这也是大部分“租房陪读”的家长谈到的促使他们择校的首要因素。为什么不给村小配备英语老师？在整个W县，英语目前还属于“紧缺学科”，考虑到县里财政承受能力问题，不可能一下子引进大量的老师。中心完小只有两位英语老师，负责3个年级6个班的教学，按照中心校负责人的说法：“县里面从大局上看，现在主要还是考虑如何把中心完小充实起来。”村里没有能力开设英语课，再加上村小与中心校之间原本存在的教学质量差距，使村小流失的生源越来越多。村小生源的不断流失又进一步成为减少对村小投入的理由，教育差距的持续扩大又会造成更大范围的生源流失。在现有的教育管理体制下，村小陷入了一种恶性循环当中。我们具体从村小教师的数量以及质量两方面进行分析：首先，学校编制核定的主要标准是师生比而不是班师比，中心完小和村小都是按照1：21的比例核编。也就是说，一个开设一到六年级的村小，至少要达到120人以上的规模才可以实现一班一个老师。新丰小学实际上已经超编了2个老师，虽然教授的学生数量少，但是村小教师的教学负担明显重于中心完小。村小教师相对较重的工作负担却不能为他们带来更高的收入。目前在村小工作的教师能额外得到50块钱的边补，但是绩效工资的计算方式不利于村小老师。70%发到教师的工资册上，剩下30%年终考核之后有一半拿来按教师人头来摊，另一半按照学生人头来摊。村小的小班额自然导致村小教师在这种分配格局当中处于不利地位。村小和中心完小教师之间工作量和收入的差距也使得有能力的教师想方设法向上调动，村小很难留住“好”老师。其实，对于中心完小来说，情况也类似，每年县城招考都会有大批老师报名参加，如何留住人才也是令中心完小头疼的问题。但现实的状况是，中心完小不断吸纳优秀的村小教师，县城学校又从各乡镇挑选人才，现有的教育资源配置以及分配制度实际上进一步强化了这种流动而非逆转。

3. 教学考核制度

“以县为主”的教育管理体制实施之后，乡镇已经逐渐免除了义务教育的出资责任，同时在教育管理方面的职能也大大弱化。B镇书记指出目前乡镇政府在教育方面主要是“履行县政府安排的教育方面的工作。具体来说，就是排除周边小学的安全隐患，解决一些特殊的困难。一般来说，我们对中小学整体的教育投入大概在3万”。原本属于乡镇七站八所的“教辅站”也转成中心校，中心校由县教育局管理。教育的出资以及管理职责都已经上收到县一级政府。中心校是一个乡镇初等教育的主管机构，实际上中心完小和中心校是同一套人马，中心校的校长兼任中心完小校长，但是中心完小的具体工作由中心校的一位副校长负责。我们可以通过县教育局的教学考核制度来理解中心完小和村小之间的关系。每个学年末县里都会组织全县学校的某一年级进行统一考试，参加的学校包括县城的三小、四小以及各乡镇中心完小，并对所有乡镇的成绩进行排名。教育局把中心完小的排名作为考核乡镇教学质量的重要指标。而村小的教学质量则由中心校负责，每年也是按照类似的程序在全镇范围内考试，并根据成绩排名实施奖惩。在现有的考核体制下，实际上县教育局只管到中心完小这一级，村级教学管理完全交由中心校负责。这种考核体制在客观上造成了乡镇范围内的教学资源配置“集中化”。乡镇中心完小教育质量的提高或者说赶超县城小学是中心校的首要目标，相应的，在教育资源配置方面必然会向中心完小倾斜，从而导致乡镇内部教育差距的持续扩大。在“做强做大”中心完小的理念指导下，村小的存在往往会被理解为一种“资源浪费”，相应的，村小的撤并就成为“优化资源配置、提升教育质量”的必然选择。所以，村小和中心完小表现为一种“资源竞争”的关系。由于现有教育投入不足，按照中心校负责人的话说，“目前县里的教育投入除了生均经费，其他什么钱都没有”，那么，生均经费就是乡镇教育发展的主要资源。村小和中心完小之间主要就是生源的竞争。除了生均经费的考虑，“集中办学”也能够缓解乡镇内部教师资源紧缺的问题，按照中心校负责人的设想，“全镇总共也才1000来个学生，为什么还要办那么多个学校？全镇6间村小，平均下来每村6名老师就有36个。再加上我们中心完小的老师，千把个学生一共40多名老师就够了，师资就能够大大节省。”从这个角度看，村小的撤并以及现实生存危机实际上不仅仅反映了现有教育资源投入总量的问题，更是现有教育发展道路选择的必然结果。

四 农村初等教育“集中化”所折射的问题

前文介绍了乡镇的基本教育格局，并解释了现有教育管理体制如何导致和强化了现有农村初等教育的“集中化”趋势。这一部分则要在更为广泛的社会背景下来讨论农村初等教育的发展逻辑，考察教育发展的路径选择：优质教育与均衡教育之间的选择。在现实讨论的基础上，进一步分析不同时期我国初等教育管理逻辑的变化，着重围绕政府在教育发展中的角色与理念。

1. 初等教育发展的路径选择

农村初等教育集中化的趋势主要表现在教育资源配置以及生源向乡镇中心完小的集中。B 镇大量存在的“租房读书”现象，是农村家长根据村小和中心完小之间现实存在的教育差距而进行的择校行为。从整个县的教育情况来看，县城小学、中心完小以及村小作为不同层级的学校，它们所获得的资源也呈现一种倒金字塔结构。这种教育资源投入状况在客观上造成了县城小学教育资源紧张的局面，县城的三所小学普遍存在大班额情况，每班学生人数基本都超过 60 人，为应对这种情况县里新修了第四小学，但是教育规模的扩大仍然无法满足生源的增加。在我国学龄儿童人口总体下降的情况下，县城在校生规模的扩大反映的是人口分布的变化。与乡镇上的“租房读书”现象类似，乡镇上有条件的家庭为了孩子的教育而纷纷在县城买房，其中很多家庭过着“两栖”生活，往返于乡镇和县城之间，从某种意义上说，这种现象可以看作“由教育推动的城市化”进程。在 W 县的教育主管部门看来，当前教育发展最为重要的问题还是“扩大城区的教育资源”，以此来缓解县城学校的大班额现象。但是，这种教育资源配置逻辑会在客观上继续加大现有不同层级学校之间的教育差距，从而进一步激发农村家长的“择校”行为。毕竟，从当前中国的城市化进程来看，还远未达到可以把所有人口吸纳到城市的阶段。我们可以用现有的政绩考核体制去解释县级教育追求“做大做强”的发展逻辑，但是其背后更为深层的原因则是区域间教育发展的不平衡。从全国范围来看，初等教育学校体系包括：城市小学、城市打工子弟小学、县城小学、乡镇中心完小以及村小。村小在这个体系中属于最末端，这个学校体系的资源配置基本上也是一种“倒金字塔”结构。我国区域间经济发展的不平衡是一个基本现实，现阶段农村教育实行的是“以县为主”的管理体制，客观上县级政府（尤其是中西部落后地区）没有足够的财政实力来保障教育的发展。如前所述，在这种状况下“集中资源发展一部分学校”，还是“优先促进区域内教育均衡”？这本身就是一个两难的决定。因此，在“以县为主”的管理体制确立以来，不少学者（范先佐，2012）呼吁建立“以省为主”的教育财政体制，也就是说通过教育支出责任的上移来实现促进区域内教育的均衡发展。

从实现教育均衡发展的目标来看，与现有人口自由流动进程相矛盾的是教育方面的各种制度壁垒。城市的初等教育实际上区分了本地市民的教育与农民工子女的教育，尽管近几年不少地区都开始放宽了对外来人口子女入学的限制，但还远未实现公平教育。很多打工者长期在城市工作生活，已经实质上实现了“城市化”，但是现有的户籍管理体制使得他们的子女无法获得平等的教育机会；县城学校同样对乡镇的生源实行了种种限制，尽管这样仍然阻止不了学生增长快于学校建设的增长。在现有的解释话语里，无法消除制度壁垒的原因是一旦放开之后会导致生源暴涨，并将超过现有教育资源的承载量。实际上，我们可以看到，目前政府通过各种制度壁垒的方式阻碍因教育质量差距而产生的择校行为，但是持续以倒金字塔结构进行教育投资，在这种情况下制度壁垒的减少确实会增加优质教育的供给压力，而这种压力又会成为进一步扩大优质教育供给的理由。因此，教育问题解决的关键还在于实现初等教育的均衡发展，缩小不同层级学校之间的差距，实现教育资源的合理布局。合理布局的关键是统筹城乡关系和区域关系。

2. 初等教育发展中的政府角色与教育理念

从新中国成立到20世纪80年代基本普及初等教育的过程来看，其中最为重要的经验是：“两条腿走路”，充分发挥地方社会力量办学，并且在初等教育的普及过程中一直强调“学校向工农开门”的方针。这一时期初等学校数量快速增加，学龄儿童入学率不断提高。改革开放以来，随着经济的飞速发展，国家的财政实力也不断增强，农村义务教育也逐渐完成了“农民办教育”到“政府办教育”的转变。伴随着教育的立法进程，初等教育发展也逐步规范化。20世纪80年代以来的教育管理体制改革最为重要的成绩在于：明确了义务教育发展中的政府责任，并且逐步调整和明晰了政府不同层级间的责权关系。从我国农村初等教育发展的实践来看，伴随着教育管理体制的调整，农村学校布局也在逐渐发生改变。布局调整的进程实际上反映了我国教育管理理性化程度的不断加深。反观我国的义务教育普及阶段，当时最大的问题是发展进程波动比较大，“运动式”的教育发展重数量轻质量：比如“文化大革命”期间提出“把学校办到贫下中农家门口”的办学口号，采取“先上马、后备鞍”的办法快速普及小学教育。“运动式”的发展往往强调某一具体目标的实现，而忽视客观条件的限制，也缺乏对具体投入产出的考量。对比前一阶段的教育发展方式，目前的教育发展则要更加注重资源投入的效率。这种对于效率的关注一方面有利于资源的合理配置，另一方面却可能导致初等教育发展公平性的降低。

具体来说，目前的教育管理理性化表现在：1. 强调数字化管理，确立一套整齐划一的标准，用师生比、生均经费等方式进行教育资源配置，以及格率、统考排名、升学率等指标考核教学质量。2. 效率至上的教育资源配置方式，调整学校布局、扩大办学规模，从而获得规模效益。按照这种标准化的、脱离具体社会语境的理性化计算方式，集中办学比分散办学更有效率。以 B 镇的情况为例，现在镇上六所村小在校生总数不足 600 人，按照分散办学的模式，保证一班一师的情况下至少要配备 36 名老师；而如果合并到中心完小，那么按照 1∶21 的师生比进行教师配置，全乡镇的师资将大大节省。我国初等教育格局的整体变化进程就是这种理性化管理思维的具体体现。这种资源配置逻辑的问题在于，仅仅从政府投入效率的角度进行考虑，而忽视了初等教育作为一项政府公益性事业的服务功能。初等教育的“公平性”“服务可及性”等因素也应该成为教育布局调整的考虑指标。现有的教育成本收益分析的参照指标过于单一，仅仅从政府投入的角度来进行评估，事实上，教育成本应该包括政府的教育投资以及家庭所负担的教育成本，同样教育收益也不仅限于以学生成绩为主的直接教育成果，更为重要的是教育在促进个人发展以及社会公平方面的功能。目前初等教育管理对教育的社会成本以及社会效益的忽视，表现了我国初等教育发展过程中“重管理、轻服务”的基本现实。

参考文献

范先佐:《农村中小学布局调整的原因、动力及方式选择》,《教育与经济》2006年第1期。

范先佐:《教育经济学理论与实践问题研究——范先佐自选集》,华中师范大学出版社,2012。

石人炳:《我国人口变动对教育发展的影响及对策》,《人口研究》2003年第1期。

熊春文:《"文字上移":20世纪90年代末以来中国乡村教育的新趋向》,《社会学研究》2009年第5期。

张强等:《农村义务教育:税费改革下的政策执行》,中国社会科学出版社,2004。

周飞舟:《以利为利——财政关系与地方政府行为》,上海三联出版社,2012。

行动经验

〇一个中非减贫合作的故事及其启示

——中坦村级减贫学习中心项目的探索

黄承伟*

本文以中国国际扶贫中心在坦桑尼亚实施的中坦村级减贫学习中心项目的实践为案例，以讲故事方式展现实践过程，试图总结提炼分享交流中国减贫经验的一些理论性、规律性启示，为我国国际发展合作模式创新提供借鉴，为有序推进我国扶贫外交提供参考。

一　故事背景

（一）理论背景

改革开放30多年来，中国在保持经济高速稳定持续增长的同时，实现了贫困人口的大规模下降，减贫成就举世瞩目，为全球减贫做出了重要贡献，走出了一条中国特色的减贫道路，探索形成了丰富的减贫经验。这条道路和经验具有普遍性，如果与合作国的减贫实际情况相结合，可以找到更为有效的减贫方式。

（二）实践背景

二战结束60多年来，西方国家基于自身发展的政治经济利益需要，

* 黄承伟，中国国际扶贫中心副主任、研究员，华中师范大学兼职教授、博士生导师。

不断加大对发展中国家的发展援助，对于促进发展中国家的减贫发展取得一定效果。但是，从非洲国家的减贫实践看，效果并不明显，甚至不少国家、项目形成了许多失败的教训。

（三）中国国际减贫合作背景

坦桑尼亚的减贫合作是中国国际扶贫中心（以下简称“国际中心”）全面参与中非合作的标志和起点。作为国际中心对开展中坦减贫合作的重要内容，从2010年起，国际中心计划在坦桑尼亚农村基层社区建立一个小型示范学习中心项目，作为分享和经验传播的示范场所，为坦桑尼亚乃至非洲提供学习中国减贫经验的实践案例，并使之成为中心面向坦桑尼亚开展减贫交流与合作的示范基地和实地交流平台。

二 故事的情景

（一）项目社区基本情况

地点：坦桑尼亚摩洛哥罗大区基罗萨县鲁代瓦乡佩雅佩雅村，距离首都达累斯萨拉姆320公里；佩雅佩雅村下辖4个自然村，面积约4000公顷。人口2481人，有农户454户，劳动力581人，其中男性253人，女性328人；该村以农业为主要产业，作物以玉米、水稻、油葵为主。农户饲养牛86头、山羊213只、绵羊19只、猪158头。

（二）社区贫困状况

农业基础设施薄弱，水利设施远远不能满足村民的生产生活需求；农业技术水平落后，机械化程度低下，缺乏良种、化肥等现代农业技术支持，农作物产量长期处于较低水平；公共服务水平低下，教育和医疗服务匮乏。

（三）合作伙伴

坦桑尼亚总统府计划委员会（POPC）作为中心在坦开展减贫交流与合作的官方合作伙伴；中国农业大学作为技术顾问为包括村级减贫学习中心在内的中坦减贫合作项目提供技术支持；中非农业投资有限公司作为企业合作伙伴，为项目的规划、建设、管理和实施提供全面支持。

（四）项目的规划

2011年1月，中心与中国农业大学派出工作组赴佩雅佩雅村实地调研，以走访村民和召开现场会的方式，对该村农业发展和减贫需求进行了评估。在充分发动村民参与的前提下，制定了减贫学习中心规划方案。

（五）项目目标

村级减贫学习中心项目的目标是在坦桑尼亚实地实践和示范中国以农业和农村发展带动减贫的核心经验，包括低成本小农生产的技术体系、农村社区水平的减贫机制，以及实现农户生计的可持续发展，为坦桑尼亚乃至非洲提供学习中国减贫经验的实践案例，并使之成为在非洲的实地减贫交流平台。

（六）项目启动

2011年4月，村级减贫合作中心项目正式启动。国务院扶贫办副主任郑文凯率团访问坦桑尼亚，专程赴佩雅佩雅村出席了项目启动仪式，受到村民和地方政府的热烈欢迎。

（七）项目的理念

1. 村级减贫学习中心项目强调村民的参与和自下而上的设计、实施和管理。村民不仅是项目活动的执行者，也是项目活动的选择者、受益者和监督者。

2. 项目动员农户以示范户的形式自愿参加，具体活动由农户选择，不进行统一安排，减少风险，增加项目的可持续性。

（八）项目的管理

村级减贫学习中心由社区居民自己进行管理，中心将以佩雅佩雅村委会25个委员为主体，加上中非农投公司剑麻农场代表组成项目管理小组，对项目的实施提供管理和指导。

（九）项目周期

项目的实施分为两个阶段，第一阶段为2011年8月至2013年7月。在第一阶段成功实施基础上，将进行第二阶段为期两年的示范活动。

（十）项目内容

1. 生产示范：减贫学习中心将依托现有的村民协会选择若干农户作为项目示范户，由中心提供物质和技术支持，参与种植业、养殖业和小规模农产品加工示范活动：（1）种植示范户18户，通过提高农业种植技术，增加产量。（2）养殖示范户18户，通过合理的养殖技术应用提高牲畜出栏率。（3）综合示范户18户，开展种植附带养殖，示范内容包括作物秸秆氨化，作为牲畜饲料等循环利用措施等。（4）小型加工示范户6户，进行粮食后加工，通过对磨米机、爆米花等小型加工机械的使用增加农产品附加值。

2. 小型灌溉和饮水设施：（1）项目为社区农户建设了饮水设施，配备压力水泵，解决了人畜用水难问题。（2）计划在条件成熟之后，修建一条引水渠，从附近河道引水用于示范农田的灌溉。

3. 针对社区居民开展能力建设：（1）建设村民议事和培训设施，兼作村委会办公室。（2）为参与项目的示范户提供农业技术培训。（3）为村民提供公共卫生和防疫方面的指导与培训。（4）组织村民与参加示范活动的农户交流学习。（5）组织村民到其他地方参观学习。

（十一）项目的进展

2011 年以来，国际中心会同有关各方多次派出团组赴项目社区执行和落实项目方案所确定的各项活动，并对项目建设成果进行检查。

至 2012 年 7 月，已完成了项目规划方案确定的一系列活动。对村民进行培训兼作村委会办公室的社区服务中心建成并投入使用。2012 年年初，与项目社区的村级组织、村民及当地政府就示范内容等达成一致，完成了实地规划，选定了 10 个示范农户参与种植业示范；确定了用于种植业示范的土地，对示范用土地进行了翻耕、除草和施肥，并种植了 21 英亩玉米。2012 年 6 月已完成收割，平均亩产量为非示范户产量的两倍。开展了能力建设活动，向参与示范的农户发放了用当地语言印制的宣传、培训材料，并组织示范农户赴由中国援建的农业技术中心进行参观学习。

2012 年 7 月 26 日，国务院扶贫办范小建主任率团在坦政府高官陪同下，实地考察了项目社区，并出席了中坦村级减贫学习中心落成典礼。考察活动取得了圆满成功。

2013 年，当地农民踊跃报名参与，最后筛选出 31 户示范户，每户 1 英亩，共计 31 英亩的示范地块。开展了培训班、田间示范和现场指导，使每个示范户能够学习并初步掌握新的做法。除了一户由于遭遇水灾只收获了 2 袋农作物外，其他 30 个示范户的平均产量为 16.2 袋，折合 970 公斤/英亩（162 公斤/亩）。

2013 年 6 月 27 日举办了“玉米增产评比表彰大会”，表彰了三个等级的玉米示范高产优胜者，共计 6 人。表彰大会有坦桑尼亚总统府计委、农业部、莫洛葛洛省、基洛萨县和乡村干部及群众 100 多人参加。

2014 年，项目进一步扩大试点，选拔了 44 个示范户。

项目还与当地县政府的化肥贷款项目及豆类套种项目相结合，也在这些示范户中实施。

养殖业试点：2013 年起，项目聘请了当地基洛莎县的一名畜牧兽医专家继续进行调研分析，最终确定首先从养鸡示范开始，与选拔出的 2 名示范户一起制定规范化养鸡示范方案，并开始建设养鸡棚。项目与 2 个养鸡示范户一起全部建成了养鸡棚的所有设施和设备，并于 2014 年 5 月 10 日投入养鸡示范。养鸡示范主要采取的活动有：规范化养鸡棚建设、示范户自己利用当地原材料如玉米皮、向日葵油饼等制作鸡饲料，加强鸡的防疫和卫生管理等。

（十二）项目的成果

第一，项目资助建立的村委会办公房已经成为当地有名的多功能的会议、培训、村民聚会、集会等工作与生活休闲为一体的建筑物。

第二，在种植业示范方面，2012～2014 年项目通过培训、实地指导、监督、小额信贷和赠款机制直接提高了社区农户的农业生产能力，参与项目的农户玉米产量增加一倍以上。

第三，最重要的成果就是在坦桑尼亚的一个普通村落社区初步验证了中国农业发展的经验对于坦桑尼亚来说是适用和可行的，也是值得推广的。

三　故事的启示与思考

中坦村级减贫学习中心项目的成功实践表明：中国减贫经验具有独特性与普遍性；中国扶贫经验包括微观和宏观两个层面。

中国扶贫微观层次的经验主要包括：（1）充分调动贫困群体的积极性和自主性，着力提高农业生产效率，促进农产品增产、降低劳动力投入。（2）发展小型加工业，提高剩余农副产品的附加值，吸收剩余劳动力。（3）发展农村市场。（4）促进贸易发展，提高社区自我发展能力。（5）加大农业科技投入，进一步提高农业产出，增加农民收入。

中国扶贫宏观层面的经验主要是：（1）政府的承诺并落实。（2）成立专门机构，安排专项资金，根据不同阶段制定专项规划。（3）根据不同阶段确定扶贫标准，制定相应战略。（4）区域发展与精准扶贫到村到户结合。(5) 动员社会力量参与扶贫。(6) 提升贫困地区和贫困群体的内生发展动力。

这两个层面的经验通过在佩雅佩雅村的规划讨论、方案设计、项目实施等过程得到了初步展示。

(三)“四位一体”的减贫合作新模式基本形成

一是社区示范。通过建设村委会、改善小型灌溉和饮水条件、针对社区的居民开展能力建设、开展种植养殖示范、采用中国式的激励方式鼓励参与，取得了初步成果。这不仅说明中国扶贫经验的可移植性，而且通过示范展示了中国改革开放初期通过劳动和实用技术替代资本短缺实现农业增长的路径。同时，也探索了如何把非洲农民动员起来、如何建立从政府到社区互动的新型合作发展模式。

二是政策咨询。即在坦中央开展政策咨询。过去四年，每年在坦桑尼亚召开一次战略性研讨会，其中的三次是坦总统或总理出席并主持研讨，这样的方式对坦政府高层的理念影响非常积极有效。

三是开展联合研究。哪些经验在非洲国家适用，哪些需要改进再利用，需要和坦方联合研究开发，比如开发区如何建设才能实现减贫、中小企业如何发展才能增加就业等，通过联合研究，找到中国经验坦桑化的路径。

四是开展能力建设。每年邀请坦方组团到中国进行考察和深度交流。同时国际中心选派专家到坦桑尼亚进行交流，以及邀请坦农村社区人员到中国实地考察扶贫。

(四) 中坦村级减贫学习中心项目的继续探索具有重要意义

从目前已有实践成果以及各方的反映看，中坦村级减贫学习中心项目模式得到了积极评价和充分肯定。中国有关部门也认为，国际中心“四位一体”的减贫合作模式，对于创新我国与发展中国家的发展合作方式，具有重要的借鉴价值。显然，仅仅一个村的实践很难证明一个新模式的真正成功，因此，需要进一步进行重复性、差异性的探索。

○互满爱人与人
中国农村社区发展项目
经济、社会、生态文明三位一体建设反贫困案例

迈克尔·海尔曼*

互满爱人与人国际组织

互满爱人与人国际运动联合会（www. humana. org）是一个国际发展机构，在瑞士日内瓦注册成立，是非宗教、非政治组织，由四大洲32个国家成员组织组成，目前在45个国家开展项目。所有成员国家协会都属于非营利性机构，致力于国际合作发展，它们把团结的人道主义精神视为寻求国际发展努力的基础。自1977年从事社会发展工作，到目前已经积累了37年的国际发展项目经验。成员组织目前在不同社会发展领域内（如教育、扶贫、农村发展、艾滋病防治等）开展了330个项目，受益人群超过3000万。

我们的梦是一个全球和平环保和谐小康的社会。

我们觉得公平正义比阳光还有光辉。

我们的使命是为全球和平发展做贡献。

我们的工作方法是在贫困地区与穷人手拉手奋斗，支持他们自我发展。

我们开展农村社区发展项目的出发点是与贫困人群团结在一起。

这是我们基本的人生观——人人平等，我们作为一个整体生活在地球上。

这个观点在中国由来已久，儒家学者孟子（公元前371～前289）说：

---

* 迈克尔·海尔曼,“互满爱人与人”中国首席代表。

“人皆有不忍之心。恻隐之心，人皆有之。羞恶之心，人皆有之。恭敬之心，人皆有之。是非之心，人皆有之。恻隐之心，仁也；羞恶之心，义也；恭敬之心，礼也；是非之心，智也。

纵观历史，我们可以得出这样的结论：贫穷不是偶然的。如同奴隶制和种族隔离制度，它是人为的，可以通过人类的力量来解决。

我们不是在与一个叫“贫困”的抽象概念战斗。我们与穷人团结一起，用实际行动共同战胜贫困。

人类的行动能够根除贫困的根源。穷人参与改变自己的命运是反贫困斗争的基础，我们联手穷人、政府、国内外的进步力量，共同行动改变并最终根除导致贫困的因素。

贫困人群是脱贫行动中的主体

贫困人群是活生生的，主动的，是大家的同类。

也许他的命运不好，父母很穷，生活的地方也没有机会，他的土地干旱多年或者是他受了工伤，但是他活着。

他有感情和想法。他有生活经验，也在个人成长中经历了生活中的起起伏伏；这些经历是宝贵的，即使它们不能被直接变卖以换取经济收益。他也梦想和憧憬着更好的生活，家庭和社区发展。他一直准备着，每天都在逆境中挣扎，不只为了活着，更为了自己和家人更好的生活。他在为自己创造美好未来的这场斗争中扮演着主角和核心人物。

在中国目前约有 1 亿人生活在贫困线以下，这个数字无助于改变一个事实，那就是每一个穷人，他在身体、心灵和精神上都是一个活生生的人。

贫困是一个客观的社会经济术语，它将贫困人群从主体变为了客体。

当存在已久的贫穷现象已经成为日常生活中的一部分，也许我们更需要一股推动力来帮助人们逃离贫困。

- 贫困人群需要外界志愿者作为战友。虽然这些“战友”与穷人的命运并不相同，但与穷人平等地、共同地改变穷人的生活状况。
- 在团结一致的基础上，穷人发现真正的脱贫机遇。

- 穷人在与学术界肩并肩地为共同的使命斗争中获得新的信心。

通过共同对抗贫困，穷人和战友将获得以下技能。这些技能让他们在实现发展和创造未来的道路上战胜逆境和挑战。

（1）交流和组织能力

包括社区组织能力；内部和外部协调合作的能力；公众参与社区事务的能力；社区组织的能力；社区为可持续发展的动员能力。

（2）规划和分析生产的能力

在社区内对贫困社区和弱势群体的市场、科技、信息传送的可获得性；获取信息的能力；组织规模生产的能力；管理生产过程和控制生产质量的能力。

（3）关心集体能力

在团结合作的基础上，贫困社区及其小组产生及分配利益的能力；以及改善物质生活、社区福利支持的能力；还有弱势群体保护、社区和经济的交互能力；自组织社区服务和供应能力；自组织社会和文化生活的能力。

（4）环保行动能力

贫困社区可持续地运用自然资源的能力，改善社区卫生环境的能力，应对自然灾害和其他风险的能力。

（5）文化和学习能力

反映社区文化的能力；社区的学习能力；传承和发展当地习俗的能力等。

互满爱人与人发展了“农民互助小组”项目模式，开展可操作的实际行动。

农民互助小组是基于农民自己采取主动改善其农业生产方式和生计。

项目通过互助小组的方式把他们团结在一起，在小组中他们互相学习，分享信息和经验，一起找到更好的发展方法。

项目的基本思想是每50个农户组成互助小组，为这些互助小组提供现代化的，但是简单的可持续的农业技术，并教授他们如何实践。

此外，农民要采取行动净化水资源，改善卫生条件，总体上增强环境保护意识和促进农村地区的可持续发展。

农民互助小组项目围绕三个关键措施开展：

(1) 经验分享：组成互助小组和合作社。

(2) 增加知识：提供培训、示范和推广服务。

(3) 提供支持：提供小额补助和牲畜传递资助。

项目活动有10条思路：

(1) 引进保护性耕作。

(2) 改进农业技术。

(3) 增强灌溉。

(4) 增强农作物多样性。

(5) 组织统购原料。

(6) 分析本地产业价值链，优化销售。

(7) 提供持续发展技能和分享经验的讨论平台。

(8) 通过开办社区幼儿班解放女性劳动力。

(9) 强化农村妇女在家庭和社区中的参与度和决策力。

(10) 改善村容村貌以及家庭居住条件。

项目深入目标社区的每家每户，并针对性优化每个农民的生产生活。

项目有5个预期结果：

(1) 农民财富增长。

(2) 土地改善。

(3) 营养改善，生活环境和农民家庭健康改善。

(4) 生产配套设施改善。

(5) 社区农民之间的组织关系改善。

项目有以下指标：

(1) 所有农作物每亩产量增加。

(2) 每户的资产增加，包括变现前农业资产。

(3) 新的增收活动。

(4) 从事农业和畜牧业生产的农户收入增加。

(5) 从事保护性耕作的农户数量增加（包括堆粪和厩肥）。

（6）使用轮作和间作的农户数量增加。

（7）使用防止土壤腐蚀方式的农户数量增加。

（8）具备基础健康知识并从行动中获益的互助小组数量增加。

（9）具备基础卫生知识并从行动中获益的家庭数量增加。

（10）能够获得足够的清洁饮用水的家庭数量增加。

（11）从灌溉、道路、绿色大棚中获益的家庭数量增加。

（12）每个小组都从小组委员会的工作中获益。

（13）每个小组从统购统销的组织体系中获益。

（14）引入的新产品数量或者当地生产规模的扩大。

我们战略应用的关键部分在于项目中人的组织构成：

50 个农户形成 1 个小组。

1 个小组由 1 个委员会领导，委员会由 3～5 名成员组成。

1 个农业指导员支持 5 个小组（250 个农户）。

1 个项目有 10 个农业指导员，2500 个农户，2 个互满爱项目经理。

项目成本为 600～1200 元/户/年。

农业指导员的职责包括：

（1）在各项目开展地区组织农民互助小组。

（2）教授农民现代农业技术。

（3）和农民开展示范。

（4）在农户中进行实地考察并跟进进度。

（5）组织小组重大聚会和节日活动，如实地走访日、主题日、农产品博览会等。

（6）每月与小组委员会成员见一次面。

（7）每周与其他农业指导员开会，讨论下周培训、报告和制定新计划。

（8）农业指导员不是领导，而是与社区共同工作的关系。

（9）他们支持农民互助小组委员会成为自己事务的领导，高效，调动每个成员参与自己的发展。

在 3 年项目期内，他们驻扎在村里，与村民共同生活。

互满爱人与人的成就

我们自2005年开始在云南开展工作，2010年开始在重庆市和四川省开展工作。

我们的骄傲：

（1）6700个家庭参与互满爱丰都、万州、元阳、镇康农民互助小组项目以及万州社区发展项目，通过项目提高了他们的技能、生产和收入，同时，更好地保护了自然资源。

（2）在镇康、香格里拉、元阳和布拖，超过4000个农村孩子在社区教师和家长委员会成员创造的有利于儿童健康的环境里茁壮成长，并在社区幼儿班学习，每天吃到营养餐。

（3）200个村级小学生在西盟县社区发展项目中摆脱了营养不良。

（4）3万多人增长了关于艾滋病和肺结核的知识，了解了如何预防传染。

（5）建立了170个非正式农民互助小组或村民行动小组。

互满爱支持农民互助小组成员3年间增收20%～30%。

农民互助小组项目的生产活动：

（1）猪养殖和传递

（2）山羊养殖和传递

（3）兔子养殖

（4）鸡养殖

（5）牛养殖

（6）鱼养殖

（7）竹鼠养殖

（8）昆虫养殖

（9）马铃薯种植

（10）水稻种植

（11）玉米种植

（12）蔬菜种植

（13）温室大棚

(14) 核桃种植

(15) 柚子种植

农民互助小组项目也通过一系列子项目改善生活和社区：

(1) 公共厕所的建设和培训

(2) 家用厕所的建设和培训

(3) 安置太阳能热水器

(4) 公共垃圾池的修建

(5) 道路建设和维修

(6) 清洁饮用水

(7) 健康和诊所设备

(8) 社区艾滋病、结核病问题

(9) 学前班

(10) 儿童俱乐部

(11) 校舍维修

同时，改善自然环境：

(1) 地膜

(2) 间作

(3) 轮作

(4) 免耕或减少耕作

(5) SRI 水稻强化栽培体系

(6) 堆肥

(7) 有机肥

(8) 减少化肥使用和硝酸排放

(9) 滴灌

(10) 构建水池

(11) 沼气池维修

(12) 绿肥

(13) 植树

(14) 沼泽和焚烧的废除

(15) 保留木柴生火

如果将这些经验扩大化，以贵州省为例，我们可以总结该模式形成以下建议：

（1）在未来6年多的时间里建立40000个农民互助小组（自愿参与），每1300000户家庭（5200000人口）、13000个落后行政村就建立3个农民互助小组。

（2）培训6500名当地农民作为“农业指导员”（1个指导员覆盖2个行政村）。每月津贴1500元，共需要成本117000000元。

（3）650名社会工作者，志愿者和大学生等参与项目，项目经理驻扎在乡镇，每月工资为4000元，共需成本31200000元，含社会保险。

（4）建立适当的项目管理系统和培训培训师体系。

（5）建立20000所社区幼儿园，覆盖500000名3~6岁儿童，每年所需成本为10亿元。

以上的扶贫战略可以通过以下渠道获取资助：

（1）从国家扶贫基金获得硬件方面的资助。

（2）通过中国未来碳汇市场和“生态系统服务付费”获得人力资源和项目管理的资助（农业指导员和项目经理）。

农村贫困人群通过可持续农业管理、土壤碳储备、退化土地恢复降低全球变暖等获取资助。例如，农田、牧场和牧场土壤可以储存1.5~4.5每年全球排放二氧化碳的当量（每公顷1~5吨二氧化碳），退化土地的恢复可达每公顷10吨。

130万农户×5万吨二氧化碳减排量=每年650万吨的二氧化碳排放量×30元/吨，有可能产生每年1.95亿元的收入。

农村贫困人群还可以提供其他的生态系统服务，如水量调节、侵蚀、害虫、授粉、水净化和废水处理。

（3）通过解放妇女劳动力，由农业部、人力资源部或者私企和市场力量，为学前教育融资。

50万妇女每天节省3个小时的生产劳动，这会产生经济剩余为500000农户×3小时/天×200天上学日×10元/小时（80元/天）=30亿元/年。

同时，这些社区幼儿班会为村里的年轻人创造2万个工作机会，有助于村里更加团结和和谐。

○社区发展视角下的农村社区灾害管理

——雅安灾后重建评估框架介绍

中国扶贫基金会雅安灾后重建评估组

毛刚强*

一　社区为基础的灾害管理及能力与脆弱性分析

1. 社会工作视野下的灾害管理

灾害之所以可以管理，是因为可以通过一系列工作，在态度、组织及制度、物质、技术、生产和生活等不同层面，增加组织、社区及群体的能力，降低其脆弱性，减少其脆弱环节，从而达到减少甚至防止灾害发生的可能，同时，在灾发时可以最大限度地减轻损害。不管是从国家行动、社会组织行动层面，还是从社区行动层面，灾害管理都需要强调多方特别是受灾主体的参与，通过系统能力建设，减少脆弱环节，从而达到应对灾害的目的。

从社会工作的角色来看，灾害社会工作主要是在社区层面推进的，既可理解为特殊意义上的社区工作，也可理解为另类的社区发展工作。社会工作视野下的灾害管理，需要将社区作为一个行动单位、作为整体来看待，即可理解为以社区为基础的灾害管理，主要基于以下原因：个体相对于自然灾害、环境灾害及大型社会冲突而言，其脆弱性是显而易见的。特别是中国西部贫困山区农村，农业生产本身的脆弱性加上生态环境的脆弱性，更由于农民的贫困导致社会行动能力极端缺乏，社区共同利益机制日渐式微，作为公共品及准公共品供给的备实、减防灾技术、信息及相关举措的欠缺，当灾害发生时，作为个体的农民

---

* 毛刚强，贵州民族大学社会建设与反贫困研究院研究员。

是非常容易受损的。而在城市内，随着经济的发展引发巨大的社会变迁，社会迁徙与城市内流动加剧进行，陌生人社会正在取代过去的单位社会，社会离散程度加剧，个体脆弱性大大增加，同乡村社区一样，城市小区及所谓的社区更多体现为聚居地而非真正意义上的共同体。社区为基础的灾害管理，强调作为一个整体的社区的共同行动，并且合理充分利用社区资源（包括组织资源、地方性知识、环境资源、社会资本，信息与政策资源等）推进减防灾工作。社区为基础的灾害管理，与社区治理是密不可分的，其本质含意是推动减防灾和应对社区各种风险成为社区的公共事务及共同利益，并成为社区公共生活的一部分。工作重点在于支持社区解决合作的障碍，推进社区的公共参与机制和集体行动能力的过程。

社区灾害管理包括以下五个环节：备灾、减防灾、救援、紧急安置、重建。隐患胜于明火、防灾重于救灾，在社区灾害管理工作中，备灾和减防灾工作是第一重要的，是社区通过集体行动，最大限度地预防、减轻灾发时对人的生命财产产生重大影响，从而最大限度地达到“管理”灾害之目的。灾发后的救援及紧急安置工作，社区也应该而且必须成为第一行动者，如震后“黄金 72 小时”，社区自身的行动就显得极为关键。在灾后重建的过程中，减防灾与备灾工作也应贯穿其中，才能最大限度推进灾害管理。

增能工作手法是社区灾害管理的主要工作手法。支持社区主体行动、社区为基础的灾害管理，增能既作为策略手法，同时也作为工作的目标。从行动研究的视角看，增能即在外来者的支持下，通过一系列的工作，支持社区及相关群体：1）能自我满足基本权利，包括生存权、安全权、发展权、基本服务权等；2）在权利受损的时候，有能力自我主张相关权利；3）为达致社会目标及社区目标获得处分资源及收益权，并通过公共管理、组织协调等方式获取积极行动的权力。增能工作的主要途径是增加社区及相关人群的能力，使之有能力并有权力通过共同行动以满足、主张相关权利。社区灾害管理的首要职能是满足社区免受灾害的重大影响，实现社区群众的生存权利及安全权利，是促进社区自我服务能力提升从而满足社区基本服务权利的重要策略。

2. 社区灾害管理的相关概念

风险：指自然及人为的，有可能对一个社区、群体或者是个人产生危害的各种现象及事件。

能力：指相关组织、社区及群体在防灾、备灾、减灾及灾发时的自救、灾后的恢复重建等方面的能力，也包含相关组织、社区及群体预防、应对各种社会风险的能力。根据我们行动研究的结果，应灾及应变能力主要体现在态度层面、组织和制度层面、物质层面、技术层面、生产和生活层面等。

脆弱性：相关组织、社区及群体易受灾害和各种风险影响的方面。与能力系统相对应，体现在态度、组织及制度、物质、技术、生产和生活等五个层面，如果能力强，则脆弱性低；反之，如果能力弱，则脆弱性高。

脆弱环节：在具体组织、区域内，容易导致灾害和风险的发生并在灾发时最易受到影响的部分。

易受损（脆弱）群体：各种危机及灾难发生时，受影响区域中总会有一部分人更容易受到危机和灾难的影响，他们的生命、财产安全更容易受到损害。这与相关群体的能力/脆弱性是有对应关系的。一般来说，易受损群体往往是弱势群体，如相对贫穷的人士，相对边缘的群体如老人、妇女及儿童等。他们不仅更易受到灾害的侵害，在推进灾害与危机管理工作时，更是有着关键影响的群体，亦是灾害管理工作中社会行动能力建设需重点关注的对象，同时也是灾害管理工作回应社会需求中更直接的服务对象。所以，灾害管理工作须具备对易受损群体进行辨析的敏感性视角，同时具备和他们一起工作的能力。

3. 能力与脆弱性分析

能力与脆弱性分析，是政府及各类组织、社区在灾害管理和应对各种突发事件的重要分析工具，主要为制定危机管理政策特别是预防行动方案提供行动指南，也可作为危机管理行动的评估性框架及机制的评价诊断工具。一般来说是将能力与脆弱性作为一组对应关系进行分析，主要可从如下方面进行。

物质/环境层面：生态与自然环境是否安全、是否会增加灾害发生的可能？有哪些公共设施可以抵挡潜在危险？建筑是否牢固？有无紧急避险通道及通道是否有利于灾害发生时疏散？有无建立避难及救助场所？有无防疫人士、是否建立防疫点、防疫点是否能发挥作用等。

生产、生活层面：生产方式是否会增加环境的脆弱？哪些生产方式可能会诱发更大的脆弱性？种植及畜牧模式能不能抵御灾害？针对具体的潜在危险，产业结构是否太过单一？有哪些生活习惯应对潜在危险时风险很大或者可以预防灾害发生等。

组织、制度层面：有无建立可运作的预案？社会内在关联度、互助程度如何？社会诚信度如何？社会、社区公益组织的数量及人民的参与度如何？社会/社区内部合作程度如何？社会、社区有无组织机制保证相关减防灾工作的落实？各社区有无专人协调减防灾工作？领导群体是否可以处理好减、防灾工作，并且他们的经验能否得到有效的传递？社区与外界的联络渠道是否建立并能保持畅通？有无建立预警机制并做好分工？

态度、意识层面：社会/社区成员是否认为灾害是无法避免的？各个具体社区的传统是否对灾害采取顺从、消极的态度？社会成员是否有减防灾意识？是否希望通过积极的行动，进行减灾、备灾等。

技术层面：应对各种灾害及公共危机有无专业技术团队？技术团队的经验背景与知识系统构成是否合理并具有合作能力？有哪些成熟技术？技术方案可行性如何？针对不同的风险是否开发了有效的技术措施并具有足够的技术储备？技术可传递的机制有无建立？技术是否可以并且已经被关键群体所掌握？等等。

政策/行政层面：当地政府的发展计划对减、防灾有什么样的影响？地方政策对环保、防疫等的重视程度及与社区的联结？地方政府在其他地方（如水源上游）的发展行动对本地会有什么影响，哪些内容会增加社区的抗灾能力，哪些活动会增加脆弱性？地方政府对当地社区的减防灾是否重视等。

雅安灾后重建的能力与脆弱性分析。

“4·20”雅安地震后第四天，笔者受邀作为中国扶贫基金会灾后重建专家团成员，参与了地震灾后重建评估，在调查的基础上，工作团队运用能力与脆弱性分析框架对灾区状况进行了分析。

四川“4·20”芦山地震灾后重建的能力脆弱性分析

	能　力	脆弱性
物质/环境	1. 5·12 震后重建了一批质量较高的公共设施（广场、学校等），这些设施成为本次“4·20”地震中的避难和集中安置区 2. 亚热带温湿气候和特有的生物多样性资源、矿产资源，为灾后重建提供了资源基础 3. 距成都市场较近，交通较为便捷，有灾后产业发展的市场基础 4. 竹、木资源丰富	1. 震区山高路险、滑坡点多，随着雨季降临，次生灾害会更多，会导致灾区交通中断，严重的可能会导致第二次伤害 2. 重建中的原材料大部分需要外部运输，运输问题会导致原材料价格上涨，增加重建投入 3. 平地少，导致合适的重建地点更少，过渡安置区和重建区的矛盾一直存在 4. 山区农村基础设施建设较为薄弱 5. 人均耕地面积小、可利用人均自然资源少，在地发展的资源支持较为紧张
生产/生活	1. 打工经济作为农民现金收入的主要来源，对本土资源依赖较低 2. 传统木结构房屋建筑具有本土竹木资源的支持 3. 较完善的农耕技术和充分利用土地的耕作系统 4. 木材、煤、电、液化气、沼气等多样化的生活能源结构 5. 农村传统养殖方式一定程度上支持生态农业发展的有机肥源	1. 逐渐普及的砖混建筑，重建过程中大量短期内购买建材易致价格上涨、重建成本加大 2. 打工经济导致农村人口结构失衡，重建过程中家庭照顾压力较大 3. 农业生产过程中对农药、化肥、除草剂等依赖大，带来土地和地下水污染的风险，也对生活多样性带来影响，同时农业生产现金支出压力增大 4. 山村散居方式增大了社区服务与照顾系统的成本，但集中安置重建又面临土地的压力
社会/组织	1. 因为共同的困难，一些社区凝聚力更强、协作能力提升 2. 经过“5·12”地震，每个县的备灾水平和响应能力有大幅提升 3. 外部公益组织对震区很关注，在灾后重建阶段会深度介入 4. 农村基层组织都能为灾民服务，党员、志愿者能发挥积极作用 5. 打工经济中的人员流动，增强了社区和市场、外界的联系 6. 省政府层面推动成立社会组织和志愿者服务支持中心，能协调公益力量介入 7. 包括中国扶贫基金会在内的各大基金会筹集了一定的资源支持灾区，各公益机构间存在协作的空间	1. 社区组织少、村庄组织化程度较低、村干部社区权威不够、公共事务社区参与较弱 2. 缺乏社区服务与社区照顾，基层组织没有提供社区服务的财政基础，也缺乏建设社区福利支持和社区照顾系统的方法和技术 3. 社区减防灾工作上移，社区主体性不足，普遍缺乏应对灾害的社区预案和社区组织体系 4. 农村社区空心化问题严重、社区组织资源较为欠缺 5. 社区公共生活缺乏、公共空间消解、离散化程度较深、弱势群体更为脆弱 6. 本地专业社会发展机构少、社区发展的本土社会专业人才缺乏 7. 公益组织在重建阶段的协作机制还有待形成 8. 专业性社区重建机构和社区社会工作机构还有待引入

续表

	能　力	脆弱性
态度/意识	1. 乐观的生活态度能支持受灾群体面对难关，互助精神能提供社区支持 2. 雅安为小震频发区，灾区对于地震的认识越发全面和理性 3. 相当一部分灾民认为重建是自己的事情，对政府和外界资源的依赖心理少 4. “5.12”、“4.20”两次大地震总体上提升了当地人民的备、防灾积极性	1. “5.12”汶川震后重建致使部分灾民对政府行动抱有较高的预期 2. 灾后重建较缺乏社区共识，有发生社区矛盾与冲突的风险 3. 社区共同行动面对灾害作为社区的共同利益，在认识层面还严重不足 4. 综合应灾的视角还需要在重建过程中加以普及
政策/行政	1. 中央政府和省、市政府对灾区人民高度关心，已有政策和资金支持 2. 各级政府欢迎社会组织参与重建，有利于政府和社会组织的分工与合作 3. “5.12”汶川震后重建为本地政府提供了经验，重建过程将更能尊重社区意愿	1. 重建速度的压力会带来资源分配失衡和建筑价格上涨的风险，导致重建成本加大 2. 一些地方的集中重建会带来文化丧失、生计系统脆弱、社区解体的风险 3. 较难支持有个性化要求的灾民的生产重建 4. 对房屋受损修复的标准和技术关键难以把握，有关部门存在决策风险

三　调研过程中的发现

1. 志愿者和公益组织支援灾区为当地社会重建带来新的契机

“4.20”芦山地震，虽然给灾区人民带来了巨大的生命财产损失，但对于灾区人民而言，却是一次社会重建的机会。我们在灾区工作的过程中，看到公路沿线不少受灾群众组织起来为外来志愿者提供帮助的服务点。在芦山的不同社区都有受灾群众自发组成的、为社区及外来志愿者提供服务的临时性志愿组织。在飞仙关镇朝阳村还发现受灾群众将帐篷硬让给通信抢修队伍居住的事情。芦山组访问的 6 个社区就有 4 个社区群众组织起来，将社区的粮食及蔬菜、腊肉、家禽等集中，为外来救援的志愿者做饭烧菜。在芦山灾区调查的过程中，调查人员乘坐的乡村小巴坚持不收外来救援志愿者的车资，访问的受灾群众多人反对解放军战士进屋抢抬家具，认为“子弟兵的生命重于一切”……芦山人民在灾害面前表现出非常积极、乐观的一面。相对而言，天全、宝兴等受灾县，受灾群众的主动性和互助性表现得不像芦山这么强烈。我们的初步判断是，芦山灾区外来公益机构和志愿者相对较多，受灾群众受感染从而引发了灾区较为全面的“感恩”行动，反而支持了灾区社区抗灾能力的成长和社会资本的重建。

2. 房屋重建是受灾群众面临的最大问题

调查评估小组走访的几个主要受灾县的重灾区，乡村房屋毁损率都基本超过了90%。对于灾区人民而言，房屋往往是最主要的财产，房屋受损对多数人而言就意味着半生甚至是一生的努力都付诸东流，并且其中还有一部分房屋是汶川“5·12”地震后重建的，建房者的欠款至今都还未还清，这将大大增加受灾群体的生存和发展压力。大面积的房屋受损和灾后重建中巨大的房屋重建需求不一定在短期内得到解决，对于灾区人民的生活而言，其影响将是非常巨大的，同时，也是灾区群众面临的最大挑战。

3. 以打工为主要收入来源的农村生计重建急需社区服务系统

打工经济是我们调查的农村受灾社区群众的主要生计来源，也是当地农民现金收入中最为重要的构成部分。受灾区域多为山地地形地貌，人均耕地少，农耕基本上不能支持当地农民的生活，外出打工在灾后紧急安置期过后，还会成为当地农民解决生计和重建问题的首要选择。在灾后生活还不稳定、居住和社区生活条件十分恶劣的情况下，这势必严重影响留守人群的生活。相关的社区服务与社区照顾系统的建设及社区层面的保障与福利支持，是未来重建过程中需要解决的突出问题。

4. 社区就业机会供给对于一部分家庭而言十分重要

灾区不能外出打工的群体，除了极少数有本土发展能力的精英群体外，大多数都是因为种种原因如受教育程度低、外出谋生能力弱，或者要照顾家人等原因，相对比较脆弱、比较边缘的群体。地震灾害发生后，这个群体同样不能外出务工，缺乏通过自身行动解决重建问题、支持可持续乡村生活的能力。重建过程中通过各种途径创造社区就业机会，为此类群体提供社区就业的机会，对于相关群体而言，是十分重要的。

四　灾区重建需求

1. 住房建设：我们调查的受灾社区，超过90%的住房都受到了不同程度的损毁，住房重建是受灾群众的第一需求，也是当地群众面临的最大问题。由于当地农村社区以打工经济为主，在地发展的机会不多，多数受灾群众的住房重建，都需要通过打工来解决资金问题，更需要通过打工收入支持可持续生活。短期内重建住房对于相当一部分人而言，基本不太可能，需要面临一个较长时期的过渡性生活。价格较低、能使用较长时间的过渡安置房屋对当地人而言，也是急需解决的重要问题。

2. 可持续生计系统建设与社区服务：建立社区服务与社区照顾系统和公共生活，为受灾群众解决外出务工的后顾之忧，是绝大多数社区急需解决的问题。由于本土企业受地震的影响，相当一部分还需要一定时间才能恢复生产，有些企业的损失较为严重，恢复生产面临较大的资金压力，它们承担了本土税收来源和就业机会供给的重要责任，其生产重建对于当地经济恢复来说至关重要。恢复本地服务业及小加工业、小作坊的生产和服务，提供本土就业机会和服务支持体系，也是当地的一个重要需求。对于有在地、本土发展能力的一些当地能人而言，也需要支持其建立本土发展的产业基础，既有利于促进当地经济恢复，同时又支持其为当地社区发展做贡献，给留守农民提供就业机会。从社区重建的视角看，上述问题需要系统而认真的考虑。

3. 社区公共品恢复与重建：灾区的道路、饮用水源、公共卫生设施、灌溉系统等本来就基础薄弱，震后问题就更加严重，有较大的重建需求。社区卫生服务、幼儿园、养老托老服务、公共文化生活空间也相对欠缺，社区合作解决前述问题的机制还比较缺乏，所以，公共设施的建设及可持续的管理，发展社区可支付的、针对边缘弱势群体的公共品和准公共品性质的社区服务，对于灾后重建而言，也是十分重要的内容。

4. 边缘弱势群体的服务与照顾：贫困、残疾、伤病群体，相比较而言，对于地震灾害更具脆弱性，在灾害中遭受的损失更难得恢复，房屋、生活与生产重建的困难也就越大。对受灾的弱势群体提供必要的生活保障和更大力度的重建支持，不只是政府也是社会各界需要共同承担的责任。

5. 社区灾害管理：此次地震，距汶川地震仅有 4 年多的时间，汶川地震后的重建工作，从现在的情况来看，在社区层面还有很多问题没有解决，如房屋重建的抗震强度控制、社区灾害教育、社区应急系统、社区应灾预案等方面的工作，都缺乏社区跟进。此次地震灾害，一些社区还面临山体滑坡等地质灾害的威胁，耕地减少、灌溉水系统改变需要进行相应的耕作制度调整及种养结构的改变等问题。支持社区合作、建立社区灾害管理机制，做好以社区为基础的减灾、防灾及备灾工作，同样是灾区在重建过程中需要积极回应的问题。

五　重建过程中面临的风险与挑战

1. 耕地有限及山地地形限制大规模集中重建：由于灾区的耕地极为有限，人均耕地往往只有几分地，且相当多农村地区为山地地形，部分家庭甚至连重建的宅基地也无法解决。大规模集中重建面临较大的土地资源挑战，亦对部分对农业生产有一定依赖的群体带来生产成本增加的风险。同时，大规模集中重建，灾区群众还有可能面临文化传统消失、社区社会资本丧失、共同体瓦解等方面的风险。而且，灾区农村的基础设施特别是公路、供水系统等相对较差，一定区域内的大规模集中重建也面临较大的公共设施支持不足的压力。中国扶贫基金会将不考虑支持规模化集中房屋重建的项目。

2. 灾后重建速度过快将大大增加农民的重建成本：汶川地震的经验显示，短期内大量进行住房建设，建材价格、劳动力价格、运输费用等极有可能大幅上涨，导致灾民重建成本大量增加。灾区多数农村社区群众主要生计来源靠外出务工，在地农业生产不足以支持其可持续生活，短期内集中大量建房，一方面因重建成本增加而易导致其负担加重，同时由于缺乏现金需要大量贷款从而承担较多的利息；另一方面由于多数农民因为建房不能外出务工挣钱，以打工收入为主要支持的当地农村生计系统将受较大影响，一些农民的生计可能会出现较大问题。另外，从我们在芦山灾区一些社区的调研情况来看，有相当一部分房屋都是在汶川“5・12”灾后重建的，在此次地震中同时受到了不同程度的损坏，相当一部分灾民连上次重建房屋的债务还未还清。此次灾后重建，多数人都希望建设抗震能力较强的房屋，但是建筑成本要求更高，需要更长时间的准备。所以，建设支持受灾群体外出就业的支持系统，支持农民根据自己的能力，自主安排房屋重建将是我们灾后重建工作中认真考虑的内容。

3. 重建过程中大量劳动力外出务工将导致社区脆弱群体照顾缺乏：从我们调查的情况来看，灾区大多数的农村社区，人与自然资源的矛盾较为突出，调查发现近三成社区受灾家庭连粮食都不能完全自给。受灾家庭还面对现金支付压力越来越大的乡村生活变迁，在地发展特别是农业就业的机会十分短缺，外出打工成为较多灾民唯一的出路。调查访问的农户，超过 2/3 表示将尽快安顿好家人后外出务工，对于灾后脆弱的生活而言，留守老人、妇女和儿童面临的风险会加大。所以建设农村社区服务与社区照顾系统，解决农民外出务工的后顾之忧，将成为中国扶贫基金会在重建过程中考虑的重要领域。

4. 灾后重建缺乏专业的社区工作组织和人才队伍：参与芦山“4・20”地震救援的组织，多数为志愿者团队和各类紧急救援组织及一般性公益机构，多数机构都不具备农村社区工作的经验，更缺乏相关的专业职工队伍。灾后重建，既包括社区生计系统重建，也包括各类社区服务和社区照顾系统建设，对相关人员扎根社区工作的能力也有较高要求，同时还需要具备一定的灾害管理知识。同时，此次灾后过渡安置与重建周期有可能较长，社区群众在不能安居的情况下，生产、生活及精神层面面临的问题较大，容易引发各类冲突，还要面临各种利益格局的调整。要较好地解决这些问题，专业的社区工作人才队伍及较大数量的专业工作机构是十分需要的。中国扶贫基金会将以项目合作的方式，与专业性社区工作机构、社会工作专业队伍建立合作伙伴关系开展社区工作，同时，亦将重点考虑支持本土专业社会组织和社区组织的成长。

六　重建策略建议

1. 重建原则

社区为本：基于灾区的社会、经济、自然环境及资源现实，应该支持受灾社区为主体开展重建工作，支持受灾群众的社区参与和社区公共决策，即尊重受灾群体在专业人士的协助下对灾后重建项目的自主选择，支持灾后重建过程中受灾群众对重建速度的自我把握与控制；支持受灾社区能力的整体成长，支持社区在重建过程中将灾害管理作为社区公共生活及公共事务管理的重要内容；在支持村庄合作、产业合作的基础上，支持社区发展生产、建立社区服务系统，同时支持社区带头人在自我发展的基础上能为社区的产业发展和就业机会提供服务。

可持续社区能力成长：灾后重建最重要的是支持灾区各项能力的可持续成长。支持灾后重建，将以生计系统重建为主要切入点，重建受灾社区的能力系统。社区能力系统包括以下内容：1）治理与合作能力，包括社区的组织、协调、管理能力；社区学习能力；社区公共事务管理能力；社区集体决策机制与能力；社区问责能力；公平与公正能力；社区内矛盾化解能力等。2）社区经济能力，包括社区的技术能力，即在地经济发展需要的技术获得及可持续更新能力，以及获得的技术能服务于社区的机制。社区的信息能力，可获得信息渠道建立、信息传递能力。社区市场能力，社区产业发展的市场议价能力、沟通能力等。3）社区文化能力，包括社区公共生活的营造能力；社区对于传统文化和主流文化的反思能力；社区文化生活的自我生产能力等。4）社区福利能力，包括支持社区建立初级保障机制；支持社区建立和完善互助机制；支持社区相互保卫的机制，即支持社区安全生活的能力。5）社区环境能力，包括社区的环境与卫生意识提升；社区可持续利用自然资源的能力；社区生活环境与卫生的自我改善机制建立。

建设社区能力系统，将以社区的治理与合作能力建设为基础，以社区组织发展为主要工作内容。

可持续：所有灾区重建项目都将具有可持续资源利用及环境保护的视角。如不支持影响生物多样性的项目，不支持高耗能、高排放的重建项目，更不支持污染土地及河流的重建项目。在过渡安置和重建过程中，以塑料墙体、泡沫为填充材料，同时需要硬化耕地的塑料板房将不予以支持，鼓励社区利用当地资源，建设过渡性安置房屋。优先支持社区可持续利用本地生物多样性资源的产业发展项目，优先支持社区有灾害管理视角、具有减防灾功能的生计发展和社区服务项目，优先支持社区生态产业发展的种、养殖项目及生态产品加工项目，优先支持社区可持续利用自然资源的能力成长项目。

合作、协作与陪伴成长：在过渡安置和灾后重建过程中，坚持与地方政府及政府部门、不同基金会、各种专业社会组织、社区、企业开展合作与协作，尊重不同合作伙伴的视角与工作方法。在社区生计系统重建与社区服务、社区照顾系统发展的过程中，特别注重培育和支持本土专业社会组织，支持灾区社会能力的成长与发展。培育本土社会组织、支持本土社会组织的发展将作为扶贫基金会的重要策略工作手法，同时，亦将通过建立成长支持平台、专业社会组织协作平台等方式，与合作伙伴一起建立对本土专业社会组织及社区组织的陪伴成长工作模式。

2. 灾后重建重点支持领域

社区产业发展：社区生计系统重建将是灾区重建最重要的工作内容，而产业发展则是主要工作领域。通过组建专业工作团队及与本地企业、专业社会组织合作等方式，支持灾区的产业发展，以创新工作手法，重点支持各类生态产业合作社、农民合伙企业、社区微小企业发展，亦将支持具有产业带动、就业机会供给能力的受灾企业的灾后生产恢复工作，支持灾区经济活力重振，相关产业的可持续发展并为本地带来福利增长和环境改善的机会。对于以村庄合作为基础、以本土资源可持续开发利用为主要途径的专业合作社、产业发展协会及社区小微企业，将特别予以支持考虑。小额信贷、社区发展基金、注资合作社及本土企业将成为主要的策略手法。

社区服务与社区照顾系统建设：鉴于灾区农村传统经济系统中打工经济为主导的特点，以及受灾群众将在家庭安顿妥当后急需外出务工或经商的现实需求，需重点考虑建立灾区社区服务与照顾系统，解决外出务工和经商人士的后顾之忧，支持需要务工、经商的受灾群众在灾后可以较快且放心外出，重建家庭的经济能力。要重点考虑与专业社会组织和社会工作机构合作，建设灾后社区服务与社区照顾工作模式。社区服务与社区照顾将重点关注空巢老人、留守儿童、妇女和残障人士及贫困群体，通过建立儿童托管中心、长者照料中心，社区公共空间建设、社区互助系统发展等方式，结合陪伴成长的工作手法、支持社区组织的发展，建立可持续社区公共服务发展机制。

社区就业机会提供：通过支持社区微小企业发展、支持本土企业恢复生产、支持村庄合作基础上的社区服务与社区照顾系统建设等手段，为灾区特别是脆弱群体提供本土就业机会，将同样是灾后重建工作中的一项重要工作。应将灾后社区重建资源投入为杠杆，发展村庄合作，建立社区分担基础上的社区服务与社区照顾系统，支持留守社区妇女的本地就业。

社区公共服务体系建设：需要协调、整合相关资源，支持灾后社区的公共服务系统建设。社区卫生设施、安全饮用水设施、过渡性托幼机构、过渡性社区文体活动空间、社区老人照料机构等的建设都应在关注领域之中。同时，亦需要着重支持社区公共事务管理能力的成长，建立以社区为基础的可持续公共服务体系。

本地社会组织培育与发展：灾区自身能力的可持续成长是灾后重建工作成果得以保证并可持续成长的重要基础，而灾区社区发展能力、社区减防灾能力与社区服务能力的可持续成长的关键在于本地专业社会组织和社区组织的可持续发展。我们建议基金会所有的社区重建项目，都将把本地社会组织及社区组织的培育和发展作为重要的工作手法，同时，亦开设专门项目领域，培育本地社会服务组织和社区组织并支持其发展。将与各类专业机构和人士合作、建立支持本地社会组织和社区组织的支持团队，开发相关工具与方法系统，并建立陪伴成长的工作机制，支持灾区社会能力与社区能力系统的成长。

3. 灾后重建重点考虑的项目类型

A. 本地企业灾后生产恢复支持。

项目目的：（1）支持灾区企业发展，为本地经济能力成长提供活力。（2）支持企业生产恢复的同时为灾区社会福利生产提供支持。

支持企业类型：（1）能大量提供本土就业机会的企业。（2）可持续开发利用本土生物多样性资源并具有产业带动的企业。（3）农民自发成立的、以种养业为原材料，并且能提供受灾群众农业就业的合伙企业。（4）提供本土急需的产品和服务的企业。（5）小微企业、社区企业等。

主要工作手法：（1）小额信贷。（2）小微企业发展基金。（3）合伙企业培育及现代企业制度发展支持。（4）股权出让、社区代持等。

B. 结合合作社建设的生态农业发展项目。

项目目的：（1）发展生态产业、支持灾区自然资源的可持续利用。（2）培育农民市场精神和农民企业家、支持灾区经济活力成长。

主要支持项目：（1）生态农产品种、养与加工。（2）药材种植、加工及合作销售。（3）竹、木等资源的种植、管护、开发与加工。（3）本土特色矿产加工下脚料的再利用。（4）手工艺品开发、生产与销售等；

主要工作手法：（1）能力建设。（2）陪伴成长。（3）开办资金支持。（4）协作成长平台建设。

C. 可持续发展社区服务系统支持项目。

项目目的：（1）建立对外出务工群体的家庭照顾支持系统。（2）支持社区的福利生产能力成长。（3）建立灾害社会工作的社区工作模式。

支持项目：（1）过渡安置阶段的短期社区服务项目，包括临时儿童托管、边缘弱势群体服务、安全饮用水、社区卫生设施（如厕所等）建设、社区互助系统建设等。（2）社区参与的可持续社区服务与社区照顾体系，包括对留守儿童、空巢老人的照顾与留守妇女支持，社区服务支持社区就业的模式开发项目等。（3）社区过渡性公共空间建设项目。（4）社区外出务工人员服务支持项目。（5）社区为本的灾害管理项目等。

合作伙伴：（1）专业性社会发展机构。（2）社会工作专业工作团队。（3）地方政府、社区组织等。

D. 本土社会组织和社区组织培育支持项目。

项目目的：（1）培育和支持在地的社区组织、发展灾区的社会服务体系。（2）支持灾区社会能力、社区能力可持续成长。（3）建立灾区社区发展、社区照顾与社区服务的本土人才队伍。

培育社会组织的工作领域：（1）社区灾害管理。（2）社区发展与社区服务。（3）教育支持。（4）环境保护与可持续资源利用。（5）社会工作专业机构等。

（感谢中国扶贫基金会富有成效的、专业性的工作，感谢瑞森德咨询公司的组织及评估专家组成员及志愿者的通力合作。）

○村庄组织化视野下的社区服务供给

——以遵义市狮山村为例

吉家钦*

一 农村社区服务供给的困境与民间视野下的出路

改革开放30多年来，随着一系列制度改革的推进与深入，农村社会发生了悄然而深刻的改变，这也给农村社区的公共服务供给带来诸多挑战。首先，人民公社的解体直接宣告了国家支持下的具有强制性、非自主合作特征的村集体自我供给的社区服务体系的崩溃；而在进入20世纪80年代之后，分田到户与农村税费改革导致村集体职能虚置并引发国家与农村的联系“梗塞”，政府支持下的农村基本公共服务供给出现一定程度的缺失。随着农村社会从传统向现代转型，以熟人社会为特征的农村社会结构逐渐瓦解，农村传统的社会关联出现断裂，村庄“原子化”状态加剧，农村社区无法通过合作形成集体行动去回应公共服务短缺的问题。

进入21世纪后，现代性对农村社会的入侵进一步加剧，农村居民在物质、文化以及生活等方面的需求出现多元化、多层次趋势，同时，随着农村精英与青壮年劳动力的外流，农村“空心化”、家庭“离散化”所带来的譬如留守儿童的教育、孤寡老人的养老、留守妇女的发展以及流动人口的社会融入等方面的问题凸显，农村社区对公共服务的需求显得非常紧迫与彰显。

近几年来，随着国家对民生问题的重视，向国民特别是农村居民提供均等化的基本公共服务日益成为政府及社会各界的共识，但是，在政府支持下的农村社区公共服务短缺而农村社区内部又无法有效生成所需公共服务的背景下，农村公共服务供给的出路何在，一时成为学界的研究焦点。

---

* 吉家钦，贵州社区建设与乡村治理促进会，和仁乡村发展研究所。

目前国内对农村社区服务有关概念的界定已形成一定的共识，但对社区服务的生产与供给存在诸多争议。有观点认为，国家（政府）是农村社区服务的主要供给者，至少是包括教育、医疗、社保、养老、就业等基本服务的主要供给者，当政府在基本服务供给不到位或者非基本服务缺失时，社会是社区服务供给的主要承担者。有观点则认为，农村社区服务投入主体应该是多元的，国家（政府）、社区居民（农村集体）、民间组织以及市场都是平等的社区服务供给参与者。但从社区服务的提供与社区服务的生产的差别看，更多的学者更愿意接受“政府主导下的多元化投入主体及供给方式”这样的观点。

民间组织作为重要的社会扶贫力量的有机组成部分，在农村社区服务的供给和参与方面也贡献了有价值的实践经验，这样经验的得出，经历了西方有关发展理论的本土化过程，其中包括赋权等理论如何立基于本土实际，促进农民提高能力且对自身发展现状做出判断，并通过公共决策参与社区发展，从而达到自我主张、自我服务与自我满足。由此可见，在民间组织的视野里，在农村居民对公共服务的强需求与农村社区公共服务弱供给的张力下，整合社区资源、形成社会资本以保证村庄公共服务的自我生产与供给是符合中国国情与本土视角的主要解决之道。贵州社区建设与乡村治理促进会认为，村庄的组织化建设是农村经济社会建设的可行之路，并提出通过推动农民合作、提高村庄组织化实现农民货币增收与非货币增收，以促进社区福利、满足公共服务自我供给的观点。

在民间组织的农村社区发展实践中，促进农民合作来回应农村社会建设与农村经济发展问题已成为一种重要的工作方法，但其中也存在一些问题。在当下，权利导向与增收导向的农民组织或者农民经济合作组织是农民合作的主要体现形式，但这种“农民”身份的人的组织化具有明显的基于个体或者小团体利益出发的目标局限，因此很难在村庄整体层面回应公共利益的要求，因此如何把农民组织化提升到村庄组织化的层面加以考虑与实践，以便在村庄公共服务建设方面发挥更重要的作用，是民间组织在类似议题上面临的挑战。

同时，随着城镇化与产业化的推进与深入，农村面临着新一轮的社会转型，居民对社区服务的需求进一步显性化，因此要求民间组织对介入社区发展的策略做出相应调整。具体到促进农民合作方面，不仅要考虑农民合作的经济面向，而且逐渐导入社区服务的视角。在策略方面我们需要思考的是，如何从带头人培养、经济组织培育转向乡村义工的培养、促进村民的平等参与以及村庄组织化的提高，以便在外部资源的撬动下促成社区内部资源整合、实现社区服务的自我生产与供给。在推进实践方面，农民/社区的合作如何发起并由点带面地在村庄层面展开，则是一个工作计划落地与推进的过程，其中主要涉及农民合作的参与动力与参与机制的问题，在以下的案例里，笔者将对此展开更为详尽的讨论。

二　行动经验：社区为本的公共服务自我生产与供给

狮山村隶属于遵义市绥阳县郑场镇，位于郑场镇南部，距离遵义市区51公里；在2002年合村并组后，狮山村的行政面积有18平方公里，辖9个村民组，全村1543户，现有人口6350人，是遵义地区一个中等发展水平的行政村，目前全村外出务工人员将近3000人，打工收入占农村家庭总收入的70%以上。村庄精英及青壮年劳动力大量外流，给村庄的发展带来一系列的问题，如农业“老年化”及“女性化”情况非常严重，留守老人、儿童与妇女的生活与发展问题凸显等。

我们从2007年开始与狮山村开展互动，但更多的是通过调研的形式与村两委接触，并就村庄发展议题开展讨论与交流，在这个过程中彼此在村庄组织化基础上的村庄发展方面达成一些共识，但由于缺乏外部资源支持，我们与狮山村一直没有产生实质性的合作行动。2008年世界经济危机爆发后，狮山村有将近500人因失业返乡，为了响应中央政府号召，我们在某基金会的资助下以支持农民工返乡创业为切入点开始介入狮山村发展议题。迄今为止，我们的工作逐步覆盖到狮山村的经济发展与社会建设各个方面，在这个过程中，项目目标主要是通过促进村两委服务职能转变及增进村庄不同群体的共同体意识，推动村庄开展合作来主动回应农村经济社会发展的现实问题，探索村庄组织化基础上的农村自主发展道路。

我们把支持农民工返乡创业作为促进村委会服务职能转变的一个契机，其具体做法是通过资源赋权，推动村委会成为返乡创业的发起者、组织者与协调者，在这个过程中为返乡创业人员提供力所能及的服务，并把工作范围延伸到社区公共空间与公共服务建设等方面。在此期间，村两委除了支持返乡创业活动外，还举行了一系列的公共活动，如举行村庄文艺晚会、打工者茶话会、村民运动会、到珠三角探望在外务工人员、组织群众外出参观考察等，并通过村务创新方便村民及在外务工人员办事等。经过一系列活动的开展，干群关系得到改善，村庄也出现了空前团结与合作的氛围。

对于返乡创业，村两委及项目方希望在满足返乡创业者经济增收目标的同时，能够成为社区发展的带头人，协助村两委开展社区服务建设。在项目开展一年以后，返乡创业人员成立了合作社，并取得不错的经济效应，同时，合作社的对内面向即社区服务的面向也初步生成，并发挥了一定的作用，比如，在合作社的资助下，狮山村留守妇女文艺队成立并运作，之后，留守儿童活动中心与老人活动中心也相继建立，并在软硬件比较缺乏的状态下磕磕碰碰地运作。

正如前面所分析的，由于农村社区的公共服务缺乏来自政府层面的支持，而村集体也没有公共积累来满足居民的服务需求，因此通过农民合作促进社区资源整合、满足社区服务的自我供给成为有效的解决之道，但是由于受到农民合作的经济增收的目标局限，社区公共服务的生产与供给缺乏可持续保证。狮山村一年来的经验，创业者合作社也投身社区服务建设，但这是在不影响其正常运作与盈利基础上的有选择性投入，社区服务生产与供给极度有限，而且处于非常态状态。

我们在接下来的两年时间里，推动村两委加强与在外务工人员的联系，希望在增强他们对村庄的归属感的基础上吸引打工资金回流，支持社区生产发展与社区服务建设，如计划成立留守家庭互助基金，以支持留守家庭的照顾与发展工作的开展。后经济危机时代的返乡创业扶持工作进入村两委工作日程，以应对返乡发展人员的就业与创业困难等，在实施中，社区发展带头人的培养及社区组织的培育取得不错效果，但村庄层面的公共服务生产与供给依然得不到彻底改善。更令人担心的是，基于自身或者小团队利益的带头人及其社区组织的局限性开始显性化，主要表现在组织或者小社区内部基于某个共同目标可以生成有效的集体行动，但在不同社区及组织之间或者在村庄层面的公共利益议题上很难形成统一的行动共识，更有甚者，小社区之间、社区组织之间、社区组织与村两委之间的矛盾甚至冲突也开始浮出水面，导致各自为政、各自服务。

其实，狮山村在2002年合村并组后，由于村庄地理空间的扩大，村委会对村庄的影响就非常有限，导致村委会无法在村庄层面开展积极治理，而沦为摆设的“行政机构”，因此村委会希望通过带头人培养与社区组织培育来增强村庄共同体意识，并全面促进社区公共服务建设，但结果“点”与“面”无法有效链接，相反，“点”与“面”的隔阂却不断加深。

鉴于此，在2012年之后我们协助社区开展了一系列的沟通与教育活动，希望通过整合社区不同的正面力量开展社区公共服务建设。我们的认识与判断是，狮山村农民合作的基础是存在的，但如何促进农民组织化向村庄组织化的方向转变是最关键的一环，其中，社区带头人及其社区组织可以保持原来的运作形态及合作目标，但要在村委会的领导下开展基于社区服务的集体行动，因为社区公共服务自我供给是一种立基于村庄整体层面的公共利益建设，关乎每一个社区居民的利益所在。

我们的具体做法是，在村两委的支持下，成立一个由村民平等参与的、村民公共决策与自我管理的、服务功能齐全的“村民之家”，以整合社区资源，集中社区力量开展社区服务建设。经过几个月时间的努力，儿童活动与教育中心、老人活动中心、妇女文艺队、创业者合作社、社区跳舞队等有生力量被整合进“村民之家”，并各自开展稳定的常态化运作，而且“村民之家”还成为村民公共议事及公共活动空间。难能可贵的是，村民之家的建设几乎都是村民投工投劳完成，且很多村民还捐出闲置的适用物品，完善“村民之家”的硬件设施。

狮山村“村民之家”所延伸出来的意义不仅是在做社区不同力量的简单加法，而且是在探讨社区合作如何发起以及农民组织化如何提升到村庄组织化的可行路径。在“村民之家”成立之始，我们对村两委、社区组织及社区精英发起、组织与协调的社区行动机制进行反思，我们认为，基于村级组织、以能人/强人为代表的社区精英及其社区组织的位置与目标的差异，他们主要体现于追求各自目标为上，即使是产生合作也是临时性或应急性的合作，很难符合社区服务的非自发性与非志愿性的可持续需求。因此，我们的策略是依托村两委及社区精英，并大力发展与培养来自村庄内部的“乡村义工”，通过“乡村义工”来管理“村民之家”的日常工作事务。目前参加“村民之家”的“乡村义工”已超过30人，其中包括村两委的干部、社区组织骨干、退休老师、其他村民以及一些短期回流的在外打工者，他们采取公共决策的议事机制及三人或多人一天一班倒的工作形式实现自我管理与自我服务。

目前，“村民之家”的运作基本走上正轨，硬件的投入基本完成，每天参加各种活动的人数普遍保持在几十人至一百人左右。由于参加义工的人数较多，即使有人离开（如出外打工），但由于义务劳动的所占时间不多、强度不大，素有“面子情结”的农村居民是乐于加入这个有价值而又好玩的工作中来的。

但是接下来的问题是，由于损耗而产生的硬件补充与完善的问题怎么解决、有关模式如何在村庄层面推广、稳定的社区公共服务平台搭建并运作之后如何开展有针对性的社区服务等，这些都是新的挑战。目前社区也制定了一系列的应对措施与计划，第一，向社会募捐有关二手物资，并在村民之家的基础上探索生态种养＋本土饮食＋特色民宿的观光农业发展模式，用社会企业的方式维持村民之家的可持续运作。第二，在村庄不同区域复制“村民之家”运作模式，让“村民之家”的社区服务模式可以覆盖到村庄不同群体。第三，在村庄层面开展针对老人、留守儿童与留守妇女的照顾与发展活动，并联合社会力量开展支持回流人员的就业与创业活动。第四，吸引部分打工资金回流，成立社区互助与服务基金，继续开展狮山村的经济发展与社会建设工作。

三　一些观察与思考

在上面的案例里，我们在支持村两委服务职能转变的基础上重建社区服务，并以重建社区服务嵌入农民合作及村庄组织化的推动工作，而在村庄组织化程度提高的基础上社区通过整合内部资源，初步实现社区服务的自我生产与供给。在四年多的时间里，我们与社区走过不少弯路，也面临诸多困难与挫折，但是促进村庄组织化一直是我们努力的方向。

自我们进入狮山村的那天起，我们一直在思考以下问题：以人为本的农村社区发展强调当地人的发展主体地位，这表示当地人不仅是实践主体，也是资源的管理者与分配者，但在一个被工业化、城市（镇）化与行政化挤压到垮掉边缘的“空心村”里，谁能代表民意来整合本村资源，并与外部支持对接？谁又能从村庄共同体的角度出发，组织与统筹本村的整体发展？如果没有组织化，缺乏合作，社区如何对外具有谈判与博弈能力，对内具有公共服务自我供给能力？无法与市场对接达成经济增量，而公共服务的缺失又不能满足留守农民的福利要求，那么，乡村经济社会的发展又从何谈起？

在国家（政府）没有能力为农村居民提供更多的社区服务及社会各界的有关支持又非常有限的现状下，农村的固有资源及熟人社会所衍生的社会资本在得到有效整合后是大有可为的。但对“农民性”的歪曲与误读让很多人认为，中国农民是一盘散沙，很难合作起来。其实，只要重视农民参与合作的动力——满足其参与收益的问题，农民的合作自然水到渠成，农民参与合作的收益可以是货币增收，或者是威望、面子以及非货币的福利增收等，只要参与成本小于或者远小于参与收益，一般情况下大家是有合作动力的。比如，在狮山村的案例中，几乎每一家都有孩子与老人，而且他们的生活与发展都是大家所关心的，儿童与老人的利益就是村庄的公共利益，只要参与成本不高，大部分村民都愿意通过合作为他们提供相关服务，这也是很多人包括年轻人都愿意到“村民之家”当义工的主要原因。

另外，要合作起来提供社区服务，还要解决参与机制的问题。参与机制是农民产生合作时的决策、管理、监督与分配等方面的机制，这涉及两方面内容：实质参与与有效参与。实质参与是指要建立一个便易管道以保证每个成员能够参与到组织的决策与管理之中，并能表达利益诉求；有效参与是指组织的决策、管理与运作等一切结果都要兼顾不同人的想法和意见，并得到大部分人的认同与支持。在狮山村的案例里，社区组织特别是以经济发展为主要目标的社区组织，由于具有能人与强人主导的特性，所以在公共服务议题上很难做到实质参与和有效参与，而后来的“村民之家”，采用公共决策的议事机制及村民平等参与的义工管理制，每个人都可以发声，表达意见与观点，而且决策结果与行动计划一般都能考虑到不同人的想法，获得大部分人的认同与支持，其合作自然顺畅而且稳定。

当然，合作起来做什么——合作面向的问题也值得我们关注。毫无疑问，经济发展肯定是农民的显性需求，但在农民增收难的现实里，农民合作直接面向经济增收肯定是有问题的，主要还是参与成本高、风险大，参与的人数肯定有限，所在社区发展的实践里，这样的合作一般都是能人、强人的聚合；而合作起来开展社区服务建设，成本低，几乎不存在参与风险，而且可以满足农民比如获得公共服务、增进社区福利等非货币增收的要求，这样的合作相对比较容易发起，而且在合作稳定之后，可以实现向经济增收的部分转型。

贵州案例

○贵州省绿色减贫分析及对策研究

张　琦　陈伟伟　胡田田*

一　引言

绿色发展和减贫是推进世界文明进步的两项重要任务和挑战，受到联合国高度关注。2012 年联合国可持续发展大会的两大主题之一，即为“绿色经济在可持续发展和消除贫困方面的作用”，其主要成果包括提出要以绿色增长模式来取代传统的主要依靠资源和环境的增长模式，以消除贫困。

我国政府同样高度重视绿色发展和减贫工作，并将绿色发展提升到建设生态文明的新高度，与经济建设、政治建设、文化建设和社会建设同等重要。促进绿色发展，就是要改变过去以浪费资源和破坏环境为代价的经济增长方式，通过环境保护和提高资源利用效率，实现经济社会可持续发展。而消除贫困、改善民生、实现共同富裕是社会主义的本质要求，也是实现“中国梦”的重点和难点。

在我国，生态脆弱地区和贫困地区在地理分布上存在着较强的耦合

* 张琦，北京师范大学中国扶贫研究中心主任、教授；陈伟伟，北京师范大学经济与资源管理研究院博士生；胡田田，北京师范大学经济与资源管理研究院博士生。

性。在生态脆弱区的县级行政单位中，76%为扶贫重点县；扶贫重点县的土地面积、耕地面积和人口数量，分别占生态脆弱地区土地面积的43%、耕地面积的68%、人口数量的76%（李周，1997）。生态脆弱意味着这些地区难以通过重化工业化等方式来进一步推进本地区的减贫步伐，贫困地区常面临“要发展还是要绿色”的两难境地。但是，无数事实和数据证明在扶贫开发过程中走先污染后治理的“捷径”，其代价实际是巨大的。为了避免这种情况的发生，将生态文明建设和反贫困结合起来是未来扶贫开发的可行途径和思路。如果将生态文明建设与反贫困凝练为绿色发展与减贫，那么生态文明建设与反贫困的结合则可以归纳为绿色发展与减贫的统一，本文由此提出绿色减贫的新理念。

绿色减贫是指在扶贫开发过程中，为了保护当地的生态环境、减少资源浪费而推行的一种减贫理念，这种理念包括两大核心思想，一是在当地实施的扶贫开发项目必须是可持续的，对环境友好的。二是将生态环境看成是一种可资利用的扶贫资源加以有效开发，实现生态环境保护和当地人民生活水平提高的有效统一。“绿色减贫”作为一个全新的概念，代表了一个全新的扶贫工作方向，可以为创新扶贫模式、拓宽扶贫资助渠道提供新的思路。

二　绿色减贫指数构建

绿色减贫是扶贫开发的新理念，如何进行绿色减贫的衡量呢？对此，理论工作者大多的研究主要集中在两个方面，其一是绿色增长指数的研究，如经合组织构建了绿色增长相应指标数据库、构建了“Green growth indicators”即绿色增长指标。在国内，绿色发展专著不断增多，最具影响力的是李晓西教授联合北京师范大学科学发展观与经济可持续研究基地、西南财经大学绿色经济与经济可持续发展研究基地、国家统计局中国经济景气监测中心三家单位构建的“中国绿色发展指数”等，在扶贫和减贫研究方面，有关衡量贫困的研究主要集中在对收入分配和多维贫困研究方面，成果比较多，但将绿色发展与减贫相结合进行度量的研究并不多，本文就是在充分借鉴和吸收人类发展指数[①]（Human Development Index,

① HDI是联合国开发计划署（UNDP）从1990年开始发布用以衡量各国社会经济发展程度的标准，包括平均预期寿命、教育水平和人均GDP等指标内容，HDI是目前国际通行的“发展”指标。

HDI）、经合组织绿色增长测度指标体系、中国绿色发展指数等指标体系的可行方法基础上，结合中国集中连片特困地区实际进行构建的。绿色减贫指数指标体系包括经济增长绿色度、资源利用与环境保护、社会发展及扶贫开发与减贫效果 4 个一级指标和 27 个二级指标（见表 1）。其中，经济增长绿色度反映集中连片特困地区在促进经济发展的生产过程中对资源的消耗程度以及对环境的影响程度；资源利用与环境保护反映集中连片特困

表 1　中国绿色减贫指数指标体系及权重

单位：%

一级指标	权重	二级指标	权重	指标类型
经济增长绿色度	35	人均地区生产总值	5	正
		单位地区生产总值能耗	5	逆
		单位地区生产总值二氧化硫排放量	5	逆
		劳动生产率	5	正
		土地产出率	5	正
		工业固体废物综合利用率	5	正
		第三产业增加值比重	5	正
资源利用与环境保护	15	人均森林面积	5	正
		森林覆盖率	5	正
		单位耕地面积化肥施用量	5	逆
社会发展	18	农村恩格尔系数	3	逆
		城乡收入比	3	逆
		新型合作医疗参合率	3	正
		有卫生室行政村比例	3	正
		新型农村养老参保率	3	正
		高中阶段教育毛入学率	3	正
扶贫开发与减贫效果	32	贫困人口占总农村人口比重	3	逆
		农村人均纯收入增长率	3	正
		通电自然村比重	3	正
		通路自然村比重	3	正
		自来水普及率	3	正
		有效灌溉面积占耕地面积比重	3	正
		有设施农业大棚行政村比重	3	正
		有设施畜牧业大棚行政村比重	3	正
		有互助资金组织的行政村比重	3	正
		有农民展业合作经济组织行政村比重	3	正
		有经营农家乐的行政村比重	3	正

地区现有自然资源与环境的承载潜力以及在生产生活过程中对环境的保护程度；社会发展反映的是集中连片特困地区的总体民生发展水平；扶贫开发与减贫效果反映集中连片特困地区的主要减贫效果。

三　贵州省绿色减贫指数特点及分析

根据绿色减贫指数指标体系，我们对我国11个集中连片特困地区（除西藏、四省藏区以及新疆南疆）进行了2012年“绿色减贫指数”测算后发现，贵州省65个贫困县2012年绿色减贫指数有以下特点。

（一）贵州省65个贫困县所在的三个连片特困地区均属于第三档

根据对11个片区绿色减贫指数测算结果（见表2），我们可以看出，贵州省的65个县属于武陵山片区，滇桂黔石漠化片区和乌蒙山片区，而这三个片区的绿色减贫指数均为负数，低于全国平均水平（以0为平均值），属第3档。

表2　2012年11个连片特困地区绿色减贫指数及排名情况

片　区	绿色减贫指数	排名	片　区	绿色减贫指数	排名
大兴安岭南麓片区	0.499	1	吕梁山片区	0.014	7
大别山片区	0.264	2	秦巴山片区	-0.061	8
燕山-太行山片区	0.164	3	武陵山片区	-0.069	9
罗霄山片区	0.138	4	滇桂黔石漠化片区	-0.383	10
六盘山片区	0.131	5	乌蒙山片区	-0.747	11
滇西边境片区	0.048	6			

注：表中数据根据相关年鉴搜集数据和中国国际扶贫中心提供数据计算得到。

从表2可以看出，第1档和第2档共7个片区，其绿色减贫指数测算值均高于全国平均水平0，[①] 其中第1档的绿色减贫指数测算结果又明显比第2档表现更好；第3档共4个片区，其绿色减贫指数测算值低于全国平均水平0。

贵州省15个县（区）位于武陵山片区，40个县（区）位于滇桂黔石漠化片区，10个县（市、区）位于乌蒙山片区。分别占武陵山片区、滇桂

① 由于本次测算采用“均值—标准差法”进行无量纲化处理，因此“0”代表所有参评片区绿色减贫的平均水平，得分高于“0”表示该片区的绿色减贫水平高于全国平均水平，得分低于“0”表示该片区绿色减贫水平低于全国平均水平。

黔石漠化片区、乌蒙山片区三个片区所包含县（区、市）数量的23.44%、50%、26.32%。由此可见，贵州省绿色减贫指数对这三个片区的影响举足轻重，尤其是对滇桂黔石漠化片区绿色减贫指数的影响最大。

（二）贵州省内贫困县之间的绿色减贫指数差距较大

贵州省65个贫困县绿色减贫指数测算结果显示，遵义市凤冈县的绿色减贫指数最高为0.291，在全国11个片区505个县中排名54位；毕节地区赫章县的测算结果最低为-0.421，在全国11个片区505个县中排名485位；两者之间的差距为0.712，差距较大。另外，贵州省贫困县绿色减贫指数大于等于平均值0的县有14个，占比21.54%；小于平均值0的县有51个，占比高达78.46%，绿色减贫任务繁重。绿色减贫指数小于平均值的贫困县，从其片区分布来看，有8个分布在武陵山片区，34个分布在滇桂黔石漠化片区，9个分布在乌蒙山片区（见表3）。由此可见，贵州省绿色减贫的重点应该放在滇桂黔石漠化片区。不过本文同时还发现贵州省65个贫困县绿色减贫指数值排名后20的县中，武陵山片区3个，滇桂黔石漠化片区9个，乌蒙山片区9个，所以贵州省贫困县中分布在乌蒙山片区的10个县有9个绿色减贫指数小于0，并且在本省内的排名靠后。因此，在重点关注分布在滇桂黔石漠化片的贫困县之外，对分布在乌蒙山片区的贫困县也需要进一步加大绿色减贫力度，防止被过大的差距拖后腿。

表3 2012年贵州省贫困县绿色减贫指数分片区统计表

单位：个

	绿色减贫指数大于等于0的县数目	绿色减贫指数小于0的县数目	合计
武陵山片区	7	8	15
滇桂黔石漠化片区	6	34	40
乌蒙山片区	1	9	10
合　计	14	51	65

绿色减贫指数小于平均值的贫困县，从其地级市分布来看，有3个分布在遵义市，5个在安顺市，7个在铜仁地区，2个在六盘水市，7个在毕节地区，7个在黔西南布依族苗族自治州，5个在黔南布依族苗族自治州，15个在黔东南苗族侗族自治州（见表4）。因此，绿色扶贫应该关注的重点市（州）包括黔东南苗族侗族自治州、黔西南布依族苗族自治州、毕节地区、

铜仁地区。其中六盘水市、毕节地区、黔西南布依族苗族自治州、黔东南苗族侗族自治州所属的所有贫困县绿色减贫指数均没有超过平均值。

表 4　2012 年贵州省贫困县绿色减贫指数分市统计表

单位：个

	绿色减贫指数大于等于 0 的县数目	绿色减贫指数小于 0 的县数目	合计
遵义市	5	3	8
安顺市	1	5	6
铜仁地区	3	7	10
六盘水市	0	2	2
毕节地区	0	7	7
黔西南布依族苗族自治州	0	7	7
黔南布依族苗族自治州	5	5	10
黔东南苗族侗族自治州	0	15	15
合　计	14	51	65

（三）贵州省资源利用与环境保护指数表现突出

根据贵州省各贫困县绿色减贫指数测算结果及各县 4 个一级指标的测算值，可以计算各县每个一级指标对该县绿色减贫指数的贡献度①（见表 5）。

表 5　贵州省贫困县一级指标贡献度测算结果

贫困县	经济增长绿色度贡献度	资源利用与环境保护指数贡献度	社会发展指标指数贡献度	扶贫开发与减贫效果指数贡献度	绿色效果贡献度	减贫效果贡献度	绿色效果贡献与减贫效果贡献的比较
凤冈县	5.50	9.97	15.12	69.42	15.46	84.54	-69.07
湄潭县	2.17	5.65	3.48	88.70	7.83	92.17	-84.35
瓮安县	-52.36	9.42	6.28	136.65	-42.93	142.93	-185.86
荔波县	-9.14	44.62	50.54	13.98	35.48	64.52	-29.03
贵定县	-43.65	16.02	85.64	42.54	-27.62	128.18	-155.80
长顺县	15.91	14.77	28.98	40.91	30.68	69.89	-39.20
万山区	-14.08	-19.72	-15.49	148.59	-33.80	133.10	-166.90

① 计算方法：每个县各一级指标的值/该县绿色减贫指数值×100；另外，为了保持最终测算结果含义的一致性，凡是绿色减贫指数小于 0 的县，最终测算结果要取计算结果的相反数，这是因为这些县的绿色减贫指数为负值，其计算结果与其他县的结果含义完全相反。

续表

贫困县	经济增长绿色度贡献度	资源利用与环境保护指数贡献度	社会发展指标指数贡献度	扶贫开发与减贫效果指数贡献度	绿色效果贡献度	减贫效果贡献度	绿色效果贡献与减贫效果贡献的比较
玉屏县	9.17	-46.79	64.22	73.39	-37.61	137.61	-175.23
赤水市	6.98	65.12	-19.77	47.67	72.09	27.91	44.19
务川县	-4.82	20.48	-48.19	132.53	15.66	84.34	-68.67
道真县	0.00	-58.62	-10.34	168.97	-58.62	158.62	-217.24
三都县	141.18	394.12	570.59	-1005.88	535.29	-435.29	970.59
关岭县	-57.14	-192.86	1235.71	-878.57	-250.00	357.14	-607.14
碧江区	—	—	—	—	—	—	—
台江县	-545.46	900.00	318.18	-772.73	354.55	-418.18	772.73
剑河县	-683.33	975.00	791.67	-1183.33	291.67	-891.67	1183.33
江口县	-156.00	36.00	-124.00	144.00	-120.00	24.00	-144.00
松桃县	-164.29	-30.95	-133.33	226.19	-195.24	30.95	-226.19
安龙县	-217.02	14.89	-165.96	268.09	-202.13	65.96	-268.09
桐梓县	-31.03	-31.03	-20.69	-17.24	-62.07	-79.31	17.24
岑巩县	-141.38	93.10	-18.97	-34.48	-48.28	-82.76	34.48
天柱县	-131.03	151.72	-100.00	-18.97	20.69	1.72	18.97
龙里县	-50.85	47.46	-44.07	-52.54	-3.39	-55.93	52.54
镇远县	-89.23	121.54	-41.54	-90.77	32.31	-58.46	90.77
施秉县	-108.96	132.84	-86.57	-37.31	23.88	-13.43	37.31
雷山县	-117.11	172.37	15.79	-171.05	55.26	-115.79	171.05
三穗县	-114.29	98.70	-97.40	12.99	-15.58	-2.60	-12.99
正安县	3.85	3.85	-203.85	97.44	7.69	105.13	-97.44
平坝县	-50.63	-43.04	-31.65	25.32	-93.67	-68.35	-25.32
麻江县	-104.55	61.36	22.73	-80.68	-43.18	-123.86	80.68
榕江县	-113.04	154.35	5.43	-146.74	41.30	-105.44	146.74
六枝特区	-104.12	-29.90	-24.74	58.76	-134.02	-75.26	-58.76
丹寨县	-85.57	84.54	-14.43	-83.51	-1.03	-84.54	83.51
西秀区	-26.00	-41.00	-40.00	8.00	-67.00	-59.00	-8.00
水城县	-53.57	-16.07	-51.79	22.32	-69.64	-47.32	-22.32
平塘县	19.20	41.60	-35.20	-125.60	60.80	-64.80	125.60

续表

贫困县	经济增长绿色度贡献度	资源利用与环境保护指数贡献度	社会发展指标指数贡献度	扶贫开发与减贫效果指数贡献度	绿色效果贡献度	减贫效果贡献度	绿色效果贡献与减贫效果贡献的比较
镇宁县	-10.69	-7.63	0.76	-81.68	-18.32	-100.00	81.68
黄平县	-68.18	17.42	-12.88	-35.61	-50.76	-86.36	35.61
黎平县	-71.97	96.21	16.67	-140.91	24.24	-116.67	140.91
锦屏县	-73.88	89.55	-17.16	-98.51	15.67	-82.84	98.51
印江县	-30.37	-13.33	-31.11	-26.67	-43.70	-70.37	26.67
望谟县	-64.03	50.36	-43.88	-41.73	-13.67	-55.40	41.73
德江县	-26.35	-39.86	-55.41	22.30	-66.22	-43.92	-22.30
贞丰县	-46.41	-1.31	8.50	-60.78	-47.71	-108.50	60.78
普定县	28.03	-19.75	-16.56	-91.72	8.28	-83.44	91.72
石阡县	-23.62	-6.03	10.05	-80.90	-29.65	-110.55	80.90
从江县	-48.80	55.98	-34.93	-71.77	7.18	-64.59	71.77
独山县	-20.10	15.79	-18.66	-77.03	-4.31	-81.34	77.03
惠水县	-26.17	7.01	4.67	-85.05	-19.16	-104.21	85.05
思南县	-17.65	-21.72	-7.24	-53.39	-39.37	-92.76	53.39
黔西县	-40.50	-11.16	-22.73	-25.62	-51.65	-77.27	25.62
罗甸县	-25.78	10.16	-31.64	-52.34	-15.63	-67.97	52.34
紫云县	9.29	0.36	-66.79	-42.86	9.64	-33.21	42.86
纳雍县	-44.48	-7.59	-16.55	-31.72	-52.07	-83.79	31.72
大方县	-38.14	-7.56	-24.06	-30.24	-45.70	-75.95	30.24
兴仁县	-33.33	-2.33	-0.67	-64.00	-35.67	-99.67	64.00
七星关区	-32.14	-2.60	-15.91	-49.35	-34.74	-84.09	49.35
沿河县	-17.52	-23.25	-11.78	-47.45	-40.76	-88.22	47.45
习水县	-6.01	0.00	-48.73	-45.25	-6.01	-51.27	45.25
册亨县	-25.52	24.93	-59.94	-39.76	-0.59	-40.36	39.76
普安县	-31.78	0.00	-11.95	-55.98	-31.78	-87.76	55.98
织金县	-30.57	-4.00	-38.00	-27.43	-34.57	-62.00	27.43
威宁彝族回族苗族自治县	-31.20	-8.18	-18.16	-42.71	-39.39	-82.10	42.71
晴隆县	-25.42	-2.40	-28.54	-43.41	-27.82	-71.22	43.41
赫章县	-29.22	-4.28	-35.39	-31.35	-33.49	-64.85	31.35

注：计算结果保留两位小数

从表 5 可以发现，贵州经济增长绿色度指标贡献度小于 0[1] 的贫困县有 53 个，占比 81.54%；资源利用与环境保护指数贡献度小于 0 的贫困县有 27 个，占比 41.54%；社会发展指标指数贡献度小于 0 的贫困县 45 个，占比 69.23%；扶贫开发与减贫效果指数贡献度小于 0 的贫困县 43 个，占比 66.15%。

（四）贵州省贫困县绿色减贫指数的“绿色效果”高于“减贫效果”

由于绿色发展和减贫为绿色减贫指数指标体系的两大落脚点，根据指标体系基本架构和对一级指标赋权的思路，经济增长绿色度、资源利用与环境保护归为衡量绿色发展的总表征指标；社会发展、扶贫开发与减贫效果归为衡量减贫效果的总表征指标。在上述思路基础上计算绿色效果和减贫效果两类总表征指标对绿色减贫指数的贡献，并计算两者的差值（见表 5）。

绿色效果贡献与减贫效果贡献的差值计算结果显示，凤冈县等绿色减贫指数高于碧江区[2]（碧江区之前的县绿色减贫总指数高于 0，表明这些县的绿色减贫效果总体上来看比较好）的 13 个县（市、区）中绿色效果贡献与减贫效果贡献的差值高于 0 的县（市、区）有赤水市和三都县，表明这两个县（市）在“绿色发展”方面的表现比在“减贫效果”方面的表现更好。[3] 绿色效果贡献与减贫效果贡献的差值小于 0 的县（市、区）有 11 个，表明这 11 个县（市、区）在“扶贫效果”方面的表现比在“绿色发展”方面的表现更好。

绿色减贫指数低于碧江区（碧江区之后的县绿色减贫总指数低于 0，表明这些县的绿色减贫效果总体上来看不尽如人意）的 51 个县（市、区）

---

① 某县一级指标对绿色减贫指数的贡献度小于平均值 0 的意义在于该一级指标对于该县其他非负指标的正面作用起着削弱的作用，如瓮安县经济增长绿色度指标的贡献度为负，则这个一级指标对瓮安县的其他 3 个一级指标的作用是削弱的，由此导致本应该更高的绿色减贫指数被拉低。

② 因为碧江区的绿色减贫指数为平均值 0，而计算贡献度以及贡献度之和需要将绿色减贫指数的值作为分母，所以在碧江区的一级指标贡献度和贡献度之和均没有计算。

③ 如果“绿色效果贡献”和“减贫效果贡献”不全小于 0，则差值大于 0 则表示“绿色”比“扶贫”效果更好，小于 0 则表示“扶贫”效果比“绿色”更好；如果“绿色效果贡献”和“减贫效果贡献”全小于 0，则差值大于 0 不是表示“绿色”比“扶贫”效果更好，而仅仅表示“扶贫”效果比“绿色”的表现更差，因为两个贡献都小于 0，表明“绿色”和“扶贫”均表现差。

中绿色效果贡献与减贫效果贡献的差值高于0的县（市、区）有41个，尽管这些县（市、区）在绿色减贫总指数上低于平均值，但是如果对比其绿色效果和减贫效果，相对来说这41个县（市、区）的绿色效果要好于减贫效果。绿色效果贡献与减贫效果贡献的差值小于0的县（市、区）有10个，相对来说这10个县（市、区）的减贫效果要好于绿色效果。

综上所述，贵州省贫困县中绿色效果高于扶贫效果的县数量为43个，扶贫效果高于绿色效果的县数量为21个（因为碧江区绿色减贫指数为平均值0，所以在此没有包含在这两类中）。所以，从区县数量上来看，贵州省贫困县在扶贫开发过程中“绿色效果”和“减贫效果”相对来说“绿色效果”高于“减贫效果”。

三　贵州绿色减贫对策与建议

根据本文对贵州绿色减贫指数的测算和分析，对于未来贵州省在扶贫开发过程中应该如何兼顾绿色发展与减贫，本文提供以下几点建议。

（一）使贵州省贫困县的产业绿色化和绿色产业化促进当地绿色减贫

贵州省贫困县要想在扶贫开发的同时保护生态环境，可行的路径之一是在当地开展的扶贫项目要是可持续性的，帮助当地已有的产业进行改造升级，使产业绿色化，即使当地产业对生态环境是友善的、和谐的。

除此之外，一个可行的路径是激励当地居民进行生态环境保护，同时促进绿色产业化。所谓绿色产业化，通俗地讲就是要能从生态环境保护中促进当地居民的收入增长。如发展生态旅游业，在进行生态环境保护的同时，通过优美的生态环境促进经济发展，这是最典型的绿色产业化。此外还包括如发展林业、草场等，在此基础上以生态环境为资本促进经济发展，但是又不破坏生态环境。

对贵州省贫困县二级指标的分析，我们发现经济增长绿色度指标高于0的县有11个，排名分布为157～258名；资源利用与环境保护指标高于0的县有35个，排名分布在11～218名，其中100名以前的县有20个；社会发展指标高于0的县有20个，排名分布在7～254名，其中100名以前的县有6个。扶贫开发与减贫效果指标高于0的县有21个，排名分布在27～225名，其中100名以前的县有5个。

从二级指标超过平均值的县数目来看，贵州省贫困县在扶贫开发过程中，相对来说在资源利用与环境保护方面做得最好，在扶贫效果上还不够突出。对于这个分析结果的理解，我们可以从两个角度看，一是贵州省在减贫过程中确实非常重视生态环境保护，以致减缓了当地贫困县的脱贫速度。二是贵州省的扶贫开发力度还不够，工业化程度还没有对环境造成破坏。无论从两个角度中的哪一个来看，实际上对于绿色减贫来说都是一个好的开始，因为与“先污染后治理”相比，生态环境好是绿色减贫的坚实基础。

所以，在未来扶贫开发过程中，贵州省可以有两个较好的选择，一是将产业绿色化，即在当地大力发展绿色环保产业，推动当地经济发展，提升减贫成效。二是将绿色产业化，即利用当地目前良好的生态环境基础，发展生态旅游业等产业，从这个方向努力，对减贫成效来说可能见效比较慢，但是却是功在当代，利在千秋的事情。

（二）在贵州省建立贫困县碳汇交易创新试点

碳汇交易在全球范围内已经有了长足的发展，对生态环境保护有一定的促进作用。碳汇交易可以让碳排放少的地区将其碳排放额度卖给其他碳排放多的地区，这样碳排放少的地区既可以从生态环境保护中获取收益，同时又可以利用这部分收益继续投入生态环境保护，起到良性循环和正面激励的作用。

为了更好地促进贵州省贫困县在扶贫开发过程中对生态环境进行保护，建议可以在贵州省创新试点建立贫困县碳汇交易制度，一方面可以提高当地政府对生态环境保护的重视程度，另一方面可以在实施过程中不断借鉴国际先进经验促进绿色减贫。

（三）尽快实施贵州省贫困县生态补偿制度

为了更好地激励贵州省贫困县的绿色减贫行动，尽快建立生态补偿制度是重中之重。所谓生态补偿制度，简单地说就是生态环境保护好的地区会产生很大的社会收益，其他地区或居民会因为这个地区生态环境保护受益，那么按照生态补偿原则，其他受益的地区或居民就需要对该地区交费以补偿该地区因保护生态环境而产生的成本，包括为采用其他可以促进经济发展，但是可能对生态环境造成破坏的机会成本等。生态补偿的另一个含义是对破坏生态环境的单位和个人要进行惩罚，以补偿生态环境破坏产生的社会成本。

贵州省贫困县很多都处于生态环境脆弱区域，这些地区如果单纯为了减贫，采用工业化等方式，就会对当地的生态环境造成毁灭性的破坏。我们要求当地在进行扶贫开发的同时进行生态环境保护，实际上在很大程度上限制了当地的脱贫进程。为了补偿这些地区为保护生态环境做出的牺牲，有必要建立完善的生态环境补偿制度，补偿生态环境脆弱地区的政府和居民为保护当地生态环境做出的努力。

（四）贵州省应该将绿色减贫的思想理念纳入本省贫困县的考核之中

对于贫困县来说，如何有效地实现贫困人口的减少是最重要的目标，因此对于贫困县的考核机制创新，国家正在制定新的考核制度。同时我们也应该注意到，在扶贫开发的过程中，如何有效地平衡减贫与生态环境保护之间的关系，也即是在制定新的贫困县考核机制时应该兼顾扶贫成效与经济发展的可持续性。

对此，我们建议贵州省在根据当地实际情况设计贫困县考核细则的时候，应该将绿色减贫的思想理念纳入本省贫困县的考核之中。绿色减贫的核心包含“绿色发展”和“减贫”两大落脚点，在扶贫开发的过程中，要兼顾扶贫成效和经济增长绿色度。所以我们认为经济增长绿色度应该成为新的贫困县考核指标中衡量减贫成效的重要标准之一。

（五）加强区域联动协调，促进共同发展

贵州省65个贫困县分布在武陵山片区、滇桂黔石漠化片区、乌蒙山片区三个片区，根据本文前面对绿色减贫指数值的分析，贵州省贫困县的扶贫开发应该着重于滇桂黔石漠化片区、乌蒙山片区两个片区，而这两个连片特困地区除了贵州省之外，还包括广西、云南、四川等省。

因此，贵州省在今后的扶贫开发过程中应该加强与这些省份的联动协调，建立区域沟通机制，各省、地区要注意同其他地区之间的沟通和协调，在一些敏感行业建立产业损害预警机制等。区域联动方面的工作，做的比较成熟的方面是突发事件区域应急联动机制、跨区域联动执法等，另外，目前京津冀三地正在构建区域联动机制共治大气污染。贵州省在区域联动扶贫方面可以充分借鉴这些已有的制度和经验。

我们有理由预计，贵州省贫困县在未来的扶贫开发过程中，如果可以在扶贫经验、资源利用、产业链建设等方面与周边省份加强互助合作，形成区域经济共同发展格局，将有助于贵州扶贫效果的不断提升。

参考文献

李晓西主编《中国绿色发展指数报告》，北京师范大学出版社，2010～2013。

张琦：《绿色经济发展是消除绿色贫困战略选择》，《中国扶贫》2013年第23期。

邹波、徐霖、崔剑：《走出绿色贫困》，《学习时报》2011年第10期。

宋勃等：《西方资本形成理论述评》，《现代管理科学》2006年第12期。

周华：《益贫式增长的定义、度量与策略研究——文献回顾》，《管理世界（月刊）》2008年第4期。

戴旭宏：《绿色扶贫：中西部地区现阶段财政支持政策的必然选择——基于四川财政政策支持的视角》，《农村经济》2012年第12期。

何建坤：《全球绿色低碳发展与公平的国际制度建设》，《中国人口·资源与环境》2012年第5期。

高波：《贵州生态建设中的绿色贫困探析》，《贵州农业科学》2010年第7期。

United Nations Development Programme (UNDP), *Human Development Report* 1996, New York, Oxford, Oxford University Press, 1996.

Chenery H., Ahluwalia, M. S., *Redistribution with Growth*, Oxford University Prees, 1974.

World Bank, *World Development Report: Poverty*, New York: Oxford University Press, 1990.

OECD, 2001, "Rising to the Global Challenge: Partnershipfor Reducing World Poverty", *Statement by the DAC High Level Meeting*, April 25－26., Paris: OECD.

〇贵州扶贫生态移民补偿问题研究

王志鑫　吴大华*

摘　要： 2012年贵州省实施扶贫生态移民工程，通过对生态环境脆弱、生存条件恶劣地区的居民实行外迁达到解决贫困和保护环境的双重目的。扶贫生态移民补偿问题关系着移民搬迁的意愿，影响着贵州省扶贫生态移民工程的实施。从理论上看，扶贫生态移民体现了人权保障、社会正义和可持续发展的内在要求，但在现实中却存在着补偿主体单一、补偿标准低、补偿的方式不够具体、补偿的救济路径缺乏等一系列问题，需要从立法层面加以完善，从而保障贵州省扶贫生态移民工程的顺利实行。

关键词： 贵州　扶贫生态移民　补偿问题

2012年1月12日，国务院发布了《关于进一步促进贵州经济社会又好又快发展的若干意见》（以下简称国发2号文件），专门针对贵州经济社会发展提出了一些意见，其中第13条、14条分别规定："扎实推进生态保护与建设，支持贵州开展生态补偿机制试点和抓紧研究论证生态搬迁工程。"从国家政策的层面鼓励贵州开展生态移民工程和创新生态补偿机制。为全面贯彻落实国发2号文件，2010年5月26日，贵州省委、省政府在贵阳召开了全省扶贫生态移民工程启动大会，计划在2012～2020年，将200万贫困群众搬离不具备生活条件的深山、石山和石漠化严重地区，并提出"搬得出、留得住、能就业、有保障"的总体要求。可见，国家和贵州省高度重视移民的生产和发展问题。在贵州扶贫生态移民过程中，生态移民搬迁的意愿是影响移民工程能否顺利进行的一个重要因素，而对迁移后的生活和发展的顾虑又影响着生态移民搬迁的意愿。因此，通过对贵州

* 王志鑫，遵义医学院校办公室干部，贵州民族大学法学硕士；吴大华，贵州省社会科学院院长、研究员。

扶贫生态移民的损失进行补偿，让生态移民“搬得出”，使得移民能很好地适应搬迁后的生活生产方式，并“留得住”，最终达到促进贵州省扶贫生态移民工程顺利进行的预期目标。

一　扶贫生态移民补偿的基本理念

（一）扶贫生态移民概念界定

移民，自古就有，从社会学的角度来看，它是一种族群扩张活动。主要是指迁移到外地或国外去落户的人。[①] 贵州省目前实施的是扶贫生态移民工程，是以消除贫困为主，保护生态环境为辅的双重目的的移民工程，目前在国内是一种比较创新的移民模式，它融合了生态移民和扶贫移民两者的内涵。因此，要对扶贫生态移民概念进行界定必须先了解生态移民和扶贫移民的概念。

目前国内对生态移民的研究尚在起步阶段，对生态移民概念的界定还没有形成一个统一的观点，学者们众说纷纭。通阅各家观点，笔者认为施国庆教授对于生态移民概念的阐述是比较具有代表性的观点。在施国庆看来，生态移民是指由于生态环境的破坏和恶化而导致人类生存条件丧失后产生的人口自愿迁移活动，或者以生态环境保护与重建为目的而进行的有计划地将人口从生态环境脆弱地区迁出及迁移社区经济重建活动，以及因为限制或者强制改变资源利用而产生的受影响人口生计恢复活动。[②]

扶贫移民，顾名思义就是为了减少贫困人口数而实施的移民活动。目前比较通行的观点是郑瑞强和施国庆提出来的。他们认为扶贫移民主要从两个方面理解：一是将其认为名词意义上的移民人口，即出于脱贫致富的目标要求，由相关部门组织，在发展环境不同的区域间进行有层次迁移的贫困人口；一是将其视为一种动词意义上的贫困人口的迁移，以及与此联系的社会经济系统重建活动。扶贫移民是基于扶贫、脱贫的目的而进行的移民，是众多移民类型中的一种。[③]

通过以上的论述，我们了解到扶贫生态移民的重点还是集中在扶贫这

---

① 曹先擢、苏培成：《现代汉语词典（第5版）》，商务印书馆，2011，第1606页。

② 施国庆：《移民权益保障与政府责任》，吉林人民出版社，2009，第155页。

③ 郑瑞强、施国庆：《扶贫移民权益保障与政府责任》，载《重庆大学学报》（社会科学版）2011年第5期。

一块，因为贫困本就是许多社会问题的根源，它导致了贫困群体资源（如社会、自然资源）的缺乏，致使人们为了获取更多资源而破坏生态环境，最终陷入更加贫困的恶性循环之中。因此，笔者认为扶贫生态移民是指以减少贫困人口为目的，兼顾生态环境保护，由相关部门组织（如政府），把那些生活在生态环境脆弱、生存条件恶劣等自然条件致使人们无法生存，陷入极端贫困的人口迁移到生存条件较好地区的人口迁移活动。

（二）扶贫生态移民补偿的内涵

扶贫生态移民是政府为了降低贫困人口数和保护生态环境而实施的人口迁移活动。由于扶贫生态移民属于被动的非自愿移民，是在政府组织下的社会活动，必然在移民过程中造成移民原有和即有利益的损失，特别是那些居住在生态环境还不错，只是由于交通不便、基础设施较为落后等因素而造成贫困的地区的人们，人们为了守护当地良好的生态环境付出了许多。一旦搬迁，将对他们的生产生活方式产生巨大影响，进而影响他们的搬迁意愿。因此，必须对扶贫生态移民进行补偿。扶贫生态移民补偿是指相关组织（一般指政府）为了消除贫困和保护生态环境，对居住在那些生态环境脆弱、生存条件恶劣的人们进行迁移，从而对移民的原有和即有的利益造成损害，依法由其对移民予以补偿的制度。

（三）扶贫生态移民补偿的理论基础

如前所述，扶贫生态移民工程正是对移民的权益造成了损害，才需要建立扶贫生态移民补偿制度对移民进行补偿。但制度的建构需要理论的支撑，没有理论支持而设立的制度如同摆设的花瓶一般，中看不中用。当然，制度的设立并不是依靠人们的凭空想象，而是现有的理论基础。尼采也说过，没有任何制度有可能建立在爱之上。[①] 本文拟从以下几个方面去探讨扶贫生态移民的理论基础。

1. 基本人权保障理论

人权，顾名思义就是人之所以为人的基本权利。在人权的基本关系中，公民是权利主体，而国家则是承担保护公民权利的义务。《中华人民共和国宪法》第 33 条规定："国家尊重和保障人权。"从人权的角度来分析，人权的矛盾和冲突往往是以强势对弱势的侵害而表现出来的，国家作

① 苏力：《制度是如何形成的》（增订版），北京大学出版社，2007，第 3 页。

为强制的力量，极易对公民权利造成侵害。因此，强调国家作为人权保护的义务主体是符合理性的。[①] 在扶贫生态移民过程中，移民在政府政策的引导下搬离出原住地，自身的利益或多或少遭受到侵害。显然，跟政府相比，移民属于弱势群体，因而，移民的权利更需要得到保护，损失的利益也需要得到补偿。同时，从政府存在的基础来看，不管是出于道义还是责任，政府都应该对移民权利进行保障。英国大思想家洛克曾说过：“人类天生都是自由、平等和独立的，任何人都不得侵害他人的生命、健康、自由或财产，人们建立国家、政府的目的就是保护人的生命、自由和财产等自然权利。”[②] 从另一个方面讲，政府实施扶贫生态移民工程的出发点和落脚点是为了提高人民的生活水平，体现了人权中的“生存权和发展权的内涵”，是政府尊重和保障人权的集中体现。

2. 社会正义理论

正义是一切社会制度的首要价值，也是检验一切社会制度的首要标准。任何制度，无论它是多么有效率和条理，只要它是不正义，就应该加以修正。同样，每个人也是拥有基于正义观的不可侵犯性，就算这种侵犯性是以社会整体利益的名义也不行。政府实施扶贫生态移民工程根本上是为了社会整体的利益，但是也不应该为了社会整体的利益而抹杀移民的利益，那样也显然有悖于社会主义“共同富裕”的原则。约翰·罗尔斯也说过：“正义否认为了一些人分享更大利益而剥夺另一些人的自由是正当的，不承认许多人享受的较大利益能绰绰有余地补偿强加于少数人的牺牲。所以有正义所保障的权利绝不受制于政治的交易或社会利益的权衡。”[③] 因此，对扶贫生态移民进行补偿也是基于社会正义的要求。同时，贫困本就是一种公共资源的缺失状态，生态移民就是通过改变这种资源的缺失状态，达到消除贫困的目的。但必然会破坏原有资源分配的秩序，移民利益受损就是一个明显的例子。因此，为了达到实质上的正义，我们还要确保资源的分配正义，对生态移民进行补偿就是分配正义的内涵。分配正义蕴含着分配尺度的经济合理性、分配程序的社会正当性、分配结果的合目的

① 于沛霖：《“国家尊重和保障人权”之法律关系解读》，《法学杂志》2007 年第 6 期。

② 〔英〕洛克：《政府论》（下篇），瞿菊农、叶启芳译，商务印书馆，1982，第 136 页。

③ 〔美〕约翰·罗尔斯：《正义论》，何怀宏、何包钢、廖申白译，中国社会科学出版社，1988，第 3 页。

性相结合的哲学诉求。[①] 通过对生态移民补偿，实现社会资源分配的合理，不仅体现着政府“以人为本”的情怀，更体现着社会整体公平正义的要求。

3. 可持续发展理论

1972 年联合国环境会议提出了“可持续发展理论”。可持续发展理论的核心是发展，是在控制人口、节约资源和保护生态环境的举措下实现经济社会的发展。

可持续发展的出发点和落脚点都是基于人的持续发展，这不仅包括人所生存的生态环境的发展，还包括人自身（包括生理、心理、文化等）的发展。可持续发展理论的提出，不但杜绝了那种将经济增长与经济发展混为一谈的现象，而且为人类的近期发展与长期发展找到了一个结合的契机。[②]

可持续发展是贵州扶贫生态移民工程基本的指导思想和价值追求，贯穿该工程的始终。由于扶贫生态移民属于政府主导的非自愿性移民，移民对于迁移后的生产生活心里也没底，以后的发展更是具有不可预见性，况且在迁移后移民本身或许也会丧失许多的发展机会和既有资源，如不调整这些因素，日后可能会影响移民的可持续发展。因此，为了提高移民生产生活自力更生的能力，改变过去那种贫困的生活状态，最终实现移民的可持续发展，有必要对移民实行补偿。由于人的全面发展涉及许多方面，所以我们在对移民补偿的时候，要考虑到这些因素，要通过科学的方法核算移民所遭受的全部损失，如既要考虑移民在搬迁过程中所失去的物质损失，也要考虑移民在搬迁过程中失去的发展机会损失；同时也要考虑移民自身精神或文化的损失。只有这样，才能真正保障移民的权益，提高他们的生产生活水平，消除贫困，最终实现移民的可持续发展。

二　贵州扶贫生态移民补偿的现状及存在的问题

（一）贵州扶贫生态移民补偿的现状

贵州省自 2012 年 5 月 26 日启动扶贫生态移民工程以来，省政府和各级地方政府也出台了一系列实施意见，扶贫生态移民补偿工作随之展开。

① 毛勒堂：《分配正义：建设生态文明不可或缺的伦理之维》，《云南师范大学学报》（哲学社会科学版）2008 年第 5 期。

② 吴大华：《中国特色的循环经济发展研究》，科学出版社，2011，第 4 页。

当前，扶贫生态补偿基本上都是政府行为，补偿资金主要有两种来源：财政转移支付和专项资金。其中，财政转移支付是主要方式。[①] 补偿的客体基本都是生态移民，补偿方式大多是一次性给付的资金补偿，也有一些政策补助，补偿标准则是根据贵州省政府出台的扶贫生态移民工程实施方案来制定。目前贵州省已经出台了两个移民工程实施方案，本文拟通过对这两个实施方案的介绍进一步分析和研究贵州省的生态移民补偿现状。

从贵州省政府出台的《贵州省 2012 年扶贫生态移民工程实施方案》可知，扶贫生态移民的资金补偿主要集中在以下几块：一是住房。投资 12.16 亿元，按人均 1.2 万元、户均 3 万元左右进行补助。中央和省按人均 0.7 万元补助，其余由市（州）、县（市、区、特区）补助。二是基础设施。投资 4.95 亿元，按人均 4900 元进行补助，省财政补助 2000 元，其余 2900 元通过整合资金解决。三是征地及前期工作。投资 1 亿元，今年暂按人均 1000 元由市（州）、县（市、区、特区）财政补助。同时，也提供了一些政策性的补偿，如住房、土地、就业、产业、社会保障等，目前这些补偿已经基本落实。贵州省政府在 2013 年也出台了《贵州省 2013 年扶贫生态移民工程实施方案》，从该方案可知，2013 年较 2012 年补助资金增加，补助面更加广。一是投资补助标准。住房人均补助 1.2 万元，配套基础设施人均补助 0.7 万元，征地人均补助 0.1 万元。二是住房建设投资为 19.13 亿元，其中中央资金 16 亿元，省级财政专项资金 3.13 亿元（含农户住房贷款贴息 1 亿元）。三是征地及基础设施投资 12.09 亿元，其中征地 1.51 亿元，由县（市、区、特区）财政补助。配套基础设施 10.58 亿元，省财政专项资金补助 2.87 亿元，其余 7.71 亿元由市（州）、县（市、区、特区）财政资金及整合项目资金解决。市（州）、县（市、区、特区）分担比例按 2012 年规定执行。[②] 目前，补助工作正在有条不紊地进行之中。

（二）贵州扶贫生态移民补偿存在的问题

1. 补偿主体单一

贵州省扶贫生态移民工程是由政府启动的工程，政府的行为贯穿着移

① 邱婧、涂建军、王素芳、张红梅、邓聪：《自然保护区生态移民补偿标准探讨：以重庆缙云山自然保护区为例》，《贵州农业科学》2009 年第 5 期。

② 贵州省人民政府：《贵州省 2013 年扶贫生态移民工程实施方案》，http://www.gzgov.gov.cn/xxgk/gwgb/qfbf/76207.shtml. 2013 年 6 月 20 日访问。

民工程的始终，政府的政策影响着工程的走向，决定着移民工程的执行质量。因而政府是工程的实施主体，也是生态移民补偿的主体。但是从生态效益受益者的角度来看，补偿主体还是显得单一。因为，扶贫生态移民的目的就是消除贫困和保护生态环境，都是为社会整体的利益。生态环境具有关联性的特征，一个地方生态环境的好坏会影响其他地方的生态环境，比较典型的例子就是三江源自然生态保护区，该地区被誉为“中华水塔”，是三大河流的发源地，保护该地区的生态环境对三大河流所流经地区的生态环境起着重要的作用，依据谁受益谁补偿的原则，补偿主体也应该包括其他受益主体。同理，贵州省扶贫生态移民工程由于具有保护生态环境的功能，补偿主体不仅包括贵州省的各级政府，还应包括其他因此工程而收益的主体，但从贵州目前的情况看，补偿主体只有中央和贵州省各级政府，而无其他受益主体，补偿主体显得单一。

2. 扶贫生态移民补偿标准低

由于扶贫生态移民是一项系统的大工程，需要投入大量资金才能保障其顺利实施。但从目前的情况看，资金投入还是不足，移民的补偿标准偏低。生态移民资金投入主要由国家专项资金、地方配套资金和群众自筹三部分构成。[①] 以国家专项资金为例，2012 年贵州省的移民工程总投资是 18.11 亿元，其中国家专项资金是 5.09 亿元，只占总投资的三分之一左右。大部分资金的筹集都交由贵州省各级政府，但由于贵州本就是经济欠发达地区，财力十分有限，筹集资金难度大，且资金到位的时间较长，使得向移民投入的补助资金较少，补助标准偏低，农户自筹资金压力较大。以贵州省铜仁市江口县为例，从 2013 年起中央和省补助标准达到人均 1.2 万元，每户平均按 4.5 人计算上级补助仅 6 万元。按照 100 平方米住房和 30 平方米商业铺面以综合成本价每平方米 1500 元计算需近 20 万元，移民户缺口资金 14 万元左右，而符合搬迁条件的农户大多数比较贫困，家庭收入低，基本只能解决温饱问题，自筹资金非常困难。

3. 扶贫生态移民补偿的方式不够具体

目前，贵州省对扶贫生态移民的补偿主要是物质性补偿和政策性补

① 王永平、陈勇：《贵州生态移民实践：成效、问题与对策思考》，《贵州民族研究》2012 年第 5 期。

偿。根据2013年的扶贫生态移民工程实施方案，除了向移民补偿资金之外，还在土地、住房、就业、产业、社会保障等方面向移民及其子女提供优惠性的政策。与以往一次性的金钱补助相比，目前的移民补偿方式还是比较多样的，种类也更加齐全。但是，细观一些政策性补偿，我们也不难发现一些补偿方式不够具体。以移民住房贷款贴息为例，移民住房贷款贴息还未能得到真正落实。省里虽有对移民住房贷款给予贴息的政策意见，但无具体办法，如贷款额度多少，可分几年还款，是否需抵押，又如何抵押等，还没有相关具体的规定，县级金融机构无法操作执行，尚待上级明确政策来实施移民住房贷款贴息。

4. 扶贫生态移民补偿的救济路径缺乏

学界把公民的权利分为3种，应然权利、法定权利和实体权利。学者们一般认为生态移民的受偿权属于法定权利。结合前述，贵州省目前的移民补偿大都规定在水库移民法律法规上，国家层面的法律法规有《大中型水利水电工程建设征地补偿和移民安置条例》，贵州省级层面的只有《贵州省大中型水利水电工程移民前期工作管理暂行办法》，但涉及扶贫生态移民补偿的法律法规基本上没有。现实表明即使这种被克扣了的法定权利在实际生活中也没有得到应有的保障，最终导致实然权利与法定权利存在着较大的差距。① 由于扶贫生态移民补偿涉及补偿对象的确定、补偿资金的管理、政策性补偿的落实等许多方面，其中每一个方面都有可能受到侵害而致使移民的受偿权落空，如果移民权利救济路径缺乏，一旦生态移民的受偿权遭受到损害，维权之路将会是异常艰辛。但是通观贵州省扶贫生态移民的法律法规，只有在《贵州省扶贫开发条例》第55条和第56条提到人们的监督权，其中第55条规定：“村民会议、村民代表会议和村民有权对本村扶贫项目资金使用情况及使用效益进行监督。”第56条规定：“任何单位和个人有权对违反本条例的行为进行举报。有关单位应当及时进行调查核实，并依法予以处理。”但是由于这两项条款只是规定在扶贫领域，并没有涉及生态移民方面，且由于这两项条款规定得比较抽象，可操作性不强，显示出贵州省目前的法规政策对移民的权利救济途径保障的缺乏。

---

① 赵姚阳：《我国水库移民权利保障发展评析》，《中国农村水利水电》2011年第2期。

三 贵州扶贫生态移民补偿制度的建构

(一) 制定扶贫生态移民补偿单行法

针对前述的扶贫生态移民补偿存在着补偿主体单一、补偿标准低、补偿方式不够科学具体和补偿的救济路径缺乏等一系列问题，贵州省有必要出台专门的扶贫生态移民补偿法规，而不能像以往一样依靠政策去实施补偿活动。因为，为了把权利和义务结合起来，使正义达到它的目的，就需要约定和法律。[①] 对补偿主体、补偿标准、补偿方式以及补偿的救济途径予以明确的规定。在缺失了国家层面上的扶贫生态移民补偿法律的情况下，国家曾在其他一些与移民相关的领域出台的一系列的法律法规也可以提供一些有益的参考。如《大中型水利水电工程建设征地补偿和移民安置条例》，贵州本省的政府部门也曾出台一些政策，为贵州省生态移民补偿法规的制定提供了一定的借鉴基础。因而，贵州省的立法机关应该充分发挥立法的能动性，制定贵州省扶贫生态移民补偿的专项法规，

(二) 贵州省扶贫生态移民补偿立法的内容构想

1. 关于扶贫生态移民补偿的主体

依据“谁受益，谁补偿；谁破坏，谁赔偿”的原则。扶贫生态移民的主体应该包括两个：一是各级政府，包括从中央到地方各级政府。政府作为社会自然资源所有者的代表，代表了全社会整体的利益，也指导和协调着全社会的资源分配。对于生态移民所受的损失，国家作为社会资源拥有者的代表理应对移民遭受的损失进行补偿；二是应由社会来共同负担。良好的生态环境属于公共物品范畴，其公共性决定着生态移民的成本不能单由生态移民个人来负担，根据上述原则，作为物品受益者的社会应该负担起生态移民发生的成本。[②] 这个“负担移民成本的社会”除了上述的政府，还应该包括狭义上的社会（组织、其他受益人）。此外，应尽快建立跨界生态补偿机制，让那些对生态环境保护做出贡献的地方、单位和个人受益。

2. 关于扶贫生态移民补偿的标准——三江源模式

由前可知，贵州省对扶贫生态移民的补偿标准还是偏低。造成补偿标

---

① 〔法〕卢梭：《社会契约论》，李平沤译，商务印书馆，2011，第 41 页。

② 施国庆：《移民权益保障与政府责任》，吉林人民出版社，2009，第 161 页。

准偏低的原因有两个：首先是国家和政府投入的补偿资金较少；其次是贵州省确定标准的方法或许还有失偏颇。因此，笔者拟从这两个方面论述贵州扶贫生态移民的新标准：一是大幅增加国家和政府对移民补偿的资金。在任何国家，扶贫标准都是动态调整的，大幅提高标准，把更多低收入者纳入扶贫标准，这是社会发展进步的体现，是扶贫力度加大的重要措施。[①]生态补偿标准的高低需要考虑多方面的因素，如为了生存保护牺牲的利益、对长远发展的影响、当地的财政实力等。二是重新确定补偿标准的方法。我们可以借鉴三江源自然保护区生态补偿核算办法。该区的计算标准为机会成本法，机会成本法是指根据供给方由于提供生态系统产品或者服务而不得不放弃的利益（如土地利用方式的改变）来确定补偿标准，是一种应用较广的方法，在运用机会成本法时，选取合适的载体来核算供给方所放弃的最大利益是重点。[②] 借鉴其补偿标准，笔者拟从以下几个方面细化：一是土地机会成本。由于扶贫生态移民工程使得移民自动转变为城镇户口，农民也自然而然地丧失了土地，失去了每年原本可以连续带来收益的土地，造成了经济损失；二是土地的其他收益机会成本。移民可以将土地用做自己耕种，还可以将土地出租给他人使用，但因扶贫生态移民工程使得移民失去了可供出租的土地，在客观上减少了移民的经济收入；三是地区发展差异。扶贫生态移民把移民整体搬迁到小城镇或靠近工业区的地方居住，不仅使移民失去了原有的收益，而且造成了移民在新的环境中生存技能的丧失，生活成本增加。因此，扶贫生态移民补偿要考虑这种地区差异，补偿标准要能够填补移民迁出地的人均收入和迁入地的人均收入之间的差距。

3. 关于扶贫生态移民补偿的方式

根据贵州省政府出台的《贵州省 2013 年扶贫生态移民工程实施方案》可知，贵州省对扶贫生态移民的补偿主要是物质性补偿和政策性补偿。但是，基于对于生态移民重建生活和保障生存的考虑，同时，政府的财力是有限的，移民致富的愿望是无限的，只靠政府直接补偿现金不可能从根本

---

① 范小建：《中国农村扶贫开发纲要（2011～2020 年）》，中国财政经济出版社，2012，第 69 页。

② 李屹峰、罗玉珠、郑华、杨绍顺、欧阳志云、罗跃初：《青海省三江源自然保护区生态移民补偿标准》，《生态学报》2013 年第 3 期。

上解决问题。所以，扶贫生态移民补偿一定要作为“补血剂”，建立多种方式的补偿机制和补偿方式，从根本上解决当地百姓的发展问题。因此，有必要对扶贫生态移民补偿的方式、内容加以丰富和完善。

一是由于移民群众文化素质普遍偏低，广大的移民对象中受过高中以上文化程度教育的比例很小，接受先进科技文化知识较难。因而，我们应该从实际出发，多培植一些与移民以前生存技能相关的产业，使得移民能够较好地适应搬迁后的生活。如以特色加工、现代农业、乡村旅游助推城乡经济发展，因地制宜，开拓创新，认真做好对特色种植业的资金和技术扶持政策，增强移民自身的“造血”功能，提高移民的生存技能。

二是各级政府应该立足本地经济社会发展的基本情况，根据扶贫生态移民的特点和发展进程，重新整合已经出台的各项优惠政策，加紧制定具体的实施方法，减轻下级政府的实施难度，使之能真正适应扶贫生态移民工程的发展。以移民住房贴息贷款为例，省政府在已经出台政策的基础上，通过调研、资料收集分析等方法，尽快出台住房贴息贷款实施细则，明确移民贷款的额度、还款期限、抵押条件等，提高政策执行的效率和质量。

4. 关于扶贫生态移民补偿的救济路径

在实施扶贫生态移民的过程中，政府还应完善扶贫生态移民补偿申诉和监督机制。这也是维护国家利益、社会稳定，保护生态移民权益的一个重要方式。一是在贵州省出台的扶贫生态移民立法文件中要明确详细地规定移民对于补偿的申诉和监督权，提高条文的操作性。完善立法听证制度，立法部门在制定与移民补偿相关的法律法规时，要邀请移民代表参与立法听证，充分听取移民的意见。二是完善移民申诉和监督工作机制。政府可以开辟不同的申诉、监督渠道，如在扶贫生态移民部门和政府部门同时开辟申诉、监督窗口，直接接待移民，了解移民在补偿上所遇到的困难，妥善解决移民补偿问题。同时，保证申诉和监督渠道畅通，使移民在合法权益受到侵害、遇到矛盾和纠纷、对移民安置中的问题有抱怨时投诉有门，对移民反映的问题，应及时责成有关单位进行调查核实，分类研究，提出处理意见或协调解决的办法。[①] 最终实现扶贫生态移民补偿工作的顺利进行。

① 乔军：《对三江源生态移民权利保障的思考》，《攀登》2006 年第 3 期。

○乡村遗产与乡村旅游

周 俭 卞畠喆*

一 社区旅游与参与式发展

1. 社区旅游

20 世纪 80 年代，世界范围内的旅游业迅猛发展，过度开发所引发的一系列资源破坏和环境污染问题越发严重，旅游规划学者 Murphy 面对旅游开发和社区发展脱节、社区居民对旅游开发不满等问题，于 1980 年提出“社区旅游”这一概念。在研究中，他强调社区旅游是作为一种规划理念和方法，通过社区居民的参与影响旅游规划决策，以减少社区居民对旅游的反感情绪和冲突。①

在 Murphy 提出“社区旅游”这一概念之后，“社区旅游”旋即成为世界旅游发展研究的热点。由于其具有“帮助弱者”“人本主义”等民主思想内涵，在广大发展中国家得到了热烈响应、推广和应用。唐顺铁在 1998 年最早提出了我国关于社区旅游的定义：从社区的角度考虑旅游目的地建设，以社区的互动理论指导旅游区的总体规划和布局，通过优化旅游社区的结构提高旅游流的效率，谋求旅游业及旅游目的地经济效益、环境效益和社会效益的协调统一和最优化。社区旅游为寻求实现旅游业可持续发展提供了一条新途径。② 并将其与传统旅游进行了比较（见表 1）。

2. 参与式发展

参与式发展理论是在 20 世纪 70 年代以来出现的新思维，时至 20 世纪 90 年代初期，世界银行等一些主要的援助机构开始将其重心转向促进社区

---

* 周俭，同济大学教授；卞畠喆，同济大学建筑与城市规划学院硕士。

① Murphy P E. Tourism: A Community Approach [M]. New York: Methuen, 1985.

② 唐顺铁：《旅游目的地的社区化及社区旅游研究》，《地理研究》1998 年第 2 期。

的参与式发展，也正因此，参与式发展开始了世界范围的传播。①

表 1 传统旅游与社区旅游的比较

	传统旅游	社区旅游
对象	景观	景观、环境、社区
目标	最大经济效益	经济效益、环境效益和社会效益的协调统一和优化
开发原则	发掘景观吸引力	从社区互动、社区进化和社区结构优化的角度指导旅游开发
当地居民与旅游开发的关系	无关或被动参与	当地居民是旅游开发的重要力量

资料来源：唐顺铁《旅游目的地的社区化及社区旅游研究》，《地理研究》1998 年第 2 期。

参与式发展是让社区自主参与旅游项目的决策、实施、经营、利益分配及监督和评估。② 其实质是在以社区居民为主体的多方参与下，来发现、确认社区发展的机遇，并通过合理有效的发展机制的建立，来实现资源的公平与合理的配置和管理，以实现社区的可持续发展，③ 其重点是以社区中人的发展带动社区的发展。

“参与式发展”的核心是赋权，主要依靠社区的内在力量来推动其自身发展，同时也借助政府和第三方的结构的外力，以自身为主体把优势资源进行最优化整合。为实现参与式发展，通过持续不断的社区参与来提升社区能力以提高其对于旅游发展的参与度是其关键。

3. 社区旅游、社区参与和参与式发展的关系

与传统的旅游只注重发掘旅游目的地的景观吸引力的开发原则相比，社区旅游更注重从社区互动（社区和各利益相关者的相互作用）、社区进化（社区能力提升）和社区结构优化（空间、经济、社会结构）的角度指导旅游开发，突出了社区的主体地位，而社区参与则是实现社区旅游这一理念的一种有效的方法。

① 周大鸣、刘志扬、秦红增：《寻求内源发展：中国西部的民族与文化》，中山大学出版社，2006。

② 刘金龙：《参与式发展在中国实践的回顾和展望》，李小云编《谁是农村发展的主体》，中国农业出版社，1999。

③ 林志斌：《参与式社区发展》，李小云编《谁是农村发展的主体》，中国农业出版社，1999。

“社区参与”包含了9个方面：①决策及选择过程的介入；②发展过程中全部项目循环中的介入；③对社区乡土知识的信任；④资源的利用及控制；⑤发展对象的能力建设；⑥发展成果的利益分享；⑦社区自我组织及自立；⑧权力和民主的再分配；⑨促进机制的建立。因而，针对“社区旅游”这一理念，“参与式发展”既是必要状态又是手段，而“社区参与”即可视为实现社区“参与式发展”的方法。

社区旅游、社区参与、参与式发展的关系可以概括为，社区旅游作为一种理念和模式以社区为主体指导旅游发展，在这一理念框架下，社区参与作为手段，通过提升社区参与能力，进而达到参与式发展的状态，最终实现旅游发展和社区发展耦合的目标。

二　社区参与旅游的特征

肇兴侗寨始建于南宋正隆五年（公元1160年），距今有840多年的历史，现有住户1200余户，人口6000多人，是全国最大的侗族村寨之一，也是贵州省较早开展旅游的一处传统村寨。肇兴传统旅游业发展比较成熟，社区居民受外来文化的影响冲击较大，公司和政府的双重介入使各方利益纠葛复杂，社区和景区的范围相对一致。以下以肇兴侗寨为例，阐述社区在旅游开发十余年后的情况。

1. 村民参与旅游的积极性高

从肇兴接近百分之百的户数参与旅游经营的事实可以看出，肇兴侗寨社区的居民对于旅游的参与积极性非常高。然而，正是因为高度的积极性，使其旅游参与甚至出现了过度参与的情况。这些居民身为农民，又是囿于我国西南部山区之中，本来人均耕地稀少，交通不便，再加上传统农业的增收空间越收越窄，居民们在发展上其实深陷困境。旅游的发展，给了他们一线改善生活境况的希望，急于摆脱贫穷的生活，于是纷纷投身其中。

（1）获取经济收益的积极性

对于除了传统农业之外没有任何优势的肇兴侗寨社区，旅游业的吸引力非同一般。肇兴侗寨旅游开发前，人均收入为1250元。目前旅游经营户约有500户，占全村总户数的8.0%。2009年旅游接待量达63263人次，其中国外游客897人次，旅游总收入341.52万元，纯收入30万元，旅游总收入占全村总产值的2010%，旅游经营户均总收入30 000元，旅游经营户均纯收入20000元，[①] 经济增收成效显著。

无论何种形式的旅游收益，农民们都乐意接受。就算不愿承包土地给旅游公司的居民，也只是希望把土地作为讨价还价的筹码以获取更多的经济收益。而那些没有被征用土地的住户则因为丧失了增加收益的机会而略显失望。

基层政府也充分认识到旅游业在提高经济收益中的重要作用，以此作为帮助村寨脱贫的有效途径，积极鼓励村民进行旅游参与。2007年肇兴乡政府首次对乡村民居旅社进行等级评估，按四级、三级、二级、一级的标准，分别给予8000元、6000元、5000元、4000元奖励，大大提高了当地居民投资旅游设施的积极性。从事民居接待的家庭，年收入最多的可达50000元，很大程度上改变了当地部分人的生活水平。调查中25%的调查对象都愿意自己开旅社进行民居接待。

（2）农村剩余劳动力寻求出路的积极性

肇兴景区由于离黎平县相对较近，许多年轻人在黎平工作，他们的劳动力剩余状况并不严重。然而在教育程度较低的年轻人中，许多孩子初中毕业就回到村中（主要是男孩子），无所事事。而他们对于传统农活的技术了解不深。于是这部分闲置出来的剩余劳动力就成为旅游公司管理村寨的生力军。事实证明，年轻人在公司里还是找到了一定的自身价值，天天有事做，月月有收入，可能因为闲散人士众多引发的赌博问题也几乎杜绝。旅游的发展一定程度上解决了一些传统农业社区中的社会问题。

2. 居民参与旅游发展的基础薄弱

从肇兴侗寨的案例可以看出，虽然社区居民的参与积极性很高，但参与程度相对较低，基本上是窄范围、低层次的社区参与。从参与的方式上，主要局限于经济活动。开发商和政府，对于社区主要停留在提供经营空间和就业机会上。居民也只是将自己的部分资源参与到旅游业中，其中有关农村社区的传统智慧和一些地方性的文化知识并没能有效参与旅游发展中。原因有以下几点。

（1）参与能力弱

肇兴景区内的居民社区参与能力普遍较弱。即使在经济活动参与方

① 徐燕、陆仙梅、吴再英：《民族村寨乡村旅游开发与社区参与研究——以黔东南苗族侗族自治州肇兴侗寨为例》，《安徽农业科学》2011年第13期。

面，受村民本身素质状况的制约，其从事最多的参与形式依然停留在体力劳动层面。在农民的受教育程度偏低且西部地区受教育水平普遍低于全国平均水平的现状来看，其参与能力较弱在所难免。绝大多数居民都是初中文化水平，其中更有些从未接受过学校教育，自然更没有能力和机会通过各种媒体获取与自身相关的知识和信息。从区域总体水平来看，西部地区知识能力指数平均水平仅相当于东部平均水平的35%。其中，西部获取知识能力指数仅相当于东部水平的14%，交流知识指数相当于东部水平的31%。①

如此的受教育水平决定了大多数社区居民只能通过摆卖水果、零食、小商品等手段浅层次参与旅游发展。从表2可以看出，受自身能力和水平的局限，大多数居民在影响和带动下很想投身旅游业经营从事服务行业，却没有谁希望直接参与旅游发展的规划和决策。选择经营服务业和继续务农的人数总和超过80%，能力有限的他们确实没有更多的选择。

表2　肇兴社区居民参与旅游发展的方式

参与方式	数　量	百分比（%）
规划	0	0
决策	1	1.8
管理景区	2	3.6
服务业	34	60.7
干老本行	15	26.8
管理、经营	4	7.1
总　计	56	100

资料来源：笔者自绘。

（2）话语权和执行权弱势

肇兴侗寨的旅游管理和旅游决策中，社区和村民所能享有的话语权微乎其微。“农村”不仅是一个地域概念，而且是一个政治概念；“农民”不仅是一种职业身份，而且是一种政策身份。② 由于其弱势地位，开发者和管理者往往忽略了他们的需求并且往往占据巨大的心理优势，因此，他们

① 胡鞍钢、李春波：《新世纪的新贫困：知识贫困》，《中国社会科学》2001年第2期。
② 夏勇：《研究乡民的公法权利》，《读书》2000年第4期。

在旅游发展中的话语权和执行权弱势也就是必然的。在调查过程中发现，95%的居民认为他们没有机会参与旅游发展决策，87%的居民认为他们没有机会对旅游管理部门进行监督。

(3) 整体性意识差

肇兴侗寨的居民还保留着传统农民的价值观，从旅游发展之初争抢游客的行为中即可见一斑。“他们的需求层次低，急功近利，目光短浅，重视眼前的物质利益，延宕满足的能力差。”① 因而他们占有社会资源和权力的能力有限，只求眼前得利。

即使处于社区参与中的居民，其集体主义也让位于个人主义。与景区村民打交道的公司领导和政府领导纷纷有所感：农民对于个人利益争先恐后，集体利益几乎不太在意，整体、长远的利益无所谓，主要要求眼下的利益，并且对利益分配是否公平很看重。对此，黎平县旅游局某官员理解得比较透彻：“农民很多时候眼界太窄，还是需要政府的有效引导，而且不能一味强调长远，要尽量让他们尽快尝到眼前的甜头。”

然而值得注意的是，对于个人主义横行的当今中国社会，整体意识差并非农民的专利，重要的是如何对他们进行有效的培训和教育。

(4) 缺乏应有的参与机制

在肇兴景区，居民对于旅游发展的参与程度低以及对于旅游发展的非制度化参与时有发生是不争的事实。一方面居民缺乏表达需求的有效途径，另一方面真正有民主意识、愿意主动参与规划和管理决策的村民为数颇少。肇兴侗寨的社区居民“参与政治绝大多数只是维护其自身利益的手段，并没有内化为自觉的目标和价值。”②

即使居民参与能力差，社会地位相对低下，整体意识不足，如果赋予他们说话的机会，他们还是能比较直接地表达自身的愿望并贡献其乡土智慧的。然而在肇兴景区的开发中，社区居民的参与大多数是被开发主导方决定的，例如，旅游公司方面往往并没有把他们作为平等、亲密的合作伙伴。

---

① 周晓虹：《转型时期中国农民的社会心理——昆山周庄镇和北京“浙江村”的比较研究》，南京大学出版社，1998。

② 周大鸣、杨小柳：《社会转型与中国乡村权力结构研究——传统文化、乡镇企业和乡政村治》，《思想战线》2004年第1期。

政府方面同样没有为社区居民提供足够有效的制度性参与平台。社区居民在旅游发展中的知情权、话语权、参与权、选择权十分匮乏。实际上肇兴居民热切渴望参与，渴望获取相关的知识和信息。因而在自身和制度的限制下，肇兴侗寨的村民只能通过窄范围、低层次的参与状态应对旅游的发展。

三　路径选择与结论

为实现作为传统村落中社区居民对于旅游的参与式发展的目标，政府、社区和企业这三种社区参与旅游发展中的主要利益主体需要重新选择各自的路径，即“社区自觉能力建设”“政府有限干预”和“企业合同制约与法制规范”，同时为弥补我国相对弱势的社区在强势政府和企业面前的力量不足，建议第三方力量介入社区旅游发展过程，完善社区参与旅游发展的体系。

1. 社区自觉性的能力建设

（1）传统文化价值教育。通过各方的教育宣传，使居民了解到当地传统文化和资源的价值及实现其价值的途径至关重要。许多旅游者在乡村所追求的价值往往被当地居民所忽视，村民司空见惯的生产、生活方式正是广大旅游人群追求自然属性的怀旧之精髓所在。只有让当地居民明白了自身资源的旅游价值和文化价值，才能激发他们对自身文化的筛选、保护和再诠释，从而给社区发展的可持续性提供根本保障。

（2）旅游影响教育。从肇兴侗寨的调查中可以发现，社区居民对于旅游发展的热情高涨很大程度上是因为他们对于旅游开发只有正面效应的认识，对于旅游的负面效应如社会文化变迁、自然环境破坏、社会秩序失衡、文化传统失落和道德伦理沦落等无所预知。如果居民能够认识到旅游的各方面影响，就能对其参与行为进行理性调整，从而使其极易波动的“原始淳朴”转变为相对稳定的“理性淳朴”。

通过对居民的此类“预警”式教育，也能一定程度上抑制社区对于旅游的过度参与。如果能够让社区居民意识到面对旅游发展，为保证社区原有的生活氛围和生产景象，有的时候“不参与就是最大的参与”，对于传统文化和传统生产、生活方式的保育就能从内源上找到实现的可能。

（3）旅游从业人员培训。在肇兴侗寨的旅游开发初期，对于旅游从业人员的培训，旅游公司已经展开了一定的行动，然而，传统的旅游培训主要针对社区居民旅游技能的提高，忽视对于观念的培养，而后者往往比前者更重要。许多旅游从业者在经营过程中商品意识开始觉醒，却容易对自身资源的认识产生偏差。比如，若对社区旅游从业者家庭旅馆的改建观念进行教育，就能很大程度上避免对传统建筑风貌的破坏。

（4）社区青少年的传统工艺技能和知识培训。传统的工艺技能和工艺品是旅游资源和社区文化资源的重要组成部分。在肇兴景区的调查中发现，传统技能主要掌握在高龄人群手中，技能传承出现断层。对于青少年传统技能的培训和传承需要以青少年对自身民族的文化自觉为基础。在此种文化传递中，一方面社区的文化资源得到了开发和延续，另一方面更加深了各年龄段居民的精神交流，从而增强了社区的凝聚力，进而巩固并发展了社区自身。

（5）政府有限性的干预。地方政府在社区参与村落旅游发展中的角色定位应当是：做好社区参与的规范制定者，脱去经营者的角色，充当旅游相关的各方利益群体的协调者。

在旅游业方面，目前中国旅游业整体上还处于开拓期，属于政府主导型，因此，政府对于旅游业的直接干预比较强。[①] 其原因在于，旅游产品的复杂性使私营市场难以符合国家的旅游政策目标，即难以实现旅游设施的平衡以迎合游客的需要，使当地社区受益，同时与社区的期望相得益彰。[②] 因此，旅游业要发展、社区参与要进行本身是离不开政府的干预的，因而，政府在村落社区参与旅游中的主导地位应当存在，应当在有限地对社区进行经济和行政主导的同时，通过制定有效的公共政策、提供居民参与的制度平台等手段对居民参与旅游发展进行积极倡导。

对于社区参与，政府可以采用一系列积极的政策工具，比如，鼓励企业在旅游开发过程中承担一定的社会责任、鼓励可持续的旅游行为、鼓励企业合理分享一部分通过社区资源获得的收益以及宣传并敦促旅游行为规范等。

村落社区的制衡力量相对微弱，因而政府合理的公共政策的制定显得

---

① 吴必虎：《区域旅游规划原理》，中国旅游出版社，2001。

② 斯蒂芬·旺希尔：《政府的激励作用》，载威廉·瑟厄波德主编《全球旅游新论》，中国旅游出版社，2001。

尤为重要。政府作为旅游开发的管理者和开发主体之一，应该保证政策制定和实行的法制化和规范化，为社区旅游的发展提供良好的政策、制度基础和优质的投资环境。

（6）旅游企业合同制约与法制规范。旅游公司在村落社区参与旅游发展的过程中是主要的直接管理者、资金的投入方和旅游收益分配的决策者。随着法治观念的觉醒和进步，村落社区居民也渐渐从原有的乡规民约中走出来，渐渐接受并合理利用这一事实谋取利益或限制自身的行为。因而公平合理的合同制定就成了旅游企业在旅游发展中保障村落社区参与旅游发展和收益分配的核心。合同更是可以作为社区村民这一相对弱势群体保障自身利益的有效手段。

社区村民的利益受到侵害在旅游开发中之所以屡禁不止，和中国历来对于农村的法律构建其基础薄弱有关。法律保障的优点在于其权威性和稳定性，它不随领导人的个人好恶而摇摆不定，是农民利益保障体系的重要内容。①

在肇兴景区的社区参与中，以侗家乐为例，确实有不少居民通过合同维护了自身的权益。随之而来的，则是旅游公司越发注重与村民之间的合同关系，在土地利用、补贴和招工方面都进行了合同管理。其中的一些管理人员也表示过随着旅游发展的深入，农民越来越懂法，合同的条款也要越来越细致，不能有漏洞。虽然还有很多缺乏法制规范的经营和管理现象存在，但这些情况映射出未来还是令人鼓舞的。

同时，通过拟定合同规范村民的行为也同样十分重要。在尚未推行法制的时代里，乡规民约等一系列传统宗法就对传统村落社区居民有着巨大的约束力，因而社区村民群体相比其他社会群体有着安分守己的传统。

在传统村落社区的旅游发展中，居民运用法律武器保护自身权益的心理准备越来越成熟，依照法律限制自身行为的守法意识也得以传承。良好的合同在传统旅游社区发展中的作用是不言而喻的，关键是合同的公平性和公开性需要得到保障。如果由于合同缺乏公平性、透明性，导致很多村民失去了表达的机会，产生了反叛情绪，矛盾和冲突也随之而来。因此应

① 章荣君：《当前我国农民非制度化政治参与走向制度化的对策思考》，《云南社会科学》2004 年第 1 期。

该在法制上、内容上保证公平，以消除潜在的冲突和矛盾。

另外一个事实是社区村民的弱势地位是相对的。一来，他们有自己的社区资源如土地可以进行权益争取；二来，他们可以采取不越界不违法的行为进行“非暴力不合作”“踩线而不越界”的反抗。这是他们“弱者的武器”，而这种武器在开发旅游的社区相当有力。

社区村民是社区旅游的参与主体和重要资源，如果不取得他们的配合，一切旅游发展都是纸上谈兵。因而，旅游企业不能忽视村民在合同中的权益，只有互相尊重、平等相待，才能保证社区和旅游的法制化落实。

乌蒙山片区贵州所属区域旅游扶贫效应分析

邓小海　曾　亮*

旅游扶贫就是利用当地的旅游资源，将其资源优势转化为经济资源，以推动当地社会经济的发展和促进整体实力的增强，① 其实质是利用旅游经济的外部正效应，促进区域经济的整体发展而使参与旅游经济活动的全部人口受益，从而带动贫困人口脱贫致富。旅游发展对贫困地区的效应主要体现在对区域的效应和贫困人口的效应两方面，其综合体现为对当地社会、经济、文化和环境等方面的作用和影响，一般包括经济效应、社会文化效应及生态效应等，当然对于贫困人口而言，经济效应是最重要的，也是当地人最期盼的。② 对乌蒙山片区贵州所属区域旅游扶贫效应进行分析，有利于衡量该区域旅游扶贫政策实施的效果，了解旅游扶贫实践中存在的问题及今后努力的方向，以期为下一步区域旅游扶贫政策的修订提供参考，从而推进区域旅游扶贫模式创新和实施精准旅游扶贫。

一　区域贫困及旅游发展现状

（一）区域贫困状况

乌蒙山片区贵州所属区域主要包括贵州省遵义市和毕节市的 11 个县（市、区）及 1 个管委会和 1 镇，③ 即遵义市的桐梓县、习水县和赤水市，

* 邓小海，云南大学旅游管理博士，贵州省社会科学院副研究员；曾亮，云南大学西南边疆少数民族研究中心博士生。

① 王弘、靳慧祎、贺立龙：《新时期少数民族地区旅游扶贫》，《贵州民族研究》2013 年第 3 期。

② 王兆峰：《民族地区旅游扶贫研究》，中国社会科学出版社，2011。

③ 按照全国连片特困地区划分，贵州乌蒙山片区所属区域为 10 县（市、区）及 1 镇，即未含有金沙和百里杜鹃管委会（百里杜鹃管委会并未单独设立，而是分属大方、黔西县），但考虑到区域整体性及毕节市的要求，《乌蒙山片区旅游扶贫发展规划》组将其纳入。本文沿用《乌蒙山片区旅游扶贫发展规划》的提法。

毕节市的七星关区、大方县、黔西县、金沙县、织金县、纳雍县、赫章县、威宁县、百里杜鹃景区管委会和六盘水的大湾镇（其中大方县、织金县、纳雍县、赫章县、威宁县为国家级贫困县），国土面积为35085.9平方公里，居住着汉、彝、苗、回、白、布依、仡佬等30多个民族，有1个民族自治县（威宁彝族回族苗族自治县）和77个民族乡，是集革命老区、民族地区和贫困地区为一体的连片特困地区，也是国家新一轮扶贫开发攻坚战主战场和国家"十二五"扶贫攻坚的重点区域之一。据不完全统计，2012年区域内人口1019.88万人，其中少数民族人口186.37万人、农业人口735.5万人、贫困人口299.26万人，分别占区域内总人口的18.27%、72.12%和29.34%；2012年区域人均GDP为13461元，相当于全省平均水平的68.65%、全国平均水平的35.10%，农民人均纯收入为4762元，相当于全国平均水平的60.15%。

（二）区域旅游发展现状

区域内广阔的岩溶地貌，绮丽的自然风光，众多的名胜古迹，著名的革命遗址，浓郁的民族风情，均是旅游开发的宝贵资源。有世界自然遗产中国丹霞地貌——赤水，有威宁草海等国家级自然保护区3处，有织金洞等国家级风景名胜区3处，有百里杜鹃等国家森林公园5处，有赤水丹霞等国家地质公园2处，有奢香墓等国家级历史遗址、遗迹和文物7处，有苗族滚山珠等国家级非物质文化遗产7个，以及多处省级自然保护区、风景名胜区和文化遗产等。

截至2012年年底，区域内共有A级以上景区16处，其中国家4A级景区6处、[①] 3A级景区9处、2A级景区1处。据不完全统计，区域内共有旅行社及其分社25家，其中独立社22家、分社3家；共有旅游酒店、宾馆880多家，床位98500多张，其中星级酒店48家（包括待评，下同），共有客房5147间，床位7770张。在星级酒店中，五星级酒店3家，客房854间，床位1609张；四星级酒店12家，客房1562间，床位2889张；三星级17家，客房1863间，床位2890张；二星级10家，客房463间，床位920张；未评星级酒店6家，客房405间，床位789张。[②]

---

① 2013年10月百里杜鹃风景名胜区被评为国家AAAAA级景区。

② 资料来源：根据区域内各县、市、区旅游部门提供资料整理。

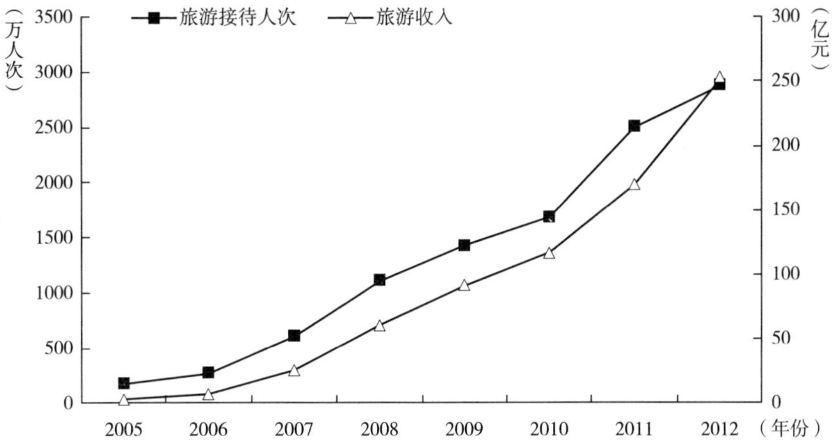

图 1　2005～2012 年乌蒙山片区贵州所属区域旅游接待人次及旅游收入

近几年来，该地区旅游业发展迅速，旅游接待人次及旅游收入不断增长（见图 1），年均增长率分别高达 56.73% 和 100.65%。

二　乌蒙山片区贵州所属区域旅游扶贫效应分析

（一）旅游业对区域经济发展的效应分析

国内大多数学者通过案例研究发现，发展旅游业能促进贫困地区国民经济生产总值、财政收入增加，推动地区产业结构优化调整，具有消除贫困的潜力。[①]。但是由于贫困地区经济发展条件差、整体水平比较低，经济漏损比较严重，影响旅游乘数效应的充分发挥。[②]

1. 旅游业对区域经济增长的贡献大

从表 1 可以看出，乌蒙山片区贵州所属区域旅游经济呈现高速增长态势，旅游总收入年均增长率达到 100.65%，远高于贵州省及全国同期 33.41% 和 16.14% 的平均水平。并且，2012 年旅游总收入占 GDP 的比重达 23.37%，虽然略低于贵州省的水平，但却远高于全国水平，可以说旅游业已经成为该区域经济发展的重要支柱。

此外，旅游业对该区域经济的贡献率较第一、第二、第三产业大（见

① 蔡雄、连漪：《穷乡僻壤奔小康——黄山汤口村发展旅游的调查》，《旅游研究与实践》1997 年第 1 期；张伟：《风景区旅游扶贫开发的效应分析及优化研究——以安徽省铜锣寨风景区为例》，安徽师范大学出版社，2005。

② 张小利：《西部旅游扶贫中的乘数效应分析》，《商业时代》2007 年第 7 期。

图2)。2006~2012年，区域内第一产业对经济的贡献率呈现波动下降趋势，年均增长-8.78%；第二产业及第三产业对经济贡献率都处于波动上升趋势，年平均增长分别为4.70%和2.27%。而旅游业对该地区经济的贡献率增幅却非常之高，年均增长达到61.23%。

表1　乌蒙山贵州所属区域旅游发展速度与贵州省及全国对比

单位：%

年份	旅游总收入增长率			旅游总收入占 GDP 比重		
	区域	贵州省	全国	区域	贵州省	全国
2005	—	—	—	1.08	12.93	4.22
2006	108.81	54.12	16.30	1.88	17.07	4.23
2007	290.21	32.35	22.60	5.97	18.90	4.42
2008	132.73	27.50	5.80	11.48	19.59	3.67
2009	50.51	23.29	11.30	14.81	20.68	3.79
2010	28.77	31.79	21.70	15.88	23.10	3.93
2011	44.39	34.70	20.10	18.67	25.07	4.80
2012	49.15	30.1	15.20	23.37	27.35	5.01
平　均	100.65	33.41	16.14	11.64	20.59	4.26

资料来源：各县旅游局、云南省旅游统计公报、国家旅游统计公报。

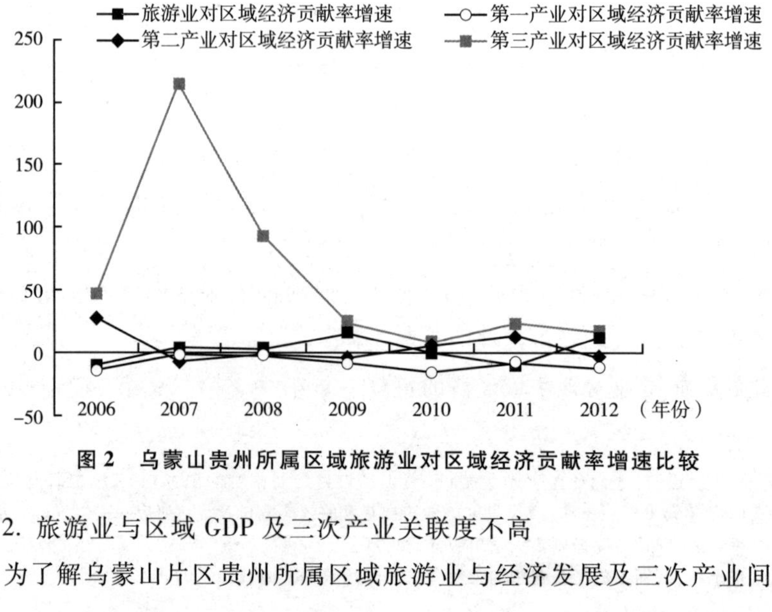

图2　乌蒙山贵州所属区域旅游业对区域经济贡献率增速比较

2. 旅游业与区域GDP及三次产业关联度不高

为了解乌蒙山片区贵州所属区域旅游业与经济发展及三次产业间的关

联度，本文运用灰色系统分析法对该区域2005~2012年旅游总收入、地区生产总值（GDP）、一产、二产和三产（见表2）之间的关联度进行分析。

（1）绝对关联度分析

令 $X_i^0 = [x_i(1) - x_i(1), x_i(2) - x_i(1), \cdots, x_i(t) - x_i(1)]$ $(i=0, 1, 2, 3, 4)$

表2 乌蒙山片区贵州所属区域旅游业和GDP及各产产值关联度

单位：亿元

年份	X_0（旅游总收入）	X_1（GDP）	X_2（一产产值）	X_3（二产产值）	X_4（三产产值）
2005	3.18	293.4	93.73	105.55	94.12
2006	6.64	353.14	98.16	129.8	125.18
2007	25.91	434.32	120.93	156.37	157.02
2008	60.3	525.42	130.13	198.67	196.62
2009	90.76	612.63	134.9	250.35	227.38
2010	116.87	736.16	152.49	311.69	271.97
2011	168.75	903.86	164.36	410.8	328.7
2012	251.69	1076.97	193.38	491.46	491.46

资料来源：各县2005~2012年国民经济统计公报及各县旅游局。

由，$|s_0| = \left| \sum_{t=2}^{7} x_0^0(t) + \frac{1}{2} x_0^0(8) \right|$，

$$|s_i| = \left| \sum_{t=2}^{7} x_i^0(t) + \frac{1}{2} x_i^0(8) \right|,$$

$$|s_i - s_0| = \left| \sum_{t=2}^{7} [x_i^0(t) - x_0^0(t)] + \frac{1}{2}[x_i^0(8) - x_0^0(8)] \right| (i = 1,2,3,4)$$

再由公式 $\alpha_{0i} = \dfrac{1 + |s_0| + |s_i|}{1 + |s_0| + |s_i| + |s_i - s_0|}$ $(i=1, 2, 3, 4)$ 求得旅游业与区域GDP及三次产业的绝对关联度分别为：$\alpha_{01} = 0.6308$，$\alpha_{02} = 0.7513$，$\alpha_{03} = 0.7824$，$\alpha_{04} = 0.8054$。

（2）相对关联度分析

令 $X_i' = X_i / x_i(1) = [x_i'(1), x_i'(2), \cdots, x_i'(t)]$ $(i=0, 1, 2, 3, 4)$

依据上述步骤及计算公式求得旅游业与区域GDP及三次产业的相对关

联度分别为：$\beta_{01}=0.5386$，$\beta_{02}=0.5269$，$\beta_{03}=0.5443$，$\beta_{04}=0.5453$。

(3) 综合关联度分析

取 $\rho=0.5$，由 $\gamma_{0i}=\rho\alpha_{0i}+(1-\rho)\beta_{0i}$ $i=1, 2, 3, 4$；即可得到其综合关联度为：$\gamma_{01}=0.5847$，$\gamma_{02}=0.6391$，$\gamma_{03}=0.6634$，$\gamma_{04}=0.6753$。可得：$X_4>X_3>X_2>X_1$

总体来看，该区域旅游业与三次产业之间的关联度一般，说明旅游业与第一、第二、第三产业之间的互动性不是很高，仍有待进一步加强。旅游业与区域总体经济（GDP）间的关联度较低，在一定程度上表明旅游漏损较严重，影响旅游乘数效应的发挥，旅游对地方经济及财政的贡献有限，并有可能导致形成“旅游飞地”的风险。[①] 相比而言，旅游产业与第二产业的关联度较高，主要是因为游客多为区域内游客，而从事第二产业的居民具有相对较好的出游条件。

（二）旅游扶贫对当地居民的效应分析

旅游扶贫对当地居民的效应分为正面效应和负面效应两种。一方面旅游发展能够给贫困人口带来就业和增收的机会，带动小商业经营，改善贫困人口的生活水平，[②] 还能改善当地的环境使贫困人口受益，如教育水平的提升、文化水平的提高、交通设施的改善、自尊心的增强、医疗设施的改善等。然而，由于贫困地区经济基础薄弱，旅游发展过程中的漏损问题严重，贫困人口缺少人力资本，所处地区比较偏僻、可进入性差，缺少资金等原因，贫困人口参与旅游扶贫受益往往存在极大障碍，其真正获益有限。[③] 另外，由于贫困人口并不是均质的群体，拥有的资产和能力不同，旅游收益在贫困人口之间的分配也存在不均现象，对于最贫穷的人来说，净利益可能很少，甚至可能为负数。另一方面旅游发展也会给贫困人口带来一些负面影响，如耕地的流失、传统文化的消亡等。

为进一步分析旅游扶贫对当地居民的效应，2013 年 9 月 2 日至 9 月 17

---

① 李佳：《旅游扶贫理论与实践》，首都经济贸易大学出版社，2010。

② Ashley C，Boyd C，Goodwin H.：Pro－Poor Tourism：Putting Poverty at the Heart of the Tourism Agenda. *Natural Resource Perspectives*. 2000，(05)：1－14.

③ Clive Poultney，Anna Spenceley. Practical Strategies for Pro－Poor Tourism：Wilderness Safaris South Africa：Rocktail Bay and Ndumu Lodge. PPT Working Paper No. 1，2001.

Taylor J E. Tourism to the Cook Islands Retrospective Prospective. *Cornell Hotel and Restaurant Administration Quarterly*，2001，(02)：70－81.

日，《乌蒙山片区旅游扶贫发展规划（2013～2020）》项目组对乌蒙山片区贵州所属区域当地社区居民进行问卷调查和访谈，共发出调查问卷280份，回收271份，回收率为96.79%。在回收的271份问卷中，有效问卷234份，无效问卷37份，有效率为86.35%。调查内容除被调查者的基本人口统计特征外，还包括参与旅游经营与服务状况、对区域旅游发展的认识、对旅游扶贫的了解及对旅游发展的期望等，调查结果大致上能够综合反映旅游扶贫对当地社区居民的效应。

1. 居民参与旅游扶贫情况及意愿

调查结果显示，由于受“缺乏资金”（63.8%）、“不会经营”（13.1%）、“缺乏人手”（13.1%）等因素的影响，大约有55.3%的受访者及其家庭成员主要选择“外出务工”作为谋生手段，而只有少部分受访者及其家庭成员（16.8%）正在从事与旅游相关的行业，包括经营“农家乐”（5.4%）、“家庭旅馆”（5.5%）和在“景区上班”（5.9%）。进一步调查还发现，正在从事旅游相关行业的受访者中有60.4%没有接受过与旅游相关的专业培训，主要原因是政府相关部门没有组织相关培训。

与参与旅游扶贫比例较低形成鲜明对比，大约有95.7%的受访者表示愿意参与旅游经营与服务，其中45.7%的受访者表示愿意以经营“农家乐”的方式参与旅游经营与服务活动，31.1%的受访者愿意选择“旅游服务”，23.2%的受访者愿意选择“旅游经营”。说明绝大部分受访者对发展旅游具有热切的期盼，关键是帮助他们消除参与障碍，如解决资金、技术等方面的问题。

2. 旅游发展对居民带来的正面效应

调查显示，由于参与旅游经营与服务的社区居民较少，因此仅有42.3%的受访者认为旅游开发后，使村里人的福利待遇情况“好了点”，而57.7%的受访者认为旅游开发对他们家庭生活影响不大。95.7%的受访者认为未来旅游发展能够帮助他们增加收入、改善生活状况，表明大多数当地居民对旅游扶贫的经济效应持正面态度。此外，64.2%和51.2%的受访者认为旅游发展可以改善当地交通条件与社区卫生环境，39.6%的受访者认为可以扩大当地人与外地人的交流，34.4%的受访者认为能够提高社区居民的环境保护意识等。

3. 旅游发展对居民带来的负面效应

从当地社区居民对旅游发展负面影响的认识看，有75.4%的受访者认为旅游发展带来最强烈的负面影响是“房地产和物价上涨”；其次是旅游发展“仅有少数人受益”（48.2%），“传统文化受到冲击”（43.3%）和“外地打工的人数增加”（37.5%）。此外，还有10%左右的受访者认为，随着旅游发展相应会“产生经济纠纷”“社区凝聚力下降”，引起“邻里关系不和睦”及“扰乱正常生活”等方面的消极影响。

4. 旅游发展对居民效应的综合分析

旅游发展能带来收入增加、交通条件与环境卫生改善、与外地人交流扩大、环境保护意识提高等方面的正效应，同时也导致房地产和物价上涨、少数人受益、传统文化受到冲击、外地打工的人数增加等方面的负效应。虽然，当地居民对参与旅游经营与服务抱有浓厚兴趣和期望，并希望政府在扶持当地旅游发展时，加强对基础设施建设、旅游景区开发及整治村容村貌的投入。但是，由于受资金、技术等因素的制约，当地社区居民参与旅游经营与服务的比重不高，甚至还存在部分居民因文化水平低、语言沟通障碍等原因，而无法参与旅游经营与服务。

三 乌蒙山片区贵州所属区域旅游扶贫开发对策

（一）实施旅游扶贫政府主导战略

由于乌蒙山片区贵州所属区域为典型的连片特殊困难民族地区，交通不便，资金匮乏，人才奇缺，仅靠自身力量发展是远远不够的，因此要充分发挥政府在旅游扶贫开发中的宏观调控作用，推动地区旅游业持续快速发展。采取政府主导战略，加强区域旅游合作，突出地区旅游资源特色，围绕花海毕节、赤水丹霞、夜郎故里、红色文化等旅游形象，统一规划和包装，集中打造区域旅游品牌，增强区域旅游竞争力。根据本地特点出台相应的引进人才和资金、税收优惠等一系列政策，制定科学可行的中长期旅游规划，颁布加强社会文化、生态环境和旅游资源保护的法规，为旅游发展提供良好的软件支撑。同时，政府也要加大投入，改善基础设施，为旅游业的发展提供良好的硬件支撑。此外，政府还应建立科学合理的利益分配机制，让各个微观利益主体特别是广大的贫困人口切身分享到旅游发展带来的好处，从而激发社区居民参与旅游开发的热情。[①]

（二）加强旅游业与其他产业的融合

国内研究学者通过产业实证研究，发现单一的产业系统存在着较低的发展潜力极限。旅游扶贫是一个有机的整体，贫困地区要通过发展旅游来实现地区收入增加、经济发展、人民脱贫等目标，就必须着眼于全局加强旅游业与其他产业的融合。通过加强产业融合能有效地降低旅游企业间的交易费用，消除旅游市场压制，发挥旅游产业协同效应，促进旅游企业间技术转移和技术扩散，合理配置产业资本。乌蒙山片区贵州所属区域旅游发展要树立“大产业、大旅游”的理念，打破传统旅游边界，深度拓展涉旅要素体系，延伸旅游产业链，拓宽旅游产业面，促进资源整合与产业融合，通过旅游产业与相关产业间的融合，如农旅融合、工旅融合、商旅融合、文旅融合、体旅融合等，实现区域内旅游产业的侧向延伸和扩展，促进旅游产业增值及当地居民参与旅游受益。

（三）加快旅游产业链本地化

如何通过发展旅游使贫困人口获得最大的利益和发展机会是旅游扶贫的最终目标。旅游扶贫关注的重要对象应是当地居民，要从以前的“扶强不扶弱，扶大不扶小”转变为“扶强又扶弱，扶大又扶小”，以农村、“贫民”为扶贫重点，增强他们的造血能力。因此，乌蒙山片区贵州所属区域旅游产业链的构建必须立足于产业链的本地化，将旅游产业根植于当地经济，以增加贫困人口参与旅游发展的机会，从而减少旅游漏损并增强旅游扶贫的带动效应。[②] 在利用本地资源包括原材料和人力资源等的基础上，实现游客吃、住、行、游、购、娱等要素在旅游产业链上的合理分工及产业环节供给本地化，并以旅游业为龙头优化配置相关产业，如民族工艺品、民族饮食、土特产品、民族文化展演等。这既可以增加旅游产品的本地化特色，又可以扩大旅游相关产品的自给规模，提高当地产品的附加值和居民参与旅游扶贫的程度，使当地居民能从旅游扶贫开发中得到切实的

---

① 张遵东、章立峰：《贵州民族地区乡村旅游扶贫对农民收入的影响研究——以雷山县西江苗寨为例》，《贵州民族研究》2011 年第 6 期。

② Manisha Pillaya, Christian M. Rogerson. Agriculture-Tourism Linkages and Pro-Poor Impacts: the Accommodation Sector of Urban Coastal KwaZulu-Natal, *South Africa* ［J］. Applied Geography, 2013, (06): 49 – 58.

好处，不断增加经济收入，提高生活水平，使其从经济上脱贫。[①]

（四）增强贫困人口参与能力

旅游扶贫在扩大旅游产业规模和提高经济效益的同时，更重要的是让贫困人口更多地享受旅游开发的利益。[②] 由于各种原因，乌蒙山片区贵州所属区域的贫困人口在参与旅游发展过程中存在许多障碍，社区居民参与动力不足，[③] 贫困不仅仅是收入的低下，更是对贫困人口创造收入能力的剥夺。因此，只有提高贫困人口能力，才能保证他们获得公平的参与收益机会，增强他们摆脱贫困的能力。[④] 目前乌蒙山片区贵州所属区域贫困主要是制度性贫困，表现为权力贫困、能力贫困、教育贫困、健康贫困、机会贫困等，因此要增强贫困人口参与旅游发展的权利和能力。首先，要切实赋予居民旅游开发的知情权、决策权、参与权、管理权、监督权与收益权，倾听他们有关旅游发展的呼声及政策建议，给贫困人口增权。其次，要向以能力贫困和权利贫困为主体的全体贫困人口提供旅游参与基本能力的获得机会，通过基础教育、职业技术教育和各种层次、各种内容的技术培训，提高贫困人口在市场经济条件下的自我生存能力、自我选择能力和自我发展能力，提高贫困人口参与旅游从业的技能，提高贫困人口直接或间接参与当地旅游发展的比例，促进当地居民从旅游发展中真正获益。

（本文在撰写过程中得到了《乌蒙山片区旅游扶贫发展规划 2013 ~ 2020》课题组的大力支持，尤其是在资料提供方面。在此谨表感谢！）

---

① 严维斌：《试论欠发达地区旅游扶贫开发——以汉中为例》，《学理论》2013 年第 21 期。

② 杨建春、肖小虹：《贵州旅游扶贫效应动态分析》，《商业研究》2012 年第 7 期。

③ 徐平：《喀斯特地区旅游扶贫动力模型的构建——以贵州省农村社区旅游发展为例》，《贵州财经学院学报》2009 年第 5 期。

④ 黄国庆：《连片特困地区旅游扶贫模式研究》，《求索》2013 年第 5 期。

○民族村镇旅游地农民组织化的动力机制与社会资本价值

——以贵州、云南典型民族村镇旅游地的考察为基础*

陈志永**

引言：少数民族村寨旅游发展中的农民组织化问题：一个值得关注的研究话题

众所周知，人类具有群居生活的特征，也就是说人类要以一定的方式组织其生活，在不同的自然和社会经济条件下，人们为了获得更好的生活以及生存发展能力，就会采取不同的组织形式。① 可见，合作组织的存在有着悠久的历史，它和人类的发展进步历史同步，② 因此，合作组织是社会经济发展中一个广泛而长久的命题。

根据当前三农学界已形成的共识，新农村建设的主体并非分散的农民，而是组织起来的农民。③ “农民合作”作为乡村建设研究的重要范畴和乡村建设实践的重要内容，④ 在以乡村社区、民族（俗）村寨为资源凭借旅游发展的村寨当然也绕不开“农民合作”这个重要话题。该话题已引起部分国内学者的关注。保继刚⑤通过社区参与旅游发展的中西差异比较后指出：“西方国家的社区组织在维护社区利益方面是一支不可忽视的力量；处于发展初期的中国 NGO 等民间组织也需要社会转型，从官方和半官方的

---

* 国家社会科学基金项目“少数民族村寨社区参与旅游发展研究”（项目编号：07CMZ014）。

** 陈志永，贵州师范学院区域旅游研究所所长、教授，贵州民族大学社会建设与反贫困研究院特聘研究员。

① 王文光：《中国农村社会变迁》，云南人民出版社，1996。

② 胡振华：《中国农村合作组织分析：回顾与创新》，知识产权出版社，2010。

③ 贺雪峰：《组织起来——取消农业税后农村基层组织建设研究》，山东人民出版社，2012。

④ 李伟：《新农村建设中农民合作问题研究》，《学术探索》2009 年第 3 期。

⑤ 保继刚、孙九霞：《社区参与旅游发展的中西差异》，《地理学报》2006 年第 4 期。

身份蜕变为真正的民间组织，这需各种民间力量的自我发展，更需要政府提供制度空间和资金支持。”孙九霞[①]指出：社区旅游协会的建设，能够增加社区居民旅游参与的社会资本，在与政府部门或企业交往和利益诉求中更容易得到重视，提出的要求也更具有代表性和合理性，提高了与政府谈判的能力。可见，旅游发展背景下农民合作与组织是一个值得探讨的理论问题，也是一个亟须厘清的实践问题。

然而，在确定农民组织化是促进社区参与旅游发展的有效路径的前提下，作为一种组织制度安排，农民合作组织的发生和发展究竟取决于哪些因素？换言之，其制度变迁机制究竟如何？农民组织何以能有效促进民族村寨旅游地社区参与旅游发展，内在机制如何？已有文献并未给出系统、合理、深入的回应。有鉴于此，本部分将在文献综述、实地调研和归纳总结的基础上，结合贵州、云南民族村镇旅游发展实际状况，借鉴社会学、经济学、政治学的相关理论成果，对旅游开发背景下民族村寨旅游地农民组织化的动力机制及农民组织化与社会资本构建的相互关系进行诠释和分析，为农民组织化提供理论指导和经验借鉴，实现民族（俗）村镇旅游业可持续发展的目标；理论上推动社区参与旅游发展及农民组织研究的深入。

一　旅游发展背景下农民组织化的内涵、类型及其特征

根据贺雪峰[②]、李守经[③]关于农民合作组织的分类标准，考虑相关合作组织与旅游业发展的关系，可将旅游发展背景下民族村寨旅游地农民组织划分为村民自治组织、经济合作组织、传统民间组织、社会文化组织及短暂的农民维权组织。

1. 村民自治组织

取消农业税之前，村民自治组织最为重要的职能是协助基层行政组织“收粮派款”，收税收费的任务压倒了村民自治组织为农民生产生活提供服务的任务。农村税费改革后，村民自治组织在很多地方退出了农民生产生活的领域，同时使得一些地方农村公共品的供给出现了严重不足。而在一

① 孙九霞：《赋权理论与旅游发展中的社区能力建设》，《旅游学刊》2008 年第 9 期。

② 贺雪峰：《乡村的前途：新农村建设与中国道路》，山东人民出版社，2007。

③ 李守经：《农村社会学》，高等教育出版社，2000。

些资源富集、区位优势明显的民族村寨旅游地，过去的村民自治组织在旅游发展背景下实现了重构，角色与职能实现了转化，由过去的“收粮派款”转为组织村民参与旅游接待，为旅游开发提供相应的服务。如贵州朗德苗寨的旅游接待小组与村委会在组织村民参与旅游接待以及社区旅游制度构建等方面均发挥着重要作用，村委会与旅游接待小组相互交叉，实质上是两块牌子，一套人马。

2. 经济合作组织

旅游发展背景下农民利益计算短期化和农民高度原子化，常常引发村民间矛盾与不和，形成较高的交易成本，导致旅游发展难以为继。如果能够通过农民合作的形式将农民组织起来，将会改善社区内部关系以及个体农户在市场和自然风险面前的不利处境。云南省丽江市玉龙县拉市乡美泉村在乡村旅游发展初期，因牵马接待游客出现矛盾与不和，影响了社区内部的稳定与收入。为使村民能够有效参与旅游接待与经营，2006 年 3 月 1 日，美泉村村委会通过召开村民大会，成立了玉龙县拉市海美泉生态旅游合作社。合作社由全村 142 户村民组成，村民以户为单位，通过马匹作为股份自愿参加入股，每户每月拿出 100 元作为合作社正常运转的经费。合作社成立后，设立了相关的组织机构，实行严格的管理制度，全村男女老少都参与到旅游中来。美泉村生态旅游合作社成立以来，避免了农户之间恶性竞争导致的旅游经营收入下降以及邻里不和等问题，旅游业健康有序地开展着。①

3. 传统民间组织

在我国西部少数民族贫困地区，传统民间组织曾在社区建设、经济发展、文化传承、维护寨内秩序等领域发挥着重要作用。改革开放后，处于转型期的农村传统民间组织必然面临自我调整的选择。在这一背景下，一些传统社会组织根据社会经济发展实际进行了及时调整，积极整合社区资源，以适应旅游发展的潮流。如成立于 2005 年的贵州省榕江县大利村旅游协会，其前身是大利村“老年人协会”，该组织在维系侗族社区稳定、青年教育、祭祀活动以及侗族文化传承等方面有着不可替代的作用。当地旅

① 马翀纬、张爱谷：《乡村旅游与制度建构——以玉龙县美泉村旅游合作社为例》，《广西民族大学学报》2009 年第 4 期。

游兴起后，“老年人协会”与村委会合并成立旅游协会，分工如下：村委会主要负责日常管理、与外界沟通、争取项目等对外工作，原“老年人协会”成员主要负责村规民约的执行、文化传承、村寨建设等事务。[①] 近年来，贵州西江苗寨的老年协会也因村民与当地政府不断冲突中重新得到恢复和发展，在维护村民利益，组织村民参与旅游接待，协调村民与政府利益等方面发挥着难以替代的作用。

4. 社会文化组织

2006年中央一号文件强调，社会主义新农村建设要“协调推进农村经济建设、政治建设、文化建设、社会建设和党的建设。在当前的新农村建设事业中，如何做到五大建设并举，尤其是重视以前未曾重视的文化建设和社会建设，通过社会文化组织的建设，来带动新农村建设全局，是十分重要的事情。实际上，民族旅游发展为社会文化组织的生成及有效运行提供了重要平台。贵州西江千户苗寨，由老年人组成，成立于2010年3月的西江苗寨老年接待队，每天早上10：30～12：00，下午3：00～4：30，准时到寨门口迎接来访的客人，一方面增加了景区产品的人文程度和产品风度，延长了游客的停留时间。同时，对老年人而言，还可获得每天14～20元不等的收入。和多位老年人交谈得知，他们参加老年接待队的目标不仅仅在于增加自身收入，相互之间合作与共事还可改善人与人之间的相互关系以及人与自己内心世界的关系，在于寻找生活中的价值和意义，在于愉悦身心，在于和游客互动中展示自己。

5. 农民维权组织

在蓬勃发展的民族村寨旅游地，因为征地、规划、经营管理权等方面的原因，常常引发社区居民与当地政府、开发商之间产生矛盾，农民为了维护自己的利益，常常临时性地组织起来，以维护自己的利益，从而形成农民维权组织。此类组织虽基本上没有组织结构的存在，也缺少明确的组织者。但权益受害的当事者（家属、亲戚）通常以悲情互换来获得社会的同情与支持，绝大多数参与者与引发群体性事件的当事者并没有直接利益关系，是一个临时聚集起来的松散组织，但参与者一方面为事件受伤害者

① 田书清：《农村社会组织的现状及其运作模式——以贵州省榕江县大利村旅游协会为例》，《广西社会科学》2009年第7期。

征讨公平正义，另一方面也借机发泄不满情绪，表达对利益受损、社会不公等现象的不满，因而此类组织又常常被轻易地动员起来。[①] 一些旅游发展较快，利益主体关系复杂的少数民族村寨旅游地，常常成为维权组织诞生的重要土壤。

从组织运行模式视角出发，上述与旅游相关的组织有下述几个方面的基本特征：

（1）农民组织的发展主要以当地具有一定规模的旅游业为依托。例如，西江苗寨农家乐协会所在的西江苗寨是贵州省民族文化旅游的重点品牌，尤其是2008年当地政府介入以来，旅游基础设施环境得以优化，产品内容得以丰富，知名度和影响力得到前所未有的提升和扩张，旅游业出现了井喷式的增长，成为贵州东线最大的原生态民族风情旅游中心。与之类似，全国农业旅游示范点、国家文化产业示范基地的贵州平坝县天龙屯堡古镇、都具有一定规模的旅游产业，各自的农民旅游协会、旅游接待小组均是依托一定的旅游产业发展起来的。因此，不难看出，旅游发展背景下的农民合作组织与当地具有一定规模的旅游业有比较强的相关性，它是伴随着民族地区的经济产业转型、旅游业的发展、社会关系的变化而出现的，既是旅游经济发展的产物，又是新型农村社会关系的不断改变、适应新事物的结果。

（2）旅游发展背景下农民组织化模式表现出多元化的发展态势。民族村镇旅游地除了社区居民这一核心利益主体以外，政府、公司、学者与研究团体等利益相关主体的介入有其必要性与必然性，他们之间的互动因权力结构状态差异而表现出不同的发展态势。现实中农民合作组织既有与公司的联合，如贵州天龙屯堡的农民旅游协会；科研机构与合作组织的联合，如贵州最大的屯堡村寨——九溪村，是在安顺学院屯堡文化研究中心的帮助下组建和发展起来的；也有农业技术部门与合作组织的联合，还有外来的NGO与合作组织的联合。从趋势上看，各个农民合作组织完全孤立地自我发展的方式正在逐步改变，农民合作组织纵向组织体系的构建已经初露端倪。

① 朱力、曹振飞：《结构箱中的情绪共振——治安型群体性事件的发生机制》，《社会科学研究》2011年第4期。

（3）旅游发展背景下农民组织化存在路径依赖。马林诺斯基说："一切组织和一切协调行为都是传统的延续性的结果，并且在每个文化中，都有其不同的形式。"[①] 旅游发展背景下民族村寨村民经过不断探索而逐步完善的组织，当然有传统社会组织的影子，但又区别于村寨历史上的任何组织模式，是在新的历史条件下村民们的制度创新。下述贵州郎德苗寨旅游接待小组的发展演变过程正好说明了这一点。

资料显示，苗族虽然历尽艰险、辗转迁徙，形成不同的支系，但仍然保持苗民族的共同特征，这得益于其民族内部严密的社会组织形式。在不同地区、不同支系的苗区，都有寨老、鼓社、议榔等这些维持社会运转的职位和组织，在相当长时期内共同维系着苗族社会的正常运转。新中国成立后，尤其是人民公社时期，国家通过"政社合一""三级所有、队为基础"的体制，构建了一套自上而下的经济控制和行政控制网络，使得国家权力对乡村社会的渗入和控制达到了前所未有的规模和深度。在此过程中，苗族社会的内生秩序受到冲击和改变，传统社会组织结构受到严重削弱。当全国普遍实行土地联产承包制之后，由乡政府指导下的村委会成为法定村民自治组织。然而，村委会及其下属的村民小组作为国家管理农村居民的延伸组织，属于一种外部性的制度安排，使村和组具有天然的行政地域属性和服从国家的公共管理功能。在宏观的单一体制下，法定的自治组织与实际的基层行政组织合为一体，大量承载着自上而下的行政功能。它们的主要工作仍然是完成政府交办的各种任务，而不是基于本社区内部需要的公共事务。由此，村民自治组织的功能异化为"要钱、要粮、要命"，难于落实自我管理、自我教育、自我服务的自治职能。农民虽因人民公社的解体和生产单位划分到小私有单位的家庭而焕发了家庭的内在积极性，但却导致广大民族贫困地区农村公共事务无法解决。"有房有地不靠你，有吃有喝不求你，不批不斗不怕你，有了问题就找你，处理不好就骂你"，成为当时农民思想状态和处理问题方式的生动写照。这样，村民自治组织功能的异化及农民生产劳动的"原子

① 马林诺斯基：《文化论》，中国民间文艺出版社，1987。

化”状态使得广大少数民族贫困农村社区组织化程度下降到最低，乡村公共产品无法正常供给，传统文化出现了低迷、失落乃至走向衰落的危机。这是当时大部分少数民族农村社区组织结构的现实写照。但在乡村、民族（俗）文化旅游兴起的局面下，部分资源富集、传统文化保存较好的民族村镇因卷入旅游开发，从而实现了社区组织的再造与自我整合。郎德苗寨便是其中的典型个案之一。

1982 年，贵州省文化厅发出《关于调查民族村寨的通知》，经过调查与比较，郎德苗寨独特的历史文化与村寨景观引起省文化厅的高度关注，于 1986 年将其列为民族村寨重点保护对象并予以保护性资助。对当地村民而言，政府征用重构的仪式活动意味着本民族的乡土性传统受到官方层的关注，获得了国家、政府某种程度的认可和肯定，本群体的民族身份和社会地位也可由此得到某种意义上的确证与提升。这样，受到鼓舞的村民在省文化厅的资助和寨内精英——老支书陈正涛带领下，整治寨容寨貌，兴修“文革”期间遭受破坏的铜鼓坪，重建了杨大六[①]故居。为烘托热情好客的接待氛围，村委会负责人冒着遭人谴责的风险，打破地方习俗禁锢，[②] 组建芦笙队，购买了一批芦笙，号召村民穿上苗族盛装，设置十二道拦路酒仪式和举行芦笙、歌舞展演接待来访客人。因参与接待客人而造成的务工损失，来访者往往会给予村民一定的现金作为补偿。但由于当时村民对旅游业的了解程度不够，参与人数并不多，加之旅游发展初期外来客人较少，村民所获补偿不多，并未能从旅游发展中尝到甜头，参与的主动性不强，常常需要村委会多次动员，村民才会放下手中的农活，参与旅游接待。本世纪初以来，随着游客的不断增加，参与集体接待与歌舞表演尝到甜头的村民逐渐由被动变为主动，生产、生活由过去完全以农业生产为主逐渐转移到旅游接待中来。部分村民在参与集体接待表演之余尝试出售本地出产的农特产品及手工艺品。村委会主要领导

① 杨大六原名陈腊略，郎德人，清咸丰五年（1855 年）参加了张秀眉领导的苗族抗清起义，曾在其家乡郎德上寨修筑了战壕、围墙、隘门、马道、军火库等军事设施。后因起义失败而壮烈牺牲。

② 按照当地习俗，每年吃新节（水稻发育孕穗的阴历六月）过后方能吹响芦笙，否则会影响当年稻谷的收成。

> 利用其“体制精英”的优势，率先在村中开展家庭接待，为游客提供食、宿服务。在接待游客并与游客的交流与互动中，村民逐渐认识到旅游业能带动地方经济发展、增加就业机会和收入、促进文化交流与文化传承。他们逐步从内心深处接受并渴望发展旅游业。在参与集体接待与经营的同时，村民们的主人翁意识得到增强。为使自身的利益诉求得以实现，他们还积极参与旅游发展决策及管理制度的构建与修订。这样，郎德苗寨村民从最初个别的、被动参与转向全社区的主动介入。与此同时，村委会成员逐渐从基层政府代理人的角色与职能中抽身出来，成立旅游接待办公室，组建旅游接待小组，负责组织村民参与旅游接待与经营，监督、管理社区旅游事务。
>
> 郎德苗寨村民在各级政府引导、支持和以陈正涛为代表的社区精英的组织、动员和示范下，逐渐从分散、单一的农业生产劳动状态卷入有组织的集体接待与经营中，并在村庄层面形成了代表整个社区共同利益的自治组织——旅游接待小组（即村委会的主体）。其角色与功能逐渐由外在的强制性组织机构的延伸演变为组织村民参与旅游接待的公共组织，在旅游发展中发挥着村寨凝聚和自我组织运行的功能。旅游影响下郎德苗寨村民的集体行动以及村民自治组织角色与功能的转化，推动了社区有效参与，深化了村民自治的内涵，重新构造了乡村社区组织体制，真正实现了村民自治的目标，具有重要的社会经济意义和价值。①

（4）农民组织化运行的成本较高，集体行动效率低。民族贫困地区农民组织的存在与运行虽没有自成体系的规章制度，但却能依靠非正式制度，如社区意识形态、熟知信用与声誉机制、社会关系网络、身份承诺等有效而便捷地维持社区的良性运转。然而，受革命运动的洗礼和市场经济的冲击，村民面对一个更为广大的世界，难于对未来形成稳定的预期，贴现的欲望增强，流动替代稳定，普世的价值观代替特殊的价值观，地方性的制度无力惩罚那些不再守规矩的人们，他们已经不在乎村庄内部的评价

---

① 该部分内容为《郎德苗寨社区旅游：组织演进、制度构建及其增权意义》一文中的部分内容，原文发表于《旅游学刊》2013 年第 6 期。

机制，更希望在城市或其他地带获得社会承认，找到社会归属。[①] 加之农民组织缺乏有效的组织管理、明确的分工和完善的规章制度，运行中往往存在较高的行动成本，导致集体行动的困境或低效率。贵州郎德苗寨由旅游接待小组组织的集体接待表演中，个人努力程度并不会对集体表演的效果产生明显的影响，尤其是最后的团结舞，规模变大使个人的贡献越发缩小，这时不管个人是否为集体表演出力，他都能享受其他人带来的好处。这使得旅游接待小组无法对参与者努力程度进行有效监督，导致工分制下难于真正体现“按劳取酬”。分配上的平均主义使参与者的报酬与其努力程度的关联性降低，选择性激励失效。这样一来，一方面是有工分的劳动被创造出来，但个体劳动者滥竽充数者越来越多；另一方面是对集体经济有益，但没有工分或工分不多的劳动则无人问津。如接待小组曾号召未参加歌舞表演[②]等待最后跳团圆舞的村民，到铜鼓场边“凑个热闹”，但未参加跳舞的女性大部分已回家料理家务或私下偷偷向游客兜售旅游商品，大部分等待跳团结舞的男性则集聚在芦笙场不远处吹牛聊天、打扑克，场边仅剩几十位行动不便的孤寡老人等待最后一次发工分牌。村民的离去，使得村寨缺乏热情、好客的氛围，影响游客体验的效果，最终的结果就是社区旅游的重要竞争资本——公共品牌受损。另外，为维护当地良好的旅游市场交易秩序和和谐友好的接待氛围，旅游接待小组虽制定旅游商品交易的管理公约，但拉客、宰客的现象依旧存在。面对全村 90 余户旅游商品销售户，接待小组负责监管的成员无法有效履行其监督、管理的职能。即便有游客投诉，管理人员也将面临窘境：他无法凭借个人的强力来应对村民的“不法”行为；而如果他凭借强力来维护公益行为，在积累公益的同时，也在积累与村民间的仇恨。这样的仇恨一多，这个强人村干部下次能否连任，就大成问题。不仅如此，未来在交往中依靠管理者单个家庭难以完成的事务还需要村民的帮助。因此，管理者不会因此而得罪村民，影响未来合作，增加行动成本，甚至导致在村落内受到“为富不仁”或“六亲不认”之讥，严重的还会遭受被边缘化的危险。这样，旅游商品市场交易制度的实施效果因为权力缺失以及乡村社区内部熟人社会的行动逻辑而全

---

① 贺雪峰：《什么农村 什么问题》，法律出版社，2008。

② 此时只有跳舞的村民有工分，基本为女性，其他人等待最后参加跳团圆舞，待团圆舞结束后，发放第三次工分牌，

部、部分归于失效，导致市场竞争秩序混乱。

（5）发展扑朔迷离。旅游发展起来后，由民族村寨旅游地自发、自主产生的农民合作组织，虽未经过注册或非正规注册，但却相当富有活力。他们分散在中国的底层，有着更为灵活的切实的行动方式，同样坚定的公民社会理念以及扎根于中国人的日常生活情境，密切联系着公民的具体利益的特点。和人们日常生活的利益和文化价值紧密相连可能也正是这些草根组织不屈不挠的生命力所在。① 然而，与政府、公司、国外的 NGO 等组织相比，紧密联结小农基础上形成的合作组织与集体行动由于资源和权力所限而处于自生自灭的状态，或者又由于经验和能力不足而夭折。资源缺乏、权力所限、能力不足，成为农民合作组织行动的障碍，使得民族村镇旅游地农民合作组织的发展变得扑朔迷离。

二　旅游发展背景下农民组织化的动力机制

机制原指机器的构造和动作原理。阐明一种机制，意味着对它的认识从现象的描述过渡到本质的剖析。旅游发展背景下农民组织化的动力机制是驱动农民组织化的力量结构体系和运行规则，具有一定的稳定性和规律性。结合我国少数民族村寨旅游活动的特点，可以从经济、政治、社会三个方面来总结旅游发展背景下农民组织化的动力机制。动力机制相辅相成，他们之间相互融合共同促进了民族地区旅游发展中农民组织化的动力机制。

（一）旅游发展背景下农民组织化的经济动力机制

1. 当地自我发展能力有限条件下的理性选择

本项目所研究的四个重要的样本地——朗德苗寨、西江苗寨、天龙屯堡、雨崩村，有着相似的自然地理环境和社会经济背景。受自然资源和地理位置所限，虽保留着传统民族文化的精髓，但由于村民收入极为有限，自我发展能力较弱。不仅如此，中国民族村寨的经济转型日益显示出强烈的共时性特征。像郎德苗寨等这样的少数民族村寨，生产资料个体私有制的重建，虽然在个体层面上实现了劳动者生产资料的直接结合，一定程度上提高了劳动者劳动的积极性，但生产的扩展在根本上受到个体所拥有的

① 朱健刚：《当代中国公民社会的成长与创新》，《探索与争鸣》2007 年第 6 期。

资源数量和个体自身生产能力的极限约束，使整个经济活动只能以生计为重心展开，并以主体性生产的短缺和小生产者的分化赋予整个经济体系脆弱性的基本特征。因此，互助的方式或关系的构建，历史地成为克服这种生产局限性的首选。[①] 在朗德苗寨，通过各级政府引导、帮助以及社区精英的有效动员和组织以及村民的积极参与，村寨环境得以改善，传统文化得以恢复和重构，为村寨旅游业的发展奠定了坚实的基础。不仅如此，组织村民参与拦路敬酒与歌舞展演本身是朗德苗寨旅游吸引力的核心要素，是一项参与性、体验性极强的旅游产品。借助一定规模的集体接待行动，有助于增加旅游产品的丰度和吸引力，延长游客停留时间，提高旅游生产力，弥补社区自我发展能力有限所引发的资源开发深度不足、产品单一等问题。这种整体上的利益与资源优势，绝非单个家庭所能完成，是当地村民理性选择的结果。它有利于增加社区居民就业机会、增加农民收入，是当地自我发展能力有限条件下的优先选择。

2. 降低交易成本，减少资产专用性风险

现代经济学认为，人都是“理性经济人”，旅游发展背景下少数民族村寨社区居民组织化的动力取决于参与行为所带来的效用。如果参与效用满足了村民“最大化”原则，该村民就会积极参与；反之，就没有足够的积极性参与旅游或参与某种模式的旅游接待。为此，我们将从交易成本视角出发，以贵州朗德苗寨社区居民参与集体歌舞展演为例，结合我国西部少数民族村寨旅游地社会经济现状，对社区居民组织化的形成原因进行深入分析。

为分析之便，我们将民族村寨社区参与旅游经营与接待的形式分为两种。一种是参与集体接待表演。参与集体接待表演基本不需要物质资本的投入，所用服装、道具乃村民日常生活、娱乐之必需品，机会成本几乎为零。参与集体接待表演的人力资本投资成本也几乎为零，因为跳舞、吹芦笙等技能在朗德这样“开口说话并会唱歌，学会走路并会跳舞”的环境中长大的苗族村民，只要没有身体上的缺陷，唱歌、跳舞等技能便是家常便饭。因此，农户参与集体接待表演的专用性资产投资几乎接近于零。除参与集体接待表演以获取工分以外，当地村民并没有忘

① 陈庆德、潘盛之：《中国民族村寨经济转型的特征与动力》，《民族研究》2004 年第 1 期。

记干点“私活”，即以户为单位，出售手工艺品，经营农家乐。手工艺品主要从外地批发而来，也有少数村民利用休息时间，自己采购原材料，亲手制作。经营农家乐需对家庭进行环境整治，购买相关的设施设备，并达到政府规定的农家乐经营规范标准方可开业。经营“私活”的预期收益是建立在一定的客源数量、游客购买意愿及购买力基础上的。如果交易不能顺利完成，先前的投资改为他用，农户将不得不面临资产专用性风险，增加交易成本。但直到2006年，郎德苗寨的年游客量还从未超过5万人次，且大多数客人的停留时间仅为1－2小时，因为郎德苗寨仅有的参观寨容寨貌、观看、参与歌舞表演等单调的旅游产品以及简陋的设施设备不足以吸引游客延长逗留时间，这无疑减少了当地村民与游客交易的机会，增加了交易难度，使得出售手工艺品、经营农家乐的交易成本提高。不仅如此，旅游市场固有的敏感性、脆弱性特征对农户的资产专用性风险起到叠加作用。综上所述，郎德苗寨出售手工艺品、经营农家乐的市场交易成本与不确定性风险高于参与集体接待表演。对于出售手工艺品的女性来说，参与集体接待表演的过程是一个展示自己服饰、手工艺品的过程，这为歌舞表演结束后向游客推销自己的手工艺品奠定了基础。

民族村寨旅游地以家庭经营为主体的组织结构状态，一定程度上给农民带来了经济上的实惠，激发其参与旅游的热情，但这样的组织结构所形成的分散经营规模小、素质低，缺少发展后劲，被迫依靠市场滞后的甚至是扭曲的价格信号调节生产经营。也正是这一经营组织结构，导致了产品的低端同质化，进而引发资源闲置浪费、社区和谐失调等诸多问题。可见，要想依凭这一组织结构带动整个民族村寨旅游地社会经济结构的根本变革，将会困难重重。因此，以追求经济利益的内在动力为基础，通过自愿选择和自主结合，推动家庭生产经营组织结构的创新，把分散的个体家庭经营转变为联合的企业性产品生产组织，以克服自身局限，实现其生产经营与大市场的有机结合，尤为必要。

（二）旅游发展背景下农民组织化的政治动力机制

1. 争取政府扶持，维护共同利益，提高与外来利益主体博弈能力

民族村寨资产具有涉及旅游开发和资源保护等方面的多重属性，完全保护（社区独占所有权）和完全转让（交给政府或企业）产权的成本很

高，导致任何一项产权都不可能完全界定。没有完全界定的产权把民族村寨资产的部分有价值的资源留在了“公共领域”，为各利益相关者提供了在“公共领域”寻租的潜在机会。[①] 是否能够获得寻租机会和索取控制“租”的潜在机会，很大程度上取决于民族村寨社区与外部力量之间的政治和权力较量。现实中，我国现行的政治体制决定了政府拥有强势的权力，许多民族村寨旅游发展的实践证明，当地政府几乎主导着民族村寨旅游发展的相关事务。企业拥有资本权力，追求经济利益的天然秉性使其永远倾向于忽视乃至漠视资源和文化的保护，于当地居民利益之不顾。与此同时，民族村寨旅游地经济发展的迫切需求和当地社区居民素质、资金等各种限制因素，使得权力使用者和资本使用者处于强势地位，社区却以“弱势群体”的姿态出现在民族村寨社区旅游发展过程中。[②] 为提高与外来利益主体博弈的能力，改变农民的“散众”状态，需要恢复或重建相应的社区组织，如老年协会、农家乐协会等以增加社区居民旅游参与的社会资本，以组织的力量同其他社会阶层发生各种联系，以集体的力量解决社区居民的缺位问题，逐渐地与外来利益相关者形成较为平等的权力制衡。

2. 地方政府的现实需要

自党的十六大首次提出政府应履行“公共服务职能”以来，党和国家领导人多次在重大会议或重要场合强调建设服务型政府的目标，且这样的目标体现于政府的各种政策性文件中。可以说，目前我国的政府改革已进入切实转变政府职能、全面提升政府公共管理能力、构建现代服务型政府的实质阶段。[③] 根据新公共管理理论要求，在为社会提供丰富的公共物品和公共服务，满足公众多样化公共需求的活动中，只有充分发挥政府、市场、社会组织各自优势，构建三者合作互动，充满竞争和活力的公共服务体系，才能有效地提供公共服务，满足社会需求。[④] 这意味着我国社会组织的培育和成长与政府转型、服务型政府的建设具有内在的统一性。我国

---

① 王汝辉：《巴泽尔产权模型在少数民族村寨资源开发中的应用研究——四川理县桃坪羌寨为例》，《旅游学刊》2009 年第 5 期。

② 孙诗靓、马波：《旅游社区研究的若干基本问题》，《旅游科学》2007 年第 2 期。

③ 朱红权：《国内近年来民间组织与服务型政府建设研究》，《中国社会科学院研究生院学报》2011 年第 4 期。

④ 吴光芸：《论构建政府、市场与公民社会三者互动的有效公共服务体系》，《江汉论坛》2005 年第 9 期。

少数民族村寨旅游地农民组织发展过程中，地方政府的支持与引导在很大程度上成为重要的推动力量。然而，政府在内的任何外部主体要进入乡土社会，都面临着交易费用过高的约束。这种约束也极大影响了中央各种带有政府善意的支农惠农政策的实施效果。如贵州省旅游局，就专门设有支持乡村旅游基础设施的专项资金和财政贴息的乡村旅游发展基金，这些资金确实是发展乡村旅游最缺乏的要素。但在具体运作中，却常常苦于乡镇政府结构不能直接参与经济活动，村庄又无公共性组织作为平台来承接和操作这些外部资源。[①] 出于节约交易费用的需要，无论是政府资源还是产业资本进入乡村都需要可以内部化节约交易成本的主体来代表乡村社会与其对接。可见，农民组织化是地方政府与外来资本介入村寨参与旅游开发的现实需要。在公共产品和服务领域，大量民族贫困地区的扶贫经验表明：若是国家将财政转移支付平均分给每一农户或直接补贴农业，不仅不能起到“四两拨千斤”的作用，而且对于农民的增收于事无补，建设社会主义新农村就成了一句空话。相反，只有通过农村基层组织的力量发动群众，实行国家扶持与群众参与相结合，才能在资金有限的条件下改善农村公共产品和服务。近年来，我们参与的由贵州省人事厅、省旅游局组织实施的乡村旅游实用人才技术培训的项目实践，深切地体会到：缺少村委会及相关协会的组织动员及其在项目实施前后的协助，由培训单位来面对活动无规律、学习动力缺失、居住分散的每一户农民，将面对高额的交易成本，甚至导致培训项目长时间拖延或根本无法结束。

（三）旅游发展背景下农民组织化的社会动力机制

1. 社区精英的组织动员、示范和影响

民族村镇旅游开发以来，越来越多的社区居民卷入旅游发展的浪潮之中，他们中的部分村民逐渐成长为旅游发展中的“经济精英”“政治精英”或“社会精英”，成为民族村寨旅游地内发性发展的主导力量，是农民合作的发起者、组织者和农民合作组织的核心人物。他们往往有一定的群众基础，是所在领域的权威性人物；他们的集体意识很强，能够为集体利益承担必要的成本负担，不在乎个人暂时的得失；他们对组织的长远发展充

---

① 卢云辉、孙兆霞：《转型期西部农村发展的制度支持缺失问题探析——以乡村旅游开发为例》，《贵州社会科学》2007 年第 7 期。

满信心，如果合作将会给他们带来极大的利益与好处（包括经济利益与非经济利益），他们有着强烈的愿望和充分的动机去推动合作，甘愿冒风险以获取这种潜在的利益与好处。实践表明，大凡乡村合作较为成功的地方，都离不开这样的人或群体；而那些缺乏这样一些人或者群体的乡村，大多处于一盘散沙的状态。① 贵州朗德苗寨，陈正涛自 20 世纪 80 年代初退伍以来，一直担任朗德苗寨的村支书。在 20 多年里，他利用自己坚实的群众基础，带领全体村民组建旅游接待小组，组织村民参与旅游接待。旅游起步时，他们敢于打破陈规，有企业家的冒险精神，率先在村中从事家庭接待，多次接待过国家高层领导人以及各类社会名流，成功后成为村民效仿的对象。旅游发展起来后，作为村民利益的代表，他们与村民共同守望着社区宝贵的旅游资源，合力抵制外来利益主体的强势介入。作为旅游发展中的精英群体，他们具有苗族社会中“寨老”的功能，有一定的群众基础，是村中的权威性人物，有相当强的组织策划能力，有强烈的愿望和充分的动机去推动农民合作。制度构建过程中，他们是制度的起草者、管理者和实施者，是实实在在的内生型骨干力量。同时也是外生秩序得以顺利实施，有效发挥作用的重要桥梁。毋庸置疑，以陈正涛为代表的社区精英在郎德苗寨旅游发展中发挥着重要的助推作用，是郎德苗寨社区参与旅游发展以及农民组织化的助推器。同属贵州雷山县西江苗寨经营“阿依苗家”（家庭旅馆）的李珍，利用便捷的地理位置、优质的服务设施及富有特色的接待方式得到地方政府及旅行社的青睐，多次接待过国家高层领导人以及各类社会名流，这为阿依的迅速崛起提供了重要契机，先期投入很快获得了回报，成为当地村民们效仿的典范。李珍成功后，解决周围村寨 20 余人的就业。在她的影响下，西江苗寨的农家乐从旅发大会前的不足 60 家迅速增加到 140 余家。为协调农家乐经营户内部关系，增强抗风险和当地政府博弈的能力，通过阿依的影响与游说，农家乐经营户于 2009 年 1 月 13 日成立“西江景区苗家乐协会”，成立仪式上，阿依被毫无疑义的推选为协会会长，成为协会的重要代言人。

2. 增强身心愉悦，提高农民非物质福利

在传统的乡村或民族村寨社区，社区成员往往具有强烈的认同意识。

① 王立胜：《中国农村现代化社会基础研究》，人民出版社，2009。

即费孝通所说的“熟人社会”。进入现代社会以来，随着现代国家的建构，市场经济等外部性因素日益向乡村社会渗透，农村社区不再是传统的自然状态，而是处于大分化之中，差异性越来越突出。农村社会的以上变化使传统农村社区迅速解体，即维系传统社区的文化资源急剧流失，很难建构起人们对社区的共同归属感和认同感。特别是城乡差别的存在，使农村的核心价值观念呈外向性而不是内向性。他们对于在本乡本土构建理想的生活家园缺乏足够的自信，更希望走出村寨寻求理想的生活。这正是进入现代社会以来出现“乡土衰败”的重要原因。“乡土衰败”不仅仅是物质层面的，更重要的是精神层面，即社会核心价值不再以乡土为本位。[①] 与此形成强烈反差的是，在一些少数民族村寨旅游地，旅游业的发展为村民提供了公共活动的空间，为实现农民组织化创造了条件。在郎德苗寨，每当旅游接待小组通过广播发出接待旅游团队的通知后，村里的妇女都会积极地参与集体歌舞展演。对当地妇女而言，除了领取工分，获得收益外，还可在村民与外来游客间表现自我，获得认同。西江苗寨老年协会的重建为老年人提供了相互交往、相互关照的空间，老年人通过相互之间的交往，获得了身心的愉悦，提高了社区居民的非物质水平。

3. 第三方力量的推动与支持

少数民族村寨社区参与旅游发展中，第三方力量的引入至关重要。第三方力量主要指独立于政府之外又区别于市场部门的非政府组织（NGO）、非营利组织（NPO）、行业协会、志愿者团体、学者阶层、新闻媒体等组织和群体。[②] 与社区组织一样，这些组织具有民间性、自主性、自愿性、公益性的特征，它们的发展与壮大是现代社会的重要体现，是社会建设的重要内容。与少数民族村寨旅游地社区组织相比，这些组织常常拥有一定的社会基础，在社会公共领域影响力更大，发挥的作用更强，有助于推动社区居民参与社会管理和社区建设与发展，从而调动起潜藏于民间社会中的社会资本。当然，这些组织在社区参与、农民组织化等领域作用的有效发挥，本身是组织价值存在的有效体现，他们与社区组织的良好互动与交流，有利于其功能与作用的有效发挥。下述的贵州屯堡文化圈内的九溪村

① 徐勇：《现代国家乡土社会与制度建构》，中国物资出版社，2009。

② 孙九霞：《旅游人类学的社区旅游与社区参与》，商务印书馆，2009。

的屯堡文化研究会的诞生正好说明了这一点。[1]

> 屯堡文化研究会发端于"百村调查·九溪村"课题组成员 2001 年 7 月驻村后。课题组在九溪调查的过程中，常常感到老协会的老人们对村支两委在屯堡文化开发上持漠然处之的态度而生出的抱怨，他们认为九溪是屯堡文化圈内最大的屯堡村寨，但屯堡文化旅游开发没有什么动作，村支两委不闻不问，九溪作为"正宗"的屯堡村寨还赶不上周围同属屯堡文化圈内的天龙屯堡和本寨。在 2002 年春节前，课题组组织召开了一个座谈会，以策划见长的安顺师专罗布农老师在会上对九溪发展做了分析并勾勒出未来文化旅游发展的蓝图，提出打造"屯堡第一村寨"和成立"屯堡文化研究会"等诸多设想，以确立九溪在屯堡社区的"领袖"地位。座谈会对参会人员造成极大的震动，首次认清九溪村文化旅游开发的潜在价值，对未来发展充满信心。在课题组的帮助下，社区居民于 2003 年成立了他们自己理解的"屯堡文化研究会"。屯研会是在高校教师的帮助和支持下成立的，它作为一个全村性的经济文化发展组织，弥补了村民自治的制度性缺陷，改变了村支两委全能主义的性质，是对村民自治的一个制度性的创造。

与之相反，离开了社区组织的有效支持与协调配合，外来的第三方力量将很难缩小理想与现实之间的裂痕，其功能与价值难于实施与体现。汶川地震后，中国政府组织开展了波澜壮阔的恢复重建活动，民间组织在其中发挥了重要作用。[2] 然而，在参与农村社区灾后重建和发展的过程中，即使是高扬"参与"和"赋权"大旗的民间组织，也时常以"外部权威"的角色君临村庄，倾向于按照自身绘制的理想蓝图改造农村社区，与村民和村级组织在灾后重建和发展项目中形成的权威－服从关系。这样状况影响到民间组织和农村社区的良性互动，影响到发展项目的实际效果，最终导致"外部权威"失去了社区认同。[3]

---

① 孙兆霞：《屯堡乡民社会》，社会科学文献出版社，2005。

② 张强、余晓敏：《NGO 参与汶川地震灾后重建研究》，北京大学出版社，2009。

③ 陆汉文、岳要鹏：《激情、理想和现实——一个民间组织与农村社区在灾后重建中的关系及其意义》，《广西大学学报》（哲学社会科学版）2011 年第 3 期。

三　农民组织化的社会资本价值：贵州、云南典型民族村寨旅游地的经验分析

社会资本是20世纪70年代后期在西方社会网络研究的基础上发展起来的，与物质资本和人力资本相对应的理论概念。20世纪90年代，社会资本已成为经济学、社会学、政治学等多门学科关注的热门概念和分析范式。[①] 目前，社会资本被认为是全世界经济社会发展的关键因素。[②] 美国社会学家詹姆斯·科尔曼提出：社会组织构成了社会资本，它有利于人们实现自己的目标，如果没有社会资本，目标将难以实现或必须付出极高的代价。与此相比，我国学术界对社会资本的关注相对较晚，还有较大的研究空间。加强对社会资本理论的研究，特别是农村社会资本研究，对于当前处于中国人文社会科学的发展和转型期中国经济和社会发展具有特殊的理论和实践价值。鉴于此，我们将从社会资本理论视角出发，以少数民族村寨旅游地农民组织化为实证个案，采用理论与实践相结合的基本方法，对少数民族村寨旅游地农民组织化的社会资本价值进行理论探讨和实证考察，拓展社会资本理论在少数民族村寨社区参与旅游发展研究中的内涵和领域，为少数民族村寨社区参与旅游发展的有效路径选择提供理论指导。

（一）构建社会网络

由于历史、政策、区位等原因，少数民族村寨是一个相对封闭的地理空间，民众所拥有的社会资本往往是以家庭为核心的血缘关系，以乡邻为核心的地缘关系。不仅如此，许多人社会地位较低，收入水平极为有限，他们之间的关系网络因为交往半径过小导致封闭且同质性较强。因此，许多少数民族贫困地区民众没有丰富的社会关系资源来改变自身的生存状况。农村改革开放以来，农村家庭原子化、核心化已成为普遍现象，商品交换意识与实践正使农村血缘、亲缘关系趋于淡化。现代化进程给民族贫困地区带来了巨大冲击，城乡二元结构的鸿沟及市场经济的开放性、自由性正吸引着大量中青年劳动力常年外出务工，在很大程度上脱离了原来的社会关系网络。但他们进入城市或沿海地区后，又因为文化水平较低、受社

① 林聚任：《社会信任和社会资本重建——当前乡村社会关系研究》，山东人民出版社，2007。

② 郑传贵：《社会资本与农村社区发展——以赣东项村为例》，学林出版社，2007。

会歧视和缺乏现代生活基本技能，很难找到相对稳定的职业，难以反哺家中成员，进而导致以前形成的各种人际互助关系网络趋于弱化，甚至中断。

人类学族群理论中最具代表性的“情景说”认为，在很多情况下，人们所进行的认同依据和标准并不以血缘、亲族、语言、信仰为条件，而是根据某一特定情境中以获取最大利益作为最终的认同依据。[①] 具体到少数民族村寨旅游地，旅游开发中如果能实现旅游发展与社区发展的高度整合，社区居民能从旅游经济中得到收益上的好处；用于满足旅游者需求的各种服务设施同时服务于当地社区，文物古迹得到修复，自然环境得到保护等，就会出现贺雪峰等人所说的“正是高度市场化带来的大量经济资源，复活了传统文化和传统的人际关系，从而强化了社区记忆”[②]。如果说旅游开发为民族贫困地区社区居民构建社会网络奠定基础和提供可能的话，那么旅游开发背景下农民组织化为社会网络的构建搭建了平台。在解决传统社会关系网络弱化，构建新型社会关系网络方面，农民组织化的功能主要体现在纵横两个方面。

1. 构建横向关系网络，为社区发展摄取资源

首先，与民族旅游相关的社区组织将当地民众组织起来，有利于构建社区居民间的关系网络。在贵州许多少数民族聚集区，家族经数百年而延续下来，派生了独特的价值观念：内外有别，对内羞于言利，重视感情投资；对外寸利必争，不顾情面，甚至不择手段。这种价值观念作为非正式制度的制约作用非常明显。[③] 一方面它妨碍了该民族的整体团结，另一方面，由于家族利益高于全民族利益，大大妨碍了其经济活动中眼界的开拓，家族成员往往将注意力都集中在自己家族范围内，认为要穷穷一堆，要富一起富；一旦某个家庭有盈余，往往纳入本家族中去做人情，导致本民族的资本积累长期扩大不起来。民族旅游发展语境下，与旅游相关的组织的兴起将打破村寨居民传统的以血缘、亲缘关系为特征的关系网络，扩大了社区民众人际交往的范围和空间，增加了新的交往方式和途径。

其次，民族村寨旅游地农民组织化有利于将海内外知名人士、非政府

① 彭兆荣：《旅游人类学》，民族出版社，2004。

② 贺雪峰：《乡村的前途——新农村建设与中国道路》，山东人民出版社，2007。

③ 王志凌、谢宝剑：《非正式制度变迁与西部民族地区经济发展研究——基于贵州的实证分析》，《开发研究》2005 年第 6 期。

组织以及全社会有效联系起来，构建少数民族民众与外来利益主体之间的关系网络。上述九溪村的屯堡文化研究会注重将外部的中青年精英吸收至研究会，精英们有敏锐的判断力，注意根据国家发展的政策成功申报项目并组织实施。① 由国内外关心彝族发展事业的人士共同发起，以受毒品和贫困影响的妇女儿童为主要工作对象，在乡村社区开展能力建设和权益保护为目标的民族 NGO——凉山彝族妇女儿童发展中心，自 2005 年 3 月成立以来，先后将北京、上海、成都三市以及美国的彝族名人吸纳进该组织，搭建起外地彝族名人与凉山本地彝族人之间的关系网络，并运用这种关系网络为凉山争取发展资金和项目。不仅如此，中心还先后与中美商会、国际美慈组织、全球基金、世界银行中国发展市场计划、耐克基金会、美国中华艾滋病基金会、国际行动援助、成都恩威药业等机构取得联系，并向这些机构争取凉山彝族地区发展的资源。自中心成立以来，至今已向社会募集了价值 220 万元的救助物资和 35 万元的善款，并利用这些资金组织彝族妇女开展生产自救活动；培训农村彝族女孩掌握工作技能，并帮助她们就业；开展彝族地区扶贫；救助因毒品、艾滋病致孤的儿童；利用彝族民间艺术形式宣传禁毒和艾滋病预防知识。②

2. 构建纵向关系网络，争取上级政府部门的资助与支持

除了获得横向的关系网络外，农民组织化为社区赢得政府部门的资助与支持，构建纵向关系网络搭建了重要平台。九溪村，以往村内的大型民俗文化活动均是由老协会组织实施的，从 2002 年“迎春会”开始，由屯研会和老协会联合承办，随着屯研会组织申报和实施九溪屯堡文化开发项目，老协会的地位逐渐由屯研会取代，成为主导村落发展的公共组织，并逐渐得到地方政府的认同。2002 年后两届“安顺市油菜花旅游节九溪分会场”是由屯研会组织开展实施的，并得到安顺市政府资金资助。③ 凉山彝族妇女儿童发展中心先后被四川省民政厅评为“四川省民办非企业单位自律与诚信建设先进单位”、凉山彝族自治州宣传部评选的“五个一工程奖”。2008 年 6 ~ 10 月，凉山彝族自治州越西县县委、政府、共青团、民政局、武装部、妇联等有关人员看望了中心“爱心班”的孤儿，并为孩子

---

① 孙兆霞：《屯堡乡民社会》，社会科学文献出版社，2005。

② 资料来源于凉山彝族妇女儿童发展中心，网址：http://www.lsyzdcwc.ngo.cn

③ 孙兆霞：《屯堡乡民社会》，社会科学文献出版社，2005。

们捐款捐物。[①]

（二）培育公民信任

社会信任是社会资本的核心内容，是社会协作与社会整合的基础。社会信任分为特殊信任与普遍信任，分别对应德国社会学家滕尼斯提出的礼俗社会与法理社会。礼俗社会是指传统社会，占统治地位的是个人的或具有感情色彩的初级关系，由此人们建立的是亲缘关系，即特殊信任。法理社会是指现代工业社会，其特征是经济的、政治的、职业的等社会组织取代了家庭的核心地位，由此人们建立的信任关系是社缘信任，即普遍信任。[②] 费孝通认为中国人之间的关系是以血缘关系的亲疏远近为尺度并逐步向外围辐射的一种差序格局。[③] 在贵州，苗族农村居民对与自身有血缘关系的人有较高的信任度，而对与自身关系并不密切的人信任度较低，血缘成为是否信任的第一条件。[④] 这种建立在血缘关系基础之上信任形成的传统型社会资本虽然有利于家庭、家族的团结和一致行动，但它减少了苗族人民与社会交往的机会，阻碍了个人与社区社会资本总量的扩大，不利于贵州苗族地区的社会和谐与发展以及解决民众生活困境。与此相比，贵州郎德苗寨建立在村寨基础上形成的旅游接待小组在促进社区参与，培育普遍信任方面发挥了典型示范作用。其培育社会信任价值和意义主要体现在以下三个方面。

其一，培育了村民之间的信任与认同。旅游接待小组不仅是村民合作的平台，也是利益博弈、诉求表达、思想交流碰撞，达成共识的平台。在组织村民参与旅游接待、讨论与旅游相关的村规民约中，村民的主体意识、主体地位和组织认同也在实践中得到强化和落实，进而生成具有现代意义的社会资本——组织认同逐渐发展为网络关系，由网络与认同进而发展出"社会信任"，乃至成为组织成员的合作机制。像郎德苗寨这样的乡土社会，村寨作为乡土社区单位保持着相对独立

① 李光勇：《本土非政府组织与少数民族地区社会资本的构建——以凉山彝族妇女儿童发展中心为例》，《内蒙古社会科学》（汉文版）2010 年第 2 期。

② 张敦福：《现代社会学教程》，高等教育出版社，2001。

③ 费孝通：《乡土中国生育制度》，北京大学出版社，1998。

④ 谢治菊：《社会资本视角下西部少数民族农村社区治理模式创新》，《农村经济》2008 年第 9 期。

的社会圈子，交通不便、信息闭塞使村民的流动极为有限，村寨生活几乎就是村民生活的全部。当社区借助集体接待活动对村民个体的身份、行为和意识表示认同时，村民个体便能内心深处获得自我认同和群体归属感。

其二，培育了村寨与外界之间的信任。民族旅游发展过程中，郎德苗寨旅游接待小组与当地政府、外来旅行社长期保持着密切的合作与联系，每一次的政治接待与团队接待，旅游接待小组都能有效组织在家的村民积极参与，为客人提供满意的旅游体验，成为贵州东线著名的民族村寨旅游景点。旅游接待小组与外来利益主体的成功合作有利于培育相互之间的信任，而信任这一重要的社会资本有利于村寨在未来发展中获得更多回头客以及外界力量支持。

其三，培育了整个雷山县苗族居民的普遍信任。由于旅游接待小组在组织村民参与旅游接待、利益分配以及兼顾社区利益，尤其是村中弱势群体利益方面做出了表率，其旅游运行模式不仅成为民族旅游研究的典范，同时成为周边苗寨村寨争相学习的榜样。离郎德苗寨不远的南花村，集体接待的歌舞表演同样沿用的郎德苗寨的“工分制”分配模式。当雷山西江苗寨因政府的强势介入旅游业迅速飙升并对郎德市场空间形成强势挤压时，郎德人并没有因此对西江苗族同胞产生嫉妒与憎恨，而是依旧默默地坚守着传统的开发模式。当西江苗寨因政府强势介入收取门票导致村民利益不断流失从而引发激烈的社会冲突并在村民呼吁下转而求救于“郎德模式”时，更坚定了郎德人的自信，同时培育了雷山县苗族同胞的信任，使当地民众看到了郎德苗寨旅游接待小组为村寨整体公共利益所做的努力，增强了苗族同胞之间的友好和互信以及对整个苗族地区发展的信心。当项目组成员前往雷山县其他苗寨村寨，如乌东苗寨、雷山县大塘乡新桥苗寨等地调研时，当地村民纷纷表示：“搞旅游就应该像郎德一样搞工分制，这样老百姓才能得实惠。”可见，郎德苗寨旅游接待小组组织实施的旅游运行模式已得到苗族同胞的普遍信任。

（三）重建社区规范

詹姆斯·科尔曼认为，某个社区内的有效规范能够引导或制约人们的行动，从而成为对个人行动有影响的社会资本。[①] 亚历山大德罗·波茨则认为，当现存规范与经济社会发展不适宜时会阻碍社区发展，这时需要对社区规范加以调整。[②]

作为一种典型的文化经济类型，少数民族村寨旅游开发应该体现“文化经济”的内涵和外延，遵循“文化经济、以人为本”的发展观，追求人与自然、社会、经济、文化的和谐统一，促进社会形态的发展和实现人的全面发展。[③] 然而，由于村寨旅游资源公共产权特征明显，加之村民经历了百年革命运动的洗礼和市场经济的冲击，村庄道德舆论约束能力和村庄社会性收益越来越不重要，村民行动越来越精于计算经济利益，越来越少依赖于舆论的评价。[④] 因此，旅游发展中一旦有人搭集体的便车，就会有一群人随之跟上，导致社区内生秩序难以维系，引发“公地悲剧”，影响旅游业的可持续发展。为保证社区（组织）行动的理性和农民增收的持续性，防止“公地悲剧”的出现和搭便车行为的发生，如何将社区居民有效组织、动员起来，并通过制度建构使社区共有的人文及自然资源成为能为每个村民都带来利益的资本，使人人都在旅游开发中获利就成为少数民族村寨社区参与旅游发展中必须解决的问题。实际上，本项目研究的样本地无论是云南香格里拉雨崩村社区主导旅游发展的“轮流制”模式还是贵州天龙屯堡的“工分制”运行模式，均离不开村寨社区基础上形成的公共组织管理制度、利益分配制度、市场交易制度等作为保证。

郎德苗寨旅游发展以来，旅游接待小组不仅是组织村民参与旅游接待的平台，也是村民表达诉求与偏好的重要阵地。依据村规民约，与旅游发展相关的重大事件的决策、管理制度的制定与修改等必须由旅游接待小组组织村民参与实施，充分听取村民意见，由村民代表大会投票表决。这不仅提高了农民对旅游发展的参与程度，培养了农民的参与意识，这种基于利益基础上的权利意识以及公共领域的交流和讨论习惯，正是公共生活中可能生产的公民性。西摩·马丁·李普塞特 在《政治人：政治的社会基

① 詹姆斯·科尔曼：《人力资本创造中的社会资本》，中国人民大学出版社，2005。

② 亚历山大德罗·波茨：《社会资本在现代社会中的缘起和应用》［A］．社会资本与社会发展［C］．社会科学文献出版社，2000。

③ 罗永常：《文化经济背景下的民族村寨旅游开发》，《思想战线》2006 年第 3 期。

④ 贺雪峰：《乡村的前途——新农村建设与中国道路》，山东人民出版社，2007。

础》一书中指出，分歧，在其合法的场合，有助于社会和组织的统一。[①]这个合法的场合，即在对现有体制保持基本认同的条件下，民众通过各种方式合法地表达自己的利益。这种在制度构建下发自民众的有效表达方式比那种专断的、看起来统一的组织的“包办”，拥有更多的来自其成员的忠诚和体制的活力。[②] 具体到郎德苗寨，当村寨面对外来利益主体的强势介入时，他们依靠制度构建过程中聚集的忠诚与内在活力为社区利益和偏好而斗争，对不利于社区生活空间的力量施加影响，实现政治增权。2008 年无疑是郎德苗寨最为辉煌的一年，在地方政府的不懈努力下，郎德苗寨被选为北京奥运圣火传递站，其意义和价值不言而喻。然而，奥运火炬传递至郎德前期，当地政府与村民就火炬传递纪念碑位置的设立产生了意见分歧。村民认为当地政府所选位置影响村寨风水，亵渎了村寨的护佑女神，如果动土将会给整个村寨带来厄运。遂与当地政府形成对立格局，导致纪念碑无法落地。在社区精英陈正涛等人的引领和村民的共同坚持下，地方政府最终吸纳了村民意见，将纪念碑设立的位置进行了更改。

结束语

有学者指出：社会资本对提高社会的经济绩效、推动和维护民主化进程、消除贫困、保证社会的可持续发展等起着不可或缺的作用。[③] 通过对典型少数民族村寨旅游地的研究发现，旅游发展背景下农民组织化有助于提高少数民族地区的社会资本存量，促进当地经济社会发展，增强民族地区自我发展的能力。这对维护我国民族团结与民族和谐具有重要意义。因此，任何针对少数民族地区的发展计划，必须注重提升当地社会资本的存量，尊重和发挥当地民众的主体性，相信他们的自我教育和自我管理能力，鼓励少数民族社区群众积极参与，有效组织并充分利用该民族的本土资源。但遗憾的是，目前少数民族村寨旅游地农民组织数量极少，发展不平衡，自我发展能力极为有限。因此，少数民族村寨旅游发展中，政府应

① 西摩·马丁·李普塞特：《政治人：政治的社会基础》，张绍宗译，上海人民出版社，1997。

② 于建嵘：《抗争性政治：中国政治社会学基本问题》，人民出版社，2010。

③ 张文宏：《社会资本理论争辩与经验研究》，《社会学研究》，2004 年第 4 期。

积极为少数民族村寨旅游地农民组织的发展创造良好的制度环境，支持少数民族民众组建更多的农民组织。通过少数民族民众组织化来加强其文化建设，增强他们进行自我教育、自我管理和自我发展的能力。这对整个少数民族地区经济、文化以及社会发展将起到巨大的推动作用。

○脱嵌的产业扶贫

——以贵州为案例

孙兆霞*

摘　要： 政府主导的产业扶贫项目进村，以行政路径依赖为运作机制，因缺乏村庄社会性参与及村庄公共平台的承接与运作，往往导致扶贫目标偏移，拉大贫富差距，加速村庄原子化溃败，农民对政府工作和形象不认可等后果。推动政府主导的产业扶贫项目进村体制、机制与村庄社会的历史文化深层结构相嵌合，并重建经济发展的社会基础，恐为实现精准扶贫目标的根本与可行的创新探索。

关键词： 项目进村　产业扶贫　社会建设

产业扶贫已成为贵州扶贫开发工作的重点，那么，这种模式对解决贫困问题以及落后地区发展究竟产生怎样的效应，无疑值得深入调查和研究。我们在过去的5年中，对贵州省肩负扶贫开发工作任务的15个县、30余个村开展深入实地的调查研究及多次召开学术、政策研讨会，进行深度思考和辨析。事实显示，产业扶贫将大量财政等公共资源投向与村庄社会相脱嵌的“大户”和“龙头企业”，较之一般的资本进村更显社会不公，且远离扶贫开发初衷，由此形成的后果和影响值得政策界、学术界高度关注。

一　中国社会转型中贵州农村社会的自我修补能力问题

据统计，中国超过2亿农民工中，贵州有858万，其中在省外特别集中于浙江、广东、深圳三地打工的占70%，由此形成的空壳村现象、三留守现象、夫妻生活缺失现象等问题，均成为村庄社会的共同面相。在横切

* 孙兆霞，贵州民族大学马克思主义学院教授，贵州民族大学社会建设与反贫困研究院研究员。

面上，城乡差距、东西部发展差距反射为贵州农村，特别是边远山区农村经济、社会、生态、文化问题的综合性表征。然而，这仅仅是问题的一个方面。从以年度为周期的自然和社会节律上看，往往在更大的时空交集中，贵州农村村落共同体的社会历史和文化的深层力量，对以上社会转型中的问题，进行发自社会深层的抗争，显现出一种微弱但具有生命力的社会之光。

我们先从剑河县牙么村的招龙仪式中去寻找农村社区应对社会问题的修复力量。2013 年大年初十，剑河县牙么村举行苗族特有的“招龙仪式”。牙么村仅有 200 多户，600 多人口，但招龙仪式却有五六千人参与，参与者来自周围的八九个村。“踩歌堂”时，穿着银饰盛装的几百名上至七八十岁老妇，下至五六岁小女孩，与身着时尚羽绒服、染着红、黄、蓝亮丽色彩大背头式的男青年（他们多为返乡农民工），这两个人群最为招眼。服饰上的张力，身份上的差异，反而形成丰富和谐的视觉盛宴。问及打工者是否每年春节返乡及原因，他们异口同声：返乡原因之一是在打工地找不到女朋友，因为自己的家乡太穷；因为自己学历太浅；因为自己民族成分及文化差异。因此只有过年参加家乡的传统集体仪式，才有机会谈情说爱、寻找到意中人。原因之二是只有春节才能与家人一起给逝去的祖先上坟。家里缺了谁及谁家不上坟，均是村落文化中让人遗憾和令人不安的事件，一年中如家里甚至村里发生不顺之事，会追溯到因为没上坟，亡灵不安的缘由。

不仅如此，接下来对剑河县几个苗族村的调查发现，外出打工、外出读书、外出工作的人返家过年虽然 10 ~ 40 天不等，但仅在自己家呆 3 ~ 4 天，因为在自己村庄和周围村庄“走亲戚”，吃转转饭，是过年的常态。农户过年一般要烤 3 ~ 6 锅酒，每锅产出约 35 斤，过年就是准备好酒和好肉供大家吃喝的，图的是热热闹闹，让分离一年的人们能够“在一起”①。

享有锡绣第一村的展溜村，建村 300 多年，无一人刑事犯罪，未发生一次火灾，迄今仍出门不上锁。原因是家里的火塘不能熄，如家人外出，方便邻居前来照看。在这样的村寨里，修路、盖房、挖水沟等需要社会合

① 赵旭东：《在一起：一种文化转型人类学的新视野》，《云南民族大学学报》2013 年第 5 期。

作的工程，历来依托的机制即类似于今天的“一事一议”模式。村庄合作能力的传承，支撑着村庄农户们共同的生产、生活和抗拒各种突发灾害。村民间的相互依赖，乡情的认同与共建，也加固了在外打工的农民与家乡之间的关联。①

回村庄过年，对外出务工者而言，不仅仅是“乡愁”，而且是现实的社会、文化、精神、经济等维度综合一体对生命而言的必需选择，包含了村落共同体内生的自组织机制、文化认同功能及社会团结的结构化。其综合效力，是对现代性将人们生活扁平化的后果的回应。也即是说，村庄历史、社会、文化、情感的积淀，有一种自我修复功能，它可以给力于农民工在城市中坚强、诚实的劳动，因为有“家乡”的牵挂而使生命有了厚重的分量和意义。从另一个意义上，村庄的社会建设，亦是农民工们在城市务工的精神依托和社会存在的支撑。

湄潭县核桃坝村从20世纪70年代初开始种茶，成功地发展了茶产业，其秘诀在于遵循了小农社会性生产的地权逻辑，彰显出小农社会面对市场化、产业竞争的另一种能力。具体情况是这样的：70年代初，当时的老支书聘请下放到村锻炼的省茶科所科研人员教授种茶技术。80年代与“增人不增地，减人不减地”的土地承包政策相内嵌，茶产业坚固地建立在小农土地承包权、经营权、收益权三权统一的基础之上。直至30年后的当下，土地承包权与经营权仍在当年承包户手中，只不过，茶园基础设施建设已在当地县党委和政府发展茶产业的战略定位中得以配套到位。由此，核桃坝村以罕见的30年农业产业化积累，使茶产业以家户为单位，步入了规模化的国际、国内市场运行轨道，并在金融领域建成年贷款4000多万元，几乎无一笔坏账的诚信体系。它成为一个建立在农户土地承包权与经营权、收益权一致的小农社会化生产的农业规模化、产业化、现代化范例。②

核桃坝村经验其实质在于：在农业种植的纵向一体化低端，以半劳动力就地就业与外出打工相嵌构的家庭社区经济——社会时空结构的有效组合，彰显出农业产业规模化、市场化可以建立于小农社会基础的另一种可

① 实地调查，孙兆霞、陈维佳等：“世界银行贷款贵州省文化与自然遗产保护和发展项目‘社区参与工作’评估以及重点社区基线调查”课题，2013年。

② 实地调查，孙兆霞、曾芸、张建等：“新型城镇化与美丽乡村协调发展研究”课题，2014年。

能及生命力。①

从扶贫开发项目进村维度上看，以上案例村均无自外而内的产业扶贫项目进村。仅有"一事一议"通户路、机耕道项目入驻，其项目实施机制恰好激发了村庄传统资源，使村庄可以在一定程度上依靠扎根于小农家庭的共同体的力量，形成有秩序的应对策略，抵御因城乡隔离，单个人、单个家庭进入市场的风险和通常所说的现代性的负面影响。以上案例说明，在中国社会转型过程中，即使是处于大山中的偏远农村，其社会、文化、历史的资源积淀，使社会有一定的内生能力抗拒市场将社会扁平化的压力，从而提供出农村社会与市场经济不脱嵌的一种内生性资源。而作为政府的发展政策，均应充分重视这一经济发展的社会文化基础，尽量避免成为消解这些社会基础的导因，波兰尼曾指出："经济体系，从原则上说，是嵌入在社会关系之中的；物质货品的分配是通过非经济动机来保证的。"②

二　产业扶贫项目运行陷入的困境及其影响

相比以上案例，我们在过去 5 年对贵州扶贫产业的调查中发现，产业扶贫的落地方式明显脱嵌于社会基础，仅以单纯经济目标甚至 GDP 政绩目标为牵引的实现路径尤为值得警惕。

（一）"时间紧、任务重"的路径依赖，是产业扶贫目标扭曲的体制导因

2006 年开始，为回应对单个农户进行输血式扶贫而产生的问题，以整村推进方式欲承载造血式扶贫功能的产业扶贫得以开启。产业式扶贫以整县、整乡、整村规模特色种植、养殖为推手，先是以"大户"带动的示范效应，回应贫困农户市场定位、生产技术、品种选择等能力不足问题。之后，又针对"大户"仍存在市场能力不足及农产品生产纵向一体化高端产品带动效应及后续跟进投资等系列环节"一揽子拉通"的"战略考虑"，引进"龙头企业"，"公司＋基地＋农户"模式成为产业扶贫的理想跟进战略，被形塑成产业扶贫的重要抓手。

---

① 黄宗智：《"项目制"的运作机制和效果是"合理化"吗?》，《开放时代》2014 年第5 期。

② 〔英〕卡尔·波兰尼：《大转型：我们时代的政治与经济起源》，冯钢、刘阳译，浙江人民出版社，2007。

既是规模化的产业扶贫、特色产业为抓手是题中之意。为此贵州省选择了茶叶、核桃、油茶等十大产业，供贫困县自选后申请项目立项。于此，年末年初上报项目，下半年审批项目成为产业扶贫资源到位的常态机制，但制度设计却缺乏系统性的公示公告制度、监督检查制度、财务管理制度。在评价指标中，扶贫资金投入指标、扶贫资金使用过程指标、扶贫效果指标之间缺乏评估的相关性指标。[①] 因而，只问投入，不问结果，成为产业扶贫的“制度安排”。

调查中发现，在以上的两个前提制约下，产业扶贫项目运作、落地的特点为：负责项目落地的乡镇基层党政部门往往在“时间紧、任务重”的压力下完成扶贫开发政绩工程，而从制度设计上，对产业扶贫项目的管理与评价缺乏责任定位。

由于资源的有限，并不是每个乡镇及上报的每一个项目在下一年资源分割中都能分到一杯羹，乡镇的项目上报与立项期待之间的软约束往往使项目获批成为“突然”而至的事件。8～9月知道项目获批，种苗往往在省级、市州级、县级层面“层层招投标”配置，何时到位难以把握。规模化种植、养殖，均以土地要满足“产业”规模化大体量需要为条件。因此，“时间紧、任务重”完成年度计划均要求乡镇党、政一把手亲自抓、承包性地抓。在此，“大户带动”“龙头企业牵引”在项目落地时又往往能够结合给基层党政“减压”的“实际”。大户几百亩、上千亩的连片种植、养殖（牧场）；龙头企业上千亩甚至上万亩的连片“带动”，是最快、最有效的项目落地机制了。

在规模大、时间紧的前提下，项目实施的瓶颈问题是土地的集中连片经营与分散的农户土地承包责任制之间的矛盾。因此，项目落地具体程序是：第一，由乡镇领导和项目实施村村干部规划几千至上万亩的连片项目实施地。第二，到村里宣布、宣传项目实施内容，包括每亩土地流转金额，土地租包时间（一般15～30年），项目责任单位（乡镇发展项目）及政策优惠。第三，宣布“示范户”、大户、公司、基地大面积承租经营优先原则。在“连片”区域中，不支持散户自己经营。第四，土地承包户与土地出让户签订土地租包合同，村委会作第三方留有一份合同，以示“国

---

① 陈厚义、王永平等：《贵州省农村扶贫开发报告·2013》，贵州人民出版社，2014。

家”在场的“严肃性”和“权威性”。第五，土地流转到谁手中，项目扶持补助随之配套到位，大致标准是一般种植业每亩补 350 ~ 1200 元，养殖业一只羊（猪）补 300 ~ 700 元。第六，乡镇政府默认后续产业配套项目继续投入，如在连片项目区中再配修路、灌溉设施建设等项目资金。第七，乡镇政府组织配送项目所需的物资，如种苗肥料购买发放、牲畜圈舍验收及种畜与上级“对接”后的采购发放等。第八，与上级相关业务局办联系，进行项目技术培训与辅导，一般规模大的经营户优先接受辅导培训。在这一套程序及操作中看不到社会主体性的呈现，看不到来自扶贫目标人口的主动诉求，表现出来的是政府站在自己“政绩”立场上，为使扶贫项目迅速落地的“冲锋陷阵”“越俎代庖”“自以为是”“大刀阔斧”。

产业扶贫资金及物资（种苗、化肥、农药、砖石、水泥、砂石、钢管、薄膜等)，一般 3 年至 5 年配套优惠，包括土地流转费的 1/5 至 1/2，由大户和龙头企业享有。因此，对于大户和企业而言，几乎是低成本，甚至无成本进入。更有甚者，按土地流转“搞产业”的金融政策优惠，还可贷款几百万、上千万元。我们看到，各种政策优惠下的产业扶贫，实际上成了大户、龙头企业套取国家优惠政策的“抓手”。醉翁之意不在酒，扶贫产业成不成功，于这些“老板”而言，影响并不大。因此，一旦“时间紧、任务重”的项目下来，“大户”“龙头企业”往往一拥而上，上千亩、上万亩的任务很快“化解”，依靠流转到手的土地补差政策，静候下一轮“产业”项目“新的启动”。在此实践逻辑下，“被规划”的产业扶贫开发往往资源落到非目标群体身上，项目实施偏离项目初衷扶贫目标，因为路径依赖而严重扭曲。

（二）贫困农户和普通农户被产业扶贫项目边缘化

对农户而言，政府算的是土地产出的“理想化”经济账。即一亩地流转费少则 200 元，多则 800 元，在自己土地打工，日工价 50 ~ 80 元，年出工时少则 30 天，多则 150 天，一年可收入多则上千元。而种粮，一年最多收 1000 元左右，还没算自己的劳动力成本。将土地流转给大户和农业公司之后，农户还避免了田间管理、抗市场风险等能力不足问题。甚至有的因外出打工丢耕农户，少了后顾之忧。然而调查中发现，农户的土地账不是这么算的。

首先，农户算的是家庭半劳动力一年中农忙与农闲，一天中 8 小时之内与8小时之外的结构性投入产出账。

中国农村普遍形成“以代际分工为基础的半工半耕”劳动力再生产模式下，贵州农村留守老人、妇女、儿童作为半劳动力已经形成对承包地的经营与家庭养殖，家庭照料、刺绣、工艺品制作等劳动力投入的季节结构，昼夜结构的有序分工和时间安排。如果土地是自家经营，农闲与农忙、早晨与午后、日间与夜间、赶集与准备等均构成家庭生产、生活的有效连接机制。且生产劳动亦是家庭中的老人有尊严地生活的文化传承和自信承诺。但土地流转后，就地“打工”，一是时间按8小时工作制常常与家庭养殖、小孩读书照料及其他家务劳动无法错时进行。二是“农地打工”按照劳动力成本计算，对劳动要求颇高，往往排斥半劳动力的参入。因土地流转后半劳动力“失业”，往往造成家庭生计结构的失衡，剥夺半劳动力的劳动权利和收入来源，迫使一些男性老人又外出打工，家庭结构再碎片化。再就是因土地流转，老人不愿单纯在家带小孩（连粮食也靠子女外出打工工资购买），想外出打工的情况逐年上升。从而造成家庭经济成本和家庭劳动成本明显提高，家庭内部不稳定因素增加。

其次，农户算的是土地质量长期可持续可利用账。

一般在论证土地流转的合理性时，土地抛荒往往是一种强势论据。调查中发现，土地抛荒情况有二：一是20世纪80年代之后新开荒的山地。土地远离居住地，耕作与管理成本较高，且较贫瘠，第一轮甚至第二轮承包地一般不在此范畴。二是外出打工农户家庭已无至亲留守，亦无亲弟兄可以托付耕种的较为贫瘠的土地。对大多数外出打工农户而言，承包地宁可送给亲戚种一年、两年，也不愿意流转、抛荒。

原因是土地如按传统耕作方式，农家肥及耕作节律的用地与养地是交替进行的。如若土地抛荒一年，荒草长出，抛荒两年，次生植被长出，三年以后复耕就难返原态了。在此前提下，土地流转后长期被农业公司、大户以产业化方式“占有”，农民是“不放心”的。他们发现，被流转出去的成片土地，一般第二年后开始荒芜，因为以大户和公司的“规模经营”方式，往往第二年就失败，土地质量就可能因闲置而下降。

再次，农户还算家庭与土地、城市务工与农村务农的经济互补账与宏观环境的社会风险账。

对于我们调查的大多数农户而言，家庭成员中青壮年外出打工，老、弱、小在家（务农）是家庭经济、生计结构的普遍情况，亦是家庭结构在城乡之间的大跨度分布。特别在已有第二代、第三代农民工的家庭，已形成一种“结构性依赖”和“结构性放大”的惯性认知。所谓“结构性依赖”，是指城乡二元收入结构对家庭可持续经济的保障功能已经固化；在此前提下，家庭对农地的利用方式和关系也随之固化。所谓“结构性放大”，是指城乡二元收入结构的互补性，已使农地的社会风险保障功能成为家庭对未来风险预期的一种信仰，一种生存底线的跨代际预期。一般情况下，30 多岁的农民工家庭会将土地视为对子女的未来保障资源，50 多岁的农民工家庭则将土地的保障功能放到孙子一辈身上。对承包地这种代际和时间结构的诉求（或称为“结构性放大”），一方面反映出农民家庭身处大跨度城乡生存空间的无奈，另一方面也表现出他们对未来身置于城市生活的无可把握，而将农村及土地进行着家庭实践的底线托付。①

在此现实下，政府和农业公司对产业扶贫土地流转的算账方式自然显得苍白无力。事实上，前叙青年农民工春节返乡的原因及实际生活状况已经显示出土地和乡村社会对于他们的根本价值。产业扶贫土地大规模流转遭遇对土地具有如此诉求的大体量农户，其合理性上的张力是显而易见的。

（三）产业扶贫对土地承包权的规模经营在无视社会与经济互嵌前提下，既违反自然规律，也违反经济规律

大户经营和以龙头企业介入的农业公司对土地的经营，采取的是现代工业流水线式的生产方式进行农业生产和管理。于劳动力利用而言，采用雇佣工方式。然而，在农户将土地流转出去，土地经营“利润”及政府项目补贴和自己收益无关的前提下，农民往往“出工不出力”“滥竽充数”地“工作”。其管理人员无法用高效率的计件工资方式对其进行劳动质量的核算；采摘环节可以用计件定量方式进行时，往往又因为与农户自家田地里产品成熟季重叠，公司 8 小时上班时间难以与半劳动力家庭生产、生活的“业余”时间对接，常常又处于用工短缺状况，延误产品的黄金采摘期。欲想改变劳动用工现状，必然增高生产和管理成本。

于大户和公司而言，大规模生产的本意是集约化高效率生产，看中的

① 贺雪峰：《当前中国三农政策中的三大派别》，共识网，2015－2－12。

是劳动力利润，然而在贵州家庭劳动力城乡二元结构配置情况下，农业生产中规模化的“人口红利”已无现实的社会经济基础，因此在产业扶贫实践中，我们真的难以看到哪怕是大户和龙头企业在产业低端所取得的成功案例。产业扶贫项目之所以要以大户和农业公司方式运行，是因为国家补贴及基层政府的“政治诉求”化解了事主的成本。于是才出现规模化种、养殖扶贫项目下达时雷厉风行，三年后难有一个成功范例出现的现实。

而上述核桃坝村茶叶生产范例的价值所在，表征出30年茶产业发展的坚实脚印铭刻下的，是小农家户经营为基础的规模化茶叶产业的形成。政府服务和扶持的是小农家庭，做的事是农业基础设施入农户的承包地，其土地承包权、经营权、收益权是掌握在农户家庭手中的，这即是遵循自然规律和经济规律之所成。

（四）产业扶贫方式脱嵌于村庄社会整体利益，预留下腐败发生的制度空间

无论是县、乡，甚至州、市、省引来的大户和龙头企业，瞄准的是通过“执行国家的要求来获利，并分享国家项目所提供的奖补。其实质不是规模经济效益，而是与权力拉关系和挣国家的钱”。“借助国家项目的推动以及所提供的奖补，已经成为在21世纪‘力农致富’的首要途径。”[①] 而拿到项目最“有力”的理由，便是“大规模”。“以大压小”“以大求快”“以大出名”迎合了项目地政府部门完成任务，快出政绩的定位，谁能拿到项目，看的不是别的，就是懂得这一套运作逻辑的“利益中人”。原本不是本村本地的居民和农户，可以通过临时运作将自己包装成“大户”，原本没有本产业基础的“公司”，亦可“创新”，从扶贫项目中获利后再“反哺”使之同时打造成“新建企业”，从而“有底气”地寻找“新商机”；再就是一两个“明白人”，召集一群人成立“合作社”，先将项目拿下，再伺机分利后与项目说再见。

在此运行中，缺少监督环节，对项目负责任的验收环节，以及确保项目成功的责任人及责任单位，产业扶贫项目落地机制既脱嵌于基层党政将项目进行到底的体制安排，又脱嵌于项目地农户基于经济社会场域的主体利益而设置的知情权和监督机制。如此天上掉下的“大饼”，谁能拿到手？

---

① 黄宗智：《“项目制”的运作机制和效果是“合理化”吗?》，《开放时代》2014年第5期。

怎么拿到手？

访谈中种植茶叶30年之久的茶叶“土专家”说，按茶叶的种植规律，地权集中经营只能最多在50～80亩之内，因为只有家户为单位的运作方式，才能最大限度利用劳动力进行精致化管理和采摘。否则，成本过高，难以在产业的市场竞争中获利。问及村中不是有几家“龙头企业”？村民说，那是套国家茶叶项目发展基金和贷款优惠政策去做房地产的。在种植这一块上，贴着本在做呢。而且过去有大国企的茶叶订单，亏本不多，但这两年中央抓四风建设，不准送礼，没了固定大额订单，快撑不住了。

严重的是，发生在自己身边的一个个产业扶贫项目如何落地，如何失败，“老板”们又如何照样致富，如何拍拍屁股走人，农民们心知肚明。农民们这些“地方性知识”，少不了对相关政策及执行者形象的负面评价及尖锐批评，与“一事一议”的项目相比，这种与村庄整体利益脱嵌，缺少村庄参与和监督空间的产业扶贫，从结构上，亦为腐败预留下了缺乏社会约束的制度空间，并且形式主义、权钱合谋、弄虚作假、不负责任等官场作风，通过产业扶贫项目进村方式，不仅将丧失社会公平正义的运行机制转移到农村，而且污染了村庄社会文化环境。这种自上而下，自城市而农村，自官场而社会的“输入”，从根本上是在摧毁原本还算“纯洁”的农村社会。

（五）产业扶贫落地方式，拉大贫富差距，造成村庄分裂、公共性解体

产业化扶贫项目要求规模化经营，以土地等要素集中流转为抓手。要求流转土地面积越大越有优先权。“大户”和“龙头企业”除非本村的靠“引进”之外，当地农户能“大规模”流转土地的仍是对政策“知根知底”的村干部和一些“明白人”。对经济较为困难的贫困村，乡镇还“激发”村干积极性，使其“示范、带头”。于是，本村村干、“明白人”便成了第二、第三层次的流转土地大户，同时，土地流转工作的紧迫性也就有了第一线的推动者来缓解。对这些人而言，可谓“开始不知道，后来的好处吓一跳”。

某村2009年时因进村路及通户路未硬化，村民生产生活极不方便，由村民自发组织并争取到一事一议项目，很快完成此工程。自发的修路组织由此发展为村民自我管理委员会，后来简称“自管会”。修路结束后，自

管会又主动协助村支两委负责村庄矛盾调解及其他治理工作。2010年，县里下达产业扶贫乡镇自选项目任务，乡镇决定利用该村近2000亩冷水田的条件种莲藕并建成乡村旅游景观。引进大户进村需要村内配合，于此动员自管会及村委会三位主要领导“带头致富”。项目款有限，只能在自管会主任居住地的下村实施前期200亩的第一期项目，项目由扶贫款投入1000多万元整理田地，修建机耕道，每亩土地补偿土地流转户200元，补助土地流入种植户200元，外加化肥等一些物资。项目当年见效，亩收6000元左右。第二年仍在下村扩展400亩作为第二期项目，这一次引进的大户是自管会主任的外村亲戚——“能人”，又获丰收，亩产纯利上万元。第三年，上村农户想种但没有项目了。下村几户先富起来的领导人又搭上危房改造，建设美丽乡村这班车，在专项政策支持下，修起供外地游客避暑休闲和乡镇行政接待的“农家乐”，一下子暴富起来，与其他农户形成鲜明对比。其他农户也将他们“孤立”起来，不但不会去莲藕地“打工”，而且扬言将猪、牛放到村内主干道去排粪，因为他们觉得不公平。[①]

Y县SS乡XZ村在连片开发、整村推进项目中成为先进典型。其产业项目主要是发展茶产业。为此，由县委书记亲自挂帅成立产业扶贫指挥部，整合6000万扶贫资金集中投入。2008年XZ村修通了产业路及蓄水池，整治出土地1268亩。并且在11月赶栽了茶苗。新开茶场由11个大户承包，其中600多亩新开掘地产权属村集体，承包给大户不收租金，另外600亩是农户承包地，大户从他们手中流转过来时价格为10元钱一亩，一般合同15~20年。2008年项目流转土地最多的是五兄弟合伙“大户”，从30多个农户手中承包了280亩，由在外工作的三兄弟共同出资，在家的一位兄弟负责管理，另一个在读大学的兄弟不投钱拿干股。该“大户”从2008年起投资60万元，2011年纯利10万元，2012年收益20万元没问题，还办了一个小作坊搞茶叶加工。

现任村委会主任是项目启动前返乡的农民工，他从40户农民手中租包了118亩茶园，近5年来在政府贴息贷款政策支持下，已投入130多万元，建有一小型茶叶加工厂。由于他带头种茶，当上了村委会主任，又入了

① 实地调查，王春光、孙兆霞、房莉杰等：“武陵山区（贵州）扶贫开发与社会建设模式创新研究”课题，2012年。

党，流转了土地盖厂房，并盖了新居，下一步他想再办厂，因为周围有上万亩茶园需要加工茶青，茶青卖给他们是 11 元一斤。到大户茶园采茶交给大户是 10 元钱一斤。也是就说，茶农自己种茶，自己采摘卖给“大户”，一斤茶只挣了 1 元钱。

同村一村民组组长，73 岁，全家有 6 口人，2 个儿子都在外打工，老两口、1 个媳妇、1 个孙子一块生活。2008 年冬天，村里召开群众大会，动员村民种茶，他将自家耕地和周围农户流转的耕地共 23 亩用来种茶，启动资金是“贷款 + 自己的积蓄”。两年前他借款 3 万元，现只还了 1.5 万元，利息为 9 厘多。现在茶园总投入已超过 13 万元。2012 年不太顺，妻子家人又生病，花费了 8000 多块。

20 多亩茶园，每年的成本投入大约为 2 万元。一是化肥、农药、除草及滴灌用水共计 1.4 万元。二是茶地流转费折算，每亩 100 元（茶园是好地），共计 2000 元。

茶青由村里的两个加工厂收购。由于加工厂主（大户）自己种了几百亩的茶叶，一到茶叶采摘集中时节，要等他们自己的茶叶加工完了方收散户的，因此自己家的茶青事实上由于不能在价格高峰时加工出来，收入锐减一半以上。起步时，得不到政策全面优惠，采收时跟不上市场节奏，亏本经营让老两口喘不过气来，后悔当初怎么就听了政府的话。[①]

詹姆斯·弗格森在分析只用经济指标衡量反贫困效果时指出：只考虑几个经济要素的技术反贫困，脱离历史背景，回避了财富积累和分配的社会过程，使真正的目标人口没有从中受益。两个案例说明由于产业扶贫政府配置资源的杠杆作用，先富起来的人群，包括国家干部、企业老板、事业单位员工及一部分返乡创业者成为产业扶贫项目的“领头雁”，而当产业扶贫项目落地的“政绩工程”形成对“资本”优先的路径依赖时，权钱合谋的“效益”反过来又成为路径依赖的拉力，从而结成“国家”与社会“强势者”的更深层合谋。然而，“资本积累”的逻辑根本不可能产生“先富带后富”的作用，因为产业发展的基本要素已经瓜分完毕，一无土地，二无资金的“后来者”再想进入产业就只能当雇工。在此，一步慢，

① 实地调查，孙兆霞、李振纲等：“武陵山区（贵州）扶贫开发与社会建设模式创新研究”课题，2012 年。

步步慢的后果即是农村内部新的雇佣关系形成，而其起因，却是政府“扶贫”的国家行动。这是非常荒唐的结果：产业扶贫的目的是缩小贫富差距，增强贫困人口个体及家庭的可持续发展能力，增强社会认同，但结果却是在“政府”主导、操作下，社会分裂、贫富差距拉大，贫困人口彻底丧失了其家庭赖以生存发展的土地等生产资料的经营权和合理的收益权，这是严重的社会不公。产业扶贫项目越多，政府越积极，老百姓的被剥夺感越强，社会矛盾越大，执政者的执政合法性越受到质疑，其包含的社会风险和政治风险是巨大的。

三　讨论

连片特殊困难地区大多是多民族地区，社会中包含着可持续发展的内生性资源，甚至具有超越现代性负面影响的极高价值。而产业扶持项目进村的体制机制则几乎不考虑将村庄社会作为一个共同体进行项目落地的嵌入性平台加以整合，从而陷入事与愿违的“发展困境”。笔者从以上向度进行考察之后，认为接下来需要考虑以下 4 个问题，从而使产业扶贫获得较好的效果。

1. 已有的产业扶贫项目进村体制、机制已经形成“逆向社会（区）化”的问题。其中：官员、村干、“商人”合谋的政绩工程与腐败联姻、形式主义与造假共谋等现实问题所包含的“扶贫”与“开发”张力的负面影响，即在召唤社会学中国化研究国家治理与社会治理在大/小社会同构化维度上的理论创新。以此为学术基础，可支撑产业扶贫的体制机制创新。例如，生产环节的基本公共品可以由地方政府或村社共同体提供，小农家户生产就会形成极大活力。

2. 产业扶贫的项目进村需要以“重构村庄发展的社会基础”的理念为前提。村落共同体的重建，村庄治理的民主化，村民参与的制度化建设以及村庄共识达成的制度安排，均是题中之意；它需要在中国城镇化道路与乡村发展同构性转型中进行以“社会如何可能”的整体性哲学思辨为前提。需要从“经济学理性人假设”，与社会哲学“社会合作假设”的在地化辨析中获取灵感。也即在扶贫开发中以能力不同的农户在风险共担，利益共享法则下的社会建设为抓手来实现经济目标的达成。

3. 以扶贫开发为宗旨的项目进村，在“扶贫”上，从精准扶贫的目标人群的孤立贫困度解决路径，转变为通过村落共同体的整体发展，通过社区社会福利的内生性生产而达致减贫目标的路径；在“开发”上，放弃走建立在农业产业化大户、龙头企业大规模流转土地、大体量获取公共财政资源补贴的权钱共谋路径，努力探索农户在“发展”目标下普遍能够获得资源和项目成果公平性分享的制度安排。支持农业产业规模化、市场化的新型经济、社会结构形成。这些均关乎中国在实现现代化过程中市场的公平正义与社会的和谐共赢相协调而必须探索的中国反贫困道路。

4. 从国家与社会的关系上，产业扶贫项目进村执行主体的能力建设，包括专业素养的要求，应该成为一个前提性规定。在此，需要特别强调项目主导方人员应具备农村社区社会工作的专业水平；具备组织项目各方制订或解读村庄整体发展战略规划的能力。这是发展实践中面临缺乏社会建设实践和经验的历史积淀前提下，进行人力资源储备应关注的重要问题。

最后，应强调的是，笔者不是反对一切形式的“资本下乡”，而是反对利用公共财政资源实施产业扶贫的项目资源用于补贴“资本”，支持其“下乡”；本文也不是反对农业产业规模化发展，而是反对在种植和养殖的低端，强行将农户土地等资源的经营权、收益权“流转”，而误入不顾中国国情，不讲市场公平机理的“发展陷阱”。

（本文原载《福建省委党校学报》2015 年第 3 期）

○当“社区参与”遭遇行政路径依赖

——以世行“贵州省文化与自然遗产保护和发展”项目为例

曾　芸 *

受世界银行贷款《贵州省文化与自然遗产保护和发展》项目咨询方的委托，笔者有幸参加了世行项目村的实地评估调研。与轰轰烈烈的“开幕式”相比，贵州省的世行项目正落寞地关上帷幕。令人满怀期待的社区参与并没有使原有的权力结构更平等，利益分配更公平。由此引发了无限的思考，践行社区参与理念的世行项目尚且如此，政府体系内自上而下的诸如扶贫项目等可见一斑。

一　世行项目“社区参与”的多元取向

正如世行前首席经济学家斯蒂格历茨指出“发展不仅仅是经济增长，而是社会的全面改造”，世行提出了“全面发展框架”的概念。遵从这一新的发展观，世界银行更加强调解决上层建筑问题，如良好治理、反腐败、机构能力和制度建设等；更加强调公开、透明和公平，强调公众和社区的参与等；更加强调可持续发展概念，强调对妇女、少数民族、生态环境和社会发展等问题的关注。[①]

世行实施发展干预的核心目标是提高当地居民参与社区发展的能力与范围，赋予社区直接管理社区发展事务的能力，项目通常包括三类，一是社区发展能力的建设，二是改善社区发展环境，三是加强地方基层政府的治理能力，通过政府行政能力的提高保证项目效果的持续性发展。[②] 而社区参与与赋权成为实现世行价值目标的根本途径，其内容主要包括：首

---

* 曾芸，贵州大学教授，贵州民族大学社会建设与反贫困研究院特聘研究员。

① 金慧华：《世界银行环境政策的法理分析》，华东政法学院博士学位论文，2006：52.

② 国家发展改革委社会发展司考察团：《加拿大、美国社区服务考察报告》，http：//shs. ndrc. gov. cn/gzdt/t20080225_ 193424. htm

先，核心是对弱势群体赋权，使其参与关涉自己利益的发展中来，从而改变失衡的社会结构。其次，关键是实质性参与，包括在决策及选择过程中的介入、贡献与努力、承诺与能力、动力与责任、乡土知识与创新、对资源的利用与控制、能力建设、利益分享、自我组织及自立等方面。[①] 再次，各利益相关群体平等参与，共同协商。因为基于各利益相关群体共同参与协商而形成的自下而上的发展会减少偏差。[②]

从世行项目实施的过程来看，实质就是社区参与与赋权的过程，也即是一个通过社区参与形成新的村民参与网络；通过社区参与重建社区权力结构；通过社区参与实现政治参与和内在的政治社会；通过社区参与实现社区性价值学习和分享；通过社区参与实现社区自助与互助能力建设的过程。[③] 可以说，社区的意义是在"参与"中得以实现的。但遗憾的是，这种理论假设在实践中，并未触动社区原有的话语体系和社会结构。

二　世行项目实施"社区参与"的动态过程

（一）世行与项目执行管理机构的协商——基本共识

贵州省世界银行贷款实施文化与自然遗产保护和发展项目是在黔东南州、黔西南州和安顺市的20个村寨或古镇执行，以保护当地的少数民族文化。该项目从2009年开始到2014年结束，项目执行期为6年。项目实施目标为：通过发展旅游和保护文化与自然遗产，帮助贵州境内地区（包括少数民族）增加经济利益。具体包括：保护和恢复当地的自然环境，推动节能技术在村镇与建筑中的应用；修建村寨的基础设施以改善基本的生活条件；保护并修复传统建筑和历史建筑；制定村寨旅游发展策略，改善旅游设施、启动旅游产业，增加居民的就业和收入；少数民族非物质文化遗产保护与展示；健全社区参与机制，对村民及村民组织进行技能培训，提高社区自我发展的能力。

该项目的一个重要特点是采用基于社区的发展方式（CBD）来实现项目目标。通过三类项目设计完成：（1）传统民居修缮：既有农户为单位的

---

① 叶敬忠、陆继霞：《论农村发展中的公众参与》，《中国农村观察》2002年第2期。

② 明亮：《参与式发展的中国困境》，《乐山师范学院学报》2009年第9期。

③ 潘泽泉：《参与与赋权：基于草根行动与权力基础的社区发展》，《理论与改革》2009年第4期。

个体性“发展旅游”的经济功能，又有“社区参与”选择决策的“社区发展模式内涵”。（2）示范民居等公共设施修建：既有社区公共性认同“文化遗产”的标识及发展公共经济功能，又有社区参与修建决策及“集体施工”的聚合，凝聚社会认同的功能。（3）非物质文化遗产保护：既有文化保护、遗产认知的功能，又有利用其发展经济的功能。此设计从理念上，既达到受益户来自于社区公开、公平认证的“整体合法性”基础的构建；又达到村庄整体公共利益与个体利益的结构性建构。

项目实现社区参与的路径为：选举“社区项目管理小组”、“村民监督小组”→“社区项目管理小组”以“沟通”方式，让社区成员“了解”世行项目的结构、方法、理念、资源配置、目标→通过“民主”的方式，决定“传统民居改造受益户”的户选，组成村庄建筑施工队→通过“协商”的方式，确定村庄示范民居修建，并让村民有参与经营管理的权利→通过“讨论”的方式，确定村庄中的非遗项目，组建子项目组织→制定村寨旅游发展策略，改善旅游设施，启动旅游产业→对村民进行相关技能培训。

以“村寨整体化”为“社区发展模式”的依托，是该项目的“落地”平台。村庄项目实施的组织“社区项目管理小组”，是实现“项目社区整体化”的组织工具，再辅之以“村民监督小组”，“村委会的协助”功能，以实现“社区整体化”推进“基于社区的发展模式”的公平、公正和透明。

（二）不同利益主体角力——权力失控

世行发展项目成为获取稀缺资源的争斗舞台，各方利益主体通过分散决策和重复博弈，或是暂时的结盟来获取自己最大化的利益。这导致了“项目”执行的高度复杂性和不可预测性。

1. 多元利益相关者的“共构”

（1）双重角色的乡村精英。村支两委在当前所承担的角色，是国家权力在乡村的延伸，又是村庄的权力精英，还是世行项目管理小组和监督小组的主要负责人。作为社区的权威阶层决定着发展项目资源的分配权。伯纳德·谢弗（Bernard Schaffer）采用“获取政治（the politics of access）”的概念来研究受益者是如何在行政系统中获得服务的。受益者常常会发现自己原来站在一个分发柜台前，排着队等待他们想要的东西。站在分发柜台后面的行政管理者，为了追求自身利益，也将自己加入到队伍中来。因此，物品和服务的发放不仅仅只取决于分配效率、单个受益者或分配者的行为特点，更取决于这个获取资格的筛选规定、排队等待的规律，以及分配等级中各个高低行政管理层次的特性。①

> 案例1：N村村支书，小学文化水平，退伍后当村干部近30年，并村后干了两届支书。对于支书的选举，是由镇党委决定的，村里面的党员没有发言权。“其实不是群众需要他，是上面的人需要他。”县项目办负责人曾说过，村里的项目户一律不允许加盖房屋，需按照世行指南执行。但支书家盖了两层，房子也修缮了。而且他家两个房子，都获得世行项目补贴，一处在公路入口的新房子，一处是自家的老房子。大家看到后都争相修建二层楼房。村里群众原来对世行项目是非常积极的，但后来账目不公开、信息不透明，让大家慢慢泄气了。村支书还得了省级礼乐传承人，但他根本不懂，每年有1500块补贴，这遭到世行两个小组和群众的反对，所以后来的工作大家就不配合（管理小组成员HXY访谈）。如此结果是将社区参与隔离化，将世行项目诉求和资源利用缩小到“利益控制者”的范围，从而离间了社区社会团结。更严重的是，将“文化”与社会基础割裂开来，使社区更加碎片化，而且是功能性的、人为性的碎片化。

（2）协调员的角色冲突。社区协调员作为推进项目的关键，既是代替政府提供公共服务的重要角色，也是咨询联合体发挥职能的重要途径，在项目实施过程中意义重大。协调员的工资由咨询公司支付，因此协调员成为其在社区的“代言人”，咨询公司、县项目办都把其看做是“自己人”。但在某些时候，他们也认为自己不得不采取违背职责的行为。因为每一个生活在现代社会的普通人一样，协调员必须同时在家庭、“熟人社会”中承担特定的角色，每一种角色背后都附带着一系列的义务，夹杂着个人利益。各种角色之间发生冲突，将协调员置于矛盾之中。②

① LAMB G, SCHAFFER B. Exit, Voice and Access// Pieter de Vries. A Review of Some Critical Perspectives on Development Bureaucracy and Policy. 1995.

② 特里·库珀：《行政伦理学：实现行政责任的途径》，张秀琴译，中国人民大学出版社，2001。

(3) 咨询联合体的无力。咨询联合体包括咨询公司和设计单位，是世行项目的沟通中介，但作为“外来者”，在社区既有的权力结构中，他们实际上处于一种相对“弱势”的位置，被控制在“地方性”的运作方式当中。例如，在参与某村选择项目户的时候，由于不熟悉村庄情况，是村支书带其四处拍照，最后出现拍摄的实施项目的房屋照片与项目户无法对应的尴尬情况。面对与社区参与相悖的人为“预设”，咨询联合体颇为无奈，甚至一度想退出项目。

(4) 县项目办与县政府的无为。一方面世行的社区参与理念、方法，让习惯自上而下的行政推进项目的政府部门无所适从。即使有一些想“干事”的工作人员，也限于专业能力，而无从下手。另一方面，解决村里项目小组的一些违规行为，只会增添麻烦，而且“很难找到既好‘沟通’又能很快推进项目的人选”。对于前来反映项目问题的群众，他们都会把矛盾“妥善处理”（Z 县项目办负责人访谈）。可见，社区参与理念与行政性“智慧”是不对称的。无论县项目办，还是县政府，在这一“错位”面前，选择的只能是技术上的“不麻烦”和“成果形态”的“完成”，“社区参与”理念也就落空。

(5) 乡政府的尴尬。按照世行项目组织管理体系，县项目办直接和项目村进行对接，没有和乡政府发生直接的联系。但是，在实际的操作中完全撇开乡一级政府是不可能的。这导致乡政府处于一个非常尴尬的境地：如果完全置身事外，一方面村里面会认为“乡政府因为对世行这笔钱没有什么利益，因此他们不重视，不想管”，另外一方面县项目办也会认为“来给你们乡做项目，谋发展，居然一点都不管”（L 乡乡长语）。然而，乡政府在世行项目中的权力虚位，难免会造成难以“服务”的困境与脱节。

(6) 目标群体的失语。按世行项目要求，村庄民主推选了管理小组和监督小组，村民对选举过程还是比较满意的。可是，在取得项目“入场券”后，一些村干部从后台走向了前台，不仅违规担任项目小组组长，将资源的控制权牢牢掌握在手中，还使两个小组成员的角色瞬间变为“顾问”，“有重大问题时，再和他们商量”（N 村村支书语）。随着社区群众的“离席”，世行项目重新成为村庄精英的“个人秀”。在对项目村进行评估时发现，只要有村民想表达不同意见，村支两委就会以各种方式阻挠。尤其是一些少数民族村寨，在开会时只要涉及一些关键利益的地方，同时也不想让“外来者”知道，村干部和当地村民就改用地方口语，起初不同的声音到后来就变成了一种声音。

> 案例 2：在 T 村调查的情景颇能说明问题。当提及要与普通村民进行工具性访谈时，项目协调员（村治保员）首先“请示”村支书谈话的人选。得到指示后，我们与“预选”的村民进行访谈。即便如此，协调员仍“不放心”，要求参与访谈，后被我们礼貌地请出现场。但是不久之后，又出现了同样是村治保员，且也是受益户的 Z 某加入访谈。随后，有一位负责服务的女村干部为大家端茶送水。在每次倒茶结束之后，立刻到另外一间房子向协调员汇报情况（被调查小组成员无意间碰见）。类似的场景在现场还有很多。在即将结束的时候，村支书又突然到来。整个访谈氛围瞬间发生巨大变化，此前发言较为积极的一些村民也突然“失语”，整个现场的“话语权”随即由村支书掌握，其他人都只是随声附和。可以看出，村干部的话语权深深影响着村民的选择。传统社区的话语权已主导在部分精英人士手中。村庄中的村民利益诉求是不同的，但是村民通过外部力量临时搭建的交流平台上，暂时拥有发言权，有参与的权利，但是这种瞬时的参与会立即被传统的权力拥有者的声音所覆盖。①

2. 利益共同体形成

世行项目管理小组和监督小组从产生到行动，并没有全程参与，而是由社区精英控制。两个小组如果成为一个利益集团，就为社区项目运作的“潜规则”留下伏笔。因为在涉及利益分配时，诸如项目户、村施工队、施工参与人员的选择等“隐性福利”，会毫不犹豫地实现集团利益最大化。“上无约束，下无监督”的权力真空，引发了极为严重的失控行为。世行推动的社区组织沦为社区“新利益集团”的平台，其对世行项目资源的占有、分配、分享成为社区不团结的诱因，资源与村庄权力“合谋”导致话语权分层，从而使得不公正、不民主向社会领域扩展，加速村庄碎片化，

① 郭占锋：《走出参与式发展的“表象”——发展人类学视角下的国际发展项目》，《开放时代》2010 年第 1 期。

导致可持续发展的村庄整体性背景缺失。

案例3：按世行项目实施理念，施工队应让村民参与投标，但资质等限制，使社区施工队参与空间小。在T村甚至出现，一家不符合资质要求的建筑公司，为达到中标目的，参加投标前互相串通，最后竟出现一个人控制多家企业的资质证书，由不同的委托代理人来参加投标的现象。中标后就层层转包，致使施工变更较多。由于世行对工程成本有严格控制，给地方政府带来权力寻租的空间。施工队为获取项目，千方百计搞幕后交易。N村民居修缮的施工队是由县项目办"推荐"，施工队负责人刚到村里，就请两个小组所有成员吃饭，还给每个人发了红包（管理小组成员HXY语）。施工队预先支付了很多隐没成本，中标后的盈利空间很小，为谋取利润或减少亏损，便降低施工质量，甚至将一些房子修成危房。应该说，村庄精英对公共资源的配置具有较大的权力，权钱合谋机制形成对市场秩序和社会公共性基础双重破坏。其将引发较为严重的风险，甚至带来政府合法性风险。而社区在丧失参与项目机会的同时，也丧失能力提升的机会，从而形成更为深重的、难以逆转的结构性经济、社会难题。

3. 新精英的抗争

世行项目完全是按照政府行政路径推进，结果导致政府与社会、群众关系紧张，冲突不断。但有一群新的力量正在崛起，他们多数有外出打工的经历，以45~60岁的男性为主，大多被排除在现有的乡村权力中心以外。作为社区公共事务的积极参与者，他们往往渴望表达自己的愿望以及要求改革的想法，并动员社区努力去实现自己的意愿。[①] 但由于其直接威胁村庄政治精英的地位，参与的空间被压缩。新精英依托其经济和文化优势，还有表达诉求的渠道和空间，但社区群众完全没有这样的机会。

案例4：H某在贵阳等地经营少数民族服装的布料，同时也是N村世行项目监督小组成员，在村庄中具有非凡的号召力。在访谈现场，他敢于且渴望表述自己的观点和看法，如世行项目在村庄实施的

---

① 〔美〕乔治·S·布莱尔：《社区权利与公民参与》，中国社会出版社，2003。

相关情况、村庄的需求、未来发展思路等。由于其经济优势，村干部对他有所顾忌。村民对村支书“专政”的做法颇为不满，矛盾已经激化到白热化的阶段。村民纷纷私下与H某联络，他们共同谋划着如何将村支书赶下台，大家都知道村支书“上头有人”，所以此次行动更增添一些“斯巴达克”式的英雄色彩。

（三）压缩社区参与空间——控制收缩

事实上，任何一个项目从开始到结束，都是一系列不断谈判和妥协的过程，最终只能达成折中。由世行主动中断项目或撤出项目区的情况，一般是很少发生的。因为国际机构的资金申请渠道和程序比较复杂，世行会时常关注社区的发展情况，决定后续的资金问题，而为了保证对资助者的承诺，其也只能做出一些让步、妥协。①

对于世行项目，地方政府认为是无限的责任，有限的利益，甚至很多都后悔申请参与这个项目。由于社区参与方式和严格的财务控管，使地方政府的主导权力受限，降低了他们寻租的空间，反而还要承担偿还贷款、配套资金、协调部门利益等任务，因此他们并不愿涉入太多，只希望尽快完成项目。同时，他们也积极地为脱责准备退路。比如，N村原定150户民居为改造受益户，但种种原因最终确定了126户受益户。县项目办和村支两委商量，剩余的钱将用于解决已修缮民居的工程质量问题。而政府为了“脱责”，就会进一步压缩社区参与的空间。

调查中发现，世行项目管理小组和监督小组的成员，本应该是项目推进的主体，却对民居修缮标准、资金管理、社区发展规划等重要事宜全然不知情，不难想象社区参与的真实状况。备受各方关注的贵州省世行社区参与项目，并未取得预想的结果，究其原因主要表现在以下几个方面。

1. 项目组织管理机制缺陷

如图所示，世行项目执行管理权力运行系统为：贵州省旅游局成立省项目办，各地（州）、县分别在旅游局成立各级项目办。由县项目办具体负责与村项目小组工作的指导、对接，村委会协助两个小组的工作，并充分调动村庄原有组织力量。这个设计的结构性问题在于，由于在中国行政

① 郭占锋：《走出参与式发展的“表象”——发展人类学视角下的国际发展项目》，《开放时代》2010年第1期。

体系中，旅游局只是业务部门，在县级层面，县项目办（县旅游局）则主要受县委、县政府领导，导致省项目办向下的权力受阻。由其负责推行的社区参与理念，在县一级就已经被切断，项目依然进入政府行政实施的路径。

此外，世行项目涉及财政、建设、国土等综合性部门，又有行业主管部门，既有各级政府管理机构，也有设计、施工、咨询服务等企事业单位。由县旅游局成立项目办来组织协调，实现有效地分工合作，则显得有些勉强。而且，县政府配套资金不到位，也使得县项目办存在的合法性受到质疑。而上面权力真空，致使项目组织为乡村精英所垄断，成为其谋求私利和变相“寻租”的工具。

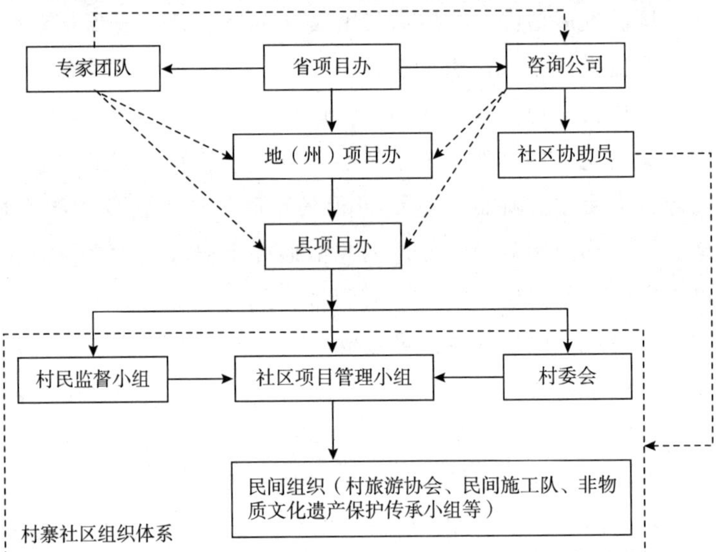

说明：实线表示直接的管理，虚线表示协助、辅助

2. 权力冲突

参与式强调发展赋权，其逻辑为只要改变传统发展模式中主导性权力结构，实现目标在发展过程中的权力分享，就能实现更平等和高效的发展。[①] 但问题在于，现实的发展干预中，真正的充分赋权很难实现。[②] “参与” 意

① BILL C，UMA K. Participation：the new tyranny? [M]. New York：Zed Books Ltd，2005：57－70.

② SAMUEL H，GILES M. Participation：form tyranny to transformation—exploring new approaches to participation in development [M]. New York：Zed Books Ltd，2004：9－121.

味着权力的再分配。在一个被精英统治的权力结构中，任何资源分配方案实质都是对权力的配置方案。要在掌握权力的精英和受益者的发展目标之间，实现更有利于发展目标的分权行为，而在失去部分权力的一方无法获得相应回报的情况下，几乎很难发生。这是权力本身的排他性特征。在这种情况下，实现参与式项目中“赋权”的目标，似乎在基层现实层面遇到悖论。[①]

3. 能力缺失

我国的一些政府部门在一定程度存在对参与式发展方式的不理解。他们已经习惯于传统的自上而下的工作方式，并认为这是一种有保证的、高效率的完成任务的方式。因此，“关注发展能力”是世行项目的重点。在项目设计中，专门有一个与项目内容相配合的技术援助（包括聘请咨询专家与考察等）和人员培训计划，以确保项目执行的顺利以及项目管理水平的提高。尽管这部分内容在项目中所占比例不大，但却是项目执行的重要内容。

但在项目实施中，这部分工作成为了“软肋”。项目实施初期，项目执行管理机构也希望通过世行项目培训项目操作人员，能够学习先进的经验。2007 年，特别委托省内某高校专家给项目工作人员进行采购培训，包括社区参与。当各地的项目负责人兴致勃勃来到贵阳培训时，却发现主要是一些酒店、礼仪等方面的课程。2008～2009 年，由当时的咨询公司编写了操作手册，但没有专家指导。工作手册只给项目工作人员提供宽泛含义的倾向性指导，将之精确化是自己的任务。其后，省项目办又组织了一些培训，但主要是项目工程设计和招投标方面（原 J 县旅游局局长访谈）。

三 “社区参与”路径依赖的“锁定”分析

道格拉斯·诺思提出了路径依赖“锁定”（Lock－in）的概念，即传统制度框架经选择定型（Shaping）后可能形成“锁定”而制约新的制度路径。[②] 借助权力行政模型，[③] 将对世行项目“社区参与”行政路径“锁

① 毛绵逵、李小云、齐顾波：《参与式发展：科学还是神化？》，《南京工业大学学报》（社会科学版）2010 年第 6 期。

② North, D. C. 1997. “The Contribution of the New Institutional Economics to an Understanding of the Transition Problem”, WIDER Annual lectures, 1.

③ 刘俊生：《从权力行政到服务行政》，《云南行政学院学报》2000 年第 4 期。

定”状态的发生逻辑展开研究。

第一，命令行政依赖。由于受传统计划经济体制的影响，政府围绕精密的组织基础和完整的权力中心体系，控制着社会大部分资源。毫无例外，掌控封闭权力的全能政府，对世行项目资源同样进行了全面的控制。当控制从一种工具性的价值变成一种终极性的价值，政府是难以对世行社区参与的理念形成快速和合理反应。而基层政府更凭借经验实施项目，甚至对所谓“技术官僚”形成“逆向淘汰”[①]。世行项目虽然培养和依赖新的运作体系，但仍然是通过自上而下的科层体系组织架构来完成的，最终“官僚制的理性形式、不透明性、组织僵化以及等级制等特性，使得它不可避免地会和民主制发生冲突”[②]。

第二，人情行政依赖。世行项目本来属于公共领域的事情，但却受到了个人关系的强有力支配。费孝通先生提出的“差序格局”，在此演化为一种具有中国特色的“潜规则”。世行项目组织并不是表层的结构在起作用，而是受潜层结构因素的影响。当然，组织表层结构介入并抑制着潜层结构，以致使潜层结构退居于组织的潜层。[③] 一方面，社区精英为了政治权力的诉求，需要建立稳固的社会关系网络，诸如家族、利益同盟的支持力量就极为重要。另一方面，由于上级直接任命的传统用人规则，使得基层人选有了“上级”决定的空间，使其具有对“上”负责的“精神”。世行项目组织及资源强化了基层的隐性权力，通过筑起对信息传递和权力下放的障碍，让社区精英拥有了“选择性执行”的权力。在此，基层权力本身既要尽可能地创造政绩，还要满足社会关系网络的利益诉求。基层权力被网罗进了一个更为庞大的权力和利益相互交错的结构中，这一结构决定了世行项目权力运行失控的基本逻辑。

第三，多层行政依赖。中国正进入行政社会的新形态，行政权力过于强大，将触角伸向社会各个角落，用行政逻辑取代社会逻辑，导致政社界限不明、角色不清、行政成本高以及可持续性差的格局。[④] 其典型特征就

① 蒋兆勇：《中国官场的批发与零售》，新加坡《联合早报》2004 年 5 月 11 日。

② 〔澳〕欧文.E. 休斯：《公共管理导论》，中国人民大学出版社，2002。

③ Jay M. Shafritz, J. Steven Ott. 1992. Classics of Organization Theory, Brooks Cole Publishing Company, p. 491.

④ 王春光：《城市化中的“撤并村庄”与行政社会的实践逻辑》，《社会学研究》2013 年第 3 期。

是增加组织内部层级，消除影响稳定的各种隐患。行政社会中，地方政府的权限和行为边界呈现出弹性化的趋势。世行向社区赋权则变为基层政府的寻租工具，出现“行政吸纳”的异化现象，即通过行政渠道将赢利型的基层领导人、不法商人、“地方豪强”等汇聚起来共同参与世行项目，目标群体被权力隐性化。寻求集团利益最大化的目标，不断侵蚀着社区权利，同时政府的合法性基础被逐步削弱。①

总之，世行项目社区参与实践过程被锁入行政逻辑轨道，世行项目组织与基层组织形成“共生”的相互依赖的组织，以及“行政吸纳”的利益集团都会竭力维护现行的状况，阻挠社区参与的实质性突破。

四　世行项目“社区参与”路径依赖的超越

在中国的大多数农村社区，人口结构发生了很大的变化：青壮劳动力的大量外流，留守人员的弱势性特点，无形中强化了村庄干部等权力精英对社区公共事务的主导权。社区参与项目运行受到既有权威体系的影响，同时这种权威体系也是社区秩序的缔造者和维护者。社区参与进入行政路径“锁定”状态，现阶段唯有通过政府主动突围，重塑与社会的关系，才能从中逃逸出来。

由于中国“强国家、弱社会”的现状，社会发展前期确实需要政府自上而下的推动。然而，政府全面而具体地介入基层生活事务，不可避免地占据了本来就不多的公共空间，导致“社区参与无奈地停留在口号和形式的层面上落实不下去”，因而“真正意义上的社区发展还有待开始”②。世行项目亦表明，面对“强政府”，社会无法“放”出来，因为已经没有自由空间和社会能力。政府用无限权力“筑造”（building）了高高的笼子，社会犹如“囚鸟”般囿于其中。习惯性的喂食，使“囚鸟”逐渐丧失觅食能力，而喂食者疲于圈养之责。解决此困境，唯有喂食者主动拆卸笼子，并逐渐唤起其生存技能，在大自然中自我给养。其只需提供“栖居”（dwelling）之所，为倦鸟疗愈伤病。

当然，在行政社会中，要承认“社会”的利益要求、行动资源和行动

---

① 陈云松：《转型期的中国公共行政：路径依赖、双重目标与行政发展》，http://www.chinainnovations.org/Item.aspx?id=28365

② 顾骏：《“行政社区”的困境及其突破》，《北京行政学院学报》2001年第1期。

价值及其在治理体系中的合法性地位，与政府承认自身的有限性一样充满了艰难和挫折。[①] 但这一点却不容忽视，因为它是广大人民群众社区生活的基本需求，是实现社会自主性的基本条件。令人鼓舞的是，我国政府在实现经济目标的同时，也开始了构建和谐社会、社会建设、创新社会管理的探索，着力进行政府管理体制改革、培育社会组织、建立政府与社会合作机制等。并逐渐认识到，经济发展与政治民主化这一向度的中介，是以自由市场经济为基础而逐渐形成的社会自主化进程。中国不可能只是一个没有国家的纯粹社会，也不可能只是一个没有社会的自上而下的国家机器。[②] 国家与社会的关系并不是零和博弈，而是一种共生的整体性关系。

政府工作能力建设将是实现政府与社会良性的结构性互动的重要途径。能力建设的目的就是学习和创新社区发展知识的能力，改善部门绩效，提高服务质量，帮助社区实现自我决策和管理，从而更好地促进经济增长以及社会发展。为达此目标，观念上实现从管理社区到社区管理，从发展农村到农村发展的转变。通过提供必要资源和服务，撬动社会主体性成长。强化社会职能和树立公共服务的意识，建立公开透明的制度，从单向管理政府转向合作治理的服务型政府。[③] 行动中实现政府职能的让渡与拓展。通过将政府部分职能外移给市场、社区和社会组织，适当地放权以达到高效率。联合多元主体，实现资源的有效利用、公共议题的协商解决和公共服务的综合供给，建立新型合作伙伴关系。[④]

卡尔·波兰尼以“政府创造市场”之语，击破了人们对“市场完全自由形成”的迷信，从而激发了人们对“发展”模式选择时政府作为的期待，也是人类在选择更理性发展方式过程中对“好政府”形塑的期待。在这个意义上，“强政府”建设“强社会”，使之形成主体性力量，同时，也有能力抗拒市场的“恶”对社会的侵蚀，正是中国未来要探索的发展道路，也是践行社会主义的核心价值。

---

① 陈华：《吸纳与合作》，社会科学文献出版社，2011，第231页。

② 邓正来：《国家与社会——中国市民社会研究》，北京大学出版社，2008，第47、167页。

③ 石黄慧：《赋权与社区主导型发展》，广西大学硕士学位论文，2008。

④ 高建华：《区域公共管理视域下的整体性治理：跨界治理的一个框架分析》，《中国行政管理》2010年第11期。

○参与式多元化教育在跨越式发展中的社会价值

——以贵州省威宁县石门乡为例

王莎莎*

一　跨越式发展与教育

2000年，《中共中央关于制定国民经济和社会发展第十个五年计划的建议》中首次提出“发挥后发优势，实现社会生产力的跨越式发展”。对于西部欠发达地区，实现跨越式发展是一个正在不断研究的主题。

选择石门坎为案例分析对象，第一，作为贫困农村，石门坎极具典型性：自然条件恶劣、生态环境脆弱、贫困发生率高、贫困程度深。它实践跨越式发展的途径具有一定的借鉴意义。第二，历史上的石门坎贫困苗区，用三十多年的时间，缔造了一个文化圣地。培养了一大批推动经济社会发展的人才。第三，今天，和其他贫困农村类似，教育在石门乡也是相对薄弱的环节，教育的功能似乎只限于完成指标或验收。教育平台只剩下学校，家庭、社区，在教育环节中严重缺位。第四，贫困农村的发展瓶颈远比人们预想的复杂。政府和各界的支持是必不可少的，但如何支持，支持什么，支持多久都需要当地人的智慧融入，全程参与和主动持久的行动。

笔者2004年第一次进入石门坎，此后在2005年、2006年、2012年三次回访，并完成两项《石门乡教育现状及原因分析调查报告》（未刊稿）。因此笔者聚焦于这个贫困社区实现跨越式发展如何突破人才困境这一制约因素上。通过观察发现，对绝大多数农民而言，离开学校即意味着教育的终结。对从来没有进过学校的农民，教育似乎更是与自己的生活存在两个世界的事物。当教育被界定为“学校的教育”时，这种“终结”和“两极”并不奇怪。但它也意味着人才培养的“终结”。为此，本文期望围绕下面两个问题展开讨论。

---

* 王莎莎，英国萨塞克斯大学。

问题一：什么样的教育适于人才培养？

笔者要讨论的是更广泛的“教育”，它的外沿从学校到社区，从庙堂到田间，从学者到老妪。它是交互式的学习，教育者和学习者的身份在教育过程中可能置换，可能互补。这种参与式多元化教育强调的是发现和挖掘教育主体自身的真正需求和动力。“发展”的两个重要前提是机会和能力，阿马蒂亚·森在20世纪80年代初使用“能力”（capabilities）一词描述什么是人们能做的和可以做的（can do and can be）。在生计能力中，泛指人们“解决压力，突破困境，能够找到机会并使用机会的能力”（Chambers and Goden, 1991）。本文将多元化教育应用于贫困社区跨越式发展进程，力图用多元化教育在村民自身的能力与发展之间搭建桥梁。

问题二：教育是否需要融于社区？

教育如果要成为发展的助推力，那教育的方式和目标必须与发展的战略密切相关。如果贫困农村的跨越式发展要围绕“信息化带动工业化”，引进发达地区的先进技术等，没有人才资本是难以实现的，因此开发教育与发展互相促进的方式，建立教育在社区发展中的地位是有必要的。

二 文献综述和研究方法

1. 文献分析

所谓社会生产力的跨越式发展，“是指在特定的历史条件下，利用后发的某些有利因素，以实现国民经济的超常规、大跨步的发展”（杨菁菁，2002：76）。跨越式发展以技术跨越为主，跨过发达地区的某些经济发展阶段。跨越式发展的理论基础是后发优势理论。从发展的角度看，后发的国家或地区有着许多优势，即后发优势，可以直接效法和借鉴已经成熟的发达地区的经验和技术。跨越式发展要以“信息化带动工业化、现代化”“技术跨越为基础”，其关键在于“产业的创新与更新”。随着产业化的调整，欠发达地区的人才稀缺成为制约跨越式发展的重要因素之一（韦海鸣，2004：32）。有学者指出“人力资源开发是实现生产力跨越式发展的重要保证”，需要“加大教育投入，调整教育结构；营建学习型社会；强调实用技能，培养应用型人才”（王孔雀，2006：19）。

参与的内涵包括“在决策及选择过程中的介入、贡献与努力、承诺与能力、动力与责任、乡土知识与创新、对资源的利用与控制、能力建设、利益分享、自我组织及自立等方面，任何发展努力若在这些方面不能得以体现，那就称不上是真正的参与”（叶敬忠、陆继霞，2002：53）。“农民是新农村建设的主体，贫困人口是扶贫工作的主体。主体包括两层含义，一是受益主体，二是参与主体，这是不能忽视的重要方面。群众参与确保规划从农民最迫切的需求出发”（国务院扶贫办，2006）。

多元文化教育（multicultural education）兴起于20世纪60年代的美国，90年代引入中国，并在多个学科教学领域进行实践。Banks（1993：3－5）指出，尽管学者对多元文化教育有诸多争论，但至少在目的方面有两点是达成了高度一致的，即“多元文化教育的目的之一是对学校和其他教育机构进行改革，以使不同种族、不同民族、不同社会阶层的学生都可以享受教育平等；其次，不同性别的学生都可以有机会经历教育带来的成功和流动性”[①]。

本文讨论的参与式多元化教育，强调多元文化教育倡导的“教育平等”。同时，参与式多元化教育还借鉴了非正规教育（non－formal learning 和 informal learning）的一些理念和方法。本文采用了欧盟2001的政策文献中出现的定义。“‘非正规学习’（non－formal learning）泛指不是由某个教育或培训机构提供的，非证书式的学习。不过它会按学习的目标，学习时间和学习所能获得的支持进行构建。从学习者的角度出发，这种学习是一种事先安排好的学习。‘非正式学习’（informal learning）是从那些与工作、家庭、休闲相关的日常生活行为中学习。非正式学习可能是事先安排的，但多数时候它是随机的”（Colley，H.，Hodkinson，P.，and Malcolm，J.，2002：8）[②]。“非正式学习过程本身就是一个实施知识管理的过程，……知识管理和隐形知识是非正式学习的重要理论基础”（余胜泉，毛芳，2005：20）。

20世纪20年代，陶行知先生提出中国乡村教育的出路在于“建设适合乡村实际生活的活教育”。教育要达到“学生生活力丰富不丰富？村中荒地都开垦了吗？荒山都造林了吗？村道已四通八达了吗？村中人人都能自食其力吗？村政已经成了村民自有、自治、自享的活动吗？”为了成就这样的教育目的，就需要“教育与农业携手”，“教育没有农业，便是空洞

① 笔者译，2013年。

② 笔者译，2013年。

的教育……农业没有教育，就失了促进的媒介。”这样的乡村教育不仅仅是和农业联合，更要与金融、科研、卫生、基建等各方面联合，利用合力推动乡村的变化与发展（陶行知，2006：211）。

笔者提出构建“参与式多元化教育”的模式，并探讨这一模式在贫困农村的跨越式发展中能够发挥的社会意义，重点在于贫困社区的主体意识与主体参与。社会学者沈红老师（2006：159）曾指出“本土使命即是认同主体意识”，“对于石门坎文化结构的生成和扩展，有两个主体性因素的作用是不可低估的：一个是文字因素，一个是人才因素”。

“只有当生活在贫困中的人们要求借助工具或知识，主动地、有效地参与到发展进程中，才会产生可持续的变化。这意味着他们会贡献他们独有的乡土知识，分享他们理解当中本土传统和信仰在社会变革中面临的机遇和挑战，同时，这也意味着对不公正的社会和制度挑战，要求平等地获得社会公共资源。一旦人们拥有了自信和能力参与这些过程，他们会把这样的能力从个人传递到社区，并将持续实践”（Leavy，J. and Howard，J,. et al，2013：16）[①]。

从宏观政策角度出发，“为进一步增强贫困地区反贫困的能力……1995 年以来，国家教委和财政部联合组织实施了‘国家贫困地区义务教育工程’，投入资金超过 100 亿元”（国务院新闻办，2001）。“中国农村社会安全网体系的主要政策构成：教育救助政策主要为‘两免一补’政策等”（黄承伟，2007：2，8）。“提高群众的综合素质特别是科技文化素质，是增加贫困人口经济收入的重要措施，也是促进贫困地区脱贫致富的根本途径，必须把农民科技文化素质培训作为扶贫开发的重要工作……实行农科教结合，普通教育、职业教育、成人教育统筹，有针对性地通过各类职业技术学校和各种不同类型的短期培训，增强农民掌握先进实用技术的能力”（中国农村扶贫开发纲要 2001－2010）。威宁自治县的领导团队提出，按照“最长远的民生是教育”的方针，“要扎实抓好外出务工人员就业培训，完善‘三位一体’培训、扶贫培训基地‘送教上门’……实现培训一个、就业一人、脱贫一户的目标”[②]。政府在科技扶贫，教育扶贫上制定了

① 笔者译，2013 年。

② 威宁县人民政府提供。

一系列惠农政策和战略，将提高农民的科学文化素质作为一项贫困攻坚的重要工作来做。

2. 概念和分析框架

- 概念阐述

本文的“参与式多元化教育”界定如下：根据社区建设的实际需要，为不断提升社区居民综合素质和核心竞争力，确保社区实现可持续发展，而对社区居民进行的具有多元特性的一种教育。

其多元性体现在以下五个方面：

Ⅰ. 教育方式多元化。借鉴社区已有的各种沟通方式，突破单一课堂教学模式，开发村民喜闻乐见的方式，传递他们需要的知识、技能。

Ⅱ. 教育受众多元化。包括不同年龄、不同性别、不同民族的村民。

Ⅲ. 教与学主体多元化。拥有丰富的当地知识的村民均可以是多元教育中的讲授者。

Ⅳ. 教育内容多元化。只要是社区发展需要的，可以在合适的时间和地点进行，例如，儿童基础学习；母婴健康；地方病防治；新能源、环境保护等。

Ⅴ. 学习模式多元化。可以选择课堂学习、经验学习、案例学习、行动学习、田间学习、分散学习、集中学习等，也可以是村民们自创的更灵活的学习模式。

- 分析框架

教育和发展之间或许很难直接画等号，但发展的速度或成就与个体和社区具备的能力是一一对应关系，能力的培养与教育有着密不可分的关联。本文讨论的参与式多元化教育的社会功能见图 1 所示。

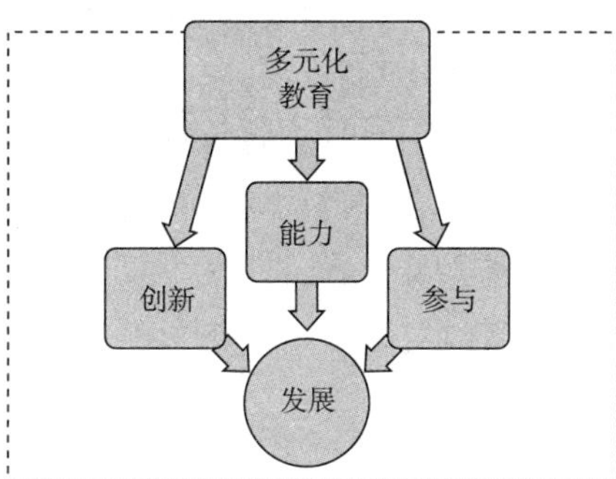

图 1　多元化教育的社会功能及与发展的关系

3. 研究方法

参与式多元化教育这一概念的提出，其理论支持主要参考国内外相似研究的文献和论著。石门坎历史部分的分析也基于学者已有的研究。要切实了解石门乡今天的教育和发展现状，田野调查显得尤为重要。在四次田野调查中，设计了以下几种方法单独或配合使用：

- 非结构性访问和结构性访问

第一次进入社区时，采用相对随意的谈话方式，向老乡们说明来访的目的，与他们互相认识。由于进入社区所借助的平台已在当地有良好的社会基础，因此和乡亲们的初次沟通便很顺畅。

此后每次进入社区前，针对不同群体，及需要了解的问题，预备了提问提纲，以便有效获取信息和数据。在实际应用中，结构性访问与非结构性访问交叉配合进行。即整个谈话框架基本在提纲范围内，但不限定于此范围。非结构性访问更能将受访者带入尽情谈话的轻松氛围，由此引伸许多事前没有想到的话题。不过谈话的主题控制依然是重要的，否则可能过于庞杂，大而不当。

- 问卷调查

对某一个群体进行访问时，问卷调查可以收集足够多的样本和定量资料。例如 2005 年的问卷调查，了解到石门乡代课教师面临的经济压力、工作压力和前途压力，为如何帮助这个群体，缓解乡村基础教育中的师资欠缺，以及相关问题提供了参考。

- 参与观察

这种“参与”的方式更像是将外来者的客体身份暂时置换为社区“主体”的过程。例如 2006 年的支教，理解“城市课本”在乡村应用中所遇到的问题，以“教师”的身份了解学生、家长的想法、困惑和诉求，了解学校、社区两者的隔离和依存，同时看到正规教育在农村建设中的空白和不足。

我并非一个教育学者或人类学者，即使可以借用一些相关的方法和理论，并力图找到教育与发展的契合点，但仍然会有一些谬误和欠缺。但我希望我多年的观察能够渐变成一种实践的原动力，为今后的乡村建设实践提供一个理论基础。

三　石门乡跨越式发展的人才因素

现代经济增长理论认为影响经济增长的因素有资本、人力资源、技术和制度四个方面。要实现社会生产力的跨越式发展，必须保证这四个方面的发展。本文着眼于石门乡的人力资源。石门乡位于云贵高原乌蒙山腹地，是一个隐匿在山旮旯里的多民族聚居的贫困村落。下辖 14 个行政村，2009 年，全乡总人口 18755 人，劳动力人口 1141 人。全乡初中生 1620 人，占劳动力人口的 14.2%，占总人口的 8.64%，高中生 251 人，占劳动力人口的 2.2%，占总人口的 1.3%①。不仅本土人才极度缺乏，又因为经济落后，自然条件恶劣，无法引入外部人才。以教师为例，石门乡的教师流动性非常大。笔者的调查中，每年都会听说到岗不到人、雇人教学等情况。学校作为培养人才的主要平台和途径，每年有大量学生流失，教学质量也令人堪忧。人才成为石门乡实践跨越式发展的一大制约因素。教育能否为这一制约因素解围？什么样的教育可以达到培养多方面人才的目标？让我们先从石门坎的历史实践中寻找答案。

四　石门坎的参与式多元化教育历史实践

历史上，石门坎苗族属于社会结构的最底层。直到四个苗胞从昭通请来英国循道工会的牧师柏格理，石门坎的苗民教育才有了开端。石门坎学校用了 30 年的时间，发展为一个辐射滇黔川三省近二十个县的乡村教育网络，并最终形成跨越三省边界少数民族地区的文化网络，沈红老师将这一影响范围称为“石门坎文化圈”（沈红，2012：110）。“石门坎文化的精神内涵可以归结为以下四个要素，这四个要素共同构成石门坎文化的核心竞争力：双向开放的文化创造力；苗族主体性和民族自觉；以苗教苗薪火相传；西部乡村建设的向心力”（沈红，2012：109）。

1. 石门坎参与式多元化教育历史实践的特点

学者们对石门坎曾经的辉煌有过不同角度的解析，本文集中探讨的是关于这文化形成背后的教育模式，这一教育模式是“参与”和“多元”的绝好注脚。

---

① 根据 2012 年石门乡政府提供的数据整理。

Ⅰ. 教育公平

不分阶层。石门坎学校为来自不同经济条件的家庭都开了教育之门。全日制学校和主日学校分别面向有一定家庭承受能力，和没有条件或缺乏劳力的家庭的子女。这使贫穷家庭的孩子也得到同等受教育的机会。

不分民族。学校采用汉语、苗语、英语教学。语言不再成为学习的障碍，也保留了母语，以及母语承载的民族文化。语言是进入主流文化的必要手段，汉语学习的重要性不言而喻。但同时，不能忽略甚至舍弃民族文化的宝藏。民族的，本土的，具备创新和可持续发展的土壤和积淀。

不分性别。男女兼收，鼓励女童求学。苗族女性一直被压迫在最底层，承担最多最苦的生产劳动。学校对女童开放等于宣布“男女平等”。女性不仅有了获得知识的权利，更有了思想的自由。

不分年龄。除了孩童的基础教育，成年人也有机会接受教育。成人教育主要在主日崇拜后进行，苗胞借此告别了文字盲。一些从未进入学校正规教育体系的成年人，如果能跨过“文字”之坎，或许就能获得更多机会。

Ⅱ. 生活教育

学校的教材编写“结合村民的生活和语言文化进行创新”“不仅适应其文化基础，而且能够满足村民的生活实际需要，学以致用”，苗民用文字来“写信、计算、记事”（沈红，2006：89）。对很多村民而言，学习文化最根本的动力和需求是能够解决生产生活中的一些问题。由于有良好的公平教育，教育迅速融入村民的生活，成为生活的一部分。

Ⅲ. 教育多元化

石门坎当时的整个教育体系是以石门坎学校为教育中心的一个多元的教育体系。使社区有不同需要的人们可以从这个体系中找到学习的机会，并提升自身能力。这个教育体系除了正规学校教育，同时还涵盖了知识引进，如引入优良农作物、经济树木等；创新，如在改进原有的纺织技术；技术培训和技术推广；职业培训，如纺织、制革、烧窑等。

2. 参与式多元化教育在石门坎发展中的作用和影响

石门坎乡村教育在普及了文化知识，培养了苗族人才之后，如何在社区发展中扮演角色呢？从教育的角度分析，它实现了两个主要的功能：第一，直接培养了一大批中学生、中专生，甚至还有大学生、博士。这些人才中，选择回乡参与建设的，继续成为人才教育环节上的中坚力量；第二，培养了一批有专业技术技能的农民。通过成人技术培训和职业培训，先输送人才异地求学，同时在社区设立了乡村技术推广部，引进技术，回乡推广，生产实践。这是一项以石门为轴心，覆盖各个村寨的广泛的学习和发展过程。不分男女，青年们均积极参与其中。例如，织布技术由此推广到石门所有的苗族当中。“教大众以大众的工作养活大众的生命；以大众的科学明了大众的生命；以大众的团体的力量保护大众的生命”（陶行知，2006：4）。这些人为“科技兴农”和劳动力转移提供了可能。

从发展的角度分析，石门坎的参与式多元化教育体现了三个重要的社会价值：第一，能力建设。多元化教育为各个能力欠缺的个体和社区创造了提升能力建设的平台和机会。基于能力与发展的正比例关系，社区主体在综合能力上的提高对整个社区的发展有着积极的作用。第二，主体参与。只有村民真正参与发展的进程，发展才可能推进。多元化教育培养出来的一大批实用性本土人才，直接进入生产，成为推动生产力的关键因素。第三，社会网络。“正式或非正式的网络是生存和赋权的关键，因此也应该作为发展优先关注的焦点”（Leavy, J. and Howard, J, . et al, 2013：23）[①]。石门坎文化圈实际上从一个侧面促成或巩固了各个乡村内部，乡村之间的各种网络。透过教育活动和发展实践，构建和加强了社区的网络，这些网络对于提升生存技能至关重要。

综上所述，尽管石门坎这一乡村发展实践无法一一映射当下复杂的扶贫开发运行机制框架，然而它的实践与效果都已证明了它如何以教育培养人才，实现技术跨越，产业革新，并达到跨越式发展的目标。

五　石门乡现代教育与发展

20世纪30年代后，石门坎多元化的少数民族教育被边胞同化教育取代。自50年代起，国家主体以强势的主流文化态势席卷乡村，原本在教育过程中找到自己位置的苗民，以及他们因此萌发的发展意识和行动，被瓦解，被分散到隐匿的角落。取而代之的，是整齐划一的单一教育模式。

1. 石门乡教育的单薄与困窘

截至2012年，石门乡有戴帽点中学一个（选定师资力量强、办学条

① 笔者译，2013年。

件较好的小学开办中学班）、完全小学 6 所，教学点 4 个。[①] 学生流失、师资欠缺一直是困扰石门乡教育的问题。上学还是打工是学生和家长面临的抉择。而对老师，留还是走是个问号，教书还是打工也是个难题。

上学之殇：在“两免一补”政策之前，家庭经济贫困曾经是阻拦适龄儿童进入学校的一道无法跨越的屏障。据笔者 2004 年起的调查，在石门乡，政府、民间机构、个人都在资助贫困儿童读书，如“春蕾计划”、中石化、社科院贫困教育支持网络，以及无以计数的民间零散资金。然而，各种力量的集合并没有杜绝孩子们从学校离开。升入初中后，有近半数孩子辍学，石门乡教辅站（现在变更为中心校）介绍，2005 年全乡小学生流失率 5%，中学生流失率 17%。在此仅举一例：石门乡高潮村小学 2003 年开始设立初中，当时招收了一个班共 55 人，但三年后升入初三的只剩下 20 人。

学生流失原因是多方面的，包括贫困、学不懂、缺乏劳动力、婚娶、外出务工等，只有初中文化甚至达不到初中水平的孩子的出路是回家务农，或外出打工。图 2 是笔者根据 2004 年、2005 年的调查数据做的学生流失原因分析图。

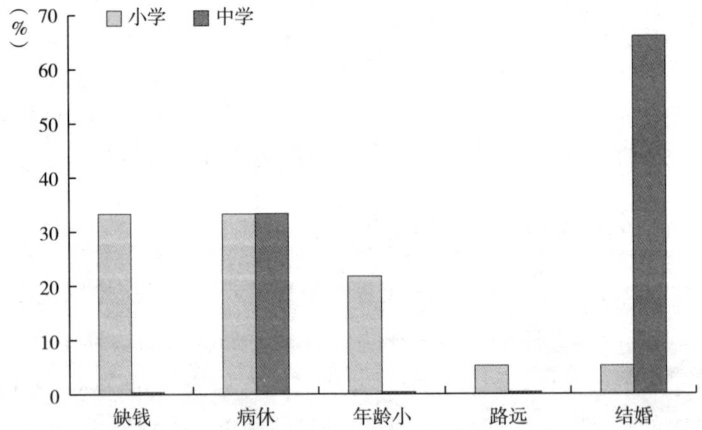

图 2　石门乡部分中小学学生流失原因图例

（包括营坪、泉发、云炉、高潮、石门、新中、女姑）

① 石门乡政府提供，2012 年。

从表中看到，经济压力是造成小学生辍学的最主要原因之一。“病休”这一因素一直没有做太多深入的定量调研，但是营养差、卫生条件不好等外因导致健康问题确实在观察中是可见的。“年龄小”“路远”和“结婚”有着内在的联系。乡村小学入学年龄是7岁，若要走几公里山路去上学，显然不现实，因此一些孩子入学年龄会延至8岁、9岁，甚至10岁。2005年，全乡2500多名在校小学生中，有1200多名超龄生。由于入学晚，还不到小学毕业，或是刚升入中学，部分学生已经面临婚娶。

图中没标明的另一个原因是“学不懂”。2012年前，石门乡没有学前教育，一方面，孩子们从完全蒙昧状态一下进入系统的学科学习进程，这种跨度和难度可想而知。另一方面，苗族孩子只会母语，因此进入小学还要先过语言关。这一关很可能要两至三年才磕磕碰碰地闯过。以2006年的调查为例，一个班上68个学生，在开学后的一次字词测验中，有16人是零分，教师说这些孩子甚至没有弄懂什么是字什么是词。整个小学三年级的孩子几乎都不会拼音。如何帮助孩子顺利渡过语言关，进入正规教育？是否能帮助学龄前孩子掌握一些基础知识，以适应正规教育？由于乡村幼儿园和学前班是政府于2012年才开始倡导、投资的领域，因此还需要后续观察。但由于它覆盖的范围是中心校和完小，因此仍有空当。这些空当，民间机构或个人能否以参与式多元化教育的方式加以弥补？

教学之惑：乡村教材使用的是全国统一教材。在笔者支教过程中，曾听到教师说：“学生们问什么是汉堡？我怎么解释呢？我也没有见过汉堡。”这几年，从省到地区，都开发了具有本地区特色的读本，如《种植与养殖技术》《民族政策常识》《服务行业从业常识》等，这些读本是课外读物，孩子们表示不会去读。簇新的书籍从开始就进入死循环，没有给学生带来更多阅读的可能，更谈不上传授知识。另有当地老人说，农业课本上讲授的种植技术在当地无用武之地，因为不适用于当地的土壤和气候条件。这样看来，这些“本土”教材并不本土。教材编撰者和政策制定者的初衷是好的，然而不能“落地”的想法无疑成了空想，看似多元的教育体系实则还是单一教育的加强版。

在偏远贫瘠的石门乡的教师们，尤其是代课教师面临一个严峻的考验：留下还是离开？公办教师看到同行在其他发达地区的舒适，对比自己在穷乡僻壤看不到前途的生活，如何坚守？而代课教师，作为家庭唯一的经济支柱，他们每月100元的工资（2007年后涨到每月500元）连自己的孩子上学都无法供给，一生甚至几代人奉献给乡村基础教育。他们虽不愿离开，但2012年，政策要求全部“清退”代课教师。他们中许多已是中年，无其他所长，外出打工显然没有优势。但他们也是最了解当地基础教育，最有经验的人，如果展开参与式多元化教育，他们是否能有施展的舞台，为社区的“非正规教育”继续贡献他们的智慧？

提升之痛：职业教育进入乡村，伴随着强制的行政命令和指标任务，以及各种诱人招式：免费上学、包吃包住、安排就业、一技之长等。这让农村孩子觉得多了一条路，也让贫困的家庭以为“天上掉了馅饼”。现实是，被各种职业学校招收的孩子成了变相的廉价劳工。学生一进校就安排去了工厂干活，还要家里交押金。例如，一个16岁的孩子自己认为这还不如踏踏实实去打工，因此让家里寄钱，直接去了南方开始打工。到底是要帮助不能继续学校教育的孩子多一项生存技能，让其更有能力摆脱经济贫困，还是为了大量招收低成本劳工，满足利益链条上各方的利益？

对于绝大多数农民，“培训”实际是个遥远而陌生的名词。以阳光工程为例，阳光工程以提升综合素质和生产经营技能为主要目标，对务农农民免费开展专项技术培训、职业技能培训和创业培训。阳光工程由各级农业主管部门组织实施，农广校、农业专业技术推广机构、农机校、农业职业院校等机构承担具体培训工作。问题的关键在于，第一，对于多数贫困社区的农民，如果从未经过正规教育，这样的“技术培训”通过什么方法向农民传递？第二，更重要的是，“谁培训谁”？谁是当地的“专家”？谁更了解当地的自然条件、生产条件、作物生长？新技术新技能是否真的适应当地？

2. 教育在发展中缺位

现代乡村教育的作用在不断被削弱，甚至在面对市场强大的吸引力面前，“读书无用，打工挣钱”的影响反而占了主导。尽管有政策保障与倡导，有各种国内国际公益机构的介入和干预，但是社区发展主体在一步步退守到自己的一亩三分地。发展，与政府战略有关。发展，与NGO项目有关。发展，也是一条漂亮的口号。但实实在在和贫困的、边缘的、底层的发展的主体无关。教育的功能被狭义到“升学－就业”。走访中，当问到初中未毕业或者刚毕业就出去打工的孩子们，他们中的大多数并没有意识到知识、能力与自我的发展有多大关系，也不会意识到自己作为社区的主体，可以在社区发展中担当什么样的角色。一个初二辍学的孩子的梦想或许是很多农村孩子的梦想，他在沿海的一个皮革厂做粗活，一个月挣1500元左右。“我就想挣大钱，回来翻个大房子，然后种地养我媳妇孩子。”

教育与社区的不断疏离。上一章中，我们可以看到石门坎教育在过去与社区之间的互相依存、互相促进的良性循环。然而这种依存关系已荡然无存。这是因为：①教育萎缩成了学校围墙内的“专利”。“读书是老师的事，我们又不懂”这是家长的普遍认识。②学校误以为自己是社区里的“文化代言人”。“家长素质太低，不重视教育，没法交流”这是学校领导、教师和乡干部的观点。③学校教育代表“先进”的知识，本土知识代表“愚昧落后”。经过几代人实践总结的本土知识被富丽堂皇的课本知识替代。教育教学生离开故土，也厌弃故土。一个高高在上的学校教育如何俯首社区的建设和发展？一个贫困社区如何在能力欠缺的基础上实现跨越式发展？如果单一的教育不能够承担规定外的职责，那用什么来补充它？能不能用多元化教育帮助尽可能多的社区主体进入一个能力与发展正向影响的循环？“各种成人教育、专业教育、高等教育，将成千上万的人吸收到教育系统中来，这既实现了对这些劳动力培养、更新知识和技术的目的，又为他们重新就业创造了条件”（赵德肃，马先彦，1998：6）。

政策与执行的空白地带。例如，每年都有应届毕业生分配到乡里，但艰苦的环境让不少年轻人却步。高潮学校2012年中学部的师资问题甚至动用了微博征求志愿者。又如苗文培训尽管得到政府重视，但最终是由民间资金举办了两期，由GNGO－苗学会组织了一次。从威宁自治县被定为“喀斯特地区扶贫开发综合治理试点县”后，教育投资每年在2亿左右，这么巨额的资金并没有改变长年坚守一线的代课教师们被集体清退的命运。

解决贫困农村跨越式发展的人才瓶颈的办法之一便是教育。但显然，单一的正规教育在乡村建设中所能发挥的作用是有限的。鉴于贫困社区的实际特点，开发和探索参与式多元化教育的模式是有必要的。

六　参与式多元化教育如何助力贫困社区跨越式发展

参与式多元化教育发挥其“多元”的特点，从教育主体、内容、形式上发挥这一模式的优势，至少从下列三个方面发挥其社会功能。

1. 本土知识的传承与创新

语言

苗语的继承对于保留这个民族的文化与历史至关重要。如今老苗文的学习已经成为石门中心小学每周一次的课外活动之一。在无法进入公办学前班、幼儿园的村寨，建立流动学前课堂，施行双语（苗、汉）教学，为学龄前孩子，甚至上学的孩子，弥补汉语语言关。也可以在流动学习中为成年人普及文化知识。学习形式从幼童特点出发，结合已有的幼小教学方式，试验出适合当地孩童特点的方式。学习内容以语言和数学为主，目标是能够听懂小学的课程。学习地点则可以利用村民的房院。教师由村里的代课教师、回乡大学生或者受过教育的妈妈来承担。这涉及本土人才的开发利用，会在下面单独论述。

文化、艺术

在主流文化、艺术的冲击中，民族的文化艺术很轻易被遗忘。但文化艺术是一个民族的凝聚力所在，这种精神的和外显的带有鲜明特征的符号，是一个民族区别于其他民族的重要因素。它也是培养乡土意识，开发乡土教材必须挖掘和保存的宝藏。在石门乡的多元化教育中，让苗族孩子和大人重新认识自己本民族文化艺术，不啻为一种树立自信和尊严的途径。

朴素环境知识

本土经过实践的环境知识恰恰是最适合当地的可持续发展的知识。多元化教育帮助人们重新梳理和认识本土知识的重要性，以及如何运用到生产生活中。例如，水资源的循环利用，如何将垃圾转化为农耕肥。在介绍和引进新的可持续发展知识时，先了解当地已有的做法、传统、经验，再考虑如何结合或者直接在原有基础上创新。以使环境、资源的保护与当地发展可以相辅相成。同时也是农民们能承受的，能应用的。

在多元教学方式中，多媒体的应用也可以将相关的电子科技信息和技术传递到社区。帮助社区的年轻人学会运用网络缩短社区和外界的距离，学会利用共享的资源和信息，为个人和社区的发展找到资金、技术、政策支持，找到合作伙伴。将贫困社区的发展议题放到一个更大的平台，让更多人参与，让社区拥有更多选择的机会。

2. 本土大学生的参与与就业

正规教育逐步积累了一批受过高等教育的学生。如何发挥他们的作用？参与式多元化教育将最大限度发挥社区主体的作用，在社区建立不同类型的、灵活的教学方式，这些方式的应用需要团队的运作，而团队的组建和成长，正可以为这些本土大学生提供能力建设和机会，突破就业或创业瓶颈 。这是一次参与社区建设，反哺社区的机会。也从另一个侧面建立了教育和发展的内联，即人才的培养最终服务于社区。鉴于大学生的本土性，他们与社区的融合，以及被社区的接受是任何外来者无法比拟的。即使最终，一些人要到社区外寻求发展，他们依然可以保持一个“网络”，这个网络会持续为社区发展贡献时间、精力、技能。将自身的贫困社区与更多的“社区”联系在一起。

3. 乡土人才在社区建设中角色

参与式多元化教育需要挖掘、发现社区里各领域的能人，并动员他们成为“教师”，将他们个人所擅长的技术、技艺转变为更多个体的、集体的智慧。如上一章提到的代课教师，这些拥有十几年甚至几十年“教龄”的教师们，可以成为“非正规教育”的重要力量。另外，那些村民中的能人，都是多元教育的教师队伍中的储备人才。多元教育中的“教师”，将根据具体教学内容，来确定“谁”是教师。

最后，有必要简单陈述威宁自治县所处的发展机遇。2009 年，石门乡所属的威宁自治县被“确定为全国喀斯特地区扶贫开发综合治理试点县来推进”，这是一个非常好的发展契机。2012 年，威宁县要实现义务教育均衡发展［指县城之间（县内）、城乡之间缩小差距，资源共享，资源搭配］。大概投资要 32 亿元。2015 年前，每个乡镇都要有一所幼儿园。2012 年 4 ~5 月，石门乡幼儿园建设完工。教育部教育改革试点，将给予以下三方面支持，①政策支持：允许毕节出台一些新的政策。如大力发展职业教育；②资金支持：教育部投入基建的资金是过去的 5 ~10 倍，超过了 2 亿元；③4 +2 工程：大力发展学前教育；义务教育；大力突破高等教育；全力推进职业教育。[①]

① 信息来源：笔者 2012 年与威宁县教育局局长汪坤的访谈。

七 结论与建议

要实现跨越式发展的目标，需要从制度到人才的合力，参与式多元化教育在这一进程中可以为培养人才发挥积极作用，它的实现需要自始至终有社区主体的参与，由社区主体来承担主要角色，并最终成为社区自我发展的一个方法和途径。在今后的社区实践中，需要注意以下几点。

（1）多元化教育可以作为激发农民主体意识和参与的一种手段，但不是唯一的手段。它将在本土应用中得到校正，成为行之有效的手段。需要理解的是教育不是“短平快”的“项目”，而是一个漫长、艰巨、反复的历程。对于决策者或者某个机构而言，它不能提供最快捷的成果展示，但它的影响在于从个体到社区、从意识到行动的渗透和迁移。

（2）在科技发达的今天，如何利用信息资源，开发更多可以整合的力量，也将是多元化的一个主题。但在利用外部资源的同时，必须尊重本土的文化、习惯、习俗和信仰。因为不是外来的、当代的、先进的就一定是好的。现实是，农民本身的许多知识和实践更符合可持续发展的理念和做法。多元化教育也需要帮助农民厘清这一根本的区别，而不是轻易丢弃传统，追逐“现代”。

（3）国家的农业政策与当地的发展策略从一个宏观的角度，帮助人们思考多元化教育与参与式发展的着眼点和着力点。依托国家的农村发展政策，如培育新型职业农民政策、培育农村实用人才政策、阳光工程等，利用已有的资源。政策的扶持为扶贫发展提供资金、技术、人才上的保障，换言之，即提供了“参与”发展的机会。多元化教育在这当中，可以帮助农民有意识地了解政策，了解获得公共资源的条件和限制，以及如何利用公共资源。

参考文献

国务院扶贫办：《中国农村扶贫开发纲要（2001～2010 年）》中期评估政策报告，2006。

黄承伟：《中国扶贫开发的历程与政策演变（1949～2005 年）》，中国国际扶贫中心，2007。

沈红：《结构与主体：激荡的文化社区石门坎》，社会科学文献出版社，2006。

沈红：《石门坎文化对苗族社会发展的启迪》，《教育文化论坛》2012 年第 3 期。

陶行知：《传统教育和生活教育有什么区别》，《行知讲堂》2006 年第 6 期。

陶行知：《再论中国乡村教育之根本改造》，《陶行知教育文集》，四川教育出版社，1927/2005。

王孔雀：《社会跨越式发展的理论基础和现实途径述要》，《恩施职业技术学院学报》（综合版）2006 年第 18 卷第 2 期。

威宁县喀斯特地区扶贫开发综合治理试点工作领导小组：《关于贵州威宁喀斯特地区扶贫开发综合治理试点工作情况的汇报》初稿，2012。

韦海鸣：《西部地区实现跨越式发展的制约因素分析》，《重庆邮电学院学报》（社会科学版）2004 年第 5 期。

叶敬忠、陆继霞：《论农村发展中的公众参与》，《中国农村观察》2002 年第 2 期。

余胜泉、毛芳：《非正式学习——e - learning 研究与实践的新领域》，《电化教育研究》2005 年第 10 期。

杨菁菁：《关于跨越式讨论综述》，《经济理论与经济管理》2002 年第 9 期。

中国国务院新闻办：《中国的农村扶贫开发白皮书》，2001。

赵德肃、马先彦：《对贵州贫困地区文化教育现状的思考》，《贵州教育学院学报》（社会科学版）1998 第 1 期。

Banks, J. (1993) "Multicultural education: Historical development, dimensions, and practice", *Review of research in education*, Vol. 19, JSTOR.

Brown, P. H., Park, A. (2002) "Education and poverty in rural China", *Economics of Education Review*, Vol. 21, pp 523 - 541.

Colley, H., Hodkinson, P., and Malcolm, J., (2002) "Non - formal learning: mapping the conceptual terrain".

Chambers, R. and Gordon, R. (1991) "Sustainable rural livelihoods: practical concepts for the 21st century", IDS Discussion Paper 296.

Golding, B., Brown, M., and Foley, A. (2008) "Informal learning: A discussion around defining and researching its breadth and importance".

Leavy, J. and Howard, J, . et al (2013) "*What Matters Most? Evidence from 84 participatory studies with those living with extreme poverty and marginalisation, Participate*", Institute of Development Studies, Brighton.

Thomas, J. (1982) "Formal, nonformal and informal education: A holistic perspective on lifelong learning", *International Review of Education*, 1982, Volume 28, Issue 2, pp 159 - 175.

后　记

2014年生态文明贵阳国际论坛圆满成功，“生态文明与反贫困”分论坛当时以86个分论坛发起单位的最后一个挤入分论坛最终顺利举办，得到了“生态文明贵阳国际论坛”组委会高度肯定，并作为优秀论坛列入2015年生态文明贵阳国际论坛之分论坛继续举办。经分论坛编委会研究，我们把2014年“生态文明与反贫困”分论坛的论文及相关成果汇编成册——《反贫困：社会可持续与环境可持续》，由贵州省人民政府副省长刘远坤研究员担任编委会主任，贵州省社会科学院院长吴大华研究员、贵州省扶贫办主任叶韬、贵州民族大学校长张学立教授、中国国际扶贫中心主任黄承伟研究员担任主编，贵州省扶贫办副主任杨小翔、贵州省社会科学院副院长索晓霞研究员、中国社会科学院社会政策研究室主任王春光研究员、贵州民族大学副校长杨昌儒教授、贵州民族大学社会建设与反贫困研究院首席教授孙兆霞以及承办单位的具体负责人等担任编委会副主任和委员或副主编，由贵州民族大学社会建设与反贫困研究院研究员、贵州师范大学副教授汪青梅博士，贵州民族大学社会建设与反贫困研究院研究员毛刚强博士担任执行主编。

本书付梓之际，编委会决定写个“前言”，主要介述“生态文明与反贫困”分论坛的要旨、“贵阳共识”的观点及讨论热点，由毛刚强博士负责执笔，我略作修改。“后记”交由我负责，因我事务繁忙，只有请当时负责具体记录、新闻媒介宣传策划的汪青梅博士帮助“追忆”，汪青梅博士非常认真，“追忆”了每个细节、每次的发言及一些生动感人的“故事”，但洋洋洒洒数千语，不可能全部附录，故我简要记述如下。

2014年3月底的一天，贵州民族大学孙兆霞教授打电话给我，说他们正在筹划建立一个反贫困智库，因我是贵州省社会科学院院长，又在贵州民族大学担任8年多校长，希望我能做个参谋。我一向尊重孙兆霞教授，她一直致力于屯堡文化、民族文化以及武陵山区脱贫社会建设的研究并且硕果累累，我欣然答应。3月29日（周六），在贵州民族大学民社学院一楼小教室，参加的有贵州民族大学社会建设与反贫困研究院的核心成员孙兆霞、曹端波、陈志永、毛刚强、曾芸、汪青梅及贵大、贵州民大的研究生武其楠、董俊辉等。发起的缘由是著名社会学家陆学艺老人的嘱托。孙兆霞教授早年即参与中国农村发展问题研究组的有关课题调研，后至2000年前后主持中国百村调查——九溪村项目，与中国社科院陆学艺、王春光等有更多深入接触和合作。九溪村项目之后，在中国百村调查在国内其他地区继续开展的过程中，陆老关于社会建设的取向愈加鲜明，遂于百村调查经验总结暨后续工程启动的“安徽会议”上郑重嘱托孙兆霞教授立足贵州、依托贵州团队，继续往社会建设方向做研究。同时，该团队近年连续开展武陵山区扶贫开发、世行项目等几个专题深度调研，形成的调研报告产生了重要影响，并在此过程中与王春光教授、复旦大学张乐天教授、同济大学周俭教授等深入交流碰撞。当时，大家重点讨论了特殊连片贫困地区、腐败、国有资产流失、老三农、新三农问题，特别是对精准扶贫的看法（产业扶贫、移民扶贫）；贫困不是个人问题，是社会问题、系统问题；扶贫要有思路、有问题（意识）、有对策，等等。

我听取大家发言后，深受启发，也被他们的激情所鼓舞，提出设计反贫困论坛申请加入2014年生态文明贵阳国际论坛，包括具体操作的构想，确定论坛主题、形成并发布贵阳共识，等等。大家一致认同，具体从3个方面进行了论证。

1. 怎么做好顶层设计？要充分重视行政力量的影响，把如何进行反贫困智库建设的论证报告写好，及时向分管省领导报告请示。

2. 怎么处理智库实体机构的挂靠衔接等关系，如何设立机构、如何运转等。

3. 务必要做好“生态文明与反贫困论坛”的策划宣传。

总之，大家觉得我的提议非常好，对论坛的各种设想也很有价值，很让人激动，当时群情激昂，极力响应，力争加入生态文明贵阳会议成为分论坛。认为：一有“天时”——生态文明贵阳会议升级为国家级国际性论坛广受关注；二有“地利”——生态文明国际论坛在贵阳举办；三有“人和”——省社科院作为省委省政府的智囊团，贵州民族大学、贵州财经大学等高校已先后建有社会建设与反贫困研究院、中国反贫困研究院等相关研究机构。

几天后，我首先向贵州省扶贫办主任叶韬作了通报，他是贵州省扶贫工作的具体操盘手和指挥官，他表示大力支持！随后，我又取得了贵州民族大学校长张学立教授和时任贵州财经大学校长陈厚义教授的附议。于是，在一次省委召开的会议上，我给时任中共贵州省委副书记、贵州省扶贫开发领导小组副组长、现中共海南省委副书记李军同志写了一封信，表达了我们几家想共同举办“生态文明与反贫困”分论坛，申请列入“2014年生态文明贵阳国际论坛”之分论坛的愿景。他很快就批示给了中共贵州省委副秘书长、“2014 年生态文明贵阳国际论坛”组委会办公室副主任田洪同志。当时，2014 年“生态文明贵阳国际论坛”分论坛已有 86 家申报，我们作为最后的申报单位之一。万幸的是，经“2014 年生态文明贵阳国际论坛”组委会秘书处审查，认为我们这个分论坛创意好、有贵州特色，同意列入分论坛。于是，贵州省扶贫办主任叶韬亲上北京，征得了国务院扶贫办作为主办单位的同意，国务院扶贫办刘永富主任指示由中国国际扶贫中心具体协助。我也亲自赴京与中国国际扶贫中心副主任黄承伟研究员具体磋商邀请联合国及国际有关机构负责人和重要嘉宾，关于国内外嘉宾的邀请，即孙方明、陈锡文、杜鹰、林毅夫、杨雪冬、孙庆中、鲍世行、张兰英、杨静、贺雪峰等重要领导和专家学者，本来大多应允参会，但在开会前夕，却因种种临时事变而未能成行，但他们一开始积极回应邀请，对我们办会给予极大的信心和鼓舞！

筹备期间，十多次会议协商、嘉宾信息征集、主题发言、贵阳共识起草、宣传策划、会务接待等令人时时处于繁忙、劳累之中。2014 年 7 月 11 日晚 19：00 –21：20，“生态文明与反贫困”分论坛在贵阳国际生态会议中心黄果树大厅隆重举行。论坛开幕式由贵州省人民政府副省长刘远坤主持，国务院扶贫开发领导小组副组长，国务院扶贫办党组书记、主任刘永富，贵州省政协主席王富玉，时任贵州省委副书记李军，联合国系统驻华协调员阿兰·诺德厚，亚洲开发银行驻中华人民共和国代表处首席代表哈米德·谢里夫出席并致辞。12 日上午，分论坛又在贵州民族大学举办了分会场，数百名师生分享了论坛成果。总之，分论坛最终取得了圆满成功，并获得省领导、2014 年“生态文明贵阳国际论坛”组委会办公室、秘书处的高度评价，我们感到无比欣慰！

2015 年“生态文明贵阳国际论坛”之分论坛“生态文明与开放式扶贫”已经“2015 年生态文明贵阳国际论坛”组委会批准，由国务院扶贫办、贵州省人民政府、北京大学主办，中国国际扶贫中心、中国社会科学院社会学研究所、贵州省扶贫办、贵州省社会科学院、贵州民族大学、黔西南州人民政府、招商局慈善基金会、普定县人民政府承办，将于 2015 年 6 月 26 ~ 28 日在贵阳如期举办，我们将一如既往、辛勤工作，以满腔的热情、缜密的安排、周到的服务为“2015 年生态文明贵阳国际论坛”再添一道靓丽的风采。

最后，再次感谢所有为“2014 年生态文明与反贫困论坛”成功举办给予大力支持、帮助和奉献的领导、专家和会务工作人员！感谢中国社会科学院社会科学文献出版社领导的大力支持，责任编辑陈颖等为本书的及时出版付出的辛勤劳动。

吴大华

2015 年 5 月 1 日于甲秀楼

图书在版编目（CIP）数据

反贫困：社会可持续与环境可持续：生态文明与反贫困论坛：2014 / 吴大华等主编．—北京：社会科学文献出版社，2015.6

ISBN 978-7-5097-7629-2

Ⅰ．①反…　Ⅱ．①吴…　Ⅲ．①扶贫-研究-中国
Ⅳ．①F124.7

中国版本图书馆 CIP 数据核字（2015）第 127580 号

反贫困：社会可持续与环境可持续
——生态文明与反贫困论坛（2014）

主　　编 / 吴大华　叶　韬　张学立　黄承伟

出 版 人 / 谢寿光
项目统筹 / 陈　颖
责任编辑 / 陈　颖　王　颉

出　　版 / 社会科学文献出版社·皮书出版分社（010）59367127
地址：北京市北三环中路甲 29 号院华龙大厦　邮编：100029
网址：www.ssap.com.cn
发　　行 / 市场营销中心（010）59367081　59367090
读者服务中心（010）59367028
印　　装 / 三河市尚艺印装有限公司

规　　格 / 开 本：787mm × 1092mm　1/16
印 张：23　　字 数：374 千字
版　　次 / 2015 年 6 月第 1 版　2015 年 6 月第 1 次印刷
书　　号 / ISBN 978-7-5097-7629-2
定　　价 / 98.00 元